TSUNAMI

TRUMP, TRUMPISMO E A EUROPA

Título original:
Tsunami: Trump, Trumpismo e a Europa

AUTOR
Vasco Rato

O autor escreve segundo a antiga ortografia.

CONJUNTURA ACTUAL EDITORA, uma chancela de Edições Almedina, S.A.
Avenida Emídio Navarro, 81, 3D – 3000-151 Coimbra – Portugal

REVISÃO
Sérgio Vieira da Silva e Inês Castelhano

CAPA
Joana Carvalho

PAGINAÇÃO
João Jegundo

IMPRESSÃO E ACABAMENTO
xxxxxxxxxx
fevereiro 2023

DEPÓSITO LEGAL
xxxxxxxxxx

ISBN 978-989-694-726-2

TSUNAMI

TRUMP, TRUMPISMO E A EUROPA

VASCO RATO

ACTUAL

AGRADECIMENTOS

Ao Sérgio Vieira da Silva, pelas sugestões que melhoraram a qualidade do texto.

À Sara Gomes, pela confiança que, como editora, depositou neste projecto.

Um obrigado à minha família e aos meus bons amigos, as pessoas que me são mais próximas.

Sabem quem são.

Dedico o livro ao João, ao Manuel e ao Pedro.

PREFÁCIO

O *TSUNAMI*

Relish the opportunity to be an outsider. Embrace that label — being an outsider is fine, embrace the label — because it's the outsiders who change the world and who make a real and lasting difference.

Donald Trump, Liberty University

Ao longo da história da república americana, nem sempre as eleições presidenciais dispensaram personagens excêntricas, políticos incendiários, jornalismo «amarelo», fraude nas urnas e violência.[1] Logo no rescaldo da campanha de 1800 que opôs Thomas Jefferson a John Adams, dois dos mais destacados fundadores da recém-criada ordem revolucionária, Jefferson e Aaron Burr — o candidato apresentado por Jefferson à vice-presidência — granjeavam o mesmo número de votos no Colégio Eleitoral. Atendendo ao resultado favorável que inesperadamente acabara de obter, Burr não hesita em romper com Jefferson para se disponibilizar para assumir a presidência. Incumbida de quebrar o impasse, a Câmara dos Representantes realiza 36 rondas de votações antes de confirmar Thomas Jefferson no cargo. A decisão acabará por desencadear ameaças de secessão em vários estados e a passagem da 12.ª Emenda Constitucional, ratificada em 1804.[2] Não era propriamente um bom presságio para futuras eleições.

---

[1] Para um tratamento genérico das eleições presidenciais ao longo da história da República, ver James A. Morone, *Republic of Wrath: How American Politics Turned Tribal, From George Washington to Donald Trump*, Nova Iorque, Hachette, 2020.

[2] À época, realizavam-se votações separadas para os cargos de presidente e de vice-presidente. Apesar de Aaron Burr se ter candidatado no *ticket* encabeçado por

Vinte anos mais tarde, em 1824, fruto de um ignóbil «acordo corrupto» celebrado pelas elites partidárias, a mesma Câmara dos Representantes, nos termos da 12.ª Emenda, concede a presidência a John Quincy Adams, apesar de Andrew Jackson ter alcançado uma pluralidade tanto no voto popular como no Colégio Eleitoral. Previsivelmente, o episódio desencadeia exigências no sentido de forçar os delegados ao Colégio Eleitoral a seleccionar o presidente em conformidade com os resultados do voto popular.[3] Quatro anos mais tarde, contornando os caciques e apelando ao voto das camadas populares, Jackson conquistaria a presidência, iniciando a era da «democracia *jacksoniana*».[4] Não obstante as pressões para democratizar o sistema político, em 1876, congressistas sulistas firmam um acordo de bastidores, conferindo a Casa Branca ao republicano Rutherford B. Hayes, mesmo depois de o democrata Samuel Tilden ter vencido no sufrágio popular e no Colégio Eleitoral.[5]

As votações presidenciais realizadas depois da Segunda Guerra Mundial revelaram-se consideravelmente mais pacíficas. Ainda assim, várias contendas eleitorais não deixaram de ser marcadas por controvérsia. Convém, a título exemplificativo, recordar que alegações de extensa fraude eleitoral assombraram a eleição de 1960, particularmente na cidade de Chicago, onde a máquina democrata do *Mayor* Richard Daley teria recorrido a

---

Thomas Jefferson, no Colégio Eleitoral ambos receberam o mesmo número de votos para a presidência, com John Adams a ficar em terceiro lugar. Conhecido o resultado, Burr abandona Jefferson e tenta persuadir os delegados ao Colégio Eleitoral a atribuir-lhe a presidência. No seguimento de tumultuosas votações, a Câmara dos Representantes acaba por conceder o cargo a Jefferson. Para um interessante estudo académico da eleição de 1800 e das suas consequências, cf. James Roger Sharp, *The Deadlocked Election of 1800: Jefferson, Burr, and the Union in the Balance*, Lawrence, University Press of Kansas, 2010. Para um trabalho popular a destacar as personalidades envolvidas e as suas lutas pessoais, ver Winston Groom, *The Patriots: Alexander Hamilton, Thomas Jefferson, John Adams, and the Making of America*, Washington, National Geographic, 2020.

[3] Sobre a corrida de 1824, uma das mais importantes da história americana, ver Donald Ratcliffe, *The One-Party Presidential Contest: Adams, Jackson, and the 1824's Five-Horse Race*, Lawrence, University Press of Kansas, 2015.

[4] Sobre a «democracia *jacksoniana*», ver Arthur M. Schlesinger, Jr, *The Age of Jackson*, Nova Iorque, Little, Brown and Company, 1945. Para uma visão mais crítica, cf. Joshua Lynn, *Preserving the White Man's Republic: Jacksonian Democracy, Race, and the Transformation of American Conservatism*, Charlottesville, The University of Virginia Press, 2019.

[5] Ver Michael F. Holt, *By One Vote: The Disputed Presidential Election of 1876*, Lawrence, University Press of Kansas, 2008.

todos os truques imagináveis para garantir a vitória de John F. Kennedy.[6] Em 2000, depois de semanas de contestação quanto à validade dos boletins de voto no estado da Florida, a disputa entre George W. Bush e Al Gore era resolvida pelo Supremo Tribunal. Em resultado desse atribulado processo, o presidente Bush vê-se acusado pelos seus adversários de ter sido «seleccionado» — em justaposição com «eleito» — pelos juízes do Supremo e, por conseguinte, a sua legitimidade seria sistematicamente questionada pelas principais vozes do Partido Democrata, muitas das quais se referiam ao resultado como um «golpe de estado».[7] Até o antigo presidente Jimmy Carter, num discurso na American University em 2005, afirmava: «Não tenho dúvida de que Gore ganhou a eleição.»[8] Quase 20 anos depois da sua derrota, Al Gore continuava a «achar ter ganho a votação na Florida».[9]

A reeleição de Bush em 2004 não seria menos contenciosa, com a congressista democrata Maxine Waters a afirmar que as máquinas de voto utilizadas no estado do Ohio substituíram votos em Kerry por votos em Bush, o que «poderia» ter determinado o resultado eleitoral no estado e, por conseguinte, o desfecho da corrida presidencial. A senadora californiana Barbara Boxer e a congressista do Ohio Stephanie Tubbs Jones, acompanhadas por 31 democratas da Câmara dos Representantes — incluindo Nancy Pelosi —, contestaram os delegados do Ohio ao Colégio Eleitoral, apesar de o presidente incumbente ter ganho o estado por uma margem superior a 100 mil votos.[10] Segundo Boxer, o objectivo não era

---

[6] Ver Richard Nixon, *The Memoirs of Richard Nixon*, Nova Iorque, Grosset & Dunlap, 1978, p. 224. Para outra interpretação, cf. David Greenberg, «Was Nixon robbed?», *Slate*, 16 Outubro de 2000, consultado em: https://slate.com/news-and-politics/2000/10/was-nixon-robbed.html.

[7] Ver Jonathan Chait, «Yes, Bush v. Gore did steal the election», *The New Yorker*, 25 de Junho de 2012, consultado em: https://nymag.com/intelligencer/2012/06/yes-bush-v-gore-did-steal-the-election.html.

[8] Ver «Carter says Gore won in 2020», Democracynow.org, 23 de Setembro de 2005, consultado em: https://www.democracynow.org/2005/9/23/headlines/carter_says_gore_won_in_2000.

[9] Ver Joe Concha, «Gore: "I think I carried Florida"», *The Hill*, 5 de Agosto de 2017, consultado em: https://thehill.com/homenews/media/345443-gore-i-think-i-carried-florida/

[10] Ver Maura Reynolds, «Boxer poses a challenge, briefly», *Los Angeles Times*, 7 de Janeiro de 2005, consultado em: https://www.latimes.com/archives/la-xpm-2005-jan-07-na-electoral7-story.html.

anular a reeleição de Bush, mas apenas publicitar práticas que punham em causa a integridade da votação. Por outras palavras, apontava irregularidades e eventuais fraudes na condução do voto.[11]

Quando, em Janeiro de 2017, o Congresso se reúne para certificar os resultados da votação obtida por Trump, vários democratas levantaram objecções quanto aos resultados verificados no Alabama, na Florida, na Geórgia, na Carolina do Norte, na Carolina do Sul e no Wisconsin.[12] Terminadas as contagens no Mississippi, no Michigan e no Wyoming, também nestes estados foram registadas objecções aos resultados. Nenhum dos nove processos de contestação originado na Câmara dos Representantes seria contemplado porque careciam da assinatura de, pelo menos, um senador.[13] Mesmo assim, 67 democratas boicotaram a tomada de posse de Trump, alegando que a sua eleição fora ilegítima. Em várias ocasiões, Hillary Clinton alinha pelo discurso do «presidente ilegítimo». Por exemplo, em Maio de 2019, declarava que a eleição lhe fora «roubada».[14] Meses depois, em Setembro de 2019, caracteriza novamente Trump como um «presidente ilegítimo» que «sabe» que roubara a eleição presidencial.[15]

---

[11] *Ibid.*

[12] Jim McGovern (D-Mass.) levantou objecções ao voto do Alabama, Jamie Raskin (D-Md.) ao da Florida, Pramila Jayapal (D-Wash.) ao da Geórgia, Raul Grijalva (D-Ariz.) ao da Carolina do Norte, Sheila Jackson Lee (D-Texas) aos da Carolina do Norte, da Carolina do Sul e do Wisconsin. Também denunciou «a supressão maciça de votos» no Mississippi. Barbara Lee (D-Calif.) levantou alegações de interferência russa e problemas de funcionamento com as máquinas de voto no Michigan. Maxine Waters (D-Calif.), por sua vez, afirmou que solicitara apoio a um senador para contestar os votos do Wyoming. Ver Shayna Greene, «Fact check: Did Democrats object to more states for 2016 than Republicans for 2020?», *Newsweek*, 13 de Janeiro de 2021, consultado em: https://www.newsweek.com/fact-check-did-democrats-object-more-states-2016-republicans-2020-1561407.

[13] *Ibid.*

[14] Ver Mary Margaret Olohan, «Hillary Clinton says election was "stolen" from her», *The Daily Signal*, 6 de Maio de 2019, consultado em: https://www.dailysignal.com/2019/05/06/hillary-clinton-says-election-was-stolen-from-her/.

[15] Ver Colby Itkowitz, «Hillary Clinton: Trump is an "illegitimate president"», *The Washington Post*, 26 de Setembro de 2019, consultado em: https://www.washingtonpost.com/politics/hillary-clinton-trump-is-an-illegitimate-president/2019/09/26/29195d5a-e099-11e9-b199-f638bf2c340f_story.html.

Não sou Cincinato

No dia 20 de Janeiro de 2021, o mandato de Donald John Trump termina da mesma forma como começara — com o presidente atolado em controvérsia e sob acusação de ter agido intencionalmente para subverter a ordem constitucional. Menos de três meses antes, num quadro de intensa polarização ideológica e «tribalização» partidária, o presidente perdia as eleições de Novembro de 2020, recebendo 232 votos no Colégio Eleitoral (46,9% do voto popular) contra os 306 (51,3% do sufrágio) de Joe Biden. Quando se dirige em directo à nação para se pronunciar sobre os resultados do sufrágio, as cadeias nacionais de televisão, depois de anos de cobertura abertamente hostil, acusam-no de disseminar falsidades e interrompem a transmissão.[16] Bruscamente, o presidente dos Estados Unidos vê-se impedido — a bem dizer, censurado — de expor os seus argumentos perante o grande público.[17]

Pouco depois desse insólito acontecimento, enquanto decorriam recontagens e o Partido Republicano, também conhecido como *Grand Old Party* (GOP), aguardava a decisão dos tribunais relativamente a vários processos, os *media* atribuem a vitória a Biden. Por considerar que os resultados da votação nuns quantos estados tinham sido desvirtuados por práticas irregulares e, em alguns casos, fraudulentas, Trump quebra a tradição e recusa cooperar com a equipa incumbida de preparar a transição presidencial para Joe Biden. Pouco depois, em 6 de Janeiro

---

[16] Ver, por exemplo, Sean O'Grady, «Was it right for TV networks to cut away from Trump's speech?», *Independent*, 6 de Novembro de 2020, consultado em: https://www.independent.co.uk/independentpremium/politics-explained/trump-news-conference-us-election-2020-biden-press-today-b1642374.html.

[17] Para uma análise equilibrada da cobertura dos *media* ao longo dos quatro anos da presidência de Trump, ver Jon Allsop e Pete Vernon, «How the press covered the last four years of Trump», *Columbia Journalism Review*, Special Report, 23 de Outubro de 2020, consultado em: https://www.cjr.org/special_report/coverage-trump-presidency-2020-election.php. Três livros muito diferentes entre si apontam elementos da relação tempestuosa entre Donald Trump e os jornalistas responsáveis pela cobertura da Casa Branca: Sean Spicer, *The Briefing: Politics, The Press, and the President*, Washington, Regnery, 2018; Major Garrett, *Mr. Trump's Wild Ride. The Thrills, Chills, Screams, and Occasional Blackouts of an Extraordinary Presidency*, Nova Iorque, All Points Books, 2018, e Jonathan Karl, *Front Row at the Trump Show*, Nova Iorque, Dutton, 2020.

de 2021, uma manifestação de *trumpistas* transfigura-se num motim e, depois, numa invasão do Capitólio.[18]

Embora não fosse um final airoso — e muito menos digno — de um mandato presidencial, o tumultuoso fim da Administração Trump não era inteiramente inesperado. Afinal, os quatro anos anteriores só muito dificilmente poderiam ser considerados um período de acalmia e de normalidade políticas. Mesmo quando avaliadas à luz da retórica virulenta e do comportamento inusitado evidenciado pelo presidente durante o seu mandato, as derradeiras semanas de vida da Administração foram particularmente caóticas. A escassos dias de abandonar a Casa Branca, o presidente vê-se arrastado para os acontecimentos de 6 de Janeiro, que Biden retrata como um «assalto à cidadela da liberdade», razão pela qual imediatamente responsabiliza Trump pelo comportamento da turba.[19] Caracterizando a invasão como uma «insurreição», os seus adversários alegam que promovera um «golpe de estado», apesar de o presidente jamais ter apelado ao uso da força e de nenhum dos invasores se encontrar armado.[20] Denunciado por ter incitado o assalto à sede do poder

---

[18] Sobre os acontecimentos do dia 6 de Janeiro de 2021, ver Laurel Wamsley, «What we know so far: A timeline of security response at the Capitol On Jan. 6», *NPR*, 15 de Janeiro de 2021, consultado em: https://www.npr.org/2021/01/15/956842958/what-we-know-so-far-a-timeline-of-security-at-the-capitol-on-january-6; «Senate hearing on January 6 Capitol attack, transcript February 23», *Rev*, 23 de Fevereiro de 2021, consultado em: https://www.rev.com/blog/transcripts/senate-hearing-on-january-6-capitol-attack-transcript-february-23, e «Counting electoral votes: An overview of procedures at the joint session, including objections by members of Congress», *CRS/Congressional Research Service*, 8 de Dezembro de 2020, consultado em: https://nsarchive.gwu.edu/documents/capitol-riot-documents-you-should-read-part-1/06.pdf. Sobre os crimes cometidos e as questões jurídicas resultantes dos acontecimentos de 6 de Janeiro, ver «Federal Criminal Law: January 6, 2021, unrest at the Capitol», *CRS/Congressional Research Service*, Legal Sidebar, 12 de Janeiro de 2021, consultado em: https://crsreports.congress.gov/product/pdf/LSB/LSB10564.

[19] Ver Michael D. Shear e Jim Tankersley, «Biden denounces storming of Capitol as a "dark moment in the nation's history"», *The New York Times*, 6 de Janeiro de 2021, consultado em: https://www.nytimes.com/2021/01/06/us/politics/biden-capitol-congress.html.

[20] Exemplos do argumento do «golpe de estado» *trumpiano* podem ser encontrados, *inter alia*, em Fiona Hill, «Yes, it was a coup attempt. Here's why», *Politico*, 11 de Janeiro de 2021, consultado em: https://www.politico.com/news/magazine/2021/01/11/capitol-riot-self-coup-trump-fiona-hill-457549; Joshua Chaffin, Courtney Weaver e James Politi, «A coup d'état attempted by Trump: America's failed insurrection», *Financial Times*, 8 de

legislativo, Trump passa a ser alvo de mais uma tentativa — a segunda — de o destituir do cargo por via de *impeachment*.

Somente uma interpretação abusiva das palavras proferidas por Trump antes e durante aquele fatídico dia poderia corroborar a conclusão de que apelara ao derrube da ordem constitucional.[21] Se os invasores do Capitólio se inspiraram na retórica assertiva de Donald Trump, não é menos verdade que as acções criminosas da turba não poderiam ser-lhe directamente imputadas. Por muito que se possa censurar politicamente Trump pela sua falta de *fair-play*, pela quebra das normas relativas à transição do poder ou por ter seguido uma estratégia que manifestamente descredibilizou as instituições, dizer que fomentou uma insurreição exige um grau elevado de cegueira ou de má-fé.[22] Certamente alimentou, pelos menos até ao dia 6 de Janeiro, a esperança de permanecer mais quatro anos na Casa Branca. Convencido de que a eleição de Novembro lhe fora «roubada», Trump recorreu a todos os procedimentos à sua disposição para evitar que os resultados dos estados da Geórgia, do Arizona, do Wisconsin e da Pensilvânia fossem validados. Dado serem os estados a validar os

---

Janeiro de 2021, consultado em: https://www.ft.com/content/5c471c49-de90-4f5f-9c91-19be0daa491c; Charles T. Call, «No, it's not a coup — It's a failed 'self-coup' that will undermine US leadership and democracy worldwide», *Brookings*, 8 de Janeiro de 2021, consultado em: https://www.brookings.edu/blog/order-from-chaos/2021/01/08/no-its-not-a-coup-its-a-failed-self-coup-that-will-undermine-us-leadership-and-democracy-worldwide/, e Clayton Besaw e Matthew Frank, «Was as it a coup? No, but siege on US Capitol was the election violence of a fragile democracy», *The Conversation*, 7 de Janeiro de 2021, consultado em: https://theconversation.com/was-it-a-coup-no-but-siege-on-us-capitol-was-the-election-violence-of-a-fragile-democracy-152803.

[21] O discurso completo proferido por Trump no dia 6 de Janeiro de 2021 perante os seus apoiantes pouco antes da invasão do Capitólio pode ser encontrado em Brian Naylor, «Read Trump's Jan. 6 speech, a key part of impeachment trial», *NPR*, 10 de Fevereiro de 2021, consultado em: https://www.npr.org/2021/02/10/966396848/read-trumps-jan-6-speech-a-key-part-of-impeachment-trial. Para uma avaliação das palavras e acções de Trump nesse dia, ver Michael Conklin, «Capitol offense: Is Donald Trump guilty of inciting a riot at the Capitol?», *SSRN*, 15 de Janeiro de 2021, consultado em: https://papers.ssrn.com/sol3/papers.cfm?abstract_id=3767085.

[22] A cegueira e a má-fé não são exclusivas dos jornalistas americanos. Quando, numa entrevista televisiva, referi as preocupações do GOP com a integridade do voto, uma «jornalista» lusa imediatamente insinuou que eu pretendia reproduzir as teses conspirativas QAnon. Ver Bárbara Reis, «Os malucos das conspirações saíram da toca», *Público*, 6 de Novembro de 2020, consultado em: https://www.publico.pt/2020/11/06/mundo/noticia/malucos-conspiracoes-sairam-toca-1938111.

resultados eleitorais e os delegados ao Colégio Eleitoral, esperava que esses quatro estados substituíssem os delegados eleitos no *ticket* de Biden pelos seus. Uma vez que as assembleias legislativas dos quatro estados estavam nas mãos do GOP, a estratégia não era inteiramente descabida — nem tampouco violava as regras constitucionais.

Quando os estados confirmaram os eleitores de Biden, Trump vira-se para o processo de certificação a decorrer no Congresso. Contava com a colaboração de Mike Pence, o presidente *pro tempore* do Senado, que, perante as pressões da Casa Branca, se recusa a participar na manobra, uma decisão que lhe vale acusações de «traição».[23] Durante a sessão conjunta do Congresso de 6 de Janeiro de 2021, que retoma os trabalhos depois da supressão do motim, republicanos das duas câmaras contestaram os resultados de vários estados. O representante do Arizona, Paul Gosar, e o senador texano Ted Cruz levantaram uma objecção formal quanto aos delegados atribuídos a Biden pelo Arizona. O senador Josh Hawley e o representante da Pensilvânia, Scott Perry, fazem o mesmo relativamente à contagem de votos neste estado. Todavia, a contestação será apoiada por apenas seis republicanos no Senado e 121 na Câmara dos Representantes. Quanto à Pensilvânia, sete senadores e 138 membros da câmara baixa apoiaram a contestação. Mo Brooks opôs-se ao voto do Nevada, Marjorie Taylor Greene ao do Michigan e Louie Gohmert ao do Wisconsin. Com efeito, legisladores republicanos introduziram objecções às votações no Arizona, na Geórgia, no Michigan, no Nevada, na Pensilvânia e no Wisconsin. No final da sessão conjunta, os 306 votos eleitorais de Biden foram certificados, conferindo-lhe a presidência. Trump esgotara o caminho constitucional para alterar o desfecho das eleições de Novembro de 2020.

Se se pode censurar politicamente Trump por seguir uma estratégia tão aventureira quanto irresponsável, afirmar que cometeu actos criminosos e/ou que encabeçou uma insurreição extravasa os limites do bom senso.

---

[23] Ver David Smith, «Conservative Christians jeer "traitor" Pence for refusing to overturn election», *The Guardian*, 18 de Junho de 2021, consultado em: https://www.theguardian.com/us-news/2021/jun/18/mike-pence-conservative-christian-conference-heckled, e Susan B. Glasser, «What we learned about Trump, Pence, and the January 6th Mob», *The New Yorker*, 16 de Junho de 2022, consultado em: https://www.newyorker.com/news/letter-from-bidens-washington/what-we-learned-about-trump-pence-and-the-january-6th-mob.

Com efeito, a narrativa do golpe de estado passa a ser disseminada pelos seus opositores políticos e por uma comunicação social partidarizada. Quanto ao inquérito da Câmara dos Representantes sobre os acontecimentos de 6 de Janeiro, o comité legislativo encarregado das averiguações excluía todos os legisladores republicanos, com a excepção dos anti-*trumpistas* Elizabeth Cheney e Adam Kinzinger. Nunca passou de um mal disfarçado exercício destinado a deslegitimar Trump e a impossibilitá-lo de se recandidatar em 2024.[24]

Reconhecendo que os comportamentos heterodoxos de Trump frequentemente se situavam no limite do aceitável, a acusação de insurreição era manifestamente motivada por cálculos partidários. Por um lado, os acontecimentos do dia 6 de Janeiro coincidiam com os interesses imediatos do Partido Democrata e, por outro, com a agenda revanchista da facção do Partido Republicano chefiada por Mitch McConnell, o líder da bancada parlamentar do GOP no Senado. A escassas semanas da realização da decisiva segunda volta para eleger dois senadores federais na Geórgia, cujo resultado determinaria qual dos dois partidos teria a maioria na câmara alta, os democratas olhavam para o *impeachment* de Trump como uma oportunidade única para neutralizar o apoio do presidente aos candidatos republicanos no estado. Para o *establishment* do GOP, os resultados da Geórgia eram claramente secundários, pois a destituição do presidente afigurava-se como o primeiro e necessário passo para expurgar o *trumpismo* das fileiras do partido e — mais importante ainda — para impedir Donald Trump de vir a alcançar a nomeação presidencial em 2024. No essencial, assistia-se à desforra por parte das elites partidárias que Trump publicamente despeitara ao longo do seu mandato.

A feroz guerra intestina entre o presidente e o *establishment* republicano quanto à orientação ideológica do partido prolongou-se durante os quatro anos da Administração Trump e desagua no apoio implícito de Mitch McConnell ao processo formal de destituição encetado pelos democratas. Esta segunda tentativa de *impeachment* fracassa no dia 13 de Fevereiro de 2021 — duas semanas depois de o mandato presidencial

---

[24] O texto completo do relatório pode ser encontrado em House of Representatives, «Final Report of the Select Committee to Investigate the January 6th Attack on the United States Capitol», consultado em: https://january6th.house.gov/sites/democrats.january6th.house.gov/files/Report_FinalReport_Jan6SelectCommittee.pdf.

ter chegado ao fim —, quando o Senado iliba Trump.[25] Escassos minutos depois, McConnell sobe ao pódio da câmara alta para denunciar a «vergonhosa negligência do dever» do antigo presidente. Atribui-lhe responsabilidades «práticas e morais» pelo motim, mas, ciente do apoio esmagador que o presidente reúne junto dos congressistas republicanos, refugia-se na inconstitucionalidade do *impeachment* para justificar o seu voto.[26] Diz ter votado pela absolvição de Trump por razões de natureza processual e não por considerá-lo isento de responsabilidades, admitindo que processos de teor criminal deveriam ser remetidos para os tribunais. A mal disfarçada tentativa de fazer a quadratura do círculo desagrada tanto aos *trumpistas* como aos anti-*trumpistas*, que esperavam maior incisividade da parte do rosto mais visível do *establishment* republicano.

Não tarda a resposta de Donald Trump a McConnell e aos demais republicanos que conluiaram com os democratas para fazer avançar o processo de destituição. No dia 28 de Fevereiro de 2021, durante o encontro anual da influentíssima *Conservative Political Action Conference* (CPAC), Trump faz um contundente discurso — o primeiro depois de, semanas antes, abandonar a Sala Oval — que se prolonga por mais de duas horas. Traça uma agenda de oposição destinada a abrir caminho para uma maioria republicana nas eleições intercalares de 2022 e volta a insistir que ganhara a eleição de 2020 porque os resultados teriam sido diferentes se «tivéssemos uma eleição justa».[27] Previsivelmente, parte para a ofensiva contra Mitt Romney, Elizabeth Cheney e a dezena de congressistas do GOP que, meses antes, apoiaram o processo de *impeachment*.

---

[25] A destituição requeria uma maioria qualificada de dois terços do Senado. Dos 100 senadores, 43 votaram contra a destituição e 57 votaram pelo *impeachment*, incluindo os republicanos Susan Collins, do Maine, Lisa Murkowski, do Alasca, Mitt Romney, do Utah, Ben Sasse, do Nebrasca, e Pat Toomey, da Pensilvânia.

[26] Para o discurso completo do senador McDonnell, ver «McConnell speech after Trump's impeachment trial acquittal», *U.S. News and World Report*, 14 de Fevereiro de 2021, consultado em: https://www.usnews.com/news/politics/articles/2021-02-14/read-mcconnell-speech-after-trumps-impeachment-trial-acquittal. Ver também Lloyd Green, «Mitch McDonnell's impeachment speech was just a hostage vídeo», *The Guardian*, 14 de Fevereiro de 2021, consultado em: https://www.theguardian.com/commentisfree/2021/feb/14/mitch-mcconnell-trump-impeachment-speech-hostage-video.

[27] Para o discurso completo, ver Justin Vallejo, «Donald Trump CPAC speech», *Independent*, 1 de Março de 2021, consultado em: https://www.independent.co.uk/news/world/americas/us-politics/donald-trump-cpac-speech-2021-b1809208.html.

Apesar de se ter coibido de apelar à remoção de McConnell da liderança da bancada da câmara alta, lembra que o apoio que lhe dera fora decisivo para selar a sua reeleição no Kentucky.[28] Regista a ingratidão política do senador de modo a acentuar a clivagem entre a ala *trumpista* e o *establishment* reunido em torno de McConnell e Romney, as suas principais *bêtes noires* partidárias.

Trump aproveita a ocasião para insinuar que contemplava concorrer à nomeação presidencial do partido em 2024, pois «posso decidir vencê-los (democratas) uma terceira vez».[29] Se dúvidas persistiam quanto à badalada popularidade do ex-presidente junto da militância republicana, o discurso dissipa-as. Aliás, a realidade política impõe-se aos seus adversários nos dias que antecedem o discurso. Mitt Romney seria o primeiro a conformar-se com os factos no terreno. Reconhece o domínio de Trump junto das hostes partidárias e admite que em 2024 a nomeação pertencer-lhe-ia caso a desejasse.[30] Invulgarmente cândido, Mitch McConnell, breves semanas depois de ter denunciado a «vergonhosa negligência do dever» do antigo presidente e de o ter considerado «prática e moralmente responsável» pelo motim do Capitólio, afirma-se disposto a apoiar Trump se este viesse a candidatar-se à nomeação.[31] A rendição política das figuras mais emblemáticas do *establishment* confirma a consagração do *trumpismo* no interior do Partido Republicano.[32]

---

[28] Sobre o apoio dado por Trump a McDonnell, ver Daniel Desrochers, «Trump goes after McGrath, backs McConnell on first day of 2020 Senate campaign», *Lexington Herald Leader*, 9 de Julho de 2019, consultado em: https://www.kentucky.com/news/politics-government/article232479012.html.

[29] Ver Justin Vallejo, «Donald Trump CPAC speech», *op. cit.*

[30] Ver Quint Forgey, «Romney: Trump will win 2024 GOP nomination if he runs», *Politico*, 24 de Fevereiro de 2021, consultado em: https://www.politico.com/news/2021/02/24/mitt-romney-trump-2024-gop-nomination-471316.

[31] Ver Matthew Choi, «McConnell would support Trump if he got 2024 Republican nomination», *Politico*, 25 de Fevereiro de 2021, consultado em: https://www.politico.com/news/2021/02/25/mcconnell-would-support-trump-2024-471672.

[32] Para uma discussão, cf. Eric Levitz, «Trump's reconquest of the GOP may have an upside for democracy», *New York Magazine*, 24 de Fevereiro de 2021, consultado em: https://nymag.com/intelligencer/2021/02/trump-gop-civil-war-voter-id-laws-democracy-reform.html, e Jonah Goldberg, «What GOP civil war? Trump's party is just rounding up the stragglers», *Los Angeles Times*, 1 de Março de 2021, consultado em: https://www.latimes.com/opinion/story/2021-03-01/cpac-republicans-trump-allegiance.

Porém, as tribulações de Trump estavam longe do fim. No dia 8 de Agosto de 2022, o *Federal Bureau of Investigation* (FBI) conduz uma busca à residência de Trump em Mar-a-Lago. A natureza inédita das buscas, aprovadas pelo *Attorney General* Merrick Garland, levanta imediatamente a suspeição de que Trump era alvo de perseguição política com o objectivo último de o impedir de voltar a concorrer à Casa Branca. As interrogações provocadas pelas buscas eram complexas, até porque versavam sobre assuntos constitucionais controversos.[33] De qualquer forma, o essencial é registar que, junto dos seus apoiantes, as acções do FBI reforçavam a imagem de Trump como vítima do «estado profundo» (*deep state*) e, nesse sentido, acabam por reforçá-lo politicamente numa altura em que o GOP olhava para Ron DeSantis como alguém que poderia dar continuidade ao *trumpismo*. Dias depois, com os apoiantes de Trump galvanizados pelas buscas do FBI, Elizabeth Cheney sofre uma esmagadora derrota às mãos da candidata *trumpiana* nas primárias do Partido Republicano no estado do Wyoming.[34] Dir-se-á que o *trumpismo* se encontra firmemente consolidado no interior do partido e que, com efeito, passou a ter existência para além de Donald Trump.

A revolução em curso

A feroz lealdade suscitada por Donald Trump junto dos seus seguidores contrasta nitidamente com o profundo desdém que o ex-presidente provoca

[33] Ver Arwa Mahdawi, «Rather than sink Donald Trump, the FBI's Mar-a-Lago raid could save him», *The Guardian*, 17 de Agosto de 2022, consultado em: https://www.theguardian.com/commentisfree/2022/aug/17/rather-than-sink-donald-trump-the-fbis-mar-a-lago-raid-could-save-him, e Noah Rothman, «What if Republicans are right?», *Commentary*, 9 de Agosto de 2022, consultado em: https://www.commentary.org/noah-rothman/what-if-republicans-are-right/. As vulnerabilidades das buscas do FBI foram apontadas na sentença da juíza Aileen Cannon, que acedeu ao pedido de Trump de nomear um *special master* para inspeccionar os documentos na posse do FBI. Ver «United States District Court Southern District of Florida West Palm Beach Division, CASE NO. 22-81294-CIV-CANNON, Donald J. Trump v. The United States of America», 5 de Setembro de 2022, consultado em: https://storage.courtlistener.com/recap/gov.uscourts.flsd.618763/gov.uscourts.flsd.618763.64.0_2.pdf.

[34] Ver Myah Ward e Olivia Beavers, «In defeat, Cheney chides Trump and invokes history», *Politico*, 16 de Agosto de 2022, consultado em: https://www.politico.com/news/2022/08/16/liz-cheney-trump-defeat-wyoming-primary-00052322.

entre os seus numerosos antagonistas.[35] Usualmente empolgada por uma comunicação social que lhe era abertamente hostil, a controvérsia acompanha-o desde o dia em que se declara candidato à nomeação do GOP. A legião de *trumpistas* desvalorizava as numerosas tempestades suscitadas pelas políticas, pelos *tweets*, pelo egocentrismo e pelos comportamentos grosseiros do presidente. Invariavelmente, as «falhas» de Trump eram consideradas meras trivialidades de somenos importância porque resultavam de «notícias falsas» divulgadas por uma imprensa partidarizada decidida a demolir a reputação do presidente. Não eram, em última análise, assuntos de substância que merecessem contemplação. Os mais intransigentes diziam tratar-se de maquinações de um indescortinável «estado profundo» determinado a bloquear a regeneração nacional preconizada pelo *trumpismo*. Donald Trump era, portanto, vítima dos poderes fácticos precisamente porque procurava libertar o país das garras de elites político-culturais divorciadas das inquietações que assolavam a «América real». Dado que ousava representar os valores e os interesses dos «verdadeiros patriotas», as elites ostensivamente desvirtuavam a sua actuação e depreciavam os seus abundantes e inegáveis êxitos. Amigos, aliados e eleitores eram aconselhados a serem vigilantes perante a campanha de «terra queimada» destinada a denegrir um presidente que assumira a ofensiva contra o corrupto «pântano» *washingtoniano*. Eram também encorajados a «deixar Trump ser Trump» e a abraçar a singularidade do personagem.[36]

Em contraste, os detractores do presidente viam-no como nada menos do que uma espécie de varíola política de proporções bíblicas que — inexplicavelmente — contaminava o país. Na versão mais ensandecida, Trump era um perigoso «fascista».[37] Numa versão ligeiramente mais suave, era

---

[35] A mais perspicaz defesa de Trump e do *trumpismo* encontra-se em Victor Davis Hanson, *The Case for Trump*, Nova Iorque, Basic Books, 2019. Também interessante é a entrevista concedida por Hanson à revista *The New Yorker*. Ver Isaac Chotiner, «The classicist who sees Donald Trump as a tragic Hero», *The New Yorker*, 20 de Fevereiro de 2019, consultado em: https://www.newyorker.com/news/q-and-a/the-classicist-who-sees-donald-trump-as-a-tragic-hero.

[36] Ver Michael Wolff, *Fire and Fury: Inside the Trump White House*, Londres, Little, Brown, 2018, pp. 46–47, e Corey R. Lewandowski e David N. Bossie, *Let Trump Be Trump: The Inisde Story of His Rise to the Presidency*. Nova Iorque: Hachette, 2017.

[37] Ver, por exemplo, Nick Cohen, «If Trump looks like a fascist and acts like a fascist, then maybe he is one», *The Guardian*, 16 de Janeiro de 2021, consultado em: https://www.theguardian.com/commentisfree/2021/jan/16/if-trump-looks-like-a-fascist-and-acts-like-a-fascist-then-maybe-he-is-one. Antigo ministro do Trabalho de Bill Clinton,

a manifestação doméstica de uma vaga mundial de homens-fortes autoritários dispostos a subverter as instituições democráticas.[38] As opiniões, todavia, convergiam num ponto essencial: Trump era um racista e um misógino que encaminhava o país para a distopia patriarcal retratada por Margaret Atwood nas páginas do seu *The Handmaiden's Tale*.[39] Porque conspirara com a Rússia para minar a integridade das eleições de 2016, merecia ser destituído do cargo que, a bem dizer, jamais deveria ter ocupado. Titular ilegítimo da presidência, era um usurpador determinado a levar avante o desmembramento da democracia americana e, certamente, encarregar-se-ia de demolir os pilares essenciais da própria civilização ocidental. Nenhuma intenção era inquestionável, nenhum motivo era benigno, nenhuma decisão era legítima. A presidência de Trump — para além de um inequívoco fracasso político — confirmava o trágico e indisfarçável falhanço moral da nação.

Neste clima de estridente partidarismo, a política passou a ser entendida através de categorias morais que reduziam o mundo ao «nós e eles», a uma luta titânica entre o «bem e o mal».[40] Ao subscreverem duas narrativas maniqueístas irreconciliáveis que reclamavam o monopólio da superioridade moral para as suas «tribos», democratas e republicanos serviam-se das redes sociais e da comunicação social para diabolizarem os seus adversários. Em resultado desta lógica *schmittiana* de amigo/inimigo, os dois campos excluíam a negociação e o compromisso num sistema político concebido para levar as facções a negociar diferenças e

---

Robert Reich escreveu que «Trump chegou finalmente a um ponto em que os paralelos entre a sua campanha presidencial e os fascistas da primeira metade do século XX — figuras lúgubres como Benito Mussolini, José Estaline, Adolf Hitler, Oswald Mosley e Francisco Franco — são demasiado evidentes para serem ignorados». Ver Robert Reich, «The American fascist», *The Christian Science Monitor*, 9 de Março de 2016, consultado em: https://www.csmonitor.com/Business/Robert-Reich/2016/0309/Opinion-The-American-fascist.

[38] Ver, por exemplo, Gideon Rachman, *The Age of the Strongman: How the Cult of the Leader Threatens Democracy Around the World*, Londres, Bodley Head, 2022.

[39] Ver Sarah Jones, «The Handmaiden's Tale is a warning to conservative women», *The New Republic*, 20 de Abril de 2017, consultado em: https://newrepublic.com/article/141674/handmaids-tale-hulu-warning-conservative-women.

[40] Ver, por exemplo, Corina Lacatus, «Populism and the 2016 American election: evidence from official press releases and Twitter», *PS: Political Science and Politics*, Vol. 52, No. 2, 2019, pp. 223–228.

a construir consensos. Instalava-se a lógica do populismo. Contudo, os 74 milhões de votos obtidos por Trump em 2020 evidenciavam que os seus eleitores — virtualmente, metade do país que se deslocou às urnas — resistiam às narrativas anti-*trumpistas* do Partido Democrata. Embora os quatro anos de Trump tivessem sido deveras tumultuosos, a economia floresceu até ao início do surto pandémico. A braços com a guerra no Afeganistão e com os compromissos militares assumidos pelos seus antecessores, não se pode dizer que o país se encontrava em plena paz. Todavia, Trump evitara novas guerras.

Ainda que os êxitos da Administração ao longo de quatro anos não fossem desprezíveis, o nebuloso clima de anormalidade na política americana nunca se dissipou. Intuía-se que «as coisas» não eram exactamente como deveriam ser. No preciso momento em que o país procurava adaptar-se a um mundo que deixara de se orientar pelas certezas do passado recente, prevalecia uma sensação de desorientação generalizada. Um radical num país avesso a radicais, Donald Trump desencadeia um momento genuinamente revolucionário na política americana, comparável apenas com as revoluções de Franklin D. Roosevelt e de Ronald Reagan. Cada um destes presidentes, à sua maneira, inaugurou uma fase nova na vida política americana. Através das reformas do *New Deal*, Roosevelt criou um consenso político em torno do Estado intervencionista que utilizava as agências federais para corrigir os excessos do capitalismo.[41] Esse paradigma ficou associado ao Partido Democrata, que mobiliza uma coligação social de votantes heterodoxos para ganhar eleições. Mesmo os presidentes republicanos do pós-1945 — Dwight D. Eisenhower e Richard M. Nixon — aceitam as linhas mestras do consenso *rooseveltiano*.

As perturbações sociais dos anos 1960 e a crise da estagflação da década seguinte afundam o modelo do *New Deal*. A vitória de Ronald Reagan em 1980 origina o paradigma *reaganiano* — frequentemente descrito como neoliberal — que enfatiza os mercados e a diminuição do Estado. Politicamente, o Partido Republicano torna-se dominante e o único presidente democrata eleito nessas décadas — Bill Clinton — não destoa do novo consenso *reaganiano*. Com a crise financeira de 2008, o paradigma evidencia sinais de esgotamento. Trump — e o *trumpismo* — deve

[41] Ver Gary Gerstle, *The Rise and Fall of the Neoliberal Order: America and the World in the Free Market Era*, Oxford, Oxford University Press, 2022, pp. 19–69.

ser entendido como um arquitecto do paradigma pós-2008 que visa colmatar as consequências da globalização e da ordem neoliberal. Ao contrário de Trump, Joe Biden oferece um modelo mitigado da ordem neoliberal. Divergem relativamente ao comércio internacional, à imigração, à «lei e a ordem» e, mais importante, mobilizam coligações sociais que diferem quanto às «questões culturais» que emergiram nos anos mais recentes. Trata-se, pois, de um combate em torno do realinhamento político-partidário futuro, razão pela qual as eleições presidenciais de 2024 serão decisivas.

Como acontece durante todas as revoluções, o *trumpismo* provoca uma reacção *thermidoriana* que desce às ruas antes da tomada de posse do 45.º presidente, marcada para 20 de Janeiro de 2017. Porque Hillary Clinton vencera no voto popular, os manifestantes que se mobilizam para encetar a contra-revolução sugerem que a vitória do presidente no âmbito do Colégio Eleitoral carecia de legitimidade.[42] Rapidamente concluem que um sistema eleitoral que permitira tamanha catástrofe política teria de ser abolido por meio de uma alteração constitucional desencadeada pelo poder da rua. Depois de designarem Trump como um usurpador do poder, exigem a sua imediata destituição, reivindicação feita pela congressista democrata Maxine Waters menos de dois meses depois da tomada de posse do presidente.[43] Na medida em que tanto Trump como os seus adversários radicalizavam os respectivos campos políticos, o país

[42] Para a versão de Hillary Clinton sobre a campanha e o seu desfecho, ver Hillary Rodham Clinton, *What Happened*. Nova Iorque: Simon & Schuster, 2017. Também Jessica Taylor, «Is Hillary Clinton trying to question the legitimacy of Donald Trump winning?» *NPR*, 12 de Dezembro de 2016, consultado em: https://www.npr.org/2016/12/12/505286051/is-hillary-clinton-trying-to-question-the-legitimacy-of-donald-trump-winning, e Louis Nelson, «Clinton won't rule out challenging legitimacy of 2016 election», *Politico*, 18 de Setembro de 2017, consultado em: https://www.politico.com/story/2017/09/18/hillary-clinton-trump-challenge-2016-election-legitimacy-242848. Sobre a confiança/desconfiança dos votantes quanto aos resultados das eleições de 2016, ver Betsy Sinclair, Steven S. Smith e Patrick D. Tucker, «'It's largely a rigged system': voter confidence and the winner effect in 2016», *Political Research Quarterly*, Vol. 71, No. 4, 2018, pp. 854–868.

[43] Ver Harriet Agerholm, «Donald Trump told to "get ready for impeachment" by senior Democrat Maxine Waters», *Independent*, 2 de Março de 2017, consultado em: https://www.independent.co.uk/news/world/americas/us-politics/maxine-waters-donald-trump-democrat-congresswoman-california-get-ready-impeachment-a7642681.html.

invariavelmente sucumbia a uma espiral de «tribalização» que desagua nos acontecimentos de 6 de Janeiro de 2021.

Aliás, a descomunal ira dirigida contra Donald Trump floresce muito antes da votação de Novembro de 2016. Já durante a campanha eleitoral, as elites culturais não se inibiam de expressar o seu indisfarçável desdém pelo candidato. Robert De Niro, um dos mais célebres ícones de Hollywood, lança um anúncio que, no mínimo, exclui os padrões do civismo e do bom gosto. Recorrendo a uma linguagem extremamente grosseira, declara que Trump é «tão descaradamente estúpido. É um *punk*. É um cão. É um porco. Um vigarista. Um artista da treta. Um rafeiro que não sabe do que está a falar. Gostaria de lhe dar um murro na cara».[44] Totalmente destituída de conteúdo político, a crueza da mensagem era um prenúncio da aridez discursiva dos próximos anos. De Niro não seria o único a alimentar o circo político. Imediatamente após a tomada de posse do presidente, Madonna, frente a uma multidão reunida em Washington, para participar numa «Marcha das Mulheres», confessa que gostaria de fazer «explodir» a Casa Branca, presumivelmente enquanto o novo inquilino se encontrasse no interior do edifício.[45] Meses mais tarde, quando a retórica anti-*trumpista* parecia ter atingido o grau zero, Johnny Depp interrogava-se quanto à «última vez que um actor assassinou um presidente».[46] Em escassos meses, a infantil cólera de De Niro dava lugar às medonhas fantasias homicidas de Depp.

Proferidas por algumas das principais referências da cultura *pop* americana, estas e outras declarações evidenciavam o rancor deixado pela corrida presidencial de 2016.[47] Com Trump instalado na Casa Branca,

---

[44] Ver Daniel Kreps, «See Robert De Niro Eviscerate Trump: "I'd like to punch him in the face"», *Rolling Stone,* 8 de Outubro de 2016, consultado em: https://www.rollingstone.com/politics/politics-news/see-robert-de-niro-eviscerate-trump-id-like-to-punch-him-in-the-face-111689.

[45] Ver Sharon Bernstein, «Singer Madonna defende "blowing up the White House" remark», *Reuters,* 23 de Janeiro de 2017, consultado em: https://www.reuters.com/article/us-usa-trump-women-madonna-idUSKBN15704A.

[46] Ver Rachel Elbaum, «Johnny Depp raises "last time an actor assassinated a president"», *NBC News*, 23 de Junho de 2017, consultado em: https://www.nbcnews.com/pop-culture/pop-culture-news/johnny-depp-when-was-last-time-actor-assassinated-president-n775881.

[47] O clima não se alterou significativamente durante os quatro anos da Administração Trump. Chamada a comentar a contenda presidencial de Novembro de 2020, a escritora

as normas de civilidade democrática eram descartadas a um ritmo alucinante. As culpas desta degradação política não eram exclusivas de uma das partes. Se os opositores do presidente ultrapassavam os limites aceitáveis do discurso político, Trump também nunca se esquivou à controvérsia, como atestam os casos *Russiagate*, *Stormy Daniels*, *Access Hollywood*, *Charlottesville*, o *impeachment*, a pandemia, os protestos que se seguiram à morte de George Floyd e, finalmente, a tempestade de 6 de Janeiro de 2021. Exibida em torrentes de *tweets* e em concorridos comícios que galvanizam multidões, a retórica *trumpiana* decididamente não contribuiu para atenuar divisões e unir o país. Mas, a bem da verdade, Trump visava polarizar o país e, assim, mobilizar a base de apoio que esperava levá-lo a um segundo mandato presidencial.

Incendiar o mundo

A política externa dos Estados Unidos também não escapa à revolução *trumpiana*.[48] Quando anuncia a sua candidatura às primárias do GOP, deixa claro que pretendia trilhar um rumo alternativo na cena mundial. Porque a política externa impacta e é simultaneamente impactada pelas especificidades da política interna, a retórica que Trump escolhe empregar em defesa do interesse nacional num mundo *hobbesiano* era parcialmente — apenas parcialmente — destinada ao seu eleitorado.[49] Assume-se como porta-voz dos interesses do «homem comum» e insiste que os «maus

---

Deborah Eisenberg, nas páginas do *The New York Review of Books*, escrevia: «Se o cargo mais poderoso na Terra vai ser preenchido por uma das piores pessoas que a genética humana alguma vez gerou ou por uma das mais medíocres, pensar-se-ia que a escolha seria clara. Mas aparentemente não é, e o mundo espera ansiosamente para que os votos dos cidadãos americanos sejam expressos e tabulados». Ver Jerry Brown, Christopher R. Browning, Deborah Eisenberg, Ben Fountain, Ian Frazier, Henry Louis Gates Jr. e Annette Gordon-Reed, «On the election — I», *The New York Review of Books*, Vol. 67, No. 18, 19 de Novembro de 2020, p. 11.

[48] Uma análise elaborada nos primeiros meses da nova Administração pode ser encontrada em Vasco Rato, «Trump num mundo novo», *Nação e Defesa*, No. 147, 2017, pp. 160–190.

[49] Na Ciência Política, o tratamento clássico deste assunto foi produzido por Robert Putnam, «Diplomacy and domestic politics: The logic of the two-level games», *International Organization*, Vol. 42, No. 3, 1988, pp. 427–460.

acordos comerciais» celebrados no passado seriam imediatamente renegociados — ou liminarmente abandonados —, pois não consentia que os países aliados continuassem a fazer *free-riding* à custa do sangue e do tesouro americanos. Utilizado por Trump com regularidade, o conceito de *free-riding* pretendia denunciar as contribuições inadequadas dos aliados para os desígnios comuns e, não menos importante, para expor a forma como os estrangeiros inescrupulosos que humilhavam o país e as suas gentes se aproveitavam da generosidade americana. Na mundividência de Trump, o *free-riding* perpetuava relacionamentos de tremenda iniquidade entre os Estados Unidos e os seus aliados.

Partindo desta invulgar leitura da realidade internacional, Trump assegura que reduziria substancialmente os recursos destinados a processos de reconstrução nacional (*nation building*) a decorrer em várias regiões do globo, bem como os dinheiros atribuídos às Nações Unidas, à Organização Mundial da Saúde e a instituições internacionais similares.[50] Embora as intenções de Trump em política externa fossem transparentes desde o início da sua caminhada política, alguns dos seus adversários acreditavam que a retórica do candidato não deveria ser levada à letra, pois teria como objectivo mobilizar a sua base de apoio.[51] Outros mantinham que, quando confrontado com as vicissitudes e as complexidades inerentes ao exercício da liderança mundial, Trump abraçaria as políticas seguidas pelos seus antecessores.[52] Outros ainda sugeriam que os colaboradores do presidente — os «adultos na sala» como Rex Tillerson, James Mattis

---

[50] Ver Thomas Weiss, «The UN and multilateralism under siege in the "Age of Trump"», *Global Summitry*, Vol. 4, No. 1, 2018, pp. 1–17.

[51] Ver Alexandra Homolar e Ronny Scholz, «The power of Trump-speak: populist crisis narratives and ontological security», *Cambridge Review of International Affairs*, Vol. 32, No. 3, 2019, pp. 344–364.

[52] Alguns dos adversários políticos do presidente Trump pareciam acreditar que tal moderação havia sido iniciada com o ataque aéreo de Abril de 2017 contra a Síria. Por exemplo, o senador democrata do Illinois Dick Durbin afirmou que o ataque fora «uma indicação de que estão a caminhar no sentido do que costumava ser "a faixa central", o *mainstream* na política externa. [...] Assistimos à moderação da visão de Donald Trump, pois, na Casa Branca, a sua política externa difere daquilo que ouvimos na campanha. Na campanha não recuou um centímetro». Ver Joe Gould, «Trump says NATO "no longer obsolete" in series of foreign policy reversals», *Defense News*, 12 de Abril de 2017, consultado em: https://www.defensenews.com/congress/2017/04/12/trump-says-nato-no-longer-obsolete-in-series-of-foreign-policy-reversals/.

e H.R. McMaster — acabariam por suavizar as suas escolhas mais heterodoxas, garantindo, assim, a continuidade das linhas mestras da política externa americana.[53]

Incapazes de antecipar o tumulto dos quatro anos seguintes, as elites europeias mostraram-se surpreendidas com a abordagem ao mundo delineada pela Administração. Depois de uma tentativa falhada por parte de Theresa May — tida por Trump como uma personagem «irritante» — de cultivar um relacionamento de proximidade com a Casa Branca, Emmanuel Macron procura posicionar-se como o aliado privilegiado do novo presidente. Em contraste, a relação com a chanceler Angela Merkel começa mal e, com a passagem do tempo, torna-se péssima.[54] Os desencontros entre Trump e os líderes europeus, que começam mesmo antes de Trump entrar na Sala Oval, não eram uma fatalidade. Alguns líderes mundiais, incluindo o primeiro-ministro nipónico Shinzō Abe, conseguem a pretendida aproximação ao novo inquilino da Casa Branca. Considerando as opiniões nada abonatórias sobre o Japão expressas por Trump ao longo da década de 1980, o feito hercúleo de Abe afigura-se ainda mais notável.[55] Similarmente, o primeiro-ministro indiano Narendra Modi emerge como um aliado de confiança. As relações de trabalho com Andrés Manuel López Obrador — o presidente populista de esquerda mexicano — seriam pautadas pela cordialidade. Mais surpreendentemente, o canadiano Justin Trudeau transforma-se na principal *bête noire* de Trump, dando origem a uma indisfarçável animosidade mútua que se estende muito para além das naturais diferenças políticas entre

---

[53] Esta perspectiva permeia a interpretação dos acontecimentos relatados em dois livros sobre a relação entre o presidente Trump e o secretário da Defesa Mattis. Cf. Peter Bergen, *Trump and His Generals: The Cost of Chaos*. Nova Iorque: Penguin Press, 2019, e Guy Snodgrass, *Holding the Line: Inside Trump's Pentagon With Secretary Mattis*, Nova Iorque, Sentinel, 2019.

[54] Ver Ivo H. Daalder e James M. Lindsay, *The Empty Throne: America's Abdication of Global Leadership*, Nova Iorque, PublicAffairs, 2018, pp. 63–67.

[55] Sobre os primeiros tempos da relação entre Shinzō Abe e Donald Trump, ver Tobias S. Harris, *The Iconoclast: Shinzō Abe and the New Japan*, Londres, Hurst and Company, 2020, pp. 269–288. Sobre a forma como Trump encarou o Japão ao longo de décadas, perspectiva que, em última análise, moldou toda a sua concepção da política internacional, ver Jennifer Miller, «Let's not be laughed at Anymore: Donald Trump and Japan from the 1980s to the present», *Journal of American-East Asian Relations*, Vol. 25, No. 2, 2018, pp. 138–168.

países vizinhos.[56] Verdadeiramente inesperado, o diálogo ousado (ou deveras imprudente) com Kim Jong-un, destinado a ultrapassar décadas de hostilidade na península coreana, salda-se, em última análise, pela legitimação do tirano em troca de rigorosamente nada. Quanto ao relacionamento russo-americano, seria fortemente condicionado pelo infindável *Russiagate*.[57] As relações com a Rússia ter-se-iam deteriorado ainda mais se a falsa tese do «conluio» propagada pelos democratas durante três longos anos não tivesse sido desmontada.[58]

Constata-se que Donald Trump granjeou importantes vitórias em política externa. Firmou-se a paz entre Israel e vários estados árabes por meio dos Acordos de Abraão, o primeiro avanço numa região há décadas familiarizada apenas com os impasses da diplomacia. Na Síria, apesar de ter sancionado mais uma traição dos martirizados curdos, evitou ser arrastado para um novo imbróglio no Médio Oriente. No Indo-Pacífico, deu os primeiros passos no sentido de delinear uma estratégia coerente para

---

[56] Ver, a título exemplificativo, Krishnadev Calamur, «Trump calls Trudeau "two--faced" after video shows leaders apparently mocking him», *NPR*, 4 de Dezembro de 2019, consultado em: https://www.npr.org/2019/12/04/784549243/trump-calls-trudeau-two-faced, e Colin Robertson, «Donald Trump has ushered in a new global order. Here's how Canada can protect itself», *The Globe and Mail*, 22 de Janeiro de 2019, consultado em: https://www.theglobeandmail.com/opinion/article-donald-trump-has-ushered-in-a-new-global-order-heres-how-canada-can/. Uma avaliação do polémico relacionamento entre Trudeau e Trump ao longo dos quatro anos pode ser encontrada em «Canada--U.S. Relations Updated February 10, 2021», *CRS/Congressional Research Service*, Fevereiro de 2021, consultado em: https://www.everycrsreport.com/files/2021-02-10_96397_4fb3a7ee2a996a33027f72931f52b8abf3cbcac7.pdf; Stephen Blank e Monica Gattinger, «Canada-US relations under president Trump: stop reading the tweets and Look to the Future», *in* Norman Hilmer e Philippe Lagassé (eds.), *Canada Among Nations 2017: Justin Trudeau and Canadian Foreign Policy*, Nova Iorque, Palgrave Macmillan, 2018, pp. 83–101, e Jocelyn Coulon, *Un Selfie avec Justin Trudeau: Regard Critique sur la Diplomatie du Premier Ministre*, Montréal, Québec Amérique, 2018.

[57] Sobre o *Russiagate*, ver Michael S. Schmidt, *Donald Trump v. The United States: Inside the Struggle to Stop the President*, Nova Iorque, Random House, 2020. Narrativas favoráveis a Trump podem ser encontradas em Lee Smith, *The Plot Against the President: The True Story of How Congressman Devin Nunes Uncovered the Biggest Political Scandal in US History*, Nova Iorque, Center Street, 2019, e Lee Smith, *The Permanent Coup: How Enemies Foreign and Domestic Targeted the American President*, Nova Iorque, Center Street, 2020.

[58] Ver Richard Sakwa, *Deception: Russiagate and the New Cold War*, Nova Iorque, Lexington Books, 2022.

reconfigurar a ordem regional.[59] À medida que a ameaça chinesa se tornava incontornável, a Austrália, a Índia e o Japão juntam-se a Washington com o propósito de ressuscitar o moribundo Quad.[60] Por último, estabeleceu um amplo e duradouro consenso bipartidário relativamente à China, que espelhava as novas realidades geopolíticas.[61] Em suma, e independentemente das métricas que queiramos utilizar, o mínimo de isenção demonstra que os êxitos político-diplomáticos de Donald Trump foram verdadeiramente impressionantes.

---

[59] Sobre a crescente importância do Indo-Pacífico, cf. Timothy Doyle e Dennis Rumley (eds.), *The Rise and Return of the Indo-Pacific*, Oxford, Oxford University Press, 2019; Rory Medcalf, *Indo-Pacific Empire: China, America and the Contest for the World's Pivotal Region*, Manchester, Manchester University Press, 2020; Richard Javand Heydarian, *The Indo-Pacific: Trump, China, and the New Struggle for Global Mastery*, Singapura, Palgrave Macmillan, 2020, e Oliver Turner e Inderjeet Parmar (eds.), *The United States in the Indo-Pacific: Obama's Legacy and the Trump Transition*, Manchester, Manchester University Press, 2020. Ver também The Department of Defense, «Indo-Pacific Strategy Report: Preparedness, Partnerships, and Promoting a Networked Region», 1 de Junho de 2019, consultado em: https://media.defense.gov/2019/Jul/01/2002152311/-1/-1/1/DEPARTMENT-OF-DEFENSE-INDO-PACIFIC-STRATEGY-REPORT-2019.PDF, e Department of State, «A Free and Open Indo-Pacific: Advancing a Shared Vision», 4 de Novembro de 2019, p. 6, consultado em: https://www.state.gov/wp-content/uploads/2019/11/Free-and-Open-Indo-Pacific-4Nov2019.pdf.

[60] Com efeito, uma das principais promessas contidas na Estratégia de Segurança Nacional de 2007 era, justamente, a de «aumentar a cooperação quadrilateral com o Japão, a Austrália e a Índia». Ver The White House, «National Security Strategy of the United States of America», December 2017, p. 46, consultado em: https://trumpwhitehouse.archives.gov/wp-content/uploads/2017/12/NSS-Final-12-18-2017-0905.pdf. Cf. também Kevin Rudd, «The convenient rewriting of the history of the quad», *Nikkei Asian Review*, 26 de Março de 2019, consultado em: https://asia.nikkei.com/Opinion/The-Convenient-Rewriting-of-the-History-of-the-Quad, e Huong Le Thu (ed.), *Quad 2.0: New Perspectives for the Revised Concept*, Canberra, Australian Strategic Policy Institute, 2019, p. 2.

[61] Para uma apreciação crítica do novo consenso, ver a carta aberta dirigida ao presidente Trump por académicos especializados em estudos chineses, incluindo M. Taylor Fravel, J. Stapleton Roy e Ezra Vogel, «Opinion: China is not an enemy», *The Washington Post*, 2 de Julho de 2019, consultado em: https://www.washingtonpost.com/opinions/making-china-a-us-enemy-is-counterproductive/2019/07/02/647d49d0-9bfa-11e9-b27f-ed2942f73d70_story.html. A reacção chinesa à carta pode ser encontrada em «Rationality should be anchor for China-Us ties», *Global Times*, 14 de Julho de 2019, consultado em: https://www.globaltimes.cn/content/1157858.shtml. Cf. também Jessica Chen Weiss, «A World safe for autocracy? China's rise and the future of global politics», *Foreign Affairs*, Vol. 98, No. 4, 2019, pp. 92–102, e Mel Gurtov, «The dangerous new US consensus on China and the future of US-China relations», *The Asia-Pacific Journal*, Vol. 17, No. 5, 2019, pp. 1–11.

A resistência europeia

Donald Trump quebrou com os pressupostos que nortearam o comportamento do Estado americano na cena mundial nas décadas posteriores à Segunda Guerra Mundial. Se a constatação não oferece dúvidas de maior, a pergunta que verdadeiramente se impõe é: esses pressupostos continuam válidos ou Trump simplesmente adaptou a política externa às realidades geopolíticas? Por outras palavras, as mudanças resultaram das escolhas de um presidente singular ou, alternativamente, eram — e são — de natureza estrutural?

Logo durante as primárias republicanas, Trump faz saber que abandonaria o consenso bipartidário americano em torno das linhas mestras da política externa do país. Pode-se legitimamente discordar desta sua opção, mas não se pode acusá-lo de ter ludibriado o eleitorado quanto às suas intenções. Com efeito, dispunha de um mandato democrático para cumprir a sua agenda *America First*. Mesmo assim, o *trumpismo* suscita enormes preocupações nas chancelarias aliadas porque a política externa do presidente assentava no imperativo de redefinir os relacionamentos americanos que, no seu conjunto, sustentavam a ordem liberal internacional. Países aliados — em particular, os europeus — pareciam acreditar que a ambiguidade de Trump quanto à ordem liberal era anómala; que representava uma quebra com as tendências e as preferências históricas dos decisores americanos. Supunham que a mundividência do presidente era uma excentricidade pessoal que simplesmente não encontrava qualquer espécie de ressonância no país. A partir desta convicção, a generalidade das elites europeias, com a alemã na vanguarda, concluía que a única forma de encarar o *trumpismo* era esperar por melhores dias. Quando Trump abandonasse a Casa Branca, a normalidade regressaria à relação transatlântica. Esta ilusão — pois sempre se tratou de uma colossal ilusão — trouxe inúmeros dissabores às partes que mergulhavam numa aterradora espiral de conflitualidade, ressentimento e recriminação.

Antevê-se uma problemática relação com a Europa quando Donald Trump afirma que os resultados do referendo *Brexit* de Junho de 2016 traduzem uma «grande vitória» dos eleitores britânicos que acabavam de expressar o seu «direito sagrado» de recuperar a independência nacional.[62] Sugeria que a escolha indiciava um repúdio mais amplo da «imigração aberta» e da «elite global cosmopolita» insensível aos problemas das «pessoas reais».[63] As declarações sobre o *Brexit* não eram inocentes. Dado que Trump comungava das preocupações que motivavam os apoiantes do *Brexit* a abandonar a União Europeia, o eleitor americano via em Trump um veículo para «rejeitar o governo actual da elite global» e para «abraçar uma mudança real que proporcionasse um governo do povo, pelo povo e para o povo».[64] Para as elites europeias, as palavras do candidato republicano configuravam uma inaceitável investida dirigida contra a própria União Europeia numa fase decisiva da sua história.

Consideravelmente mais grave do que o teor das críticas ao projecto europeu, Trump — numa entrevista concedida ao *The New York Times* coincidente com a sua nomeação oficial como porta-estandarte presidencial do GOP — caracteriza a Organização do Tratado do Atlântico Norte (NATO) como «obsoleta» porque, alega, não se encontrava suficientemente empenhada no combate ao terrorismo. Pouco tempo depois, admite rever o compromisso americano com o Artigo 5.º, que prevê a defesa mútua em caso de ataque contra um estado-membro. Sugere que as obrigações decorrentes do Artigo 5.º seriam respeitadas se os aliados tivessem cumprido «as suas obrigações para connosco»; ou seja, não seriam necessariamente respeitadas se os países a necessitar de assistência não tivessem atribuído 2% do PIB bruto para despesas de defesa, conforme o acordado na Cimeira da NATO do País de Gales de 2014.[65]

---

[62] Em visita à Escócia em meados de 2016, Trump diz: «Acho que realmente as pessoas vêem um grande paralelo. Muita gente está a falar sobre isso. Não só os Estados Unidos, mas outros países. As pessoas querem ter os seus países de volta. Num certo sentido, querem ter independência. [...] Vê-se isso em toda a Europa e em muitos outros casos em que querem retomar as fronteiras. Querem ser monetários [*sic*] de volta. Querem muitas coisas de volta. Querem ter um país novamente. Eu acho que se vai ter cada vez mais isso. Eu realmente acredito nisso. E está a acontecer nos Estados Unidos». Ver Ewen MacAskill, «Donald Trump arrives in UK and hails Brexit vote as "great victory"», *The Guardian*, 26 de Junho de 2016, consultado em: https://www.theguardian.com/us-news/2016/jun/24/donald-trump-hails-eu-referendum-result-as-he-arrives-in-uk.

[63] *Ibid.*

[64] *Ibid.*

[65] Ver «Transcript: Donald Trump on NATO, Turkey's coup attempt and the world», *The New York Times*, 21 de Julho de 2016, consultado em: https://www.nytimes.com/2016/07/22/us/politics/donald-trump-foreign-policy-interview.htm.

As preocupações de Trump quanto à partilha de encargos (*burden-sharing*) não eram inéditas, pois há décadas que eram fonte de discórdia entre os estados-membros.[66] Aliás, pouco antes, Robert Gates, secretário da Defesa de Barack Obama, antevia um «futuro sombrio» para a Aliança Atlântica caso os parceiros europeus não alocassem mais verbas à defesa.[67] Nos derradeiros dias de Maio de 2017, aquando da sua primeira visita oficial à Europa, o presidente americano recusa fazer uma reafirmação explícita do Artigo 5.º durante o seu discurso inaugural na Cimeira de Bruxelas da NATO.[68] Passado um mês, em visita oficial à Polónia, insiste que os Estados Unidos «demonstraram não só com palavras, mas também com acções, que apoiamos o Artigo 5.º».[69] Tão clara

Para declarações semelhantes, ver «A transcript of Donald Trump's meeting with *The Washington Post* editorial board», *The Washington Post*, 21 de Março de 2016, consultado em: https://www.washingtonpost.com/blogs/post-partisan/wp/2016/03/21/a-transcript-of-donald-trumps-meeting-with-the-washington-post-editorial-board/.

[66] Sobre o *background* da polémica em torno do *burden-sharing* na NATO, ver, por exemplo, Jyoti Khanna e Todd Sandler, «NATO burden sharing: 1960–1992», *Defence and Peace Economics*, Vol. 7, No. 2, 1996, pp. 115–133; Keith Hartley e Todd Sandler, «NATO burden-sharing: past and future», *Journal of Peace Research*, Vol. 36, No. 6, 1999, pp. 665–680; Alan Tonelson, «NATO Burden-sharing: promises», *Journal of Strategic Studies*, Vol. 23, No. 3, 2000, pp. 31–38, e Ellen Hallams e Benjamin Schreer, «Toward a "post-American" alliance? NATO burden sharing after Libya», *International Affairs*, Vol. 88, No. 2, 2012, pp. 313–327.

[67] Ver, por exemplo, US Department of Defense, «The security and defense agenda (future of NATO). Speech by Secretary of Defense Robert Gates, Brussels», 10 de Junho de 2011, consultado em: http://www.defense.gov/speeches/speech.aspx?speechid=1581, e Michael Birnbaum, «Gates rebukes European allies in farewell speech», *The Washington Post*, 10 de Junho de 2011, consultado em: https://www.washingtonpost.com/world/gates-rebukes-european-allies-in-farewell- speech/2011/06/10/AG9tKeOH_story.html.

[68] Para o discurso completo, ver «Remarks by President Trump at NATO unveiling of the Article 5 and Berlin Wall Memorials — Brussels, Belgium», 17 de Maio de 2017, consultado em: https://ru.usembassy.gov/remarks-president-trump-nato/. Ver também Thomas Wright, «Trump remains a NATO skeptic», *The Atlantic*, 27 de Maio de 2017, consultado em: https://www.theatlantic.com/international/archive/2017/05/trump-nato-article-five-israel-saudi-arabia/528393/. Cf. ainda Michael D. Shear, Mark Landler e James Kanter, «In NATO speech, Trump is vague about mutual defense pledge», *The New York Times*, 25 de Maio de 2017, consultado em: https://www.nytimes.com/2017/05/25/world/europe/donald-trump-eu-nato.html?searchResultPosition=1.

[69] Ver «In Warsaw, Trump reaffirms article 5 commitment, criticizes Russia's "destabilizing behavior"», *Radio Free Europe/Radio Liberty*, 16 de Julho de 2017, consultado em: https://www.rferl.org/a/trump-europe-trip-poland-warsaw-visit/28597961.html.

quanto tardia, a reafirmação das garantias de segurança proporcionadas pela NATO não impede o presidente de continuar a pressionar os aliados para aumentarem as suas contribuições financeiras. Seria um esforço inglório e, um ano depois, na Cimeira de Bruxelas da NATO de 2018, afirmava que as verbas destinadas à defesa deveriam atingir 4% do PIB bruto, o dobro do estipulado durante a Cimeira do País de Gales.[70]

A abordagem transaccional de Trump quanto à segurança transatlântica espelhava a sua convicção de que os Estados Unidos eram «vampirizados» pelos aliados. Via a organização quase exclusivamente — se não mesmo exclusivamente — como um veículo para garantir a segurança de países europeus há muito recuperados dos efeitos da Segunda Guerra Mundial. Munido desta leitura, não se deve estranhar que o foco do presidente incidisse sobre a disparidade das contribuições financeiras — nem surpreende a sua profunda convicção de que os Estados Unidos suportavam um custo demasiado elevado para o retorno que a NATO lhes proporcionava. Esta postura é retratada numa notícia do *The New York Times*, de 15 de Janeiro de 2019, que relatava que o presidente e os seus conselheiros mais próximos chegaram a equacionar a possibilidade de os Estados Unidos abandonarem a NATO caso os europeus não assumissem uma fatia maior do seu financiamento.[71] Elaborada a partir de fontes anónimas, e categoricamente desmentida pela Casa

---

[70] Ver Ewen MacAskill e Pippa Crerar, «Donald Trump tells Nato allies to spend 4% of GDP on defence», *The Guardian*, 11 de Julho de 2018, consultado em: https://www.theguardian.com/world/2018/jul/11/donald-trump-tells-nato-allies-to-spend-4-of-gdp-on-defence.

[71] Ver Julian E. Barnes e Helene Cooper, «Trump discussed pulling U.S. from NATO, aides say amid new concerns over Russia», *The New York Times*, 14 de Janeiro de 2019, consultado em: https://www.nytimes.com/2019/01/14/us/politics/nato-president-trump.html?searchResultPosition=1. Em resposta, em Janeiro de 2019, uma coligação bipartidária de democratas e republicanos na Câmara dos Representantes aprova a NATO Support Act por uma margem esmagadora de 357 contra 22 votos. A Lei afirmava que a Câmara: «(i) apoia fortemente a decisão da Cimeira da NATO do País de Gales de 2014 de que cada membro da aliança tentaria alocar pelo menos 2% do seu Produto Interno Bruto em defesa até 2024; (ii) condena qualquer ameaça à soberania, à integridade territorial, à liberdade e à democracia de qualquer aliado da NATO; e (iii) congratula-se com a ascensão da República do Montenegro como o 29.° membro da Aliança». Ver «H.R.676 — 116th Congress (2019–2020)», consultado em: https://www.congress.gov/bill/116th-congress/house-bill/676/text.

Branca, a notícia alimenta a suspeição de que Trump voltara costas à Aliança Atlântica.

Com Donald Trump submerso em polémicas, os principais documentos estratégicos elaborados pela Administração apontam para a indispensabilidade da relação transatlântica. Por exemplo, a *Estratégia de Segurança Nacional* de Dezembro de 2017 reconhecia que uma «Europa forte e livre é de importância vital para os Estados Unidos».[72] Concluindo que «os Estados Unidos estão mais seguros quando a Europa é próspera e estável e pode ajudar a defender os nossos interesses e ideais comuns», o documento reitera que Washington se encontrava «firmemente comprometida com os nossos aliados e parceiros europeus».[73] No tocante à NATO, sublinha-se que «a aliança de estados livres e soberanos é uma das nossas grandes vantagens sobre os nossos concorrentes, e os Estados Unidos continuam empenhados no Artigo 5.º do Tratado de Washington».[74] De forma similar, a Estratégia de Defesa Nacional emitida pelo Pentágono em Fevereiro de 2018 destaca o enorme valor estratégico da NATO na «defesa da liberdade, na dissuasão da guerra e na manutenção das regras que sustentam uma ordem internacional livre e aberta».[75] Independentemente do inegável desconforto gerado pelas assimetrias resultantes da partilha de custos, entende-se que a NATO não deixava de ser um dos pilares estruturantes da ordem internacional.

Dir-se-á que as declarações contidas nos documentos estratégicos da Administração Republicana deveriam ter dissipado a convicção europeia de que a abordagem transaccional de Trump em política internacional configurava uma ameaça à coesão da NATO.[76] Mas não dissiparam.

---

[72] Ver The White House, «National Security Strategy of the United States of America», December 2017, *op. cit.*, p. 48.

[73] *Ibid.*

[74] *Ibid.*

[75] Cf. Department of Defense, «Summary of the National Defense Strategy of the United States of America: Sharpening the American Military's Competitive Edge», 2018, p. 8, consultado em: https://dod.defense.gov/Portals/1/Documents/pubs/2018-National-Defense-Strategy-Summary.pdf.

[76] Por exemplo, Gorm Rye Olsen afirma que os Estados Unidos permaneceram na NATO devido à centralidade da Aliança Atlântica na cultura estratégica dos EUA, a uma opinião pública favorável à aliança e ao apoio firme do Congresso, que limitou um «impulsivo» e «imprevisível» Donald Trump. Ver Gorm Rye Olsen, «Donald Trump and NATO: Limitations on the power of an unpredictable president», *in* Fulvio Attinà (ed.),

Uma apreciação mais serena — e historicamente informada — teria aconselhado a desdramatização das divisões existentes no seio da Aliança Atlântica, até porque as diferenças de opinião não eram inéditas e, afinal, os interesses vitais dos membros acabaram sempre por desarmadilhar a lógica da desagregação.[77] Dito de forma diferente, a Aliança Atlântica era demasiado importante para poder sucumbir às desavenças em torno do seu financiamento, até porque qualquer «alternativa europeia» à NATO seria consideravelmente mais onerosa para o tesouro dos estados continentais. Concentrada nos desafios emergentes no Indo-Pacífico, a América sinaliza que pretende diminuir o seu envolvimento nos demais teatros geoestratégicos, incluindo na Europa. Neste novo quadro estratégico, e atendendo à assimetria de poder que separava os Estados Unidos da Europa, Trump mantinha que os aliados deveriam demonstrar maior empenho financeiro na defesa e na segurança.[78] No abstracto, os europeus concordavam com a conclusão, mas diziam repudiar os métodos utilizados pela Administração.

Em alguns corredores do poder europeu, Washington deixara de ser um aliado fiável. Emmanuel Macron alerta que era tempo de «acordar» porque deixara de ser possível confiar na América para defender os estados--membros da NATO.[79] Afirma que «estamos actualmente a viver a morte cerebral da NATO» e, porque a América de Trump «nos virou as costas» num mundo de novos riscos gerados pela China, pela Rússia e pela Turquia, a Europa teria de abandonar a sua autopercepção de «potência económica».[80] Teria de passar a raciocinar estrategicamente, como cabia a uma potência «geopolítica», porque, caso contrário, criar-se-ia

---

World Order Transition and the Atlantic Area: Theoretical Perspectives and Empirical Analysis, Cham, Springer, 2021, pp. 123–141, e Uri Friedman, «Trump vs. NATO: It's not just about the money», *The Atlantic*, 12 de Julho de 2018, consultado em: https://www.theatlantic.com/international/archive/2018/07/trump-nato-allies/564881/.

[77] Ver Joyce P. Kaufman, «The US perspective on NATO under Trump: lessons of the past and prospects for the future», *International Affairs*, Vol. 93, No. 3, 2017, pp. 251–266.

[78] Ver Alina Polyakova e Benjamin Haddad, «Europe alone: What comes after the Transatlantic Alliance», *Foreign Affairs*, Vol. 98, No. 4, 2019, pp. 109–120.

[79] Cf. «Emmanuel Macron warns Europe: NATO is becoming brain-dead», *The Economist*, 7 de Novembro de 2019, consultado em: https://www.economist.com/europe/2019/11/07/emmanuel-macron-warns-europe-nato-is-becoming-brain-dead.

[80] *Ibid.*

um «risco considerável de, a longo prazo, desaparecermos geopoliticamente ou, pelo menos, de deixarmos de ter o controlo do nosso destino».[81] Com efeito, o poderio estratégico europeu só poderia ser plenamente consolidado se a «soberania militar» fosse resgatada. Mais de dois anos antes de Macron ter reparado na «morte cerebral» da Aliança Atlântica, Angela Merkel admitia que «os europeus realmente têm de tomar o nosso destino nas nossas próprias mãos» porque a «época em que podíamos confiar totalmente nos outros até certo ponto acabou».[82] Veterana de múltiplos conflitos que a opunham ao presidente americano, a chanceler tenta conservar alguns equilíbrios e, por isso, recusa subscrever as «palavras drásticas de Macron» sobre a NATO, porque «não creio que tais juízos arrebatadores sejam necessários, mesmo que tenhamos problemas e precisemos de nos unir».[83] Embora implicitamente assumindo uma parcela da responsabilidade pela degradação das relações transatlânticas, Merkel recusa seguir Macron rumo ao precipício.

Em última análise, Macron e Josep Borrell, Alto Representante da União para os Negócios Estrangeiros e a Política de Segurança, concluíram que o cepticismo de Trump quanto à União Europeia, o apoio dado ao *Brexit* e as suas dúvidas relativamente à garantia de segurança da NATO eram razões suficientes para robustecer a cooperação europeia em matéria de segurança e defesa. Um inequívoco sinal desta mudança ocorre em Junho de 2016, quando, dias depois do referendo *Brexit*, a *Estratégia Global da União Europeia para a Política Externa e de Segurança* (EUGS) era apresentada publicamente. Tratava-se de um projecto de «autonomia estratégica» que ambicionava reduzir a dependência europeia face às tradicionais garantias de segurança americanas.[84]

---

[81] *Ibid.*

[82] Ver Michael Birnbaum e Rick Noack, «Following Trump's trip, Merkel says Europe can't rely on "others". She means the U.S.», *The Washington Post*, 28 de Maio de 2017, consultado em: https://www.washingtonpost.com/world/following-trumps-trip-merkel-says-europe-cant-rely-on-us-anymore/2017/05/28/4c6b92cc-43c1-11e7-8de1-cec59a9bf4b1_story.html.

[83] Ver Angelique Chrisafis, «Macron criticized by US and Germany over Nato "brain death" claims», *The Guardian*, 7 de Novembro de 2019, consultado em: https://www.theguardian.com/world/2019/nov/07/macron-warns-of-nato-brain-death-as-us-turns-its-back-on-allies.

[84] O documento pode ser lido em «Shared Vision, Common Action: A Stronger Europe. A Global Strategy for the European Union's Foreign and Security Policy,

A mesmíssima preocupação leva Jean-Claude Juncker, presidente da Comissão Europeia, a defender um Fundo Europeu de Defesa (FED) assegurado pelo orçamento comunitário.[85] Nenhuma destas iniciativas justificava a afirmação hiperbólica da Comissão Europeia, contida num documento de Junho de 2017 versando o futuro da defesa europeia, de que «nos últimos dois anos se conseguiu mais do que nos últimos sessenta».[86]

A somar às divergências no âmbito da segurança e defesa, os atritos transatlânticos estendiam-se ao comércio internacional. A abordagem multilateral seguida por Barack Obama — exemplificada pelas negociações da Parceria Trans-Pacífico (TPP) e da Parceria Transatlântica de Comércio e Investimento EUA-UE (TTIP) — dava lugar à orientação transaccional de Trump, que colide frontalmente com a perspectiva europeia. Convencido da «injustiça» causada por um sistema comercial global assente em «acordos comerciais desactualizados e desequilibrados», Trump exige a revisão dos acordos de comércio livre anteriormente celebrados pelos Estados Unidos, incluindo o Acordo de Comércio Livre Norte-Americano (NAFTA) e o Acordo de Comércio Livre Coreia-EUA (KORUS FTA), apontados por Trump como exemplos de «comércio estúpido».[87] Inclusivamente, retrata o NAFTA como o «pior» acordo comercial de sempre.[88] Propunha interromper as negociações em torno

---

European Union Global Strategy (EUGS)», Junho de 2016, consultado em: https://eeas.europa.eu/sites/default/files/eugs_review_web_0.pdf. Para uma discussão, cf. Nathalie Tocci, «The making of the EU global strategy», *Contemporary Security Policy*, Vol. 37, No. 3, 2016, pp. 461–472; Karen E. Smith, «A European Union global strategy for a changing world?», *International Politics*, Vol. 54, No. 4, 2017, pp. 503–518, e Ana E. Juncos, «Resilience as the new EU foreign policy paradigm: A pragmatist turn?», *European Security*, Vol. 26, No. 1, 2017, pp. 1–18.

[85] O discurso de Jean-Claude Juncker a explicitar a proposta pode ser lido em European Commission, «State of the Union Address 2016: Towards a better Europe — a Europe that protects, empowers and defends», Strasbourg, Press Release, September 14, consultado em: https://ec.europa.eu/commission/presscorner/detail/en/SPEECH_16_3043.

[86] Ver «Questions and Answers: the Future of European Defence», *European Commission Memo*, 7 de Junho de 2017, consultado em: https://ec.europa.eu/commission/presscorner/detail/en/MEMO_17_1517.

[87] Ver Kristen Hopewell, «Trump and trade: the crisis in the multilateral trading system», *New Political Economy*, Vol. 26, No. 2, 2021, pp. 271–282.

[88] Cf. Julie Hirschfeld Davis e Alan Rappeport, «After calling Nafta "worst trade deal", Trump appears to soften stance», *The New York Times*, 30 de Março de 2017, consultado em: https://www.nytimes.com /2017/03/30/business/nafta-trade-deal-trump.html.

da TPP, da TTIP e da Organização Mundial do Comércio (OMC), descrita pelo presidente como «fracassada» e a carecer de vasta reforma. Ao mesmo tempo, reafirma a soberania nacional por meio da rigorosa aplicação da legislação comercial americana e de uma actuação determinada do Office of the US Trade Representative no combate às «práticas comerciais desleais» que tantos danos provocavam na economia nacional. As relações comerciais teriam de ser formuladas em conformidade com os interesses dos Estados Unidos, particularmente com os dos trabalhadores mais vulneráveis, cujos postos de trabalho eram deslocalizados para países em vias de desenvolvimento.

Olhando para o comércio como um jogo de soma-zero, Trump concluíra que os colossais défices comerciais americanos eram fruto da sistemática violação das regras que regulavam o comércio recíproco. Numa entrevista concedida à CBS News, censurou as práticas comerciais «injustas» da União Europeia (UE), que descreve como o «maior inimigo» dos Estados Unidos.[89] A abordagem que faz à segurança nacional americana leva-o a identificar a UE como uma ameaça que precisava de ser enfrentada por intermédio da diplomacia económica coerciva. Com o intuito de reequilibrar as relações comerciais transatlânticas, admitia aplicar tarifas selectivas aos bens europeus, incluindo os automóveis alemães. Em 1 de Junho de 2018, invocando a Secção 232 do *Trade Expansion Act* de 1962, que autoriza o presidente a solicitar ao Departamento de Comércio que se debruce sobre as consequências para a segurança nacional resultantes da importação de mercadorias específicas, Trump impõe uma tarifa de 25% às importações de aço e uma tarifa de 10% ao alumínio oriundo da União Europeia. Embora a Secção 232 tenha sido ferozmente contestada pela parte europeia, a Administração sustentava que as medidas conformavam com o direito comercial internacional que permitia que os estados-membros da OMC agissem para salvaguardar os seus «interesses vitais de segurança».[90] A crise geral das relações transatlânticas estava instalada.

---

[89] Ver «"I think the European Union is a foe", Trump says ahead of Putin meeting in Helsinki», CBS News, *Face the Nation*, 15 de Julho de 2018, consultado em: https://www.cbsnews.com/news/donald-trump-interview-cbs-news-european-union-is-a-foe-ahead-of-putin-meeting-in-helsinki-jeff-glor/.

[90] A Administração Trump mantinha que a Secção 232 estava em conformidade com o direito comercial internacional. Se a investigação do Departamento do Comércio

Em última análise, o que motiva Trump a agir de forma tão heterodoxa? A chave que explica a sua política externa reside na convicção de que a América se encontrava numa fase de declínio nacional acelerado. Para reverter o processo — para fazer a América novamente grande —, era necessário provocar uma revolução na política externa.

* * *

Este livro versa três temas essenciais: Trump, o *trumpismo* e a Europa. Debruça-se sobre o surgimento de Trump e a consolidação do *trumpismo* como corrente política dominante no Partido Republicano. Situa o *trumpismo* no contexto da política externa americana, sugerindo que as ideias defendidas por Trump não eram, de forma alguma, estranhas à tradição americana. Por outras palavras, o *trumpismo* em política externa não desaparece com a saída de palco de Donald Trump. Por último, olha para as tensões no relacionamento transatlântico, concluindo que a parte europeia não era desprovida de responsabilidades pela degradação das relações com os Estados Unidos.

Tenho plena consciência de que alguns leitores ficarão desagradados com as páginas que se seguem. Não obedecem aos trâmites do «politicamente correcto» nem às linhas mestras das narrativas simplistas que, por vezes, passam por comentário e análise. De ambos os lados do Atlântico, rios de tinta têm sido desperdiçados em polémicas estéreis entre os admiradores e os adversários de Donald Trump. Os resultados mais palpáveis desse esforço têm sido a obstrução do debate imparcial, a propagação de estereótipos, o domínio de caricaturas, o exacerbamento das paixões

---

determinasse que certas importações produziam efeitos adversos para a segurança nacional, o presidente poderia, segundo a Administração, ajustar o nível de importações ou decidir impor tarifas ou quotas. Rachel F. Fefer esclarece: «Enquanto restrições comerciais unilaterais podem parecer contrariar compromissos americanos com a liberalização comercial no âmbito dos acordo da OMC, o Artigo XXI do GATT, que antecede a OMC e foi um dos seus acordos fundacionais, permite que membros da OMC tomem medidas para proteger "interesses essenciais de segurança"». Cf. Rachel F. Fefer (coord.), «Section 232 Investigations: Overview and Issues for Congress», *CRS/ Congressional Research Service*, 2 de Abril de 2019, p. 5, consultado em: https://www.everycrsreport.com/files/20190402_R45249_3483d505901bab746f84e294ba4d807c59739c59.pdf.

políticas e a ausência de juízos minimamente equilibrados sobre os anos Trump. Para contrariar este estado lastimável das coisas, o livro analisa a era *trumpiana* e as suas repercussões no contexto em que os acontecimentos se desenrolaram. Trump deve ser analisado de forma desapaixonada e, mais importante ainda, no seu contexto histórico-cultural. Tal como o legado de qualquer outro presidente, também o de Trump será sujeito a inúmeras revisões ao longo das décadas. A última palavra sobre Trump e o *trumpismo*, se é que possa existir uma última palavra, aguarda a *long view* que apenas o distanciamento histórico pode proporcionar.

Não se entenda este livro como uma apologia nem como uma condenação da presidência de Donald Trump, pois maniqueísmos são incompatíveis com o rigor que se espera da análise política. Seria seguramente mais fácil — e mais aceitável — escrever um livro a demonizar Trump. Talvez não fosse necessário fazê-lo porque há uma indústria dedicada a esse fim, mas as coisas são o que são. Sou crítico de vários aspectos do *trumpismo* e, obviamente, menos crítico em relação a outros. Parece-me normal que assim seja, que não tenhamos uma posição inteiramente favorável ou desfavorável em relação aos quatro anos de Donald Trump, até porque o período se salda pela ambiguidade e pela contradição.

Três razões de natureza conjuntural justificam a publicação deste trabalho. Primeira, creio que não vimos o fim político de Donald John Trump, que, em 15 de Novembro de 2022, anunciou uma nova candidatura às eleições presidenciais de 2024. Mesmo que a candidatura em curso se revele um fracasso, a influência de Trump dentro do Partido Republicano é hoje incontornável, razão pela qual poucos duvidam que qualquer candidato apresentado pelo GOP aos eleitores defenderá o essencial do legado político-ideológico do *trumpismo*. Segundo, e mais importante, o mandato de Trump afigura-se como um período deveras traumático nas relações transatlânticas e, por isso, julgo ser imperativo compreendê-lo de modo a suavizar disrupções futuras. Esta razão seria — por si só — suficiente para justificar a escrita destas páginas.

Mas há uma terceira razão que, à medida que o tempo passa, certamente se irá revelar mais significativa. Os quatro anos da Administração Trump representam uma linha de demarcação na política internacional. Há um mundo antes de Trump, outro depois de Trump. A sua passagem pela Sala Oval tornou nítida a degradação do «velho mundo» e aclarou os contornos do novo. Esse «novo mundo», cujos traços eram visíveis antes do sismo eleitoral de 2016, acarreta a morte lenta da ordem liberal, ameaçada pelo surgimento da China, pelo revisionismo russo e pelos crescentes constrangimentos impostos ao exercício do poderio americano. Creio que esse «novo mundo» não será do agrado da generalidade das pessoas que vivem no Ocidente. Garantidamente, não é do meu.

Trump não aponta para um mundo mais liberal, tolerante e seguro. Bem pelo contrário. Aponta para um mundo de rivalidades intensas, um mundo pós-europeu centrado no Indo-Pacífico. Um mundo crescentemente *hobbesiano* ou simplesmente indiferente aos valores que são o património comum ocidental. Um mundo menos democrático e menos livre. Recorrendo a uma metáfora imperfeita, dir-se-á que Trump foi como que um raio que nos permitiu ver a realidade com maior nitidez. Mas, tal como na «alegoria da caverna», nada nos obriga a ver aquilo que a luz ilumina. Por vezes, a tentação é mesmo fechar os olhos. Foi o que a Europa, e Angela Merkel em particular, fez durante anos. Trump foi um sintoma da crise geopolítica, não a causou. Mas moldou esse novo mundo e, provavelmente, mais profundamente do que hoje pensamos. Se o próximo presidente americano for Trump — ou um *trumpista* —, tudo se tornará ainda mais claro.

CAPÍTULO 1
O INTRUSO

The commonwealth of Athens is become a forest of beasts.
William Shakespeare, *Timon of Athens*

As vicissitudes da política americana são usualmente acompanhadas com o máximo de atenção nos quatro cantos do planeta. Mesmo assim, o voto do dia 8 de Novembro de 2016 mereceu redobrada atenção, pois a vertiginosa ascensão da República Popular da China, a tenebrosa assertividade geoestratégica da Rússia, o inesperado desfecho do referendo *Brexit* e a revolução populista a varrer várias regiões do globo faziam da escolha um momento ímpar.[91] A partir dos primeiros dias da longuíssima campanha que culmina com o inesperado triunfo de Donald Trump, os protagonistas que se digladiavam para conquistar a presidência monopolizavam a atenção das opiniões públicas mundiais. À esquerda, a inevitável Hillary Clinton e o excêntrico «socialista independente» Bernie Sanders enredam-se num combate hercúleo que punha em evidência duas visões antagónicas quanto à natureza e ao futuro próximo do Partido Democrata.

[91] Sobre a corrida presidencial de 2016, ver, *inter alia*, Roger Stone, *The Making of the President 2016: How Donald Trump Orchestrated a Revolution*, Nova Iorque, Skyhorse Publishing, 2017; Joel Pollak e Larry Schweikart, *How Trump Won: The Inside Story of a Revolution*, Washington, Regnery Publishing, 2017; Jonathan Allen e Amie Parnes, *Shattered: Inside Hillary Clinton's Doomed Campaign*, Nova Iorque, Crown, 2017; Doug Wead, *Game of Thorns: The Inside Story of Hillary Clinton's Failed Campaign and Donald Trump's Winning Strategy*, Nova Iorque, Hachette, 2017; Katy Tur, *Unbelievable: My Front-Row Seat to the Crazies Campaign in American History*, Nova Iorque, Dey St., 2017, e Steven E. Schier e Todd E. Eberly, *How Trump Happened: A System Shock Decades in the Making*, Londres, Rowman & Littlefield, 2020.

Liderada por Clinton, a ala centrista batia-se contra o rosto mais visível da insurreição socialista que movia o partido para a esquerda.[92] Relativamente ao papel dos Estados Unidos na cena mundial, Clinton, como era expectável, saía em defesa do internacionalismo perfilhado pelo *establishment*. Sanders, em contraste, distanciava-se dos acordos de comércio livre, do intervencionismo militar no estrangeiro e dos demais pilares do consenso bipartidário em torno da política externa.[93]

Se a contenda entre os dois candidatos democratas cativa, a insólita corrida republicana hipnotiza.[94] Ao todo, 17 homens e mulheres percorriam o país em busca dos 1237 delegados necessários para selar a nomeação do partido na Convenção Nacional de Julho de 2016, a realizar na cidade de Cleveland. Representativas das várias correntes de opinião coexistentes no interior da «grande tenda» que era o Partido Republicano (GOP), as candidaturas convergiam num aspecto fundamental: professavam lealdade à ortodoxia decretada por Ronald Reagan em torno da liberalização da imigração, do comércio livre, da promoção da democracia e da primazia do poderio internacional dos Estados Unidos. Último dos candidatos a resistir à arrasadora máquina de campanha de Trump, o senador texano Ted Cruz encarna o optimismo *reaganista* ao recordar

---

[92] Sobre os movimentos Occupy Wall Street, Black Lives Matter e os demais grupos de activistas de esquerda que exerceram tremenda influência nas primárias do Partido Democrata, ver Sarah Jaffe, *Necessary Trouble: Americans in Revolt*, Nova Iorque, Bold Type Books, 2016.

[93] Sobre as propostas de política externa dos dois candidatos democratas, ver Stephen Collinson, «How would Bernie Sanders deal with the world?», *CNN*, 6 de Fevereiro de 2016, consultado em: https://edition.cnn.com/2016/02/05/politics/bernie-sanders-foreign-policy-hillary-clinton/index.html; Scott Horsley, «Understanding Bernie Sanders' foreign policy approach», *NPR*, 14 de Abril de 2016, consultado em: https://www.npr.org/2016/04/14/474134063/understanding-bernie-sanders-foreign-policy-approach, e Amir Handjani, «Commentary: Hillary Clinton's foreign policy problema», *Reuters*, 9 de Junho de 2016, consultado em: https://www.reuters.com/article/us-clinton-foreign-policy-commentary-idUSKCN0YU2UT.

[94] Sobre as lutas internas do Partido Republicano antes de 2016, ver Tim Alberta, *American Carnage: On the Front Lines of the Republican Civil War and the Rise of President Trump*, Nova Iorque, Harper, 2019; Julian E. Zelizer, *Burning Down the House: Newt Gingrich, The Fall of a Speaker, and the Rise of the New Republican Party*, Nova Iorque, Penguin Press, 2020, e Andrew E. Busch e William G. Mayer, *The Elephant in the Room: Donald Trump and the Future of the Republican Party*, Nova Iorque, Rowman & Littlefield, 2022.

que o saudoso presidente compreendia que «há poder em simplesmente dar voz aos valores do povo americano e falar a verdade com um sorriso tem uma enorme força. Foi o que Reagan fez todos os dias e o que eu estou a tentar fazer nesta campanha».[95] Para Cruz, o *reaganismo* traduzia um espírito empático, um optimismo *feel good* que contrastava com a vaga de ressentimento dominante na campanha de 2016. A observação apontava para uma verdade gritante: a herança de Ronald Reagan deixara de ser unânime porque um intruso nova-iorquino fazia questão de destoar do *mainstream* republicano. Mas os *reaganistas* porventura esqueciam que, a seu tempo, o ex-governador da Califórnia também destoou do *establishment*.

Com o desenrolar das primárias, os eleitores democratas congregam-se em redor da mulher que desde o início dos anos 1990 marcava presença fixa no palco político-mediático. Antiga primeira-dama, ex-senadora do estado de Nova Iorque, aspirante presidencial em 2008 e primeira secretária de Estado de Barack Obama, Hillary Clinton encarnava o *foreign policy establishment*. Acrescenta-se que a sua candidatura era genuinamente histórica pela simples razão de que nenhum dos grandes partidos tinha antes apresentado uma mulher como candidata ao mais elevado cargo político do país. Quanto à «tribo» republicana, cerrava fileiras em torno de um heterodoxo ex-democrata que aderira ao GOP depois de uma tentativa fracassada de conquistar a nomeação presidencial do Partido da Reforma em 2000. Polémico e desprovido de experiência militar ou política, até então requisitos indispensáveis para o desempenho da função presidencial, Donald Trump era — *to say the least* — a antítese de Hillary Clinton.[96]

As diferenças de abordagem quanto à política externa eram igualmente gritantes. Inconfundível rosto do *statu quo*, Hillary nunca deixara de ser

---

[95] Ver Ben Jacobs, «Ronald Reagan and... Barack Obama? Ted Cruz reveals presidential role models», *The Guardian*, 2 de Dezembro de 2015, consultado em: https://www.theguardian.com/us-news/2015/dec/02/ted-cruz-ronald-reagan-barack-obama-iowa-presidential-campaign.

[96] Sobre a personalidade e a vida de Donald Trump, ver David Cay Johnston, *The Making of Donald Trump*, Brooklyn, Melville House, 2016; Michael Kranish e Marc Fisher, *Trump Revealed: An American Journey of Ambition, Ego, Money, and Power*, Nova Iorque, Scribner, 2016, e Conrad Black, *Donald J. Trump. A President Like No Other*, Washington, Regnery, 2018.

uma *true believer* nos méritos do globalismo. Assume-se como acérrima defensora do comércio livre, do multilateralismo, da primazia internacional dos Estados Unidos e do vigoroso uso da força que, na sua qualidade de secretária de Estado, patrocina para derrubar o regime líbio de Muammar al-Qaddafi. Nos antípodas ideológicos da democrata, Trump hasteia o estandarte do nacionalismo e faz questão de contestar vários dos pressupostos fundamentais da ordem liberal vigente.[97] Celebra o seu estatuto de *outsider* e orgulha-se de não possuir credenciais nem conhecimentos especiais em política externa, que, de resto, reiteradamente desvaloriza. Em nítido contraste, a *insider* Clinton possuía-os em farta abundância.

Trump diz-se o Némesis do nebuloso pântano instalado nuns quantos quarteirões da cidade de Washington. As elites, logicamente, demonizam-no. No entanto, os seus comícios transfiguram-se em celebrações aclamadoras de um magnata septuagenário que não se coíbe de denunciar as inconclusivas guerras a decorrer no Médio Oriente, as iniquidades do comércio livre e as relações assimétricas mantidas com aliados que sugam o tesouro americano. Rapidamente se torna claro que o bilionário nova-iorquino que promete restituir o poder político aos deserdados da globalização era o candidato mais bem sintonizado com o *zeitgeist* nacional.

O político improvável

Quando, em Junho de 2015, anuncia a sua intenção de disputar a nomeação presidencial do Partido Republicano, Donald Trump põe termo aos rumores que circulavam na comunicação social desde o início dos anos 1990 que o apontavam como protagonista de uma candidatura à Casa Branca.[98] A insistência dos rumores impelia os comentadores a denegrir

[97] Ver Joseph S. Nye, «Will the Liberal order survive? The history of an idea», *Foreign Affairs*, Vol. 96, No. 1, 2017, pp. 10–16; Stewart M. Patrick, «Trump and world order: The return of self-help», *Foreign Affairs*, Vol. 92, No. 2, 2017, pp. 52–57, e Robert J. Merry, «Trump vs. Hillary is nationalism vs. globalism, 2016», *The National Interest*, 4 de Maio de 2016, consultado em: http://nationalinterest.org/feature/trump-vs-hillary-nationalism-vs-globalism-2016-16041.

[98] Sobre as posições políticas de Donald Trump antes da sua entrada na corrida presidencial de 2016, ver Charlie Laderman e Brendan Simms, *Donald Trump: The Making of a World View*, Londres, I.B. Tauris, 2017.

uma eventual corrida de Trump, considerando-a uma aberração somente comparável com as candidaturas não consumadas do actor Warren Beatty e do empreendedor Mark Cuban.[99] Não deixava de ser verdade que algumas celebridades politicamente inexperientes tinham conseguido notáveis sucessos eleitorais: o *wrestler* Jesse Ventura tornara-se governador do Minnesota e Arnold Schwarzenegger catapulta-se para o mesmo cargo na Califórnia. Mas, dado que ambos cavalgaram conjunturas anómalas em estados que atravessavam momentos políticos singulares, a comparação não era extensível a Trump.

Por ser um assunto da maior gravidade, uma corrida à presidência não se coadunava com o perfil de Trump, um mero *entertainer* desprovido de escrúpulos que vivia da notoriedade que os seus excessos lhe traziam. Prezava, é certo, ser referenciado como uma esperança presidencial, mas dificilmente se submeteria ao rigoroso e intrusivo escrutínio esperado de um candidato. Magnatas que acumulavam fortuna considerável no notório mercado imobiliário de Manhattan jamais sairiam incólumes do escrutínio ético e financeiro exigido a um aspirante à presidência. Poucas dúvidas subsistiam de que o homem possuía recursos financeiros próprios que lhe permitiam financiar uma campanha sem ter de recorrer a doadores motivados por agendas e interesses pessoais. Era expectável que a sua mensagem anti-*establishment* mobilizasse uma onda de descontentamento que o impulsionasse até à vitória em alguns estados do interior e do Sul. Contudo, mais cedo ou mais tarde, as exigências próprias de uma campanha hipermediatizada impor-se-iam a um político novato seduzido pela fama, mas indiferente à minúcia dos *dossiers* técnicos que manifestamente não dominava.

Mesmo que decidisse entrar na corrida, um obstáculo aparentemente inamovível barrava o seu caminho rumo à Casa Branca. Sabia-se que a nomeação do GOP se destinava a Jeb Bush, herdeiro de uma dinastia política que, numa única geração, dera ao país dois presidentes.

---

[99] Ver «Warren Beatty may run for President», *Associated Press*, 8 de Setembro de 1999, consultado em: https://apnews.com/article/206d2896f2250e6c7618cc3685d22719, e Clare Duffy, «Mark Cuban was seriously weighing a run for president last month. Here's why he decided against it», *CNN*, 4 de Junho de 2020, consultado em: https://edition.cnn.com/2020/06/04/business/mark-cuban-presidential-bid-axe-files/index.html.

Em conjugação com a extensa rede de contactos da família, a vasta experiência política de Jeb e a sua reconhecida moderação ideológica assegurar-lhe-iam a nomeação. Para um partido em busca de respeitabilidade depois de oito anos dominados por Barack Obama e pela sua agenda «progressista», Jeb Bush, embora longe de ser uma figura galvanizadora, era confiável, experiente e previsível. Aliás, há muito que a eficaz máquina *bushiana* percorria o terreno a divulgar densas e estruturadas propostas para todos os assuntos concebíveis. Não menos importante, os doadores do GOP depositavam nele confiança absoluta, proporcionando-lhe os biliões de dólares necessários para disputar a Casa Branca. Um clima de inevitabilidade atravessava a candidatura, até porque se suspeitava que quem ousasse desafiar a família Bush corria o risco real de se imolar politicamente. Políticos prudentes dispostos a entrar nas primárias poderiam apenas granjear reconhecimento nacional, alcançar um lugar na futura Administração Bush ou — na melhor das hipóteses — ser contemplados para o cargo de vice-presidente. O Partido Republicano estaria, evidentemente, em boas mãos quando chegasse o momento de coroar o *nice guy* ex-governador da Florida.

No dia 16 de Junho de 2015, na companhia da sua mulher, Melania, Donald Trump desce a longa e imponente escadaria rolante do *lobby* principal da *Trump Tower* de Manhattan, decidido a agitar as águas estagnadas do Partido Republicano.[100] Irrompe em cena na pele de um populista truculento de temperamento mercurial, originando um *tsunami* político cujas repercussões ainda hoje se sentem. Atendendo à inverosimilhança de tão improvável figura alguma vez vir a ser eleita presidente dos Estados Unidos, não era de todo irrazoável pensar tratar-se de uma mera manobra publicitária congruente com o passado de um homem de indubitável talento para chamar a si a atenção dos tablóides. Se a experiência política de Trump era virtualmente nula, já a bagagem pessoal que carregava era substancial. Visto a partir dos corredores da política e das redacções, assistia-se a mais um penoso caso de autopromoção por parte de uma celebridade nacionalmente reconhecida por participar no

---

[100] Ver Michael Kruse, «The escalator ride that changed America», *Politico*, 14 de Junho de 2019, consultado em: https://www.politico.com/magazine/story/2019/06/14/donald-trump-campaign-announcement-tower-escalator-oral-history-227148.

The Apprentice durante 14 épocas televisivas.[101] Coincidência ou não, Trump entra na corrida à presidência um dia depois de Jeb Bush ter formalizado a sua candidatura.

Antes de se declarar candidato à Casa Branca, não era líquido que Trump viesse a contestar a nomeação republicana. Aliás, alguns anos antes, alegando que o GOP se tornara «demasiado louco», abandonara-o para disputar a nomeação do Partido da Reforma.[102] Nessa altura, em finais de 1999, incumbe Roger Stone de criar um comité exploratório para testar a sua popularidade junto dos militantes desse partido. A actividade do comité resumir-se-ia a escassas aparições de Trump nos meios de comunicação social e à publicação do livro *The America We Deserve*, em cujas páginas abertamente assume estar «a considerar uma candidatura à presidência».[103] Por acreditar que a resolução dos complexos problemas do país requeria líderes com a capacidade de «falar verdade» aos votantes, oferece-se como um «franco-atirador» de «linguagem simples» que, ao longo da sua carreira de *businessman*, criou valor.[104] Não obstante os seus melhores esforços, os membros do Partido da Reforma ignoram-no, obrigando-o, assim, a desistir da protocandidatura em Março de 2000, altura em que Pat Buchanan — que Trump então injustamente qualifica como «um amante de Hitler» — sela a nomeação.[105]

As periódicas incursões de Donald Trump na política ao longo da década de 1990 não explicam cabalmente os motivos que o levam a

---

[101] Ver Emily Nussbaum, «The TV that created Donald Trump», *The New Yorker*, 13 de Julho de 2017, consultado em: https://www.newyorker.com/magazine/2017/07/31/the-tv-that-created-donald-trump, e James Poniewozik, «Donald Trump was the real winner of *The Apprentice*», *The New York Times*, 28 de Setembro de 2020, consultado em: https://www.nytimes.com/2020/09/28/arts/television/trump-taxes-apprentice.html.

[102] Presença permanente nos tablóides, Donald Trump foi encorajado a concorrer à nomeação do Partido da Reforma por Jesse Ventura, vencedor das eleições para governador do Minnesota em 1998. Quando revela a sua intenção de aderir ao Partido da Independência, a sucursal nova-iorquina do Partido da Reforma, Trump afirmou que «*I really believe the Republicans are just too crazy right*». Ver Francis X. Clines, «Trump quits grand old party for new», *The New York Times*, 25 de Outubro de 1999, consultado em: https://www.nytimes.com/1999/10/25/us/trump-quits-grand-old-party-for-new.html.

[103] Ver Donald Trump, *The America We Deserve*, Nova Iorque, Renaissance Books, 2000, p. 15.

[104] *Ibid.*, p. 22.

[105] Ver Francis X. Clines, «Trump quits grand old party for new», *op. cit.*

mergulhar na campanha de 2016. Desvenda uma dessas motivações durante o segundo debate presidencial de 2020, quando confessa a Joe Biden que «entrei nesta corrida por tua causa e por causa de Obama».[106] A revelação não era particularmente surpreendente, pois havia indicações sólidas de que a sua decisão de disputar a Sala Oval se prendia com a humilhação pública sofrida às mãos de Barack Obama durante o Jantar Anual dos Correspondentes da Casa Branca realizado no dia 30 de Abril de 2011, no *Washington Hilton*. Obama aproveita então a ocasião para ridicularizar o envolvimento de Trump na «campanha dos *birthers*», que se torna notória por lançar suspeitas sobre o local de nascimento de Obama. Acusando-o de nascer no estrangeiro, os *birthers* afirmavam que, nos termos da Constituição do país, era inelegível para ser presidente. Nunca verdadeiramente levada a sério, a campanha não deixava de subliminarmente focar a atenção no «nome exótico» de Barack Hussein Obama, de modo a provocar dúvidas quanto ao seu patriotismo e às suas lealdades últimas.

Nesse fatídico jantar, Obama ironiza que «The Donald» poderia «finalmente voltar a concentrar-se nas questões que lhe interessavam: será que fingimos a aterragem na Lua? O que aconteceu realmente em Roswell? E onde estão o Biggie e o Tupac?».[107] Manifestamente incapaz de dissimular o seu profundo desdém pelo homem de negócios sentado na assistência, Obama vai mais longe na humilhação ao dizer que «não, a sério —, ainda recentemente, num episódio de *Celebrity Apprentice*, na churrasqueira, a equipa de cozinha masculina não impressionou os juízes do Omaha Steaks. E havia muitas culpas a apontar. Mas o senhor, Sr. Trump, reconheceu que o verdadeiro problema era a falta de liderança. E por isso, em última análise, não culpou Lil' Jon ou Meatloaf. Despediu Gary Busey. Este é o tipo de decisão que me tiraria o sono. Muito bem gerido. Bem gerido».[108]

---

[106] Ver Meg Wagner, Kyle Blaine, Jessica Estepa, Melissa Macaya e Fernando Alfonso III, «Final 2020 presidential debate», *CNN*, 23 de Novembro de 2020, consultado em: https://edition.cnn.com/politics/live-news/presidential-debate-coverage-fact-check-10-22-20/h_2fc9e195e9344aaeaa6d15c23d64efd3.

[107] Para o texto completo do discurso de Obama, ver The White House, «The President's Speech at the White House Correspondents' Dinner», 1 de Maio de 2011, consultado em: https://obamawhitehouse.archives.gov/blog/2011/05/01/president-s-speech-white-house-correspondents-dinner.

[108] *Ibid.*

Visivelmente irado, Trump permanece inexpressivo enquanto prolongadas gargalhadas alastram pela assistência.

Embora os ataques pessoais proferidos por Obama induzissem Trump a entrar nas primárias, seria, porém, redutor concluir que o ressentimento pessoal fora a sua única motivação, pois há décadas que Trump teimava em realçar a humilhação nacional que levava «o mundo a rir-se dos políticos americanos», tema omnipresente durante a campanha presidencial de 2016. Aborda-o pela primeira vez num «anúncio pago» publicado a 2 de Setembro de 1987 sob a forma de uma «carta aberta» dirigida ao povo americano. Simultaneamente divulgado por três jornais de referência nacional — *The New York Times*, *The Washington Post* e *The Boston Globe* —, o «anúncio» de página inteira exorta os seus concidadãos a «não deixarem que se riam mais do nosso grande país».[109] Para Trump, «o Japão e outras nações» aliadas visavam «tirar partido» da generosidade dos Estados Unidos ao mesmo tempo que, oportunisticamente, se escudavam debaixo do seu guarda-chuva nuclear.[110] Lembra os leitores que o mundo «se ria» dos políticos americanos justamente porque «protegemos navios que não possuímos, transportando o petróleo de que não precisamos, destinado a aliados que não nos ajudam».[111] Apontando a insustentabilidade de o país continuar «sobrecarregado pelo custo de defender aqueles que podem facilmente pagar-nos pela defesa da sua liberdade», afirma caber aos aliados custear a sua defesa e aceitar acordos comerciais mais equitativos de forma a assegurar a redução «dos nossos enormes défices e dos nossos impostos».[112] Aliados que não custeavam uma parte justa da despesa decorrente da segurança fornecida pelos americanos — estados *free-riders* — eram, portanto, uma das causas do declínio americano.[113]

Volvidos quase 30 anos, o *trumpismo* ressuscita os mesmíssimos temas abordados no anúncio de 1987. Dir-se-á que da mesma forma que Obama

---

[109] Cf. Charlie Laderman e Brendan Simms. *Donald Trump: The Making of a World View*, *op. cit.*, pp. 32–33.

[110] *Ibid.*, p. 32.

[111] *Ibid.*, pp. 32–33.

[112] *Ibid.*, p. 33.

[113] Sobre a questão do *free-riding* e a acção colectiva, ver Mancur Olson, *The Logic of Collective Action*, Cambridge, Harvard University Press, 1965.

humilhara Trump durante o Jantar dos Correspondentes, os Estados Unidos eram humilhados pelo resto do mundo. Contudo, a visão transaccional da política internacional subscrita por Trump leva-o a relativizar o comportamento de países que se «aproveitavam da generosidade» americana. Enjeita atribuir culpas ao México e à China pelas calamidades que assolavam o país, afirmando que apenas se limitavam a acautelar os seus legítimos interesses nacionais num mundo de soma-zero.[114] Ciente de que a política — à semelhança dos negócios — não se pautava pelo altruísmo, Trump aponta o *establishment* político entrincheirado nos dois partidos como o verdadeiro responsável pelo lamentável estado em que o país se encontrava. Enquanto as elites partidárias — incluindo os presidentes eleitos pelo Partido Republicano — defendiam o comércio globalizado, Trump denuncia-o como a principal causa do declínio. Porque a América era sistematicamente humilhada por elites que permitiam que terceiros usufruíssem indevidamente do país e do seu povo, conclui que somente um movimento popular regenerativo poderia varrer do poder os demais «políticos do pântano». Esta inconformidade com a humilhação nacional consentida pelas elites permite-lhe mobilizar as frustrações difusas presentes no interior do Partido Republicano e — mais importante — sentidas no «país real». Seria justamente entre as classes média e trabalhadora *blue collar*, que assistiam ao desmoronamento do «sonho americano», que a retórica populista que emprega suscita maior adesão.

Se Trump se situa nas margens do *mainstream*, nem por isso deixa de acatar várias posições emblemáticas do Partido Republicano. Diz-se um entusiasta do capitalismo de mercado, venera o poderio militar do país e partilha da desconfiança generalizada no GOP quanto à excessiva intromissão do governo federal na vida quotidiana dos cidadãos.[115]

---

[114] Ver Jacob M. Schlesinger, «Trump forged his ideas on trade in the 1980s — and never deviated», *The Wall Street Journal*, 15 de Novembro de 2018, consultado em: https://www.wsj.com/articles/trump-forged-his-ideas-on-trade-in-the-1980sand-never-deviated-1542304508.

[115] Sobre as mudanças no país — e no interior do GOP — que contribuem para o sucesso de Trump, ver, *inter alia*, Thomas Frank, *What's the Matter With Kansas? How Conservatism Won the Heart of America*, Nova Iorque, Metropolitan Books, 2004; Arlie Russell Hochschild, *Strangers in Their Own Land: Anger and Mourning on the American Right*, Nova Iorque, The New Press, 2016.; J.D. Vance, *Hillbilly Elegy: A*

Insistindo que não era «um político», sublinha o seu estatuto de *outsider* capaz de «falar das coisas como elas são». Demarcando-se da classe política, rejeita a «linguagem dupla» do «politiquês» destinada a dissimular intenções e a ludibriar o grande público. Transforma, deste modo, as suas fragilidades em virtudes, pois a sua «autenticidade» proporciona-lhe um escudo quando a controvérsia irrompe, como, aliás, acontece em Janeiro de 2016, quando diz que poderia «matar alguém na Quinta Avenida e mesmo assim não perderia votantes».[116] Esta e outras afirmações improvisadas eram invariavelmente justificadas como momentos de «autenticidade» de um candidato corajoso «que diz o que quer dizer», sem temer as consequências. Caso os deslizes fossem verdadeiramente ofensivos, eram desvalorizados como os *lapsus linguae* de um neófito político propenso a excessos retóricos. Aos olhos dos seus seguidores, as franquezas humanizam-no e a frontalidade reflectia o seu inequívoco repúdio pelas desprezadas elites *bien pensantes*.

Consideravelmente mais liberal em questões sociais do que a base do partido, Trump desvaloriza as polémicas da era Obama em torno dos casamentos do mesmo sexo e das casas de banho unissexo que provocavam a ira da direita conservadora. Ao mesmo tempo, o seu comportamento grosseiro e uma tumultuosa vida conjugal exposta nas páginas dos tablóides afastavam-no dos evangélicos, faixa expressiva de votantes nas primárias do GOP. Visando superar o problema, em Ames, Iowa, explica-se a um grupo de cristãos tradicionalistas. Admite que os seus dois casamentos anteriores se desfizeram em resultado de «uma coisa de trabalho, não era uma coisa má», reconhecendo que era «muito difícil para qualquer uma competir com o trabalho».[117] Assegura, porém, que «eu era, de facto,

---

Memoir of a Family and Culture in Crisis, Nova Iorque, HarperCollins, 2016; Eric Kaufmann, *Whiteshift: Populism, Immigration and the Future of White Majorities*, Londres, Allen Lane, 2018, e Ashley Jardina, *White Identity Politics*, Cambridge, Cambridge University Press, 2019.

[116] Ver Jeremy Diamond, «Trump: I could shoot somebody and I wouldn't lose votes», *CNN*, 24 de Janeiro de 2016, consultado em: https://edition.cnn.com/2016/01/23/politics/donald-trump-shoot-somebody-support/index.html.

[117] Ver Jonathan Martin e Alan Rappeport, «Donald Trump says John McCain is no war hero, setting off another storm», *The New York Times*, 18 de Julho de 2015, consultado em: https://www.nytimes.com/2015/07/19/us/politics/trump-belittles-mccains-war-record.html.

um grande pai. Fui melhor pai do que marido».[118] Embora reconhecesse não ter sido tocado pelo dom da fé, esclarecia que «vou à igreja. Será que faço coisas que estão erradas? Acho que sim. [...] Se faço algo de errado, tento fazer algo certo, não trago Deus para a discussão».[119] Apesar de a expressão «não trago Deus para a discussão» ser uma forma singular de expor a sua opinião sobre o perdão, a redenção e a relação pessoal mantida com Deus, nem por isso os evangélicos o abandonam. Talvez porque, com o desenrolar da campanha das primárias, Trump assume posições mais ortodoxas. Opõe-se ao aborto e, igualmente decisivo, aceita indicar para os tribunais federais — e para o Supremo Tribunal — juízes conservadores validados pela Sociedade Federalista, criada em 1982 para promover a nomeação de juízes que subscreviam uma interpretação «originalista» da Constituição.[120] Ao selar estes compromissos com os sectores mais conservadores do GOP, apazigua as dúvidas remanescentes quanto às suas opiniões heterodoxas e ao seu invulgar percurso de vida.

Estranha-se que, no início das primárias, os rivais de Trump não tenham percebido — ou não tenham querido perceber — que a candidatura que preconizava rompia com décadas de ortodoxia republicana. Caracterizando-o como um mero animador televisivo cuja carreira fora marcada por comportamentos truculentos e declarações bombásticas chamativas da atenção dos *media*, partiam da premissa de que o seu *showmanship* seguramente atrairia o insaciável «voyeurismo» de uma

---

[118] *Ibid.*

[119] *Ibid.*

[120] Ver Lawrence Baum e Neal Devins, «Federalist court: How the federalist society became the de facto selector of republican Supreme Court justices», *William & Mary Law School Scholarship Repository, Popular Media*, 407, 2017, consultado em: https://scholarship.law.wm.edu/cgi/viewcontent.cgi?article=1406&=&context=popular_media&=&sei-redir=1&referer=https%253A%252F%252Fscholar.google.com%252Fscholar%253Fhl%253Dpt-PT%2526as_sdt%253D0%25252C5%2526q%253Dtrump%252Bjudges%252Bfederalist%252Bsociety%2526btnG%253D#search=%22trump%20judges%20federalist%20society%22; Jeffrey Toobin, «The conservative pipeline to the Supreme Court», *The New Yorker*, 17 de Abril de 2017, consultado em: http://becketnewsite.s3.amazonaws.com/New-Yorker-The-Conservative-Pipeline-to-the-Supreme-Court.pdf, e Jason Zengerle, «How the Trump Administration is remaking the courts», *The New York Times Magazine*, 22 de Agosto de 2018, consultado em: https://www.law.uh.edu/faculty/thester/courses/Statutory2019/How%20the%20Trump%20Administration%20Is%20Remaking%20the%20Courts%20-%20The%20New%20York%20Times.pdf.

comunicação social sedenta de audiências.[121] Mas, a prazo, o interesse mediático dissipar-se-ia. Privada do indispensável oxigénio facultado pelos *media*, a candidatura acabaria por implodir. Partindo desta leitura fantasiosa do momento político, olhavam-no como o rosto de uma candidatura movida por um ego colossal e um ressentimento infindável. Por conseguinte, e por muito expressiva que pudesse ser naquele momento específico, a dinâmica que impulsionava o *trumpismo* rapidamente expiraria e, no final do dia, a nomeação seria confiada a um político moderado sincronizado com o *establishment* republicano. Em suma, Trump não passava de um epifenómeno condenado à irrelevância. Se era possível protelar este raciocínio nas primeiras semanas da campanha, a prazo, a realidade acaba por desfazer estas e outras ilusões que alimentavam o anti-*trumpismo*.

A América é grande

Aquando da formalização pública da sua candidatura, Donald Trump deixa claro que pretende restituir a grandeza nacional de outrora, desígnio encapsulado pelo inócuo *Make America Great Again*, o mesmo *slogan* utilizado por Ronald Reagan na sua campanha de 1980 e por Bill Clinton na sua corrida de 1992.[122] Mesmo assim, os adversários do *trumpismo* sugeriam que o *slogan* apontava para uma deriva «fascista» ou para um dissimulado piscar de olho à «supremacia branca».[123] Ironicamente, Bill

---

[121] Ver Barbara Bickart, Susan Fournier e Martin Nisenholtz, «What Trump understands about using social media to drive attention», *Harvard Business Review*, 1 de Março de 2017, consultado em: https://hbr.org/2017/03/what-trump-understands-about-using-social-media-to-drive-attention.

[122] Ao anunciar a sua candidatura presidencial, em 1991, Bill Clinton afirma: «[...] acredito que, juntos, podemos fazer a América grande novamente». Ver «First inaugural address of William J. Clinton; January 20, 1993», consultado em: https://avalon.law.yale.edu/20th_century/clinton1.asp.

[123] Muita tinta tem sido desperdiçada para argumentar que Donald Trump era um fascista. Por exemplo, Christopher Mathias, «A Fascist Trump rally in Greenville», *Huffington Post*, 18 de Julho de 2019, consultado em: https://www.huffingtonpost.co.uk/entry/fascist-trump-rally-greenville-ilhan-omar-send-her-back_n_5d30529fe4b0419fd328b270?ri18n=true, e Nick Cohen, «If Trump looks like a fascist and acts like a fascist, then maybe he is one», *The Guardian*, 16 de Janeiro de 2021, consultado em:

Clinton, empenhado na campanha da sua mulher, diz que o mesmíssimo *slogan* que utilizara no passado era como que uma forma subliminar de Trump sinalizar a sua proximidade aos racistas brancos sulistas.[124] Segundo os seus adversários, Trump recorria a um subtexto misógino, racista, xenófobo, supremacista e autoritário para ocultar a verdadeira natureza da sua candidatura. Profundamente ignorante quanto à história política do país, Trump, na realidade, emprega o *slogan* para simplesmente sublinhar que o declínio do país era reversível se as políticas que o originaram fossem descartadas.[125] Sublinha que um vasto rol de problemas domésticos — incluindo a perda de postos de trabalho em resultado da desindustrialização, as iniquidades do comércio livre globalizado, a imigração ilegal, o terrorismo islâmico, o elitismo cultural *woke* e o enviesamento dos *media* — teria de ser abordado sem constrangimentos de correcção político-ideológica. Serão justamente estes temas que, no essencial, definem a sua candidatura e, mais tarde, estruturam as linhas programáticas da Administração Trump.

---

https://www.theguardian.com/commentisfree/2021/jan/16/if-trump-looks-like-a-fascist-and-acts-like-a-fascist-then-maybe-he-is-one. Argumentos mais sofisticados podem ser encontrados em Timothy Snyder, *On Tyranny: Twenty Lessons from the Twentieth Century*, Londres, The Bodley Head, 2017, e Madeleine Albright, *Fascism: A Warning*, Londres, William Collins, 2018. Historiador especializado no Terceiro Reich, Richard J. Evans desmonta estes argumentos em Richard J. Evans, «Why Trump isn't a fascist», *New Statesman*, 13 de Janeiro de 2021, consultado em: https://www.newstatesman.com/world/2021/01/why-trump-isnt-fascist. Sobre a questão da supremacia branca, cf., por exemplo, Reihan Salam, «White Fright: Does Donald Trump represent the ascendancy of white nationalism on the American right?», *Slate*, 4 de Setembro de 2015, consultado em: http://www.slate.com/articles/news_and_politics/politics/2015/09/donald_trump_and_white_nationalism_does_the_candidate_s_rise_represent_the.ht, e Jamelle Bouie, «How Trump happened», *Slate*, 13 de Março de 2016, consultado em: http://www.slate.com/articles/news_and_politics/cover_story/2016/03/how_donald_trump_happened_racism_against_barack_obama.html?via=gdpr-consent.

[124] A expressão era «*a dog whistle for white Southerners*». Ver Jessica Chasmar, «Bill Clinton vowed to "make America great again" in 1992, now says slogan is racist», *The Washington Times*, 9 de Setembro de 2016, consultado em: https://www.washingtontimes.com/news/2016/sep/9/bill-clinton-vowed-to-make-america-great-again-in-/.

[125] O entendimento de Trump sobre o significado de *Make America Great Again* foi explicitado em Donald J. Trump, *Great Again: How to Fix our Crippled America*, Nova Iorque, Threshold Editions, 2015. Cf. também Jason A. Edwards, «Make America Great Again, Donald Trump and the redefining of the US role in the World», *Communication Quarterly*, Vol. 62, No. 2, 2018, pp. 176–195.

A quixotesca candidatura de Trump muito naturalmente provoca larga estupefacção nos meios político e jornalístico. Desencadeia uma tempestade de críticas com os comentários imponderados sobre a imigração mexicana feitos no discurso de apresentação da candidatura: «Quando o México envia pessoas, não envia os seus melhores. [...] Envia pessoas que têm muitos problemas, e trazem esses problemas com eles. Trazem drogas. Trazem o crime. São violadores. E alguns, presumo, são boas pessoas.»[126] Previsivelmente, as palavras suscitam censura universal, mas, paradoxalmente, atraem a atenção dos meios de comunicação social, que, doravante, dão azo a uma obsessão com Trump que lhe proporciona uma cobertura mediática no valor de centenas de milhões de dólares.[127] Se a repulsa desencadeada pelas palavras do candidato se justifica, já a atenção dada pelos *media* à truculência da retórica *trumpiana* ofusca o facto de que os males que denuncia encontram eco junto de uma faixa significativa do público.[128] Se a retórica inoportuna de Trump originava uma expectável onda de indignação, a substância da sua mensagem reflectia preocupações reais com a precariedade dos padrões de vida das classes mais fustigadas por elites que transferiam postos de trabalho para países que ofereciam mão-de-obra de baixo custo.[129] Por outras palavras, o verdadeiro significado político e sociológico do *trumpismo* era abafado pela cacofonia de indignação e de *virtue signalling* que, como seria de esperar, apenas revigora a sua candidatura.

---

[126] Ver «Donald Trump announces a presidential bid», *The Washington Post*, 16 de Junho de 2015, consultado em: https://www.washingtonpost.com/news/post-politics/wp/2015/06/16/full-text-donald-trump-announces-a-presidential-bid/.

[127] O valor varia, com algumas estimativas a chegarem aos 5 biliões de dólares. Ver Emily Stewart, «Donald Trump rode $5 Billion in free media to the White House», *The Street*, 20 de Novembro de 2016, consultado em: https://www.thestreet.com/politics/donald-trump-rode-5-billion-in-free-media-to-the-white-house-13896916.

[128] Ver Ivo H. Daalder e James M. Lindsay, *The Empty Throne: America's Abdication of Global Leadership*, Nova Iorque, PublicAffairs, 2018, pp. 36–37. Cf. também Pew Research Center, «Clinton, Trump supporters have starkly different views of a changing nation», 18 de Agosto de 2016, consultado em: https://www.pewresearch.org/politics/2016/08/18/clinton-trump-supporters-have-starkly-different-views-of-a-changing-nation/.

[129] Ver Justin R. Pierce e Peter K. Schott, «The surprisingly swift decline of US manufacturing employment», *American Economic Review*, Vol. 106, No. 7, 2016, pp. 1632–1662.

Coerente com as opiniões mantidas ao longo das décadas, Trump concluía que as origens do declínio dos Estados Unidos residiam numa política externa globalista que corroía a prosperidade e o poderio internacional do país. A leitura *trumpiana* era, evidentemente, tudo menos consensual porque, para muitos, particularmente à esquerda, o declínio era a consequência lógica de uma sociedade cujo pecado original residia na imperfeição. As falhas que fomentavam a corrupção político-moral da sociedade americana — o capitalismo desenfreado, o individualismo exacerbado, o sexismo e o racismo institucional — antecediam a fundação da república.[130] Explicitando este ponto de vista, no limiar do século XX, a célebre anarquista Emma Goldman descrevia o país como uma terra envolta por «tristeza, lágrimas e dor».[131] Em conformidade, concluía-se que a redenção da nação passava forçosamente pela demolição do capitalismo e pela extinção das hierarquias sociopolíticas e identitárias enraizadas no tecido histórico-cultural da nação. Argumentos deste tipo são invocados em finais do século XIX e no início do século XX pelo «movimento progressista» e regressam com roupagem nova pela mão da Nova Esquerda *marcusiana* dos anos 1960, dos *Black Panthers*, do *Occupy Wall Street*, do *Black Lives Matter* e, hoje, pela voz de Alexandria Ocasio-Cortez e de um número de políticos radicais eleitos pelo Partido Democrata.

Como não poderia deixar de ser, estas leituras «progressistas» quanto à essência da América colidem frontalmente com o entendimento de Donald Trump.[132] Na sua óptica, a verdadeira fonte do declínio nacional não residia nas falhas imprimidas no código genético do país, nas

---

[130] Para um influente livro que expressa esta narrativa da História dos Estados Unidos, ver Howard Zinn, *A People's History of the United States*, Nova Iorque, HarperPerennial, 2015. Um dos mais prolíficos proponentes deste ponto de vista é Noam Chomsky. Cf., *inter alia*, Noam Chomsky, *Hegemony or Survival: America's Quest for Global Dominance*, Nova Iorque, Henry Holt and Company, 2003, e Noam Chomsky, *Who Rules the World?*, Nova Iorque, Penguin, 2016.

[131] Ver Emma Goldman, *Anarchism and Other Essays* (2.ª ed.), Nova Iorque, Mother Earth Publishing Association, 1910, p. 55, e Loretta Kensinger, «Radical lessons: Thoughts on Emma Goldman, chaos, grief, and political violence post-9/11/01», *Feminist Teacher*, Vol. 20, No. 1, 2009, pp. 50–70.

[132] Cf. Cary C. Jacobson, «The triumph of polarized partisanship in 2016: Donald Trump's improbable victory», *Political Science Quarterly*, Vol. 132, No. 1, 2017, pp. 9–41.

identidades ou nas malevolências das estruturas patriarcais. Devia-se, sobretudo, aos acordos comerciais multilaterais que geravam custos económicos astronómicos, aos baixos níveis de crescimento, à diminuição da competitividade das empresas, às leis de imigração laxistas e aos encargos assimétricos decorrentes da defesa de ingratos aliados *free-riders*. A revogação ou a renegociação dos acordos comerciais «injustos» passa, portanto, a ser a principal âncora das políticas *trumpianas* desenhadas para travar o declínio nacional. As relações comerciais com adversários — e aliados — teriam de ser reestruturadas de forma a eliminar encargos injustificados que comprometiam a indústria do país, os salários e os padrões de vida dos trabalhadores. Ao consentirem a existência de relações comerciais injustas arquitectadas nos anos 1990 pelo *clintonismo*, as elites nacionais colaboravam com a devastação da indústria nacional e com o concomitante empobrecimento das classes trabalhadoras. Para que a América pudesse reencontrar a grandeza de épocas passadas, impunha-se um corte radical com as políticas globalistas das décadas recentes.

Por muito heterodoxas e controversas que fossem no contexto da campanha de 2016, as opiniões vinculadas por Trump não eram especialmente inovadoras. Mais de 20 anos antes, quando ousa candidatar-se à nomeação presidencial do Partido Republicano, também Pat Buchanan declarara guerra aberta à mundividência do *establishment*.[133] No início de Dezembro de 1991, dez semanas antes da votação nas importantíssimas primárias de New Hampshire, comunica a decisão de desafiar George H. W. Bush. Caracteriza o presidente — cuja experiência, prudência e reconhecido bom senso em política internacional eram universalmente elogiados — como um «globalista» incapaz de encarar o «principal desafio»

---

[133] As ideias de Pat Buchanan são desenvolvidas em vários livros da sua autoria. Ver, por exemplo, Patrick J. Buchanan, *The Great Betrayal: How American Sovereignty and Social Justice Are Being Sacrificed to the Gods of the Global Economy*, Nova Iorque, Little Brown and Company, 1998; Patrick J. Buchanan, *The Death of the West: How Dying Populations and Immigrant Invasions Imperil Our Country and Civilization*, Nova Iorque, St. Martin's Press, 2002; Patrick J. Buchanan, *State of Emergency. The Third World Invasion and Conquest of America*, Nova Iorque, Thomas Dunne Books, 2006, e Patrick J. Buchanan, *Suicide of a Superpower: Will America Survive to 2025?*, Nova Iorque, Thomas Dunne Books, 2011. Sobre o impacto do *buchananismo* na política americana, cf. Timothy Stanley, *The Crusader: The Life and Tumultuous Times of Pat Buchanan*, Nova Iorque, St. Martin's Press, 2012.

enfrentado pelo país, consubstanciado na «ascensão de um super-estado europeu e de uma Ásia dinâmica liderada pelo Japão».[134] Acreditando que o «século XX foi o século americano», Buchanan mantém que Bush e os seus correligionários globalistas «pretendem fazer do século XXI o século da Europa ou o século da Ásia».[135] Ao mesmo tempo que rejeita trocar «a nossa soberania por um lugar almofadado à mesa principal da Nova Ordem Mundial», preconiza um «patriotismo renovado» que assumidamente procuraria «vantagem e vitória» para os americanos «em todas as negociações, seja no comércio externo ou no controlo de armamentos».[136]

Desvendando o *slogan Make America First Again*, Buchanan diz-se determinado a demolir a ortodoxia reinante no seio do GOP. Para cumprir esse desígnio, assume-se como o porta-voz dos «americanos esquecidos», vitimizados por acordos comerciais altamente nocivos, pela imigração descontrolada, pelas fronteiras abertas e pelas imprudentes aventuras militares além-fronteiras. Apela à mobilização do «bom povo deste país» para «resgatar a nossa capital de um exército ocupante de lobistas e agentes registados de potências estrangeiras contratados para cuidar de tudo e de todos, excepto do interesse nacional dos Estados Unidos».[137] Antecipa um dos temas principais do *trumpismo* quando exige saber por que razão os americanos deveriam «ser obrigados a carregar indefinidamente todo o fardo da defesa de aliados ricos e prósperos que tomam como certa a generosidade da América enquanto invadem os nossos mercados».[138] A mensagem populista de Pat Buchanan seduz 37% dos eleitores de New

---

[134] Sobre o presidente Bush, Buchanan afirmava que «George Bush serviu com coragem na grande guerra da América. É um homem de bondade, honra e integridade, que dedicou metade da sua vida ao serviço da sua nação. Mas as diferenças entre nós são agora demasiado profundas. Ele é ontem e nós somos amanhã. Ele é um globalista e nós somos nacionalistas. Ele acredita numa *Pax Universalis*, nós acreditamos na Velha República. Ele colocaria a riqueza e o poder da América ao serviço de uma vaga Nova Ordem Mundial, nós vamos colocar a América em primeiro lugar. Então, para recuperar o meu partido e recuperar o nosso país, hoje declaro a minha candidatura à nomeação republicana a presidente dos Estados Unidos». Ver «A Crossroads in Our Country's History», New Hampshire State Legislative Office Building, December 10, 1991. O texto completo do discurso pode ser consultado em: http://www.4president.org/speeches/buchanan1992announcement.htm.

[135] *Ibid.*

[136] *Ibid.*

[137] *Ibid.*

[138] *Ibid.*

Hampshire e a candidatura — exortando o partido a «retirar» o país da órbita cultural dos liberais, dos laicos e dos multiculturalistas — reúne quase 3 milhões de votos antes de ver o seu caminho barrado pelo *establishment* republicano, congregado em torno do presidente Bush.

Derrotado em 1992, Pat Buchanan retoma estes mesmos temas durante as primárias de 1996, quando parte para a nomeação presidencial do GOP contra Bob Dole e Phil Gramm, dois «titãs» do *establishment washingtoniano*. O nacionalismo, o conservadorismo social, o proteccionismo e o isolacionismo de Buchanan voltam a encontrar ressonância junto da base do partido, permitindo-lhe obter o primeiro lugar na votação não-vinculativa realizada no Alasca, em 29 de Janeiro. Uma semana mais tarde, no *caucus* do Louisiana — o primeiro sufrágio vinculativo das primárias —, derrota Gramm, um nativo do vizinho estado do Texas. Mais importante, no crucial *caucus* do Iowa, perde por apenas três pontos percentuais para o centrista Bob Dole, o principal rosto do partido e o candidato mais bem posicionado a nível nacional. Uma semana mais tarde, consegue uma estreita, mas nem por isso menos impressionante, vitória sobre Dole no New Hampshire. Não obstante os indesmentíveis sucessos, as celebrações seriam de curta duração, pois o *establishment* do GOP uma vez mais neutraliza a revolta populista de Buchanan, que acaba por vencer em apenas mais um estado. Com Bob Dole a encabeçar o *ticket* republicano nas eleições presidenciais de Novembro de 1996, Bill Clinton era reeleito por uma margem confortável de 49%, contra os 41% de Dole e os 8% de Ross Perot, que se apresenta em nome do recém-constituído Partido da Reforma.

Cercado pelas principais figuras republicanas, que o acusam de comprometer a unidade partidária, Buchanan abandona as fileiras do GOP em 2000, para se aventurar na conquista da nomeação do Partido da Reforma, formação populista criada em 1995 pelo empresário texano Ross Perot no seguimento da candidatura independente à presidência que protagoniza em 1992.[139] Nesse ano, a sua inclusão nos debates televisivos com Bush e Clinton proporcionara-lhe uma audiência nacional sensível

---

[139] Sobre Ross Perot, a corrida de 1992 à Casa Branca e as suas consequências, ver Ronald B. Rapoport e Walter J. Stone, *Three's a Crowd: The Dynamic of Third Parties, Ross Perot, and Republican Resurgence*, Ann Arbor, The University of Michigan Press, 2008.

às suas propostas populistas enfatizando a livre iniciativa e a rejeição do comércio livre, inclusive o Tratado NAFTA, que diz «sugar» incontáveis postos de trabalho americanos para o México. Os 18,9% do voto popular angariados por Perot nas eleições gerais de Novembro de 1992 — maioritariamente oriundos de habituais votantes republicanos — permitem que Bill Clinton vença Bush.[140] Reunindo 370 votos no Colégio Eleitoral — contra os 168 granjeados por Bush —, Clinton quebra 12 anos de ininterrupto domínio republicano da Casa Branca.

Oito anos mais tarde, em 2000, Donald Trump perde a nomeação do Partido da Reforma para Buchanan, que, no sufrágio geral de Novembro desse ano, recebe menos 500 mil votos do que em 1992. A inequívoca derrota põe termo definitivo às suas ambições presidenciais, mas as 3407 preferências colhidas por Buchanan no condado de Palm Beach permitem que George W. Bush ganhe o estado da Florida por uma escassíssima margem de 537 votos num universo de 6 milhões. Ironicamente, Bush conquista a Casa Branca graças à votação do mesmo homem que desafiara o seu pai nas primárias de 1992. Não obstante os insucessos eleitorais de Pat Buchanan, o Partido Republicano — e a direita americana na sua generalidade — seria profundamente transformado pelas três campanhas presidenciais em que participa. Em 2016, as suas ideias são reabilitadas por Donald Trump.

Um país normal

Quando lança a sua campanha, Donald Trump deixa claro que nenhum objectivo nacional poderia ser alcançado a menos que o Estado conseguisse, antes de mais nada, garantir a segurança física do território e a maximização do bem-estar dos cidadãos.[141] Reitera esta ideia nuclear quando aceita a nomeação presidencial na Convenção Nacional

---

[140] Com 43% do voto popular, Bill Clinton obteve 370 votos no Colégio Eleitoral, Bush recebeu 37,5% do voto popular e 168 votos no Colégio Eleitoral. Ross Perot, com 18,9% do voto popular, não obteve nenhum voto no Colégio Eleitoral.

[141] Cf. Ian Hanchett, «Trump: Federal government's top three functions are security, healthcare, and education», *Breitbart*, 29 de Março de 2016, consultado em: http://www.breitbart.com/video / 2016/03/29 / trump-federal-governments-top-three-functions-are-security-healthcare-and-education.

Republicana de Julho de 2016, proclamando que «o dever mais básico do governo é defender a vida dos seus próprios cidadãos. Qualquer governo que não o faça é um governo indigno de liderar».[142] Esta forma de olhar o Estado e a política internacional não destoa da tradição realista que encontra inspiração nas obras clássicas de Tucídides, Hobbes e Maquiavel e, *inter alia*, nos escritos contemporâneos de Edward H. Carr, Hans Morgenthau, Reinhold Niebuhr e Henry Kissinger.[143] Todos, sem excepção, subscrevem a ideia de que o primeiro objectivo do Estado é, justamente, garantir a sua sobrevivência num mundo hostil repleto de insegurança e de ameaças existenciais.

Nada de particularmente radical poderia ser deduzido desta forma de conceber a América como um «estado normal» a prosseguir interesses nacionais limitados. Mas era por demais evidente que a visão de Trump divergia substancialmente dos pressupostos e dos fins que pautavam a política externa americana contemporânea e, também, da mundividência das elites europeias. Se bem que com maior ou menor grau de convicção, democratas e republicanos subscreviam o entendimento de Madeleine Albright quanto ao papel dos Estados Unidos na cena internacional: uma «nação indispensável» porque «vemos mais longe no futuro do que outros países, e vemos o perigo para todos nós».[144] Perfilhada pelas elites ao longo de décadas, esta visão messiânica de um país «excepcional»

---

142 Ver «Donald Trump's complete Convention speech, annotated», *Los Angeles Times*, 21 de Julho de 2016, consultado em: https://www.latimes.com/politics/la-na-pol-donald-trump-convention-speech-transcript-20160721-snap-htmlstory.html.

143 Ver, *inter alia*, Edward H. Carr, *The Twenty Years' Crisis, 1919–1939*, Nova Iorque, Palgrave Macmillan, 2016; Hans Morgenthau (e Kenneth Thompson), *Politics Among Nations. The Struggle for Power and Peace* (6.ª ed.), Nova Iorque, McGraw-Hill, 198; Reinhold Niebuhr, *Moral Man and Immoral Society: A Study in Ethics and Politics*, Nova Iorque, Charles Scribner's Sons, 1960, e Henry Kissinger, *A World Restored: Metternich, Castlereagh and the Problems of Peace, 1812–1822*, Boston, Houghton Mifflin, 1957. Sobre o pensamento de Reinhold Niebuhr, o menos conhecido entre nós, ver Vasco Rato, «Um mapa para o futuro: O realismo normativo de Reinhold Niebuhr», *RI: Relações Internacionais*, No. 16, Inverno de 2007, pp. 21–36.

144 Ver «Secretary of State Madeleine K. Albright, Interview on NBC-TV "The Today Show" with Matt Lauer, Columbus, Ohio, February 19, 1998, As released by the Office of the Spokesman U.S. Department of State», consultado em: https://1997-2001.state.gov/statements/1998/980219a.html. Cf. também Madeleine Albright, *Madame Secretary: A Memoir*, Nova Iorque, Miramax Books, 2003, e Thomas W. Lippman, *Madeleine Albright and the New American Diplomacy*, Boulder, Westview Press, 2000.

colide com o entendimento mais restritivo de Trump quanto às obrigações internacionais do país. Não admira, portanto, que o «país normal» vaticinado por Trump fosse entendido como um repúdio da concepção da América como um «estado cruzado» incumbido de refazer o mundo à sua imagem.[145]

Com efeito, o *trumpismo* visava recuperar as tradições americanas de política externa prevalecentes antes de 1945. As contingências da Guerra Fria que originaram o consenso bipartidário globalista do *establishment* davam lugar a dinâmicas de um mundo novamente estruturado em torno da rivalidade entre grandes potências. Porque a Guerra Fria fora um momento atípico, em 2016 os Estados Unidos eram obrigados a recuperar as suas mais duradouras tradições em política externa. Era, muito simplesmente, necessário compreender que o futuro não seria uma continuação do presente. Assemelhava-se a um passado mais distante que, em bom rigor, configurava a verdadeira normalidade internacional. Dir-se-á que, em larga medida, Trump se limita a constatar que o internacionalismo liberal da Guerra Fria — e do pós-Guerra Fria — derivava de um quadro específico mundial ultrapassado. A retórica e a *praxis* internacional de Trump faziam frequentemente recordar o século XIX e o início do século XX, justamente porque esse período expressava a verdadeira natureza anárquica, conflitual e transaccional da política externa. Não obstante o «estado normal» preconizado por Trump representar uma descontinuidade com a política externa do pós-1945, a abordagem *trumpiana* não deixava de ir ao encontro de uma das mais antigas tradições diplomáticas do país, porventura desconhecida de uma opinião pública familiarizada apenas com o consenso internacionalista que surge depois da Segunda Guerra Mundial.

Logo em 1776, Thomas Paine, no seu influente *Common Sense*, apela à rebelião contra o poder monárquico em nome da criação de uma novíssima comunidade política no seio da qual a humanidade poderia «recomeçar o mundo», uma oportunidade apenas antes concedida a Noé.[146] Este desígnio

---

[145] Ver, *inter alia*, Walter A. McDougall, *Promised Land, Crusader State: The American Encounter with the World Since 1776*, Nova Iorque, Houghton, Mifflin Harcourt, 1997, e Tony Smith, *America's Mission: The United States and the Worldwide Struggle for Democracy*, Princeton, Princeton University Press, 2012.

[146] A citação é a seguinte: «We have it in our power to begin the world again. A situation, similar to the present, hath not happened since the days of Noah until now.

universalista de Paine em prol de um «admirável mundo novo» não colhe aceitação uniforme entre os Fundadores que desenham as novas instituições políticas das 13 ex-colónias britânicas. Um desses Fundadores, George Washington, no seu célebre «Discurso de Despedida» da presidência, aconselha os seus compatriotas a renunciar às «alianças permanentes» em tempos de paz porque a «grande regra de conduta para nós, no que diz respeito a nações estrangeiras, é o alargamento das nossas relações comerciais, mas com o mínimo possível de ligação política».[147] A necessidade de seguir uma postura prudente, minimalista, relativamente ao resto do mundo seria reiterada por Thomas Jefferson — o terceiro presidente —, que recomenda às gerações vindouras a busca da «paz, do comércio e da amizade honesta com todas as nações, mas não nos enredando em alianças com nenhuma».[148] Similarmente, John Quincy Adams advertia para os perigos dos impulsos utópicos que, sob o pretexto de criarem um mundo melhor, conduziriam o país a «buscar monstros para destruir» além-fronteiras.[149] Por outras palavras, para sobreviverem num mundo hostil, os Estados Unidos teriam de evitar alianças permanentes que os pudessem arrastar para conflitos potencialmente devastadores.

Eram avisos prudentes feitos por revolucionários experientes numa altura em que as fronteiras da nova república permaneciam porosas e longe de estar plenamente consolidadas. A ameaça existencial que pairava sobre o país residia no ambiente externo, nas dinâmicas de um sistema internacional dominado pelas rivalidades das grandes potências europeias. Porque a nova república corria o risco real de ser arrastada para conflitos europeus desencadeados nas terras do Mundo Novo, os imperativos de segurança nacional do novo estado — isto é, a sua sobrevivência física — ditavam

---

The birthday of a new world is at hand, and a race of men, perhaps as numerous as all Europe contains, are to receive their portion of freedom from the events of a few months». Uma cópia digital de *Common Sense* pode ser consultada em: http://pinkmonkey.com/dl/library1/sense.pdf.

[147] Ver «Transcript of President George Washington's Farewell Address (1796)», consultado em: https://www.ourdocuments.gov/doc.php?flash=false&doc=15&page=transcript.

[148] Ver Thomas Jefferson, «First Inaugural Address, March 4, 1801», consultado em: https://avalon.law.yale.edu/19th_century/jefinau1.asp.

[149] Ver John Quincy Adams, «An Address Celebrating the Declaration of Independence, July 4, 1821», consultado em: https://teachingamericanhistory.org/library/document/speech-on-independence-day/.

uma política externa fundamentalmente defensiva. Acima de tudo, impunha-se acautelar a integridade territorial do novo país, a condição *sine qua non* para preservar a ainda frágil independência nacional. Os alertas dos Fundadores quanto aos perigos das utopias que invariavelmente desaguavam em aventuras externas justificam-se porque o excepcionalismo nacional se encontrava firmemente enraizado no código genético das 13 colónias.[150]

Imbuídos da certeza moral divinamente revelada, os primeiros colonos puritanos concebiam a América como a Terra Prometida, uma «nova Jerusalém» do Novo Mundo. Com efeito, a «cidade na colina» imaginada por John Winthrop era o farol que iluminaria o caminho para a redenção de toda a humanidade.[151] Esse mesmo excepcionalismo permeia a Doutrina Monroe de 1823, que visa delimitar uma esfera de influência hemisférica capaz de escudar o novo estado da principal ameaça existencial: eventuais guerras entre potências europeias em solo das Américas que viessem a envolver os Estados Unidos.[152]

Nem a guerra civil de 1861–1865 — que se salda pela morte de 620 mil pessoas — esfria o excepcionalismo americano. Num momento em

---

[150] Julga-se que o termo «excepcionalismo americano» teve origem no livro *Democracia na América*, de Alexis de Tocqueville. Denota a ideia de que as origens, o desenvolvimento histórico e, mais importante, as instituições religiosas e políticas dos Estados Unidos são únicas. Para uma discussão desenvolvida, ver Seymour M. Lipset, *American Exceptionalism: A Double-edged Sword*, Nova Iorque, W. W. Norton, 1996. Politicamente, o excepcionalismo aponta para o compromisso americano com a liberdade, a democracia e os mercados, e distingue o país. O excepcionalismo em política externa sugere que os Estados Unidos rejeitam a *power politics*. Ver Stanley Hoffmann, «The American style: Our past and our principles», *Foreign Affairs*, Vol. 46, No. 2, 1968, pp. 362–376.

[151] A expressão «shinning city on a hill» é frequentemente usada em discursos políticos conservadores e normalmente associada a Ronald Reagan. No seu célebre sermão, John Winthrop utilizou a expressão «we will be as a city on a hill». A *nuance* não é irrelevante. Ver John Winthrop, «Dreams of a city on a hill, 1630», consultado em: https://www.americanyawp.com/reader/colliding-cultures/john-winthrop-dreams-of-a-city-on-a-hill-1630/. Para uma discussão desta questão, ver Daniel T. Rodgers, *As a City on a Hill: The Story of America's Most Famous Lay Sermon*, Princeton, Princeton University Press, 2018.

[152] Ver Jay Sexton, *The Monroe Doctrine: Empire and Nation in Nineteenth-Century America*, Nova Iorque, Hill and Wang, 2011, e Kori Schake, *Safe Passage: The Transition from British to American Hegemony*, Cambridge, Harvard University Press, 2017, pp. 39–58.

que se encontra a braços com a secessão dos estados sulistas, Abraham Lincoln, na sua Mensagem Anual ao Congresso de Dezembro de 1862, assegurava que a união federal que procura preservar através da força das armas representava a «última melhor esperança da Terra».[153] No fundo, Lincoln acredita piamente que o pecado original da escravatura que acompanhara a fundação da república seria superado por meio do ferro e do fogo. Uma titânica guerra de irmãos purificaria o país, absolvendo-o do seu passado trágico. Terminada a guerra entre os estados, o excepcionalismo, sob a forma do Destino Manifesto, atrai pioneiros para as virgens terras fronteiriças do Oeste com o propósito de as «civilizar» através das glórias da virtude.[154] As terras do Oeste, porém, não eram virgens e as populações nativas que resistem aos amanhãs que cantam são esmagadas. Do Atlântico ao Pacífico, o Estado era unificado pelos caminhos-de-ferro, pelos xerifes, pelos *land speculators* e pela cavalaria. A mesma virtude que inspira os pioneiros a conquistar as planícies leva os comerciantes da Nova Inglaterra a expandir o capitalismo *yankee* pelos quatro cantos do globo e os missionários protestantes a divulgar a sua visão singular de Deus por terras longínquas.[155] Para onde rumavam os comerciantes e os pastores, os *gunboats* seguiam.

Abre-se uma nova página na política externa quando, na sequência da guerra hispano-americana de 1898, os Estados Unidos se assumem como grande potência.[156] A necessidade imediata de definir o destino das colónias herdadas de Espanha — Filipinas, Guam, Porto Rico e Cuba

---

[153] Ver «President Abraham Lincoln's Second Annual Message to Congress, December 1, 1862», consultado em: https://www.archives.gov/legislative/features/sotu/lincoln.html.

[154] Sobre a «tese da fronteira», ver Frederick Jackson Turner, «The significance of the frontier in American History», 1893, consultado em: http://nationalhumanitiescenter.org/pds/gilded/empire/text1/turner.pdf. Ver também Wilbur R. Jacobs, «National frontiers, great world frontiers, and the shadow of Frederick Jackson Turner», *The International History Review*, Vol. 7, No. 2, 1985, pp. 261-270, e Martin Ridge, «The life of an idea: The significance of Frederick Jackson Turner's frontier thesis», *Montana: The Magazine of Western History*, Vol. 41, No. 1, 1991, pp. 2–13. Para uma interpretação revisionista, ver William Appleman Williams, «The Frontier Thesis and American Foreign Policy», *Pacific Historical Review*, Vol. 24, No. 4, 1955, pp. 379–395.

[155] Para uma interessante análise geral, cf. Mark R. Amstutz. *Evangelicals and American Foreign Policy*, Nova Iorque, Oxford University Press, 2014.

[156] Ver H. Wayne Morgan, *America's Road to Empire: The War with Spain and Overseas Expansion*, Nova Iorque, Wiley, 1965, e Ernest R. May, *Imperial Democracy: The Emergence of America as a Great Power*, Nova Iorque, Harcourt, Brace, 1961.

— aquando da assinatura do Tratado de Paris de 1898 que põe termo às hostilidades leva o campo imperialista a concluir que o interesse nacional seria melhor salvaguardado se os americanos assumissem o domínio directo sobre os antigos territórios espanhóis.[157] Argumentam que Cuba era absolutamente indispensável para a segurança dos Estados Unidos e que as Filipinas deveriam servir como o principal entreposto comercial americano na Ásia, bem como uma base militar para projectar poder na região. Guiados pelo pragmatismo, sublinhavam que, caso o arquipélago viesse a ser abandonado, as potências europeias voltariam a colonizá-lo. Em contraste, o campo anti-imperialista temia que o controlo directo das ilhas viesse a consubstanciar nada menos do que um inequívoco repúdio dos ideais que legitimaram a guerra contra a Espanha. Em coerência com os seus valores basilares, a América teria de rejeitar quaisquer arranjos coloniais e, como corolário lógico, promover a autodeterminação filipina.[158] A discussão encerra-se em Fevereiro de 1899, quando o Senado Federal ratifica, por um único voto, os termos do Tratado de Paris. Nas Filipinas, que seis meses antes da eclosão da guerra hispano-americana declaravam a sua independência de Espanha, Emilio Aguinaldo embarca numa sanguinária e prolongada campanha de resistência ao poder colonial americano.[159]

A ascensão dos Estados Unidos ao estatuto de grande potência induz o presidente William McKinley — secundado pelo vice-presidente Theodore Roosevelt e pelo secretário de Estado John Hay — a proclamar a «Política de Portas Abertas» no Extremo Oriente[160], um sinal inequívoco de

---

[157] Ver Walter A. McDougall, *Promised Land, Crusader State*, *op. cit.*, pp. 111–121.

[158] Ver Robert L. Beisner, *Twelve Against Empire: The Anti-Imperialists, 1898–1900*, Nova Iorque, McGraw-Hill, 1968, e E. Berkeley Tompkins, *Anti-Imperialism in the United States: The Great Debate, 1890–1920*, Filadélfia, University of Pennsylvania Press, 1970.

[159] Sobre a guerra entre os Estados Unidos e as Filipinas, ver Stanley Karnow, *In Our Image: America's Empire in the Philippines*, Nova Iorque, Random House, 1989; Brian McAllister Linn, *The Philippine War, 1899–1902*. Lawrence: University Press of Kansas, 2000, e David J. Silbey, *A War of Frontier and Empire: The Philippine-American War, 1899–1902*, Nova Iorque, Hill and Wang, 2007.

[160] O secretário de Estado Hay propôs um «mercado aberto» para todos os comerciantes a negociar na China, independentemente da nacionalidade destes. Pediu à Grã-Bretanha, à França, ao Japão, à Alemanha e à Rússia para não estabelecerem colónias na China. Com a eclosão da Rebelião Boxer, Hay, em 3 de Julho de 1900, circulou uma nota às

autoconfiança e da crescente ambição do país. Porque os americanos careciam de meios militares para impor as suas pretensões, as directrizes da nova política seriam largamente ignoradas pelas grandes potências europeias. O acesso ao cobiçado mercado chinês será somente concedido após os Estados Unidos terem enviado tropas para auxiliar a França, a Alemanha e a Grã-Bretanha a suprimir a Rebelião Boxer.[161] A conquista de mercados não dispensava a projecção do poderio militar além-fronteiras.

Mais perto de casa, Washington consolida a sua hegemonia hemisférica quando Theodore Roosevelt — que assume a presidência a 14 de Setembro de 1901, na sequência do homicídio do presidente McKinley — propõe escavar um canal a ligar os oceanos Atlântico e Pacífico. Tenta, numa primeira fase, induzir o governo colombiano a aceitar 10 milhões de dólares em troca do arrendamento do istmo do Panamá durante 100 anos. Quando Bogotá liminarmente recusa a proposta, Roosevelt secretamente promove a revolta separatista que termina a 3 de Novembro de 1903 com a proclamação da república soberana do Panamá. Passadas duas semanas, o novo país assina o Tratado Hay-Bunau-Varilla e autoriza a construção do Canal do Panamá. Inaugurada em 1914, a obra trazia vantagens consideráveis, pois abria o acesso aos mercados do Pacífico e permitia que bens da costa leste americana chegassem à costa oeste de forma célere, económica e segura. Previsivelmente, a infra-estrutura passa a ser indispensável para a projecção do poderio militar americano nas Américas. A importância do Canal era de tal ordem que os termos do Tratado Hay-Bunau-Varilla só seriam revistos em Setembro de 1977, quando Jimmy Carter e Omar Torrijos assinam dois acordos que garantem que o Panamá passaria a exercer soberania plena sobre a Zona do Canal a partir de 31 de Dezembro de 1999.[162]

---

potências pedindo respeito pela «integridade territorial e administrativa» da China. A Rebelião Boxer não era para ser utilizada pelas potências como pretexto para «dividir» a China em colónias. A política de Porta Aberta expôs os limites inerentes à política externa dos Estados Unidos porque Washington carecia de recursos militares adequados para fazer valer os seus interesses na China. Ver Robert B. Zoellick, *America in the World. A History of U.S. Diplomacy and Foreign Policy*, Nova Iorque, Twelve, 2020, pp. 97–111.

161 Sobre este assunto, ver David J. Silbey, *The Boxer Rebellion and the Great Game in China*, Nova Iorque, Hill and Wang, 2012.

162 Ver James F. Vivian, «The "taking" of the Panama Canal zone: Myth and reality», *Diplomatic History*, Vol. 4, No. 1, Janeiro de 1980, pp. 95–100, e L. H. Woolsey,

A manobra no Panamá exemplifica o provérbio que resume a abordagem de Theodore Roosevelt à política externa: «fale suavemente e carregue um bastão grande — *speak softly and carry a big stick*».[163] À medida que o país acumula capacidades navais por meio da novíssima Grande Frota Branca, o *big stick* que lhe permite projectar poder para além do Novo Mundo, a hegemonia britânica nas Américas dissipa-se. A ocasião ideal para o presidente brandir o *big stick* apresenta-se quando as potências europeias ameaçam recorrer à força militar para cobrar dívidas contratadas por vários estados latino-americanos, desencadeando, assim, as «crises» da Venezuela e de Santo Domingo. Atribuindo as responsabilidades pelas crises às manobras das potências europeias, anuncia o «Corolário de 1905» à Doutrina Monroe, estipulando que cabia aos Estados Unidos solucionar «acções erradas» eventualmente ocorridas no «seu» hemisfério.[164] Washington assume-se, para todos os efeitos, como o garante da ordem regional. Ao mesmo tempo que abraça uma postura crescentemente assertiva nas Américas, Roosevelt mantém uma distância prudente em relação à Europa, que à época assiste à ascensão da Alemanha Guilhermina, processo que devasta os equilíbrios arquitectados no Congresso de Viena de 1815.

Este legado americano de afastamento relativamente ao Velho Continente termina em Abril de 1917, quando, depois de anos de ambiguidade e de relutância, Woodrow Wilson intervém no teatro europeu da Grande Guerra com o intento de «tornar o mundo seguro para a democracia».[165] Concluídas as hostilidades, na Conferência de Paz de Paris propõe

«The sovereignty of the Panama Canal zone», *The American Journal of International Law*, Vol. 20, No. 1, Janeiro de 1926, pp. 117–124.

[163] Ver Fareed Zakaria, *From Wealth to Power: The Unusual Origins of America's World Role*, Princeton, Princeton University Press, 1998.

[164] Ver Matthias Maass, «Catalyst for the Roosevelt corollary: Arbitrating the 1902–1903 Venezuela crisis and its impact on the development of the Roosevelt corollary to the Monroe doctrine», *Diplomacy and Statecraft*, Vol. 20, No. 3, 2009, pp. 383–402; Cyrus Veeser, «Inventing dollar diplomacy: The gilded-age origins of the Roosevelt corollary to the Monroe doctrine», *Diplomatic History*, Vol. 27, No. 3, 2003, pp. 301–326, e Kori Schake, *Safe Passage*, *op. cit.*, pp. 146–182.

[165] Ver Patricia O'Toole, *The Moralist: Woodrow Wilson and the World He Made*, Nova Iorque, Simon & Schuster, 2018, e Tony Smith, *Why Wilson Matters: The Origin of American Liberal Internationalism and its Crisis Today*, Princeton, Princeton University Press, 2017, pp. 87–94.

reordenar o sistema internacional em conformidade com os princípios consagrados nos seus Catorze Pontos, entre os quais se destacam a autodeterminação, a democracia e a segurança colectiva proporcionada pela Sociedade das Nações.[166] A arquitectura internacional prevista por Wilson desmorona-se em 1920, quando, após 55 dias de debate acrimonioso protagonizado por Henry Cabot Lodge, o Senado americano rejeita o Artigo 10.° do Pacto da Sociedade das Nações, que previa que um estado-membro vítima de agressão fosse auxiliado pelos demais estados.[167] Ao recusar a ratificação do Tratado de Versalhes, o Senado federal decreta a retirada americana da Europa, precipitando, assim, o pernicioso isolacionismo que abre caminho à tragédia mundial desencadeada pelo *Drang nach Osten* nazi.

Se a invasão hitleriana da Polónia em Setembro de 1939 desfaz a precária paz europeia, a investida nipónica contra a base naval de Pearl Harbor, em 7 de Dezembro de 1941, força a entrada dos Estados Unidos na Segunda Guerra Mundial. Se os Estados Unidos seguiram uma política isolacionista na Europa no período entre as duas guerras, nessa mesma altura era deveras intervencionista nas Américas, na Ásia e no Pacífico. Antes de ser uma grande potência no Atlântico, a América já o era no Pacífico. Terminada a Segunda Guerra Mundial, passa de potência regional a potência mundial. Com efeito, a derrota das potências do Eixo torna a presença político-militar americana na Europa e na Ásia imprescindível. Na Europa, o desmoronamento da balança de poder e o concomitante expansionismo soviético para as terras da Europa Central rapidamente emergem como preocupações geoestratégicas de primeira ordem. O ambiente de segurança degrada-se quando se torna claro que os estados europeus saídos vitoriosos da guerra — em particular, a França e a Grã-Bretanha — eram incapazes de continuar a cumprir as suas responsabilidades internacionais de outrora.[168] Consumada a independência

---

[166] Ver Margaret MacMillan, *Paris 1919: Six Months That Changed the World*, Nova Iorque, Random House, 2003.

[167] Ver Waldo W. Braden, «The Senate debate on the League of Nations, 1918–1920: An overview», *The Southern Speech Journal*, Vol. 25, No. 4, 1960, pp. 273–281. As posições do senador Lodge podem ser encontradas em Henry Cabot Lodge, *The Senate and the League of Nations*, Farmington Hills, Gale, 2013.

[168] Para uma interessante análise, ver Mark Mazower, *Dark Continent: Europe's Twentieth Century*, Nova Iorque, Vintage Books, 1998, pp. 41–75.

da Índia em 1947, enceta-se o processo de descolonização que prenuncia o desmoronamento dos seculares impérios europeus. Neste quadro, cabia a Washington preencher o vazio estratégico europeu e, ao mesmo tempo, conter as ambições de Moscovo no mundo a emergir do colonialismo.[169] Sublinhe-se que a desagregação imperial não era um fenómeno exclusivamente europeu. No Extremo Oriente, o desmantelamento do império nipónico que resulta da rendição incondicional do país altera a carta geoestratégica regional das décadas anteriores, provocando um vazio de segurança que apenas poderia ser preenchido por Washington ou Moscovo. O triunfo das forças comunistas de Mao Zedong sobre o Guomindang de Chiang Kai-shek em 1949 fortalece a posição de Estaline, que, em Fevereiro de 1950, celebra uma aliança de «amizade e cooperação» com os comunistas chineses. Aliás, os dois teatros geopolíticos estavam intimamente interligados porque a obstrução do expansionismo soviético na Ásia obrigava a que se travasse o comunismo na Europa, onde o Exército Vermelho estabelecera formidáveis «factos no terreno» ao ocupar militarmente a metade oriental do continente.[170] As novíssimas realidades geoestratégicas criadas por Estaline exigiam, portanto, a edificação de uma ordem de segurança suficientemente robusta para, em simultâneo, conter Moscovo e preservar o avassalador recém-adquirido poderio mundial de Washington.

É neste quadro que os Estados Unidos — um «leviatã liberal», na formulação de G. John Ikenberry — se assumem como potência hegemónica mundial e desenham a ordem liberal cujos contornos principais ainda hoje vigoram.[171] Essa ordem liberal, tanto na vertente de segurança como na vertente económico-financeira, não fora concebida como um empreendimento altruísta. Servia para afirmar a liderança internacional americana por meio de uma panóplia de normas, instituições e — pela primeira vez — alianças militares institucionalizadas: a Organização

[169] Ver Odd Arne Westad, *The Cold War: A World History*, Nova Iorque, Basic Books, 2017.

[170] Ver George Kennan (X), «The sources of Soviet conduct», *Foreign Affairs*, Vol. 26, No. 2, 1947, pp. 566–582. Sobre a contribuição de George Kennan para a «doutrina de contenção», ver, por exemplo, David Mayers, *George Kennan and the Dilemmas of US Foreign Policy*, Nova Iorque, Oxford University Press, 1988.

[171] Ver G. John Ikenberry, *Liberal Leviathan: The Origins, Crisis, and Transformation of the American World Order*, Princeton, Princeton University Press, 2011.

do Tratado do Atlântico Norte (NATO) e a Organização do Tratado do Sudeste Asiático (SEATO), a qual seria posteriormente substituída por um conjunto de tratados de segurança bilateral.[172] Para garantirem o cumprimento dos compromissos assumidos, os Estados Unidos constroem uma teia de bases militares que se estende pelos quatro cantos do globo. Assiste-se também à criação do sistema de Bretton Woods e à abertura do mercado americano a nações amigas que davam os primeiros passos no sentido de reconstruírem as suas economias devastadas pela guerra. Para todos os efeitos práticos, os arranjos acordados em Bretton Woods certificavam que o poderio económico, comercial e financeiro dos Estados Unidos seria a pedra basilar da nova ordem económico-financeira mundial.[173] É, aliás, esse predomínio no âmbito económico e financeiro que sustenta a ordem de segurança e o poderoso instrumento militar que a credibiliza.

À medida que alargam o seu poder e influência à Europa e à Ásia através de novos mecanismos multilaterais que consagram os seus valores e interesses, as elites americanas assumem encargos assimétricos que, nas décadas subsequentes, vieram a exigir considerável sangue e tesouro. Dir-se-á que todos beneficiaram com a ordem liberal, mas que os ganhos obtidos pelos Estados Unidos foram nitidamente superiores aos dos demais países.[174] Todavia, com a passagem do tempo, a opinião pública americana evidencia sinais de um paulatino desencanto com o pesado fardo humano e financeiro imposto pela manutenção da ordem liberal. Em resposta a estas frustrações, Trump propõe uma leitura restritiva dos interesses nacionais evocativa de um tempo mais longínquo em que a América era um «país normal» liberto dos vastos compromissos

[172] Ver Stephen E. Ambrose, *Rise to Globalism: American Foreign Policy Since 1938*, Nova Iorque, Penguin Books, 1976.

[173] Sobre Bretton Woods, ver Richard N. Gardner, *Sterling-Dollar Diplomacy: Anglo-American Collaboration in the Reconstruction of Multilateral Trade*, Oxford, Clarendon Press, 1956; Armand van Dormael, *Bretton Woods: Birth of a Monetary System*, Nova Iorque, Holmes and Meier, 1978, e Benn Steil, *The Battle of Bretton Woods: John Maynard Keynes, Harry Dexter White, and the Making of a New World Order*, Princeton, Princeton University Press, 2013.

[174] Ver G. John Ikenberry, *After Victory: Institutions, Strategic Restraint, and the Rebuilding of Order After Major Wars*, Princeton, Princeton University Press, 2009, e Daniel Immerwahr, *How to Hide an Empire: A Short History of the Greater United States*, Londres, Bodley Head, 2019.

assumidos depois de 1945. Enraizado na *praxis* do presidente Andrew Jackson, a tradição nacional-populista *jacksoniana* — definida por Walter Russell Mead como uma abordagem «marcada por um vigoroso etnonacionalismo, um virulento anti-elitismo e um robusto compromisso com os valores prevalecentes entre as camadas populares americanas» — serve de inspiração da política externa *trumpiana*.[175] Dir-se-á que, *mutatis mutandis*, o *trumpismo* em política externa aplica a abordagem *jacksoniana* à era da globalização.

As relações internacionais são entendidas pelos *jacksonianos* como competitivas, de natureza soma-zero, pois os ganhos do comércio e do desenvolvimento são distribuídos de forma desigual. Num mundo anárquico de estados rivais e perante um «implacável e formidável inimigo externo com uma quinta coluna nos Estados Unidos», a América do presidente Jackson prosperou porque se manteve «vigilante e armada».[176] Não obstante a ênfase dada às capacidades de defesa, os *jacksonianos* advogam um judicioso uso da força, utilizado apenas para salvaguardar os interesses vitais do país. Recusam utilizá-la na prossecução de projectos de reconstrução nacional, na promoção da democracia e de outros objectivos secundários. Num mundo de fluxos financeiros internacionais, de cadeias de produção integradas e de circulação de pessoas, Trump faz a apologia de uma força militar esmagadora capaz, em última análise, de defender a agenda *America First* perante concorrentes, adversários e inimigos determinados a enfraquecer a primazia do país. Por isso, insistia que a defesa dos interesses nacionais não passava pelo policiamento dos

---

[175] Ver Walter Russell Mead, *Special Providence: American Foreign Policy and How it Changed the World*, Nova Iorque, Knopf, 2001; Walter Russell Mead, «The Jacksonian revolt: American populism and the liberal world order», *Foreign Affairs*, Vol. 96, No. 2, 2017, pp. 2–7; Walter Russell Mead, «The Jacksonian tradition and American foreign policy», *The National Interest*, 58, 1999/2000, pp. 5–29. Consultar também Michael Clarke e Anthony Ricketts, «Donald Trump and American foreign policy: The return of the Jacksonian tradition», *Comparative Strategy*, Vol. 36, No. 4, 2017, pp. 366–379; Tiago Moreira de Sá e Diana Soller, *Donald Trump: o Método no Caos*, Lisboa, Publicações Dom Quixote, 2018, pp. 11–46, e Daniel S. Hamilton, «Trump's Jacksonian foreign policy and its implications for European security», *Ulbrief*, No. 2, Swedish Institute of International Affairs, 2017, consultado em: https://www.ui.se/globalassets/butiken/ui-brief/2017/hamilton-ui--brief.-05-23.pdf.

[176] Ver Walter Russell Mead, «The Jacksonian tradition and American foreign policy», *op. cit.*, p. 21.

cantos mais remotos do planeta, pois as ameaças à segurança da *homeland* não se escondiam nos destroços dos estados falhados do Médio Oriente, nas montanhas áridas do Afeganistão, nas aldeias remotas da Ossétia do Sul ou até na Crimeia. Muito menos residiam nos projectos de reconstrução nacional prosseguidos pelo *establishment* na Somália, no Haiti ou noutros «países de merda» a necessitarem de reconstrução.[177]

Embora Trump tivesse sido severamente criticado por ter usado uma expressão vulgar para se referir ao imbróglio haitiano, nada sugere que a sua base eleitoral discordasse de uma observação que — por muito imprópria que fosse — dá voz à convicção de que os Estados Unidos não se deviam intrometer em conflitos mundiais que não avançassem o interesse nacional.[178] Manifestamente, o presidente não subscrevia a existência de um genérico interesse humano que abrangesse a totalidade da comunidade internacional, nem aceitava a premissa de que o poderio do país devesse ser mobilizado para salvaguardar os direitos humanos em terras longínquas. Trump não era especialmente original neste ponto porque o enfoque dado à cidadania nacional — isto é, a rejeição de «deveres além-fronteiras» — sempre fora um pilar basilar da tradição *jacksoniana* e do sistema vestefaliano.[179] Genericamente, o *trumpismo* apontava para um futuro que se assemelhava ao mundo como ele era antes de 1945, quando, quiçá imprudentemente, os Estados Unidos ousaram refazê-lo à sua imagem. Esse retorno à normalidade das relações internacionais antecipado por Donald Trump aproximava-o da mundividência de Vladimir Putin, de Xi Jinping, de Recep Tayyip Erdoğan e de Narendra Modi. Afastava-o, obviamente, de Emmanuel Macron e de Angela Merkel.

---

[177] Ver Bob Woodward, *Fear: Trump in the White House*, Nova Iorque, Simon & Schuster, 2018, pp. 124–128.

[178] Trump quebrou com a perspectiva *clintoniana* de *nation-building* prevalecente nos anos 1990. Roland Paris observa que a *nation-building* visava a liberalização política e a criação de economias de mercado. O objectivo fundamental era deslocar os conflitos políticos para a arena da competição eleitoral, em vez de os resolver pela guerra civil. Os mercados, por sua vez, criariam a paz por meio da prosperidade. Ver Roland Paris, *At War's End: Building Peace after Civil Conflict*, Cambridge, Cambridge University Press, 2004.

[179] Ver Stanley Hoffmann, *Duties Beyond Borders: On the Limits and Possibilities of Ethical International Relations*, Syracuse, Syracuse University Press, 1981.

Dinamitar os consensos

Convicto de que as políticas traçadas pelo *establishment* minavam o poderio do Estado americano, Trump reivindica a «drenagem» do «pântano» dominado por uma elite irremediavelmente corrupta instalada nos centros de decisão que prosseguia políticas multiculturais — e de imigração — que, directa ou indirectamente, originavam profundas clivagens sociopolíticas que tinham corroído o patriotismo e o propósito nacional.[180] A posição de Trump relativamente à imigração assenta numa compreensão minimalista quanto ao papel do Estado, cujos recursos finitos deveriam ser alocados para melhorar as oportunidades de vida dos cidadãos americanos, particularmente dos trabalhadores de *blue collar*, fustigados por uma globalização comandada por «elites cosmopolitas» desenraizadas do pulsar da comunidade nacional. Para Trump, a imigração clandestina agravava a tremenda pressão sobre os trabalhadores mais vulneráveis sob a forma da estagnação prolongada dos salários reais.[181] Destaca o problema durante o discurso que profere na Convenção Nacional do GOP, explicando que «décadas de imigração produziram salários mais baixos e desemprego mais elevado para os nossos cidadãos, especialmente para os trabalhadores afro-americanos e latinos».[182] Para contrariar este estado de coisas, diz pretender arquitectar «um sistema de imigração que funcione, mas que funcione para o povo americano» no seu todo.[183] Não advoga — e nunca advogou — o fim da imigração *tout court*, mas insiste no controlo das fronteiras do país. Inibir a maré de imigração indocumentada era, portanto, um componente nuclear da estratégia *trumpiana* para inverter o declínio nacional.[184]

---

[180] Ver Susan B. Glasser, «Trump takes on the blob», *Politico*, Março/Abril de 2017, consultado em: http://www.politico.com/magazine/story/2017/03/trump-foreign-policy-elites-insiders-experts-international-relations-214846.

[181] O candidato Trump, no seu «discurso de Phoenix», traçou os elementos fundamentais da política de imigração que propunha. Ver «Transcript of Donald Trump's Immigration Speech», *The New York Times*, 1 de Setembro de 2016, consultado em: https://www.nytimes.com/2016/09/02/us/politics/transcript-trump-immigration-speech.html?searchResultPosition=1.

[182] Ver «Donald Trump's complete Convention speech, annotated», *Los Angeles Times*, 21 de Julho de 2016, consultado em: https://www.latimes.com/politics/la-na-pol-donald-trump-convention-speech-transcript-20160721-snap-htmlstory.html.

[183] *Ibid.*

[184] Cf. «Transcript of Donald Trump's Immigration Speech», *The New York Times*, *op. cit.*

Já na qualidade de presidente, Trump sumariza o essencial da sua posição num discurso proferido em Setembro de 2017 na Assembleia Geral das Nações Unidas, em que clarifica que, «a longo prazo, a migração descontrolada é profundamente injusta tanto para os países de envio como para os países de acolhimento. Para os países de envio, reduz a pressão interna para se avançar com reformas políticas e económicas que possam fomentar o desenvolvimento porque lhes retira o capital humano necessário para executar as reformas. Nos países de acolhimento, os custos substanciais da migração descontrolada são usualmente suportados pelos cidadãos de baixos rendimentos, cujas preocupações são frequentemente ignoradas tanto pelos meios de comunicação social como pelo governo».[185] Por estas razões, e atendendo à concepção tradicional do estado soberano que subscreve, Trump justifica a construção de «muros» fronteiriços e repudia a imigração ilegal, que, por definição, preclude que o Estado exerça domínio sobre o seu território e a sua população. Apresentado nestes termos, o argumento do presidente afasta-o de esquemas de «segurança humana» e de «governança global» promovidos pelas Nações Unidas, que, em última análise, tornam os estados modernos supérfluos.

A posição de Trump trouxe-lhe inegáveis dividendos eleitorais, pois a imigração indocumentada mobiliza uma militância republicana intensamente hostil às questões identitárias, à cultura da censura e às políticas de diversidade. Esta agenda «progressista» era entendida como um assalto colossal às tradições «anglo-saxónicas» — popularmente conhecidas como «cultura branca» —, que, na sua opinião, sustentam a democracia. Acredita que os valores e as tradições da parte substancial da população que se revia no *trumpismo* eram o único património etnolinguístico que a «diversidade» se recusava a celebrar.[186] Visto do campo *trumpista*, é justamente essa «América branca» que se transformou num objecto

---

[185] Ver The White House, «Remarks by President Trump to the 72nd session of the United Nations General Assembly», 19 de Setembro de 2017, consultado em: https://www.whitehouse.gov/briefings-statements/remarks-president-trump-72nd-session-united-nations-general-assembly/.

[186] Sobre esta questão, ver, por exemplo, Reihan Salam, «White fright: Does Donald Trump represent the ascendancy of white nationalism on the American right?», *Slate*, 4 de Setembro de 2015, consultado em: http://www.slate.com/articles/news_and_politics/politics/2015/09/donald_trump_and_white_nationalism_does_the_candidate_s_rise_represent_the.ht.

de escárnio, repúdio e condenação. Tratava-se de uma «classe baixa» socioeconómica cujos «gostos vulgares» e modo de vida eram exemplificados — no dizer de Barack Obama — por um incompreensível «apego às armas e à religião».[187] Retratada como «ignorante» e «retrógrada», a classe trabalhadora branca era responsabilizada tanto pelas injustiças perpetuadas no passado como pelas disfuncionalidades do presente. Seguros de que o Partido Democrata era o principal impulsionador desta narrativa iliberal de exclusão, os apoiantes de Trump viam os seus valores e a sua identidade de grupo ameaçados pela agenda *woke* que, aparentemente, apenas Trump se propunha combater.[188]

As origens mais profundas desta desconfiança quanto às intenções do Partido Democrata remontam à década de 1960, quando adopta uma estratégia eleitoral assente na formação de uma coligação congregadora das «novas minorias» surgidas dos movimentos dos direitos cívicos, feminista e antiguerra do Vietname. À medida que essa coligação

[187] Os controversos comentários de Barack Obama foram no seguinte sentido: «You go into some of these small towns in Pennsylvania, and like a lot of small towns in the Midwest, the jobs have been gone now for 25 years and nothing's replaced them. [...] and each successive administration has said that somehow these communities are gonna regenerate and they have not. And it's not surprising then they get bitter, they cling to guns or religion or antipathy toward people who aren't like them or anti-immigrant sentiment or anti-trade sentiment as a way to explain their frustrations». Ver Mayhill Flower, «Obama: No surprise that hard-pressed Pennsylvanians turn bitter», *Huffington Post*, 17 de Novembro de 2008, consultado em: https://www.huffpost.com/entry/obama-no-surprise-that-ha_b_96188.

[188] Ver Robert D. Francis, «Him, not her: Why working-class white men reluctant about Trump still made him President of the United States», *Socius: Sociological Research for a Dynamic World*, Vol. 4, 2018, pp. 1–11. Também interessante são Joshua Holland, «Stop obsessing over white working-class voters», *Rolling Stone*, 16 de Novembro de 2016, consultado em: https://www.rollingstone.com/politics/politics-features/stop-obsessing-over-white-working-class-voters-107707/; Michael Tesler e John Sides, «How political science helps explain the rise of Trump: The role of white identity and grievances», *The Washington Post*, 3 de Março de 2016, consultado em: https://www.washingtonpost.com/news/monkey-cage/wp/2016/03/03/how-political-science-helps-explain-the-rise-of-trump-the-role-of-white-identity-and-grievances/; Andrew J. Cherlin, «The downwardly mobile for Trump», *The New York Times*, 25 de Agosto de 2016, consultado em: https://www.nytimes.com/2016/08/25/opinion/campaign-stops/the-downwardly-mobile-for-trump.html?searchResultPosition=1, e Nate Cohn, «Why Trump won: Working-class whites», *New York Times*, 9 de Novembro de 2016, consultado em: https://www.nytimes.com/2016/11/10/upshot/why-trump-won-working-class-whites.html?searchResultPosition=1.

«progressista» se consolida e alarga, a classe trabalhadora branca sindicalizada e socialmente conservadora, que 30 anos antes se reúne em torno do *New Deal* de Franklin Roosevelt, paulatinamente abandona o partido. Dado que a coligação *rooseveltiana* juntava progressistas do Norte e segregacionistas do Sul, a tumultuosa «era dos direitos cívicos» introduz profundas transformações numa região do país que, desde a Reconstrução que se seguiu à guerra civil de 1861–1865, era um feudo do Partido Democrata.

Nesta época, George Wallace era o rosto mais emblemático das mudanças que ocorriam no interior do Partido Democrata.[189] Quando, em 11 de Junho de 1963, se coloca à entrada da Universidade do Alabama com o intuito de impedir o acesso de dois alunos negros — Vivian Malone e James Hood — à sala de aulas, o então governador democrata torna-se notório em todo o país pela sua acérrima oposição à dessegregação racial, resumida na expressão «segregation now, segregation tomorrow, segregation forever», meses antes utilizada no seu discurso de tomada de posse.[190] Subsequentemente, mobiliza a oposição à passagem do *Voting Rights Act* de 1965, a legislação federal destinada a pôr fim à segregação. Lança, em 1968, uma candidatura presidencial independente que encontra eco junto do eleitorado *blue collar*, desiludido com a viragem «progressista» do Partido Democrata dominado por elites nortistas, urbanas e liberais.[191] Essas eleições presidenciais — que atribuem a Wallace 13,53% do voto a nível nacional e lhe proporciona vitórias no Alabama, no Arkansas, na Geórgia, no Louisiana e no Mississippi — confirmam a fragilidade da coligação democrata formada durante os anos do *New Deal*.[192] Apelando ao patriotismo, à lei, à ordem e aos valores conservadores da classe trabalhadora branca, Richard Nixon conquista uma parte

---

[189] Sobre a vida e a carreira de George Wallace, ver Stephan Lesher, *George Wallace: American Populist*, Cambridge, Perseus Publishing, 1994.

[190] Ver «The Inaugural Address of Governor George C. Wallace, January 14, 1963, Montgomery, Alabama», consultado em: https://digital.archives.alabama.gov/digital/collection/voices/id/2952.

[191] Ver Dan T. Carter, *The Politics of Rage: George Wallace, the Origins of the new Conservatism, and the Transformation of American Politics*, Nova Iorque, Simon & Schuster, 1995.

[192] Sobre a campanha de 1968 que opôs Richard Nixon contra Hubert Humphrey e George Wallace, ver Michael A. Cohen, *American Maelstrom: The 1968 Election and the Politics of Division*, Oxford, Oxford University Press, 2016.

substancial da «maioria silenciosa» para as fileiras do Partido Republicano.[193] A fim de compensar as perdas provocadas pela «estratégia sulista» do GOP, os democratas buscam apoios junto das minorias étnicas das cidades nortenhas, desse modo alienando os sectores sulistas, conservadores e rurais que até então integravam a coligação *rooseveltiana*.[194]

Quatro anos mais tarde, em 1972, com o partido inquinado à esquerda em virtude da influência da *counter-culture*, George McGovern, que promete uma retirada unilateral do Vietname, apenas vence no Massachusetts e no minúsculo Distrito de Columbia. Apelando ao «país real» descontente com o rumo traçado pelos democratas, Nixon esmaga nos restantes estados.[195] Em resposta ao estrondoso fracasso do projecto político-ideológico de McGovern, que nunca vingou junto do *mainstream* americano, os democratas encetam uma brusca viragem à direita na expectativa de reaver o eleitorado perdido. A oportunidade apresenta-se em 1976, altura em que o GOP procura escudar-se dos estilhaços provocados pela humilhante retirada de Saigão em Abril de 1975, assim como do «escândalo Watergate» que força a demissão do presidente Nixon em Agosto de 1974. Com a ala direita do Partido Republicano — na pessoa de Ronald Reagan — a desafiar o moderado Gerald Ford nas primárias, os democratas nomeiam um desconhecido ex-governador da Geórgia como candidato

---

[193] Richard Nixon ganhou 301 votos no Colégio Eleitoral contra 191 de Humphrey e 46 de Wallace. Concorrendo pelo American Independent Party com o controverso general da Força Aérea Curtis LeMay como candidato a vice-presidente, Wallace venceu em cinco estados do Sul: Alabama, Geórgia, Mississippi, Louisiana e Arkansas, obtendo um total de 46 votos eleitorais. Wallace ganhou 13,5% do voto popular, ou seja, mais de 10 milhões de votos.

[194] O estudo clássico sobre o realinhamento que sustenta a estratégia sulista é Kevin Phillips, *The Emerging Republican Majority*, Nova Iorque, Arlington House, 1969. Para uma discussão, ver, por exemplo, Angie Maxwell, *The Long Southern Strategy: How Chasing White Votes in the South Changed America*, Oxford, Oxford University Press, 2019.

[195] Richard Nixon foi o primeiro republicano a ganhar a totalidade dos estados sulistas. Aliás, ganhou todos os estados, excepto Massachusetts e o District of Columbia. Com 60,7% do voto popular, a sua vitória foi esmagadora, pois McGovern conseguiu apenas 37,5% do voto popular, perdendo para Nixon por aproximadamente 18 milhões de votos. Esta foi a maior margem no voto popular a separar os candidatos em qualquer eleição presidencial no período pós-1945. Foi também a primeira eleição presidencial realizada na sequência da ratificação da 26.ª Emenda Constitucional, que reduziu a idade mínima do voto de 21 para 18 anos. Sobre a corrida de 1972, ver Theodore H. White, *The Making of the President, 1972*, Nova Iorque, HarperPerennial, 2010.

à Casa Branca. A aposta num agricultor moderado, evangélico, que professava valores tradicionais, prende-se com a necessidade de reconciliar o partido com as classes trabalhadoras alienadas pela vertigem esquerdista da década anterior. Apresentando-se como um *outsider* desligado do pernicioso pântano *washingtoniano,* Jimmy Carter dirige-se aos eleitores dos estados sulistas seduzidos tanto pelo populismo de George Wallace como pelo conservadorismo cultural de Richard Nixon.[196] Recusando a fuga para a frente, Carter recentra ideologicamente o partido de modo que possa reflectir os valores e as preocupações do «país real».

A estratégia de Carter devolve a Casa Branca aos democratas, mas a fragmentação ideológica que o desastroso mandato presidencial gera no interior do partido desagua na candidatura protagonizada por Edward Kennedy nas primárias democratas de 1980. Mais importante, o insucesso de Carter revitaliza a direita americana. A revolução política que transforma o Partido Republicano — e que, definitivamente, enterra a coligação do *New Deal* — será encabeçada por uma personagem atípica.[197] Antigo governador da Califórnia que entrara na política depois de uma carreira medíocre no cinema, Ronald Reagan torna-se conhecido no país quando, na qualidade de presidente do sindicato dos profissionais do cinema, assume posições públicas de grande hostilidade ao comunismo, chegando a testemunhar junto do *Un-American Activities Committee* da Câmara dos Representantes em Outubro de 1947.[198]

Nas décadas que separam a Segunda Guerra Mundial da eleição presidencial de 1980, a direita americana não dispõe de margem de manobra para rejeitar o paradigma estatista do *New Deal* e regressar à mensagem anti-estatista dos anos 1920 e 1930. Por outras palavras, a direita do pós-1945 não tem alternativa senão unir-se em torno de um feroz anticomunismo. Isto não só porque o poderio soviético — e, em concreto, as armas nucleares — consubstanciava uma ameaça física aos Estados

[196] Sobre a vida e a carreira política de Jimmy Carter, ver Jonathan Alter, *His Very Best: Jimmy Carter, a Life*, Nova Iorque, Simon & Schuster, 2020.

[197] Para uma recente e muito completa análise do surgimento de Ronald Reagan, ver Rick Perlstein, *Reaganland: America's Right Turn, 1976–1980*, Nova Iorque, Simon & Schuster, 2020.

[198] Sobre Reagan e a implosão dos regimes comunistas, ver Paul Kengor, *The Crusader: Ronald Reagan and the Fall of Communism*, Nova Iorque, HarperPerennial, 2006.

Unidos, mas também porque, em conformidade com a lógica traçada por Friedrich Hayek no seu *O Caminho para a Servidão*, o estatismo *rooseveltiano* abria o caminho para o colectivismo de tipo *bolchevique*. Se não reunia condições objectivas para reverter o estatismo, o GOP podia, pelo menos, evitar a sua expansão. Todavia, os dois republicanos que chegam à Casa Branca entre 1945 e 1980 — Dwight D. Eisenhower e Richard Nixon — nunca questionaram verdadeiramente o paradigma *rooseveltiano*. Eisenhower, a personificação do centrismo dominante entre o *establishment*, provoca a ira da direita quando, em resposta à supressão soviética do levantamento húngaro de 1956, abandona o *rollback* do comunismo.[199] Nixon, para além de anuir à colossal extensão do estado regulador através da criação de numerosas agências federais, incluindo a inovadora *Environmental Protection Agency* (EPA), abandona Taiwan para legitimar a China de Mao Zedong. Eram, em suma, gestores do *statu quo* criado pelo Partido Democrata e incapazes de confrontar a ameaça comunista.

Ronald Reagan torna-se politicamente incontornável em 1964, quando faz o discurso de apresentação de Barry Goldwater, o senador do Arizona escolhido pelo GOP para enfrentar Lyndon Johnson, o sucessor de Kennedy. Configurando uma expansão colossal do poder do Estado Federal a todas as esferas da vida quotidiana, o *welfare state* que define a *Great Society* de Johnson parecia confirmar as teses de Hayek. Neste quadro, Goldwater emerge como o rosto da contra-revolução que visa libertar o país do paradigma *rooseveltiano*. Caracterizado pelos adversários como um extremista e um *warmonger*, preconiza uma espécie de *thatcherismo avant la lettre*, assente na liberdade, no individualismo, no anti-estatismo e no anticomunismo.[200] Sincroniza, deste modo, o partido com os valores libertários do Sul e do Oeste, mas afasta-o das prioridades dos grandes centros urbanos do Norte. Realizadas um ano depois do assassinato de John F. Kennedy, as eleições saldam-se pela monumental

---

[199] Ver László Borhi, «Rollback, Liberation, containment, or inaction? U.S. policy and Eastern Europe in the 1950s», *Journal of Cold War Studies*, Vol. 1, No. 3, 1999, pp. 67–110.

[200] Goldwater sintetizou o seu pensamento político nos seguintes livros: Barry Goldwater, *Why Not Victory? A Fresh Look at American Foreign Policy*, Nova Iorque, McGraw Hill, 1962, e Barry Goldwater, *The Conscience of a Conservative*, Shepherdsville, Victor Publishing Co., 1960.

derrota de Goldwater, que se fica pelos 38,5% do voto popular contra os 61,1% de Lyndon Johnson. Porém, o GOP, para além de triunfar no Arizona — o estado nativo de Goldwater —, conquista cinco estados sulistas que seriam o núcleo duro da coligação *reaganista* de 1980. Mais importante, Goldwater ergue os pilares de uma alternativa ao *New Deal* que orientará o Partido Republicano de Ronald Reagan.[201]

Uma década e meia depois da debacle eleitoral de Goldwater, Ronald Reagan apresenta-se como o rosto do mesmo conservadorismo libertário, musculado e optimista decisivamente rejeitado pelos votantes em 1964. Volvidos 16 anos, a renovação nacional proposta por Reagan assenta numa alternativa real ao estatismo que encontra abundante ressonância junto dos eleitores brancos de «colarinho azul», que, ao longo das décadas, constituíam a espinha dorsal da coligação *rooseveltiana*. Saturados com os impasses do *welfare state*, a desagregação social e as transformações culturais dos anos 1960, estes *Reagan Democrats* engrossam as fileiras republicanas e aí permanecem até às eleições de 1992, quando, depois de 12 anos de ininterrupto domínio republicano, Bill Clinton, apologista assumido de uma política económica liberalizante assente no crescimento e nos valores culturais predominantes no Sul, recentra o partido.[202] Faz regressar os *Reagan Democrats* à «grande tenda» democrata ao prometer fazer uma «triangulação» político-ideológica de forma a construir um «novo centro» sintetizando as «velhas» esquerda e direita.[203] Primeiro chefe de estado a assumir o cargo no seguimento da derrocada da União Soviética, Clinton define o consenso internacionalista do pós-Guerra Fria em política externa em torno do comércio livre, da globalização e da promoção da democracia, isto é, dos princípios basilares do *reaganismo* que Donald Trump viria mais tarde a repudiar.[204]

---

[201] Sobre a influência de Goldwater na direita americana na década de 1960, ver Rick Perlstein, *Before the Storm: Barry Goldwater and the Unmaking of the American Consensus*, Nova Iorque, Nation Books, 2001.

[202] Ver Kenneth S. Baer, *Reinventing Democrats: The Politics of Liberalism from Reagan to Clinton*, Lawrence, University Press of Kansas, 2000.

[203] Ver Jon F. Hale, «The making of the new Democrats», *Political Science Quarterly*, Vol. 110, No. 2, 1995, pp. 207–232, e Michael Meeropol, *Surrender: How the Clinton Administration Completed the Reagan Revolution*, Ann Arbor, University of Michigan Press, 2000.

[204] Sobre a «Doutrina Clinton», ver, *inter alia*, Charles William Maynes, «A workable Clinton Doctrine», *Foreign Policy*, No. 93, 1993–1994, pp. 3–21; Douglas Brinkley,

Dado que o novo centrismo de Clinton visa disputar os eleitores moderados e as minorias antes solidamente alinhadas com Ronald Reagan, o GOP, nas eleições de 2000, responde com o «conservadorismo compassivo» de George W. Bush.[205] Visão pragmática que consubstancia uma notável quebra tanto com o tradicional *country club republicanism* identificado com Nelson Rockefeller como com o impulso libertário *reaganista*, o *bushismo* parte dos valores tradicionalistas para definir inovadoras políticas sociais dirigidas aos mais desfavorecidos. Com efeito, oferece uma terceira via ao GOP, uma espécie de *clintonismo* republicano semelhante ao *reaganismo* democrata oferecido por Bill Clinton ao seu partido em 1992. Todavia, constrangido pelas guerras que se seguiram aos ataques de 11 de Setembro de 2001, Bush acaba por presidir à colossal expansão do Governo Federal, distanciando-se, assim, da tradição republicana do «small c conservatism», que privilegia impostos baixos e um Estado Federal de dimensão reduzida.[206] No âmbito da política externa, o

---

«Democratic enlargement: The Clinton Doctrine», *Foreign Policy*, No. 106, 1997, pp. 1110–1127; William G. Hyland, *Clinton's World: Remaking American Foreign Policy*, Westport, Praeger, 1999; Samuel R. Berger, «A foreign policy for the global age», *Foreign Affairs*, Vol. 79, No. 6, 2000, pp. 22–39; John Dumbrell, «Was there a Clinton Doctrine? President Clinton's foreign policy reconsidered», *Diplomacy and Statecraft*, Vol. 13, No. 2, 2002, pp. 43–56, e Nicolas Bouchet, *Democracy Promotion as US Foreign Policy: Bill Clinton and Democratic Enlargement*, Nova Iorque, Routledge, 2015.

[205] Ver Jesse Norman e Janan Ganesh, «Compassionate conservatism. What it is, why we need it», *Policy Exchange*, Londres, 2006, consultado em: https://www.policyexchange.org.uk/wp-content/uploads/2016/09/compassionate-conservatism-june-06.pdf; Steven M. Teles, «The eternal return of compassionate conservatism», *National Affairs*, Fall 2009, pp. 107–126; «President George W. Bush on compassionate conservatism: A conversation with President George W. Bush», *The Catalyst*, George W. Bush Institute, Issue 12, Fall 2018, consultado em: https://www.bushcenter.org/catalyst/opportunity-road/george-w-bush-on-compassionate-conservatism.html, e Graham Vyse, «Compassionate conservatism won't be back anytime soon», *The New Republic*, 30 de Março de 2018, consultado em: https://newrepublic.com/article/147694/compassionate-conservatism-wont-back-anytime-soon.

[206] Ver Daniel Beland e Alex Waddan, «Taking "big government conservatism" seriously? The Bush Presidency reconsidered», *Political Quarterly*, Vol. 79, No. 1, 2008, pp. 109–118, e Alex Waddan, «Bush and big government conservatism». In Iwan Morgan e Philip John Davies (eds.), *Assessing George W. Bush's Legacy: The Right Man?*, Nova Iorque, Palgrave Macmillan, 2010, pp. 165–183. Para uma crítica de direita à presidência de George W. Bush, ver, por exemplo, Bruce Bartlett, *Imposter: How George W. Bush Bankrupted America and Betrayed the Reagan Legacy*, Nova Iorque, Doubleday, 2006,

pós-11 de Setembro leva-o a assumir uma espécie de *neowilsonianismo* que emprega a força militar para provocar um *big bang* de democratização no Grande Médio Oriente, que agrega os neoconservadores, mas afasta os sectores mais nacionalistas do partido.[207]

Os sucessos eleitorais de Barack Obama em 2008 e 2012 convencem os democratas da possibilidade de concretizar o sonho que movera a esquerda até à derrota de McGovern em 1972. Na realidade, o projecto político-ideológico de Obama é um regresso ao passado, um repúdio do centrismo *clintoniano*. Abandona as preocupações de classe que marcaram o Partido Democrata do *New Deal* e de Bill Clinton, substituindo-as por preocupações identitárias. Para a nova geração de democratas, a presidência de Obama oferecia a possibilidade de perpetuar o partido no poder, pois a imigração e as mudanças demográficas verificadas nas décadas mais recentes permitiam a formação de uma ampla e heterodoxa coligação eleitoral reunindo afro-americanos, hispânicos, LGBT+, ambientalistas e outras «forças progressistas» em torno das prioridades programáticas e ideológicas de Obama.[208]

A viragem identitária dos democratas afasta-os das preocupações quotidianas das classes trabalhadoras e cava uma clivagem cultural que permite aos republicanos construírem a narrativa da «América real» traída pelas suas elites cosmopolitas enfeudadas nas grandes cidades das costas Leste e Oeste. Não surpreende, portanto, que eleitores que se identificavam

---

e Richard A. Viguerie, *Conservatives Betrayed: How George W. Bush and Other «Big Government» Republicans Hijacked the Conservative Cause*, Los Angeles, Bonus Books, 2006.

[207] Sobre os neoconservadores e a política externa americana, cf. John Ehrman, *The Rise of Neoconservatism: Intellectual and Foreign Affairs, 1945–1994*, New Haven, Yale University Press, 2005; Jacob Heilbrunn, *They Knew They Were Right: The Rise of the Neocons*, Nova Iorque, Doubleday, 2008, e Justin Vaïsse, *Neoconservatism: The Biography of a Movement*, Cambridge, Harvard University Press, 2010. Sobre a «Doutrina Bush» em política externa, ver Robert G. Kaufman, *In Defense of the Bush Doctrine*, Lexington, University Press of Kentucky, 2007, e John Lewis Gaddis, *Surprise, Security, and the American Experience*, Cambridge, Harvard University Press, 2005.

[208] O argumento foi desenvolvido em John B. Judis e Ruy Teixeira, *The Emerging Democratic Majority*, Nova Iorque, Scribner, 2002. Ver também Ruy Teixeira e John Halpin, «The Obama coalition in the 2012 election and beyond», Center for American Progress, December 2012, consultado em: https://cdn.americanprogress.org/wp-content/uploads/2012/12/ObamaCoalition-5.pdf?_ga=2.212933076.1539192833.1617819215-313465897.1587161715.

como *working class white* encarassem o «progressismo» democrata como uma tentativa mal disfarçada de os marginalizar no seu próprio país.[209] Acentuado pelos salários estagnados e pelas crescentes desigualdades socioeconómicas que transformam o «sonho americano» numa miragem, o descontentamento agrava-se à medida que avança a agenda identitária *woke* propagada pelo Partido Democrata, uma visão elitista concebida nas universidades e imposta à sociedade pelos *media* e pelas empresas do universo *Big Tech*.[210] Com efeito, a proliferação das redes sociais transfigura o «politicamente correcto» — que em tempos fora uma tentativa de alertar contra a ofensa involuntária — numa cultura *woke* de intolerância e de censura que passa a ser entendida como um ataque sem quartel às mais fundamentais crenças e valores dos trabalhadores brancos apegados às suas «armas e religião».[211]

Para este exército de «deserdados» da globalização, também o *establishment* do GOP havia cedido à correcção política que alastra pelo

---

[209] Ver Gary C. Jacobson, «The 2008 presidential and congressional elections: Anti-Bush referendum and prospects for the Democratic majority», *Political Science Quarterly*, Vol. 124, No. 1, 2009, pp. 1–30; Robert Newby, «The "new majority" defeats white nationalism? Assessing issues of race and class in the Obama Presidency», *Critical Sociology*, Vol. 36, No. 3, 2010, pp. 371–386, e Philip J. Davies, «Obama's electoral record: The emerging Democratic majority?», *in* Edward Ashbee e John Dumbrell (eds.), *The Obama Presidency and the Politics of Change*, Cham, Springer, 2017, pp. 51–65.

[210] Ver Jerome Karabel, «The roots of the democratic debacle», *Huffington Post*, 12 de Dezembro de 2016, consultado em: http://www.huffingtonpost.com/entry/the-roots-of-the-democratic-debacle_us_584ec983e4b04c8e2bb0a779.

[211] Ver Katherine Cramer, «For years, i've been watching anti-elite fury build in Wisconsin. Then came Trump», *Vox*, 16 de Novembro de 2016, consultado em: https://www.vox.com/the-big-idea/2016/11/16/13645116/rural-resentment-elites-trump. Derek Thompson escreve: «Inicialmente, a correcção política configurou uma tentativa de expurgar o sexismo e o racismo da linguagem quotidiana. Da mesma forma, o controlo de armas pretendia resolver um problema urbano urgente que ceifava milhares de vidas. Ambos geraram profunda hostilidade naquelas partes do país onde essas questões não eram de profunda importância». Ver Derek Thompson, «Who are Donald Trump's supporters, really? Four theories to explain the front-runner's rise to the top of the polls», *The Atlantic*, 1 de Março de 2016, consultado em: http://www.theatlantic.com/politics/archive/2016/03/who-are-donald-trumps-supporters-really/471714/, e Lucian Gideon Conway III, Meredith A. Repke e Shannon C. Houck, «Donald Trump as a cultural revolt against perceived communication restriction: Priming political correctness norms causes more Trump support», *Journal of Social and Political Psychology*, Vol. 5, No. 1, 2017, pp. 244–259.

país durante os anos de Obama. Em resultado dessa capitulação político-ideológica, os tradicionais políticos republicanos deixavam de ser uma alternativa credível. John McCain e Mitt Romney, as duas figuras emblemáticas do *establishment* que disputaram a Casa Branca com Obama, perderam porque ofereceram uma alternância no poder e não uma alternativa de poder. Eis a narrativa *trumpista*, cuja veracidade pouco ou nada importa porque, mesmo que não correspondesse à realidade dos factos, era partilhada por eleitores que passam a olhar para Trump como o único defensor incondicional do «verdadeiro americanismo» hostilizado pelas políticas identitárias dos democratas. Quando, imprudentemente, Hillary Clinton rotula os apoiantes de Trump como «um cesto de deploráveis», reforça a percepção de que as elites democratas definitivamente viravam costas às preocupações e às aspirações do «homem comum» fustigado pela globalização e pelas mutações culturais que varriam o país.[212] A insensibilidade política de Clinton era interpretada como mais um exemplo do desdém cultural com que os democratas encaravam as gentes da «América real».

A arrogância subjacente às palavras de Clinton abre caminho para que Donald Trump mobilizasse eleitores saturados com uma elite política alienada que conduzira o país ao declínio. Violentamente atacado por estas elites, Trump emprega uma retórica radical concebida para o distinguir do *establishment* político em geral e do *mainstream* do GOP em particular. Quanto mais as elites se indignavam com o seu discurso e apelavam à construção de uma «cerca sanitária» em redor do populismo *trumpista*, mais Trump era enaltecido pela sua legião de seguidores. Cercado por adversários, apresenta-se como o único campeão do escasso poder político, económico e cultural que ainda restava nas mãos da classe operária branca. A contra-ofensiva anti-*trumpista* oriunda de Hollywood

---

[212] Ver Amy Chozick, «Hillary Clinton calls many Trump backers "deplorables" and GOP pounces», *The New York Times*, 10 de Setembro de 2016, consultado em: https://www.nytimes.com/2016/09/11/us/politics/hillary-clinton-basket-of-deplorables.html?searchResultPosition=1; Ben Jacobs, «Hillary Clinton regrets "basket of deplorables" remark as Trump attacks», *The Guardian*, 11 de Setembro de 2016, consultado em: https://www.theguardian.com/us-news/2016/sep/10/hillary-clinton-basket-of-deplorables-donald-trump, e Ian Buruma, «Trump's deplorables», *Project Syndicate*, 6 de Outubro de 2016, consultado em: https://www.project-syndicate.org/commentary/americans-who-support-trump-by-ian-buruma-2016-10.

e da comunicação social serve apenas para cimentar a lealdade inabalável, obsessiva, dos apoiantes de Trump, particularmente nos estados onde um escassíssimo punhado de votos separava a derrota da vitória eleitoral. Foi justamente a mobilização deste exército de «deploráveis» nos *swing states* que determinaria o vencedor da contenda presidencial de 2016.[213]

O Partido Republicano, que durante quatro décadas se dedica à defesa das linhas mestras do *reaganismo* — comércio livre, estado mínimo, liberalização da imigração e internacionalismo em política externa —, apresenta-se às primárias de 2016 a evidenciar profundas clivagens internas. A cobertura mediática excessivamente — para não dizer exclusivamente — centrada na personalidade singular de Trump ofusca as realidades políticas e sociais que impulsionavam uma candidatura que se distanciava dos escombros políticos republicanos do passado recente. Dado que a terceira via representada pelo «conservadorismo compassivo» *bushiano* implodira em resultado da gigantesca expansão do Governo Federal produzida pelas guerras que se seguiram ao 11 de Setembro e pelos *bailouts* financeiros de 2008, agudiza-se a insatisfação com o *statu quo* republicano, patente na campanha de Sarah Palin para vice-presidente em 2008 e no súbito crescimento do *Tea Party* — uma insurreição populista contra as elites partidárias.[214] Com efeito, também o intervencionismo militar e a liberalização da imigração, pilares do

[213] Ver Jim Tankersley, «How Trump won: the revenge of the working-class whites», *The Washington Post*, 9 de Novembro de 2016, consultado em: https://www.washingtonpost.com/news/wonk/wp/2016/11/09/how-trump-won-the-revenge-of-working-class-whites/. Ver também Helena Bottemiller Evich, «Revenge of the rural voter», *Politico*, 13 de Novembro de 2016, consultado em: https://www.politico.com/story/2016/11/hillary-clinton-rural-voters-trump-231266, e Chad Shearer, «The small town–big city split that elected Donald Trump», *Brookings Institution*, 11 de Novembro de 2016, consultado em: https://www.brookings.edu/blog/the-avenue/2016/11/11/the-small-town-big-city-split-that-elected-donald-trump/.

[214] Os grupos do *Tea Party* ameaçaram a coesão interna do GOP ao mesmo tempo que o revigoraram. Sobre o *Tea Party*, ver Kate Zernike, *Boiling Mad: Inside Tea Party America*, Nova Iorque, Henry Holt and Company, 2010; Jill Lepore, *The Whites of Their Eyes: The Tea Party's Revolution and the Battle over American History*, Princeton, Princeton University Press, 2010; Vanessa Williamson, Theda Skocpol e John Coggin, «The Tea Party and the remaking of Republican conservatism», *Perspectives on Politics*, Vol. 9, No. 1, 2011, pp. 25–43; Ronald P. Formisano, *The Tea Party: A Brief History*, Baltimore, Johns Hopkins University Press, 2012; Lawrence Rosenthal e Christine Trost, *Steep: The Precipitous Rise of the Tea Party*, Berkeley, University of California Press,

establishment republicano *reaganista* e *bushista*, passam a ser objecto de contestação por parte da ala direita do GOP. Vistos pela militância como figuras emblemáticas de um *establishment* cuja indefinição ideológica e falta de combatividade possibilitaram as duas vitórias de Barack Obama, os ex-candidatos presidenciais John McCain e Mitt Romney são desprezados por Trump como *Republicans In Name Only* (RINOs). Assiste-lhe, em bom rigor, alguma razão, pois os anciãos do GOP permaneciam fiéis a um conservadorismo manifestamente ultrapassado e incapaz de conter a rebelião populista a incendiar o partido.

Demarcando-se das hesitações, ambiguidades e derivas ideológicas de uma elite político-cultural bem-comportada incapaz de obter vitórias eleitorais, Trump acena com um alvorecer radioso quando promete que «vamos ganhar tanto, vão ficar fartos de ganhar tanto».[215] Denegrido pela classe política e pelos meios culturais na órbita do Partido Democrata, o populismo *trumpista* injecta novo vigor num partido ideologicamente estagnado, politicamente complacente e demasiado habituado a sofrer derrotas eleitorais. Para voltar às vitórias, o GOP precisa de um *street fighter* disposto a violar as regras do bom comportamento, da boa educação e da correcção política. Trump, que durante o discurso de tomada de posse proclama que «o tempo da conversa vazia acabou», emerge como o salvador de um partido desprovido de rumo político discernível.[216] Ao conquistá-lo, Trump transforma-o num veículo para expressar as frustrações e os descontentamentos das classes mais desfavorecidas, crescentemente hostis às agendas económica e cultural da era Obama.

2012, e Christopher S. Parker e Matt A. Barreto, *Change They Can't Believe In: The Tea Party and Reactionary Politics in America*, Princeton, Princeton University Press, 2013.

[215] Ver Tom Lutey, «Trump: We're going to win so much, you're going to be so sick and tired of winning», *Billings Gazette*, 26 de Maio de 2016, consultado em: https://billingsgazette.com/news/state-and-regional/govt-and-politics/trump-we-re-going-to-win-so-much-you-re-going-to-be-so-sick/article_2f346f38-37e7-5711-ae07-d1fd000f4c38.html.

[216] Ver The White House, «The Inaugural Address», 20 de Janeiro de 2017, consultado em: https://www.whitehouse.gov/briefings-statements/the-inaugural-address/.

CAPÍTULO 2
O REVISIONISTA

Buy the ticket, take the ride.
Hunter S. Thompson, *Fear and Loathing in Las Vegas*

As eleições presidenciais americanas raramente se decidem em função da qualidade técnica das propostas de política externa submetidas à apreciação dos eleitores.[217] Deparando-se com as colossais ondas sísmicas provocadas pelas escolhas feitas nos corredores de Washington, o resto do mundo presume que a relativa indiferença dos votantes quanto à política exterior configura uma das inúmeras idiossincrasias da política americana e, porventura, indicia o paroquial desinteresse das suas gentes pelos destinos alheios. Descortinando a lógica das campanhas presidenciais modernas, Bill Clinton — que, em 1992, parte à conquista da Casa Branca contra o incumbente presidente George H. W. Bush —, insiste que, em última análise, as escolhas feitas nas urnas são fatalmente determinadas pela percepção do grande público quanto à robustez da economia nacional. Astutamente resumida na célebre formulação de James Carville — «it's the economy, stupid!» —, a observação deixa implícita a ideia de que a busca de votos dispensava complexas discussões em torno da política exterior.

---

[217] A ausência de debate sobre a política externa nas campanhas presidenciais não é um fenómeno novo, como se pode comprovar em Stephen Hess, «Politics: Does foreign policy really matter?», *The Wilson Quarterly*, Vol. 4, No. 1, 1980, pp. 96–112, e Andrew Johnstone e Andrew Priest (eds.), *US Presidential Elections and Foreign Policy: Candidates, Campaigns, and Global Politics from FDR to Bill Clinton*, Lexington, The University Press of Kentucky, 2017.

Admite-se que, em tempos de normalidade geopolítica, a formulação de Clinton fosse largamente incontroversa. Porém, o sufrágio de 1992 ocorre numa conjuntura inusitada moldada pelo fim súbito da Guerra Fria e pela concomitante reconfiguração da carta geopolítica mundial. Assuntos de política internacional que antes seriam invariavelmente relegados para segundo plano — incluindo a forma como os Estados Unidos se relacionavam com regimes autocráticos — passam a ser incontornáveis a partir do momento em que a rivalidade bipolar dá lugar à unipolaridade americana. A nova realidade reflecte-se na forma contundente como Clinton reage à pífia resposta dada pela Administração Bush ao massacre de Tiananmen de 1989. Recrimina o presidente republicano por «mimar ditadores de Bagdad a Pequim» e acusa-o de tibieza face à barbárie dos «carniceiros de Pequim».[218] Estabelece um *linkage* entre o comércio mundial e os direitos humanos ao prometer conceder o estatuto de «nação mais favorecida» à República Popular da China se — e apenas se — as autoridades comunistas respeitassem os direitos humanos dos seus cidadãos. Afastando-se do realismo pragmático que orienta a política externa de Bush, diz preconizar os alargamentos da globalização e da «revolução democrática» mundial.

A política externa americana no pós-1945 decorre de um amplo consenso internacionalista em torno da ordem liberal cujas regras sustentam a primazia geopolítica dos Estados Unidos. Terminada a Guerra Fria, e atendendo às exigências inerentes à unipolaridade americana, Bill Clinton revê a ordem internacional através da «doutrina do alargamento». Donald Trump viria posteriormente a descrever essa alteração como profundamente lesiva dos interesses vitais do país, atribuindo o declínio nacional às políticas «globalistas» prosseguidas por um *foreign policy establishment* de inspiração *clintoniana* entrincheirado nos dois principais partidos americanos. No essencial, Trump propunha-se revisitar as normas e as instituições que constituíam os pilares essenciais da ordem internacional. Não era sua intenção suplantá-la, mas preconiza uma revisão radical da forma como a América concebia o seu papel no mundo. Essa reformulação obrigaria o país a descartar as suas tradicionais noções de

---

[218] Ver James Kirchick, «Dems marching backward on foreign policy», *Politico*, 26 de Novembro de 2007, consultado em: https://www.politico.com/story/2007/11/dems-marching-backward-on-foreign-policy-007039.

«excepcionalismo», substituindo-o por um entendimento da América como um «estado normal» preocupado com a realização dos seus legítimos interesses nacionais.

Enquanto os seus antecessores realçaram a vertente de segurança da ordem liberal, Trump destacava a vertente económica. Por essa razão, por se tratar de uma perspectiva que invertia as prioridades tradicionais, a política externa da Administração Trump parecia, por vezes, excêntrica. A ordem liberal que Trump se propõe modificar assenta na doutrina do comércio livre, nos mecanismos multilaterais — com destaque particular para a Organização Mundial do Comércio (OMC) — e nos numerosos acordos comerciais celebrados pelos Estados Unidos. Por considerar que a globalização e o comércio livre perpetuavam uma ordem mundial lesiva dos interesses americanos, impunha-se a revisão — ou o simples abandono — dos acordos comerciais que fustigavam as empresas e os trabalhadores americanos. Na perspectiva de Trump, o profundo desprezo de Pequim pelas regras comerciais internacionais era uma das principais causas da erosão da base industrial do país e, como corolário, da precariedade dos trabalhadores mais vulneráveis. Para garantir maior justiça nas relações internacionais, era imprescindível definir uma diplomacia económica assertiva que contemplasse mecanismos de coerção, como as sanções e as tarifas alfandegárias.

Se Trump não possuía conhecimentos especialmente detalhados sobre assuntos internacionais, também é verdade que as suas convicções quanto ao papel dos Estados Unidos no mundo não sofreram alterações de fundo nas décadas que antecederam a sua entrada na corrida à Casa Branca. O seu entendimento transaccional da política excluía o estabelecimento de uma inequívoca linha de demarcação entre amigos e inimigos. Num mundo de soma-zero pautado pela duplicidade e pelo *free-riding*, os «amigos» e os «aliados» poderiam ser ainda mais ameaçadores dos interesses americanos do que os inimigos. Enquanto estes balizavam o seu comportamento pelo previsível *give and take* da negociação transaccional, os países aliados — incluindo os países europeus prósperos, o Japão e a Arábia Saudita — beneficiavam de garantias de segurança para as quais não contribuíam financeiramente de modo significativo. Ao mesmo tempo, os trabalhadores americanos viam o fardo da sua carga fiscal aumentar e os seus vencimentos reais estagnar. A partir desta contestação, Trump concluía que a inversão do declínio passava pela reconfiguração das relações com os inimigos e também pela urgente redefinição das relações com os aliados, incluindo a União Europeia. É por esta razão que a polémica em torno da partilha de custos — o *burden-sharing* — no âmbito da NATO se arrasta durante todo o mandato de Donald Trump.

As linhas mestras da política externa *trumpiana* assentam na convicção de que a ordem liberal que promovera a prosperidade e a segurança dos Estados Unidos durante a Guerra Fria deixara de servir os interesses vitais do país. É certo que os intentos revisionistas de Trump — que, obviamente, não dispensam a reconfiguração da relação transatlântica — reuniam escassíssimo apoio junto do *establishment* europeu e, por isso, a parca confiança depositada pelas elites continentais em Trump torna-se visível muito antes de o nova-iorquino chegar à Casa Branca. À medida que a campanha presidencial se desenrola e o radicalismo *trumpiano* em política externa se torna patente, as declarações bombásticas do candidato causam profunda inquietação, e alguma desorientação, nos países aliados. A discórdia transatlântica agudiza-se quando aponta a «obsolescência» da NATO, apoia incondicionalmente o *Brexit* e ameaça a União Europeia — e, em particular, a indústria automóvel alemã — com pesadas barreiras alfandegárias. Trump mostra-se especialmente beligerante em relação à Alemanha, cuja chanceler acusa de destruir a «cultura europeia» por meio da política de refugiados que adopta em 2015.

Convém sublinhar que a degradação da relação transatlântica não se fica a dever exclusivamente a Donald Trump, cujas polémicas afirmações usualmente provocavam reacções irreflectidas por parte de várias figuras políticas continentais que, de forma geral, acabavam por exacerbar o mal-estar. Se o *trumpismo* e o *establishment* político continental se colocam numa inexorável rota de colisão, já os populistas continentais elegem Trump como um valioso aliado na luta contra o globalismo instalado em Bruxelas e nas principais chancelarias europeias. Confrontadas com o levantamento populista a alastrar por vários países, as elites europeias «nacionalizaram» o *trumpismo*, utilizando-o como arma de arremesso no combate aos seus partidos populistas. Ao transformarem Trump — e o *trumpismo* — num sinónimo do perigo populista europeu, deram um contributo decisivo para aprofundar a crise transatlântica.

Calamidade americana

Dir-se-á que Donald Trump levanta o véu sobre o rumo que espera imprimir à política externa americana no dia 27 de Abril de 2016. Numa iniciativa patrocinada pelo Center for the National Interest, realizada no Mayflower Hotel de Washington, denuncia as linhas mestras da política externa da Administração Obama, cuja «aleatoriedade» pretende substituir «com propósito».[219] Propõe-se renunciar à cegueira ideológica de Obama, que diz tê-lo impedido de formular uma «estratégia coerente», e promete pôr termo ao «caos» ocasionado pela ausência de uma hierarquia de prioridades passível de maximizar a paz e o interesse nacionais.[220] Em contraste com a manifesta desorientação de Obama, o *trumpismo* «levar-nos-á a voltar a um princípio intemporal»; isto é, à promoção dos «interesses do povo americano e, acima de tudo, da segurança americana».[221] Eis, em resumo, o desígnio nacional identificado por Donald Trump.

Uma nova abordagem impunha-se porque, na óptica de Trump, no período do pós-Guerra Fria, «não conseguimos desenvolver uma nova visão para um tempo novo». Acredita que, à medida que os anos foram passando, «a nossa política externa fazia cada vez menos sentido», pela simples razão de que a «lógica foi substituída pela tolice e pela arrogância, o que levou a desastre após desastre». Sustenta que o país se desviara do seu rumo porque o realismo que outrora pautara a política exterior dera lugar à húbris de Barack Obama, que mergulha a América em desastrosas «guerras intermináveis», abandona aliados como Hosni Mubarak à sua sorte, imprudentemente recorre ao uso da força na Líbia para remover Muammar al-Qaddafi e sai humilhado ao traçar a «linha na areia» nos inóspitos desertos da Síria. Directamente atribuível a Obama, esta panóplia de crassos erros estratégicos causa danos irreparáveis na

---

219 Ver «Transcript of Donald Trump's foreign policy speech», *The Fiscal Times*, 27 de Abril de 2016, consultado em: https://www.thefiscaltimes.com/2016/04/28/Transcript-Donald-Trump-s-Foreign-Policy-Speech-April-27-2016.

220 Ver Jason A. Edwards, «Make America great again: Donald Trump and the redefining of the US role in the World», *Communication Quarterly*, Vol. 62, No. 2, 2018, pp. 176–195.

221 Ver «Transcript of Donald Trump's foreign policy speech», *The Fiscal Times*, 27 de Abril de 2016, *op. cit.* As citações nas páginas seguintes são retiradas deste discurso.

credibilidade do país e «abriu o espaço de que o ISIS precisava para crescer e prosperar». Com efeito, Obama acentuou o vertiginoso declínio nacional que Trump pretende evitar.

Feito o diagnóstico do legado do presidente Obama, Trump reconhece que, na realidade, o problema do declínio nacional era mais vasto porque a sua origem residia no duradouro consenso bipartidário globalista em torno da política externa. Impulsionada pelo «excepcionalismo» americano, a política externa do *establishment* encaminhara o país para as desastrosas cruzadas em vários pontos do globo; «tudo começou com a perigosa ideia de que poderíamos fazer democracias ocidentais de países que não tinham experiência nem interesse em se tornarem democracias ocidentais». Esta ambição de democratizar terras longínquas provocara nefastas e infindáveis repercussões porque «desmontámos as instituições existentes e ficámos surpreendidos com o que desencadeámos». Mantém que, devido à «guerra civil e ao fanatismo religioso» decorrente do colapso das instituições locais, os projectos de democratização e de *nation-building* acabaram por arruinar «milhares de vidas americanas e muitos biliões de dólares foram perdidos». Eis a razão fundamental que impele Trump a demarcar-se da estratégia do «alargamento» delineada por Bill Clinton e prosseguida por George W. Bush e Barack Obama.

A sobre-extensão das capacidades militares do país foi, porventura, a consequência mais perniciosa da «doutrina do alargamento». Trump nota que, ao «reconstruir outros países enquanto enfraquecemos o nosso», Washington gerou níveis insustentáveis de «desperdício, uma dívida maciça, baixo crescimento, um enorme défice comercial, fronteiras abertas» e, não menos importante para explicar os males que assolavam o país, o «roubo de postos de trabalho americanos». A fim de reunir os recursos indispensáveis para «reconstruir as nossas forças armadas e recuperar a nossa independência e pujança financeira», impunha-se a reconstrução da economia americana, cuja vitalidade fora minada não somente pelas potências rivais, mas também por aliados que «não se sentem na obrigação de honrar os acordos celebrados connosco» e, por isso, olham para os Estados Unidos como «complacentes e fracos». Trump torna patente que, doravante, os compromissos de segurança além-mar passariam a estar dependentes de uma partilha de custos (*burden-sharing*) mais equitativa que pusesse termo ao *free-riding* dos aliados. A menos que suportassem uma «parte justa» dos custos inerentes à manutenção da sua segurança, os países aliados teriam de se preparar para a eventualidade de «se defenderem a si próprios». Essencialmente dirigido às capitais europeias, o aviso não absolvia o Japão, a Coreia do Sul e os demais aliados que, na óptica de Trump, se aproveitavam da liberalidade dos Estados Unidos.

Trump argumenta que, nos oito anos anteriores, a liderança internacional dos Estados Unidos fora fragilizada pela percepção de que o país deixara de ser um parceiro credível, pois Obama jamais fora capaz de articular um «entendimento claro quanto aos nossos objectivos de política externa». Não menos alarmante, era igualmente patente que Obama «não gosta dos nossos amigos e curva-se perante os nossos inimigos», um comportamento ilustrado pela notável brandura das concessões que exige aos *ayatollahs* aquando das negociações nucleares com o Irão. As tremendas benesses concedidas a um estado declaradamente hostil aos interesses dos Estados Unidos contrastavam marcadamente com a ira e a displicência que Obama reservava a Israel, um amigo abertamente antagonizado por «uma Administração que carece de clareza moral». Fruto das ambiguidades e das contradições inerentes à postura externa de Obama, «os nossos rivais não nos respeitam» e, mais relevante ainda, «julgam que podem fazer o que bem entendem». Perante o cataclismo político instigado pela Administração Obama, reconhece que «se o objectivo do presidente Obama era enfraquecer a América, não poderia ter feito um melhor trabalho».

Para inverter a calamidade que devastava o país, o sucessor de Obama — fosse quem fosse — teria de delinear «uma política externa coerente, assente nos interesses americanos e nos interesses que partilhamos com os nossos aliados». Em termos palpáveis, o desafio imediato de assegurar a «estabilidade no mundo» prendia-se com a urgente reconstrução do poderio nacional dos Estados Unidos. A viragem política preconizada por Trump pressupunha, por sua vez, o abandono da ideia de que a América fora incumbida com a missão de mudar o mundo, substituindo-a pela modesta tarefa de gerir a estabilidade nas regiões onde se jogavam os interesses vitais do país. Como consequência da viragem estratégica que pretende operar, Trump propõe conter o islamismo radical que «também ocorre na pátria» onde «há muitos migrantes recentes» que «são acusados de terrorismo». Aliás, aclara que, por «cada caso conhecido do público, há dezenas de outros» que não chegaram à luz do dia, pelo que seria necessário «deixar de importar o extremismo por meio de insensatas políticas de imigração». Regras de imigração restritivas, incluindo a polémica «interdição muçulmana», eram, portanto, elementos de um vasto esforço destinado a eliminar a chaga do terrorismo internacional.

Revigorar a supremacia mundial dos Estados Unidos implicava fortalecer as forças armadas que as políticas de Obama efectivamente debilitaram. Trump faz notar que a primazia militar não era — por si só — suficiente para garantir a segurança do país, pois forças armadas fortes exigiam vastos recursos que só podiam ser mobilizados por uma economia de crescimento sustentado. Dado que o poderio militar invariavelmente assenta numa base material robusta, a inversão do declínio nacional obrigava — antes de mais — a uma reconfiguração das políticas económicas e comerciais em vigor.[222] Dito de outra forma, uma economia pujante era a primeira e necessária condição de um poderio nacional sustentável, razão que leva Trump a admitir que, em termos de prioridades, «vamos ter de mudar as nossas políticas económicas, comerciais e de imigração para fortalecer a economia — e para novamente pôr os americanos em primeiro lugar». A nova orientação internacional beneficiaria sobretudo os trabalhadores americanos, que — diz — passariam a «dispor de postos de trabalho e de melhores salários de forma a aumentar a nossa base tributária e o nosso poderio económico nacional».

Perante os complexos desafios que se adivinhavam num horizonte próximo, Trump julga-se a pessoa mais indicada para assumir o cargo presidencial, considerando-se, aliás, a «única pessoa» na corrida à Casa Branca que «entende o problema e sabe como resolvê-lo». Reveladora do seu monumental egocentrismo, a afirmação assenta na premissa de que o declínio do país somente seria invertido se a escolha dos eleitores recaísse sobre o próprio bilionário.[223] Sem dúvida que esta fé desmedida na força da personalidade como veículo para determinar os destinos nacionais era

---

[222] Ver Ruchir Sharma, «The Comeback Nation: U.S. Economic Superiority Has Repeatedly Proved Declinists Wrong», *Foreign Affairs*, Vol. 99, No. 3, 2010, pp. 70–81.

[223] Donald Trump não era o único republicano a avançar com o argumento de que era necessário proceder a uma mudança de liderança. Ver, por exemplo, Eliot Cohen, Eric Edelman e Brian Hook, «Presidential Priority: Restore American Leadership», *World Affairs Journal*, Vol. 179, No. 1, 2016, pp. 7–14.

uma fonte de vitalidade da sua candidatura. Mas era, ao mesmo tempo, também a sua grande vulnerabilidade. Era uma indiscutível fonte de vitalidade, na medida em que a liderança carismática de Trump lhe permitia romper com a «jaula de aço» — *weberiana* — da normalidade política e moldar decisivamente os acontecimentos. A título exemplificativo, permite-lhe estruturar um novo consenso nacional para conter a assertividade chinesa. Mas porque postulava que a vontade individual se sobrepunha aos condicionalismos político-institucionais que sempre balizam as escolhas dos dirigentes políticos, era uma indisfarçável fonte de vulnerabilidade. Enquanto os apoiantes de Trump salientavam a sua vitalidade, os seus adversários apenas sublinhavam a sua vulnerabilidade. Ambos se limitavam a realçar apenas uma dimensão da complexa e contraditória realidade representada pelo *trumpismo*, fenómeno que jamais seria entendido na sua plenitude tanto por adversários como por opositores que insistiam em propagar caricaturas sem adesão à realidade dos factos.

Dois meses depois de ter levantado o véu sobre as linhas mestras da política externa que preconiza, Trump faz uma exposição detalhada sobre a sua visão do comércio internacional. Em finais de Junho de 2016, na decrépita cidade industrial de Monessen, no estado da Pensilvânia, dinamita o consenso bipartidário em torno do comércio livre, do multilateralismo e da globalização. Volta a acusar o *establishment* de sacrificar os interesses dos trabalhadores americanos aos interesses de estados estrangeiros, uma «traição total» perpetuada por políticos defensores da globalização, fenómeno entendido pelo candidato como a «deslocação dos nossos postos de trabalho, da nossa riqueza e das nossas fábricas para o México e além-mar».[224] Antecipando que a principal prioridade estratégica da sua Administração viria a ser a rivalidade sino-americana, refere que a decisão de Bill Clinton de permitir a adesão da China à Organização Mundial do Comércio «possibilitou o maior roubo de empregos da história do nosso país» e levou a classe média a ser «totalmente aniquilada». Se a globalização provocara monumentais estragos no tecido industrial americano, a «elite financeira», doadora dos políticos, tornara-se «muito, muito rica» com a globalização. Umbilicalmente ligada

---

[224] Ver «Read Donald Trump's speech on trade», *Time*, 28 de Junho de 2016, consultado em: https://time.com/4386335/donald-trump-trade-speech-transcript/.

ao Partido Democrata, essa mesma elite custeia a campanha de Hillary Clinton, «manipula o sistema» em prejuízo dos trabalhadores e desdobra-se em manobras desenhadas para neutralizar a agenda de mudança *trumpista*.

Assumindo a ofensiva, Trump acusa Clinton de encabeçar uma campanha de «medo» tendente a disseminar a «mentira» de que a política exterior que propunha «iria provocar uma guerra comercial». Considerava a acusação particularmente insidiosa porque, na realidade, há muito que o país mergulhara em plena «guerra comercial, que estamos a perder». Essa guerra «contra os trabalhadores americanos» fora, todavia, desencadeada justamente por Hillary Clinton quando, no passado, apoiara os «terríveis acordos comerciais — desde o NAFTA à China». Sublinha, aliás, que o NAFTA fora simplesmente «o pior acordo comercial da história deste país». Propondo-se inverter a «catástrofe» nacional gerada pelos «acordos comerciais promovidos por Bill e Hillary Clinton», reivindica a sua revisão imediata e a reconfiguração das interacções económicas com o resto do mundo por meio de uma diplomacia económica que englobasse tarifas alfandegárias e outros instrumentos coercivos.

As críticas mais contundentes são dirigidas à Parceria Trans-Pacífica (TPP), descrita por Trump como o «maior perigo» para os interesses nacionais porque representa um «golpe mortal para a indústria americana». Durante o comício realizado em 6 de Junho de 2016 no Ohio, Trump, utilizando uma linguagem insólita, afirma que a TPP representa «outro desastre feito e impulsionado por interesses especiais que querem violar o nosso país, uma violação contínua do nosso país. É mesmo isso. É uma palavra dura: é a violação do nosso país».[225] A indiscutível violência da analogia visa sublinhar o colossal perigo para a segurança nacional que resultaria se a China a ele viesse a aderir «pela porta traseira numa data posterior», desfecho que considerava inevitável caso o acordo fosse aprovado. Ao propor a TPP, a intenção declarada da Administração Obama — e de Hillary Clinton, que na altura ocupa o cargo de secretária de Estado — era excluir a China da nova zona de comércio

[225] Ver Adam Taylor, «A timeline of Trump's complicated relationship with the TPP», *The Washington Post*, 13 de Abril de 2018, consultado em: https://www.washingtonpost.com/news/worldviews/wp/2018/04/13/a-timeline-of-trumps-complicated-relationship-with-the-tpp/.

livre, concebida como um instrumento para aproximar os Estados Unidos e os seus aliados asiáticos. Porque não confia na palavra de Hillary Clinton, Trump diz que a adesão chinesa era um perigo real porque, antes da sua recente oposição à TPP, «elogiou ou pressionou pela adopção» do tratado «em 45 ocasiões diferentes, e até lhe chamou padrão de ouro». Vocalizava, deste modo, a suspeição de que a demarcação da candidata democrata em relação à TPP não passava de um mero estratagema oportunista para «[o abraçar] de novo, o que fará na primeira oportunidade». Se dúvidas subsistiam quanto a este propósito, aconselha os *media* a perguntar a Hillary se, caso fosse eleita, «estaria disposta a retirar-se da TPP no primeiro dia de mandato e a afastar incondicionalmente a sua passagem sob qualquer forma». Declarando que «não há forma de consertar a TPP», garante que a «rendição económica» levada a cabo pela legião de globalistas que acompanhava a ex-secretária de Estado «finalmente terminará» com o regresso do GOP à Casa Branca.

O nacionalismo económico de Donald Trump assenta na premissa francamente simplista de que o declínio do país decorria das escolhas de «uma casta de líderes que idolatra o globalismo em vez do americanismo». Entendida nestes termos, a globalização não se resumia a um mero processo de natureza económica, comercial e financeira que impulsionava a expansão mundial do capitalismo de mercado. Consubstanciava, a bem dizer, um projecto ideológico internacionalista que subvertia o nacionalismo — e as múltiplas pertenças que o sustentam —, substituindo-o pelo cosmopolitismo das elites pós-nacionais que dominavam o pântano de Washington. Urgia, por isso, imitar os Fundadores e «declarar a nossa independência económica uma vez mais», pois o país jamais voltaria a ser livre e próspero enquanto as elites permitissem que governos estrangeiros «subsidiem os seus produtos, desvalorizem as suas moedas, violem os seus acordos e façam batota de todas as formas imagináveis». Para interromper a vertiginosa espiral de declínio, exigia-se a recuperação da soberania nacional e a aprovação de políticas que reduzissem a regulamentação sufocante, libertassem as empresas asfixiadas por encargos fiscais e punissem os «países que violam as regras ao exportarem para o nosso país os seus bens isentos de impostos». A longo prazo, a recuperação da soberania económica seria o motor gerador de empregos bem remunerados que restituiriam o poder de compra dos trabalhadores e da classe média.

Trump acredita que o seu triunfo eleitoral abriria as portas da renovação nacional, mas, em contraste, mantém que a improvável vitória de Hillary Clinton perpetuaria o mesmo imobilismo que provocara o declínio nacional. Por outras palavras, a conservação do *statu quo* equivalia a garantir que os «centros urbanos continuarão pobres, as fábricas permanecerão fechadas, as fronteiras abertas e os interesses especiais firmemente sob controlo». Face ao futuro sombrio oferecido pelos democratas, Trump desafia o eleitorado — «o homem comum» — a «imaginar uma vida muito melhor, uma vida em que se possa novamente acreditar no sonho americano». A redenção nacional obrigava a que se resgatasse o país do declínio gradual, mas inexorável, ditado pela globalização. É precisamente esta infindável fé no poder transformativo das lideranças individuais que lhe permite acreditar que o declínio não era predeterminado e que, de facto, poderia ser rapidamente superado se o Congresso aprovasse o seu «plano de sete pontos».

No essencial, o «plano de sete pontos» de Donald Trump privilegia a afirmação da soberania económica e, não menos crucial, da primazia da lei comercial americana. Antevê o rompimento das negociações em torno da TPP, a renegociação do NAFTA, a nomeação de «negociadores comerciais mais exigentes para lutarem em nome dos trabalhadores americanos» nos *fora* internacionais e o uso de «todas as ferramentas» à disposição do Estado para pôr termo aos abusos potenciados pelas regras do comércio mundial. Em termos mais específicos, nota que, caso o Canadá e o México resistissem à reabertura do *dossier* NAFTA, invocaria o artigo 2205 do Tratado para o abandonar. Os restantes pontos do plano configuram uma resposta, porventura preliminar, ao surgimento da China, país que, na primeira oportunidade, o novo secretário do Tesouro designaria como um «manipulador da moeda». Era uma decisão que, aliás, pecava por tardia porque «há anos que deveria ter sido tomada». Em concomitância, Trump fazia questão de «cumprir as regras e os regulamentos» da OMC, pelo que o US Trade Representative — principal responsável pelas relações comerciais exteriores — abriria processos contra a China junto da organização, atendendo a que a política de subsídios do Estado chinês consubstanciava uma «prática injusta» proibida «pelos termos da entrada» do país na OMC. Por último, avisa que, a menos que as autoridades chinesas cessassem as suas «actividades ilegais, incluindo o furto de segredos comerciais americanos, utilizaremos os plenos poderes presidenciais para resolver disputas comerciais, incluindo a aplicação de tarifas consistentes com a Secção 201 e a Secção 301 do *Trade Act* de 1974 e a Secção 232 do *Trade Expansion Act* de 1962». Em suma, Trump não oculta a sua intenção de se valer da totalidade dos instrumentos disponíveis para combater a manipulação das regras do comércio internacional praticada em graus diferentes por Pequim e Bruxelas. Dir-se-á, portanto, que o «plano de sete pontos» era uma espécie de *blueprint* das políticas subsequentemente aprovadas pela Administração Trump.

Havia, no entanto, um profundo cepticismo quanto à possibilidade de a OMC resolver as disfuncionais regras do comércio mundial. Medidas robustas impunham-se precisamente porque as regras, conjugadas com a inoperância do Órgão de Resolução de Litígios que as fazia cumprir, eram altamente lesivas dos interesses americanos. Dado que as elites americanas cederam «toda a nossa influência económica a uma comissão internacional que coloca os interesses de países estrangeiros acima dos nossos», a aceitação do *statu quo* perpetuado pela OMC teria como consequência «abrir ainda mais os nossos mercados a agressivos manipuladores da moeda». Uma vez que Trump considerava que a organização se encontrava *broken* — isto é, impotente para pôr termo à manipulação das regras do comércio internacional —, afirma não ter alternativa senão prosseguir uma diplomacia económica musculada.[226] Era, em suma, impossível travar o declínio americano dentro do quadro de regras delimitado pela organização e pelo Órgão de Resolução de Litígios, que, para todos os efeitos práticos, se encontrava num estado crónico de paralisia. Neste contexto deveras desolador, o nacionalismo económico — e a preferência por laços bilaterais — não era uma escolha; era um imperativo nacional no âmbito de uma ordem liberal crescentemente lesiva dos interesses vitais dos Estados Unidos e dos seus cidadãos.

---

[226] Dois anos depois de ter entrado para a Casa Branca, Trump continuava a insistir que a OMC se encontrava *broken*. Ver Jacob M. Schlesinger e Alex Leary, «Trump denounces both China and WTO», *The Wall Street Journal*, 26 de Julho de 2019, consultado em: https://www.wsj.com/articles/trump-presses-wto-to-change-china-s-developing-country-status-11564166423.

A terra queimada

A indicação de Donald Trump como candidato presidencial do *Grand Old Party* (GOP) valida a estratégia heterodoxa seguida durante as primárias. Se se excluir o breve interlúdio no início de Novembro de 2015, em que as sondagens apontavam para um empate técnico com Ben Carson, Trump sempre liderou os inquéritos de opinião.[227] Parte desse sucesso residia nos inéditos e hipnóticos comícios — regularmente transmitidos em directo e na íntegra pelas televisões — que galvanizam multidões e permitiram que Trump aperfeiçoasse a retórica contundente que dirigia aos democratas, às *fake news media* e ao *establishment* político nacional. Dia após dia, ataca *Crooked* Hillary e, em jeito de concordância, a multidão reunida para o ouvir responde com gritos de «prendam-na». Pouco depois, iria consideravelmente mais longe. Numa altura em que a candidata se encontra sob investigação federal, apela — eventualmente em jeito de ironia — a Vladimir Putin para fazer o *hacking* do *e-mail* da sua rival e divulgar os conteúdos que acredita serem comprometedores.[228] Mais inesperadamente, lança-se numa campanha de terra queimada contra o *establishment* republicano, recorrendo a epítetos insultuosos — como, por exemplo, *Low Energy* Jeb, *Little* Marco e *Lyin* Ted — que visam menosprezar os seus rivais. Demonstrativo do grau de afastamento que cultiva em relação às elites partidárias, nem mesmo John McCain e Mitt Romney — antigos candidatos presidenciais do GOP — escapam à ira *trumpiana*.

Nas primeiras semanas da campanha, Trump, num fórum de cristãos conservadores realizado em Ames, Iowa, afirma que McCain, que criticara a sua política de imigração, «não era um herói de guerra» porque fora

---

[227] Ver «Real clear politics» em: https://www.realclearpolitics.com/epolls/2016/president/us/2016_republican_presidential_nomination-3823.html.

[228] Donald Trump fez a seguinte afirmação: «I will tell you this, Russia: If you're listening, I hope you're able to find the 30,000 emails that are missing». As palavras do candidato provocaram críticas generalizadas, inclusivamente oriundas de algumas das mais emblemáticas figuras do GOP. Por exemplo, apesar de não mencionar Trump explicitamente, um porta-voz do presidente da Câmara dos Representantes afirma: «A Rússia é uma ameaça global liderada por um rufia desonesto. Putin não se envolva nesta eleição». Ver Michael Crowley e Tyler Pager, «Trump urges Russia to hack Clinton's email», *Politico*, 27 de Julho de 2016, consultado em: https://www.politico.com/story/2016/07/trump-putin-no-relationship-226282.

capturado no Vietname do Norte em Outubro de 1967. São palavras nada edificantes para descrever o ex-piloto naval, filho de almirante, que recusou ser libertado antecipadamente para evitar um golpe de propaganda vietnamita e que, por isso, se viu forçado a permanecer em cativeiro no tenebroso «Hanoi Hilton» durante mais cinco anos. Pressionado para fazer um sentido pedido de desculpas, Trump laconicamente remata que «gosto de pessoas que não foram capturadas».[229] Desencadeada a tempestade, os restantes candidatos à nomeação do GOP demarcam-se das palavras que — como muitos então julgavam — punham fim à sua candidatura. Rick Perry — que posteriormente aceita integrar o governo de Trump como ministro da Energia — observa que «Donald Trump deve a todos os veteranos de guerra americanos, e em particular a John McCain, um pedido de desculpas» e recomenda que o *front-runner* abandonasse a corrida porque os seus comentários o tornavam inapto para ser comandante-chefe.[230] Amigo pessoal de McCain, o senador da Carolina do Sul Lindsey Graham repreende Trump por desrespeitar os prisioneiros de guerra e, ironizando com a longa carreira televisiva do bilionário, afirma que seriam os eleitores republicanos a sentenciar: «Donald Trump, está despedido».[231] O antigo governador do Wisconsin Scott Walker, até então um dos mais contidos críticos, declara que «inequivocamente, denuncio-o».[232] Recusando-se a «dizer algo de mau sobre Donald Trump», Ted Cruz não deixa passar em claro a oportunidade para sinalizar o seu desconforto quando caracteriza o senador do Arizona como um «um herói americano».[233]

---

[229] Ver Jonathan Martin e Alan Rappeport, «Donald Trump Says John McCain is no war hero, setting off another storm», *The New York Times*, 18 de Julho de 2015, consultado em: https://www.nytimes.com/2015/07/19/us/politics/trump-belittles-mccains-war-record.html.

[230] Ver Patrick Svitek, «Perry Calls for Trump to leave presidential race», *The Texas Tribune*, 18 de Julho de 2015, consultado em: https://www.texastribune.org/2015/07/18/perry-wants-trump-out-presidential-race/.

[231] Ver John Hafner, «Donald Trump's criticism of John McCain sets off a GOP firestorm», *Des Moines Register*, 18 de Julho de 2015, consultado em: https://eu.desmoinesregister.com/story/news/elections/presidential/caucus/2015/07/18/trump-slams-mccains-war-hero-status-family-leadership-summit/30343519/.

[232] Ver Noah Bierman, «Donald Trump says John McCain "not a war hero"; Republican rivals denounce him», *Los Angeles Times*, 18 de Julho de 2015, consultado em: https://www.latimes.com/nation/la-na-trump-mccain-20150718-story.html.

[233] Ver Jonathan Martin e Alan Rappeport, «Donald Trump says John McCain is no war hero, setting off another storm», *op. cit.* O mais sanguinário ataque terrorista em

Inesperadamente, Trump sai ileso do embate com os mais destacados rostos do GOP, cuja defesa intransigente de McCain convence a militância republicana de que o nova-iorquino era o único disposto a cortar com a complacência das elites partidárias.

Meses depois, em Dezembro de 2015, nova controvérsia irrompe na sequência do atentado *jihadista* de San Bernardino. Reagindo à mais mortífera acção terrorista realizada em solo americano depois dos ataques de 11 de Setembro, Trump, durante um comício na Carolina do Sul, pede «uma suspensão total e completa dos muçulmanos que entram nos Estados Unidos até que os representantes do nosso país possam descobrir o que está a acontecer».[234] Como seria de esperar, as palavras geram repúdio tanto nos Estados Unidos como além-fronteiras. Em França, o primeiro-ministro socialista Manuel Valls, enredado numa feroz campanha eleitoral contra a Frente Nacional de Marine Le Pen, cujas posições anti-imigração ganhavam tracção junto do eleitorado gaulês, declara que «Trump, como outros, alimenta o ódio e a confusão: o nosso ÚNICO inimigo é o islamismo radical».[235] Motivado por cálculos de política interna, Valls visava estabelecer uma equivalência entre Trump e a líder da direita radical francesa.[236] Mas a demonização de Trump assume proporções

---

solo americano depois do 11 de Setembro ocorreu em San Bernardino, na Califórnia, em 2 de Dezembro de 2015, perpetrado pelo casal Syed Rizwan Farook e Tashfeen Malik, que não tinha filiação a nenhum grupo ou rede terrorista. Ver Andrew Blankstein e Alastair Jamieson, «San Bernardino Shooters used four guns, explosive device: ATF», *NBC News*, 3 de Dezembro de 2015, consultado em: https://www.nbcnews.com/storyline/san-bernardino-shooting/san-bernardino-shooters-used-four-guns-explosive-device-atf-n473286, e Paloma Esquivel, Louis Sahagún e Richard A . Serrano, «How the massacre in San Bernardino set off a surreal day for hundreds», *Los Angeles Times*, 3 de Dezembro de 2015, consultado em: https://www.latimes.com/local/crime/la-me-sb-shooting-20151203-story.html.

[234] Ver Jessica Taylor, «Trump Calls For "Total and complete shutdown of muslims entering" U.S.», *NPR*, 7 de Dezembro de 2015, consultado em: https://www.npr.org/2015/12/07/458836388/trump-calls-for-total-and-complete-shutdown-of-muslims-entering-u-s.

[235] Ver «Valls attacks Trump for anti-Muslim rhetoric», *Euro.Islam.Info*, 4 de Janeiro de 2016, consultado em: https://more.bham.ac.uk/euro-islam/2016/01/04/valls-attacks-trump-for-anti-muslim-rhetoric/.

[236] Ver Annie Gowan, «The world reacts to Trump's proposed ban on Muslims entering the U.S». *The Washington Post*, 8 de Dezembro de 2015, consultado em: https://www.washingtonpost.com/world/the-world-reacts-to-trumps-proposed-ban-

verdadeiramente delirantes quando Chemi Shalev, colunista do jornal israelita *Haaretz*, declara que «ver milhares de apoiantes agitando os punhos em raiva enquanto Trump incitava contra os muçulmanos e pedia uma proibição global à sua entrada nos Estados Unidos poderia ter evocado associações com as cervejarias de Munique de há um século».[237] A posição de Trump era controversa, mas a hiperbólica e insensata analogia com os nazis apenas convence os apoiantes de Trump de que as elites nacionais e estrangeiras há muito tinham abandonado qualquer vestígio de imparcialidade.

Este caldo de extremismo político beneficia Trump, permitindo que se defina como o campeão do «homem comum» condenado ao ostracismo pelas elites globalizadas. Ao mesmo tempo que se transforma no alvo de todas as críticas, os seus rivais republicanos aproveitam a controvérsia em torno da «proibição muçulmana» para se demarcarem do *front-runner*. Particularmente assertivo, Lindsey Graham diz que «Donald Trump hoje elevou a xenofobia e o preconceito religioso a um novo patamar».[238] Claramente exasperado com o fracasso da sua campanha, Jeb Bush simplesmente descreve-o como um «desequilibrado».[239] Porventura o mais contido de todos os candidatos em campo, Ted Cruz faz saber que «essa

---

on-muslims-entering-us/2015/12/08/50eea1dc-9d4a-11e5-9ad2-568d814bbf3b_story.html?itid=lk_inline_manual_5. Sobre o partido de Marine Le Pen, ver, *inter alia*, Valérie Igounet, *Le Front National: de 1972 à nos jours, le parti, les hommes, les idées*, Paris, Éditions du Seuil, 2014; Joël Gombin, *Le Front National: va-t-elle diviser la France?*. Paris: Eyrolles, 2016; Michel Eltchaninoff, *Inside the Mind of Marine Le Pen*. Londres: C. Hurst & Co., 2018, e Jonathan Marcus, *The National Front and French Politics: The Resistible Rise of Jean-Marie Le Pen*, Nova Iorque, Macmillan Press, 1995.

[237] Ver Chemi Shalev, «Trump's anti-muslim outrage makes him al-Baghdadi's useful idiot», *Haaretz*, 8 de Dezembro de 2015, consultado em: https://www.haaretz.com/opinion/.premium-trumps-anti-muslim-outrage-makes-him-al-baghdadis-useful-idiot-1.5433757.

[238] Ver Sabrina Siddiqui e Ben Jacobs, «Trump faces backlash from both parties after call to bar Muslims entering US», *The Guardian*, 8 de Dezembro de 2015, consultado em: https://www.theguardian.com/us-news/2015/dec/07/donald-trump-muslim-ban-backlash-jeb-bush-chris-christie.

[239] Ver Maxwell Tani, «Unhinged: Republicans are slamming Donald Trump's "outrageous" proposal to stop Muslims from entering the US», *Business Insider*, 7 de Dezembro de 2015, consultado em: https://www.businessinsider.in/Unhinged-Republicans-are-slamming-Donald-Trumps-outrageous-proposal-to-stop-Muslims-from-entering-the-US/articleshow/50084309.cms.

não é a minha política», embora imediatamente acrescente que «precisamos de um comandante-chefe que perceba qual é a ameaça e que direccione todos os nossos recursos para proteger esta nação contra o terrorismo islâmico radical».[240]

A investida não se fica pelos candidatos. Porta-voz do desagrado sentido no seio do *establishment* republicano, Paul Ryan — o poderoso presidente da Câmara dos Representantes — frisa que a proposta de Trump não reflectia «os nossos princípios: nem os do partido, nem os do país».[241] De modo semelhante, o líder da maioria no Senado Mitch McConnell adverte que a posição de Trump era «totalmente inconsistente com os valores americanos».[242] Por sua vez, James Mattis — que desempenharia o cargo de secretário da Defesa na Administração Trump — manifesta a preocupação de que a interdição muçulmana «causa-nos grandes danos e provoca ondas de choque no sistema internacional».[243] Por último, o discretíssimo governador do Indiana, Mike Pence, num *tweet* de 8 de Setembro de 2015, sentencia que «os apelos para proibir a entrada de muçulmanos nos EUA são ofensivos e inconstitucionais», uma apreciação que, meses mais tarde, não o impede aceitar a vice-presidência no *ticket* de Trump.[244] Curvando-se perante as realidades, a maioria destes homens acabaria por integrar a Administração Trump, que aprova as medidas que os seus rivais veementemente criticavam.

---

240 Ver Patrick Svitek, «Cruz on Trump's muslim ban: Not my policy», *The Texas Tribune*, 7 de Dezembro de 2015, consultado em: https://www.texastribune.org/2015/12/07/cruz-trumps-muslim-ban-s-not-my-policy/.

241 Ver Jake Sherman, «Ryan breaks with Trump on Muslim immigrant ban», *Politico*, 14 de Junho de 2016, consultado em: https://www.politico.com/story/2016/06/ryan-trump-muslim-ban-224312.

242 Ver Deirdre Walsh, Jeremy Diamond e Ted Barrett, «Priebus, Ryan and McConnell rip Trump anti-muslim proposal», *CNN*, 8 de Dezembro de 2015, consultado em: https://edition.cnn.com/2015/12/08/politics/paul-ryan-trump-comments-not-who-we-are-as-a-party/.

243 Ver Carla Marinucci, «Ex-military leaders at Hoover Institution say Trump statements threaten America's interests», *Politico*, 15 de Julho de 2016, consultado em: https://www.politico.com/states/california/story/2016/07/schultz-top-military-leaders-issue-warning-on-us-leadership-and-trump-103858, e Bryan Bender e Andrew Hanna, «Trump picks General "Mad Dog" Mattis as defense secretary», *Politico*, 12 de Janeiro de 2016, acessível em: https://www.politico.com/story/2016/12/james-mattis-trump-defense-secretary-232077.

244 O *tweet* de Pence pode ser encontrado em: https://twitter.com/govpencein/status/674249808610066433.

A resiliência de Trump permite-lhe superar a tempestade, mesmo que figuras proeminentes do *establishment* republicano redobrassem os seus esforços para dele se distanciarem. Max Boot e Bill Kristol, dois dos mais conhecidos elementos do sector neoconservador cuja influência sobre a política externa era considerável, não disfarçavam o seu profundo desdém pelo candidato. Recorrendo a uma linguagem insólita, o primeiro descreve-o como um «*bully*, fanfarrão e rude»; o segundo qualifica-o como «asqueroso», «um vigarista», «um charlatão e um demagogo» cujas propostas políticas «sujam o manto do conservadorismo».[245] Kristol iria ainda mais longe ao fazer diligências no sentido de recrutar um candidato independente para enfrentar Trump na eleição geral. Nunca disposto a perdoar uma afronta, Trump investe contra Kristol nos mais violentos termos imagináveis, rotulando-o de «idiota» e de «perdedor».[246] Previsivelmente, Kristol, Boot, David Frum e outros neoconservadores acabam por engrossar as fileiras do movimento «Never Trump» e, implícita ou explicitamente, endossam Hillary Clinton.[247] A guerra civil republicana

---

[245] Ver Max Boot, «Trump is a character test for the GOP», *USA Today*, 29 de Fevereiro de 2016, consultado em: https://eu.usatoday.com/story/opinion/2016/02/29/trump-tests-republicans-max-boot/81123934/. Sobre as afirmações de Bill Kristol, ver Michael Crowley, «Last man standing», *Politico Magazine*, Julho/Agosto de 2016, consultado em: https://www.politico.com/magazine/story/2016/07/2016-bill-kristol-republicans-conservative-movement-donald-trump-politics-214025.

[246] Ver Sophie Tatum, «Kristol, Trump trade fresh blows after talk of independent candidate», *CNN*, 31 de Maio de 2016, consultado em: https://edition.cnn.com/2016/05/29/politics/bill-kristol-donald-trump-independent-candidate/index.html.

[247] Ver Chris Deaton, «Kristol explains "never Trump" argument», *Washington Examiner*, 19 de Março de 2016, consultado em: https://www.washingtonexaminer.com/tag/donald-trump?source=%2Fweekly-standard%2Fkristol-explains-never-trump-argument. Kristol e Boot não eram os únicos. Numa carta assinada por 122 «membros da comunidade republicana de segurança nacional», os signatários concluíram que Trump, «como presidente, usaria a autoridade do cargo para agir de maneira a tornar a América menos segura e diminuiria a nossa posição no mundo. Além disso, a sua visão expansiva de como o poder presidencial deve ser exercido contra os seus detractores representa uma ameaça às liberdades cívicas nos Estados Unidos. Por conseguinte, como republicanos comprometidos e leais, não podemos apoiar um *ticket* do Partido com o senhor Trump a encabeçá-lo. Comprometemo-nos a trabalhar energicamente para evitar a eleição de alguém tão inapto para o cargo». Os 122 signatários incluíam Robert D. Blackwill, Daniel A. Blumenthal, Max Boot, Eliot A. Cohen, Chester A. Crocker, Daniel Drezner, Niall Ferguson, Reuel Marc Gerecht, Robert Kagan, Stephen Krasner, Matthew Kroenig, Daniel Pipes e Kori Schake. Ver «Open letter on Donald Trump from GOP national security leaders», *War on the Rocks*, 2 de Março de 2016, consultado em:

desencadeada pela candidatura de Trump também não poupa a família Bush. Depois de Jeb desistir da corrida presidencial — a 20 de Fevereiro de 2016 —, George H. W. Bush e George W. Bush coibiram-se de criticar Trump, mas também de lhe manifestar apoio.[248]

Uma das quezílias mais amargas da campanha irrompe no início de Março de 2016. No decorrer de um discurso no Hinckley Institute of Politics, da Universidade do Utah, o ex-candidato presidencial Mitt Romney afirma que «a desonestidade é a marca registada de Donald Trump» e, de seguida, desafia a assistência a reflectir sobre «as qualidades pessoais de Donald Trump: o *bullying*, a avidez, o exibicionismo, a misoginia, o teatro absurdo de terceira série. Agora, imaginem os vossos filhos e netos a agirem como ele».[249] Conhecido pela sua contenção, correcção e religiosidade, Romney desencadeia um ataque invulgarmente incisivo, concluindo que «Donald Trump é um falso, uma fraude» cujas «promessas são tão inúteis quanto um diploma da Trump University».[250] Poucas horas depois, Trump vem a público recordar que, durante a corrida presidencial de 2012, Romney «implorou o meu endosso. Eu poderia ter dito "Mitt, cai de joelhos", e ele teria caído de joelhos».[251] A deselegância repete-se quando, em 11 de Junho, Trump utiliza o Twitter para afirmar que «Mitt Romney teve a sua oportunidade de vencer um presidente falhado, mas, tal como um cão, engasgou-se».[252] O calvário de Romney prologa-se nos dias que se seguem à eleição de 8 de Novembro, quando Trump regressa ao Twitter para revelar que «Mitt Romney ligou para

---

https://warontherocks.com/2016/03/open-letter-on-donald-trump-from-gop-national-security-leaders/.

[248] Em 2020, George W. Bush mantinha o silêncio relativamente aos candidatos presidenciais. Ver Edward-Isaac Dovere, «What George W. Bush plans to do about Trump», *The Atlantic*, 16 de Outubro de 2020, consultado em: https://www.theatlantic.com/politics/archive/2020/10/george-w-bush-trump-2020/616713/.

[249] Ver «Text: Mitt Romney speech slamming Donald Trump», *Reuters*, 3 de Março de 2016, consultado em: https://www.reuters.com/article/us-usa-election-romney-text-idUSMTZSAPEC33H4C498.

[250] *Ibid.*

[251] Ver Rebecca Shabad, «Trump: Romney begged me for the 2012 endorsement», CBS News, 3 de Março de 2016, consultado em: https://www.cbsnews.com/news/donald-trump-mitt-romney-begged-me-for-the-2012-endorsement-election-2016/.

[252] Para o conteúdo do *tweet*, ver https://www.presidency.ucsb.edu/documents/tweets-june-11-2016.

me felicitar pela vitória. Muito agradável!».[253] A derradeira humilhação dá-se quando Romney aceita ser considerado para o cobiçado cargo de secretário de Estado e se submete a duas entrevistas presenciais para avaliar a adequação do seu perfil para a função. Como era de prever, Trump rejeita-o e nomeia Rex Tillerson.[254]

Visivelmente consternadas com a retórica e o comportamento de Trump, as figuras de referência do GOP nem por isso deixam de lhe declarar apoio. A título exemplificativo, John McCain afirma que Trump não dispunha de «licença irrestrita para difamar aqueles que são os melhores entre nós», mas não retira o apoio que lhe concedera em Maio de 2016.[255] Uns quantos refugiam-se na ambiguidade, esperando que os delegados à Convenção Nacional tivessem um sobressalto de consciência e escolhessem um candidato convencional oriundo das fileiras do *establishment*. Em Cleveland, no decorrer do conclave, realizado entre os dias 18 e 21 de Julho, apenas Ted Cruz recusa endossar Trump. A partir do púlpito, explica aos delegados que «se amam o nosso país e os vossos filhos tanto quanto sei que os amam, levantem-se, falem e votem em consciência, votem nos candidatos em quem confiam para serem fiéis à Constituição e para defenderem a nossa liberdade».[256] Dado que Cruz não acreditava

---

[253] Ver Nik DeCosta-Klipa, «Mitt Romney called to congratulate Donald Trump on his election night win», *Boston Globe*, 13 de Novembro de 2016, consultado em: https://www.boston.com/news/politics/2016/11/13/mitt-romney-called-to-congratulate-donald-trump-on-his-election-night-win.

[254] Ver Margaret Carlson, «Trump makes Mitt Romney grovel for secretary of state», *Chicago Tribune*, 5 de Dezembro de 2016, consultado em: https://www.chicagotribune.com/opinion/commentary/ct-trump-mitt-romney-secretary-state-20161205-story.html.

[255] Ver David Smith e Ben Jacobs, «Unfit to be president: Obama hammers Trump with harshest comments yet», *The Guardian*, 3 de Agosto de 2016, consultado em: https://www.theguardian.com/us-news/2016/aug/02/barack-obama-donald-trump-president-republican-party. Em campanha para conservar o seu lugar de senador pelo Arizona, McCain endossa Trump no início de Maio de 2016, alegando que «há alguma distância, se não mesmo uma desconexão, entre líderes partidários e os membros do Congresso e os muitos eleitores que seleccionaram Donald Trump para ser o candidato do partido. Temos de ouvir as pessoas que escolheram o candidato do nosso Partido Republicano. Acho que seria tolice ignorá-las». Ver Manu Raju, «McCain on Trump: "foolish" to ignore will of GOP voters», *CNN*, 9 de Maio de 2016, consultado em: https://edition.cnn.com/2016/05/08/politics/john-mccain-donald-trump/.

[256] Ver «Full Text: Ted Cruz's 2016 Republican National Convention Speech», *ABC News*, 21 de Julho de 2016, acessível em: https://abcnews.go.com/Politics/full-text-ted-cruzs-2016-republican-national-convention/story?id=40768272.

que Trump oferecesse essas garantias, as suas palavras constituíam um derradeiro apelo à rebelião antes da formalização da nomeação. Num encontro dominado pelo *trumpismo* puro e duro, o apelo era naturalmente recebido com prolongados apupos e, finalmente, interrompido pela ruidosa entrada de Trump no recinto, precludindo, assim, o senador de continuar a discursar. Se, por um lado, o episódio demonstrava que as ambiguidades relativamente a Trump não se dissipavam, por outro, torna claro que o *trumpismo* conquistara a militância anónima, as *grass roots* do GOP. Consciente da mudança tectónica a decorrer no interior do partido, Ted Cruz paulatinamente emerge como um dos mais zelosos apoiantes do presidente Trump.

O frenesim mediático gerado pela Convenção Nacional Republicana proporciona uma oportunidade única para Donald Trump expor a sua visão da política externa. Perante o país, utiliza o discurso de aceitação da nomeação para lembrar a «humilhação internacional» provocada pelas «imagens dos nossos marinheiros forçados a ajoelhar-se ante os seus captores iranianos sob a mira das armas» e, também, para reavivar a memória das nefastas consequências da «linha vermelha» traçada por Obama na Síria, que «o mundo inteiro sabia não significar rigorosamente nada».[257] Para evitar humilhações futuras, confirma que a promoção da segurança dos seus concidadãos obrigá-lo-ia a combater «as crescentes ameaças que enfrentamos fora da América».[258] A formulação merece ser destacada porque ilustra que — contrariamente àquilo que por vezes se afirma — Trump não advogava o isolacionismo, mas sim um compromisso internacional minimalista destinado a fazer avançar os interesses, o prestígio e a primazia da América.[259] Para isso, era necessário, antes

[257] Para o discurso completo proferido na Convenção Republicana, ver «Donald Trump's complete Convention speech, annotated», *Los Angeles Times*, 21 de Julho de 2016, consultado em: https://www.latimes.com/politics/la-na-pol-donald-trump-convention-speech-transcript-20160721-snap-htmlstory.html.

[258] *Ibid.*

[259] Ver, por exemplo, Brian Bennett, «President Trump showed his contradictory foreign policy doctrine in Iraq. Call it "hawkish isolationism"», *Time*, 27 de Dezembro de 2018, consultado em: https://time.com/5489044/donald-trump-iraq-hawkish-isolationism/, e Julia Young, «Making America 1920 Again? Nativism and US Immigration, Past and Present», *Journal on Migration and Human Security*, Vol. 5, No. 1, 2017, pp. 217–235, consultado em: https://journals.sagepub.com/doi/pdf/10.1177/233150241700500111. Para uma discussão recente sobre o isolacionismo,

de mais, recuperar a soberania plena do país, o que forçosamente implicava uma profunda revisão da ordem liberal. Trump, de facto, rejeita o internacionalismo *wilsoniano*, mas nem por isso pretende afastar o país dos assuntos do mundo. Advoga o bilateralismo de forma a minimizar os condicionalismos impostos pelas normas e as instituições multilaterais arcaicas que prejudicam os interesses vitais dos Estados Unidos. Considerando tanto o internacionalismo como o isolacionismo como mecanismos inadequados, propõe uma terceira via que o coloca em rota de colisão com Hillary Clinton e com os aliados europeus.

Responsabilizando Hillary Clinton e Barack Obama pelos fracassos dos anos anteriores, Trump acredita terem sido os «maus instintos e juízos» da candidata democrata que «causaram os desastres que hoje ocorrem» pelo mundo.[260] Volvidos uns anos sobre a sua condução do Departamento de Estado, as condições geopolíticas favoráveis herdadas por Clinton deram lugar aos insucessos e às humilhações: «O ISIS espalhou-se pela região e pelo mundo. A Líbia está em ruínas, e o nosso embaixador e a sua equipa foram deixados para morrer às mãos de assassinos selvagens. O Egipto foi entregue à radical Irmandade Muçulmana, forçando os militares a retomar o poder. O Iraque está num caos. O Irão está a caminho de obter armas nucleares. A Síria está mergulhada numa guerra civil e uma crise de refugiados ameaça agora o Ocidente. Depois de 15 anos de guerras no Médio Oriente, depois de milhares de milhões de dólares gastos e milhares de vidas perdidas, a situação está pior do que nunca».[261] Em suma, o nefasto «legado de Hillary Clinton» pautava-se pela «morte, pela destruição, pelo terrorismo e pela fraqueza» em larga escala.[262] Este, porém, não teria de «ser o legado da América», pois os problemas que assolavam o país «perdurarão apenas enquanto continuarmos a contar com os mesmos políticos que os criaram». Fiel à sua convicção de que o declínio era susceptível de ser invertido pela mão de um líder ousado capaz de romper com o sistema, Trump volta a sublinhar

cf. Charles A. Kupchan, *Isolationism: A History of America's Efforts to Shield Itself from the World*, Oxford, Oxford University Press, 2020.

[260] Ver «Donald Trump's complete Convention speech, annotated», *Los Angeles Times*, 21 de Julho de 2016, *op. cit.*

[261] *Ibid.*

[262] *Ibid.*

que «uma mudança de liderança é necessária para produzir uma mudança nos resultados».[263]

A fim de resgatar a América da calamidade desencadeada pela Administração Obama, Trump realça que «o americanismo, e não o globalismo, será o nosso credo. Enquanto formos liderados por políticos que não colocam os Estados Unidos em primeiro lugar, podemos ter a certeza de que outras nações não tratarão os Estados Unidos com respeito». Garante que, consigo na Sala Oval, o «povo americano voltará a estar primeiro». Este imperativo nacionalista de colocar o povo americano como destinatário final da acção política implicava, por sua vez, o afastamento das elites globalistas cujo cosmopolitismo fazia com que deixassem de zelar pelo interesse nacional e pelo bem-estar do «homem comum». Substituído o cosmopolitismo pelo nacionalismo, seria então possível libertar o «homem comum» das consequências perniciosas da globalização e devolver o poder aos «americanos médios», sacrificados por um *establishment* promotor da agenda globalista. Compreendido nestes termos, o nacionalismo de Trump distingue-se da variante tóxica, exclusivista e expansionista — a variante «sangue e solo» — prevalecente na experiência europeia moderna.

Perante os delegados presentes na Convenção Republicana, Trump reivindica para si esta missão redentora, afirmando que entrou «na arena política para que os poderosos não possam mais bater em pessoas que não se podem defender». Imodestamente, afirma ser a única pessoa qualificada para cumprir essa onerosa tarefa porque «ninguém como eu conhece o sistema, e é por isso que só eu posso consertá-lo». Por incrível que possa parecer, o bilionário que enriquecera «dentro do sistema» — os críticos diriam que o fez como *insider* nas margens do sistema — voluntariava-se para usar o seu conhecimento do funcionamento do «pântano» para o drenar. Atendendo a esta leitura, não admira que a prioridade da política externa *trumpiana* fosse a reestruturação da política comercial, pois os Estados Unidos, «em resultado da desastrosa promulgação de acordos comerciais advogados por Bill e Hillary Clinton, perderam quase um terço dos seus empregos na indústria desde 1997».

Mais uma vez, Trump identifica Hillary Clinton como uma das principais responsáveis pelo declínio do país porque «apoiou a Parceria Trans-Pacífica, que não apenas destruirá os nossos bens manufacturados,

---

[263] *Ibid.*

mas tornará a América sujeita às decisões de governos estrangeiros». Em contraste com a sua rival, compromete-se a «nunca assinar nenhum acordo comercial que prejudique os nossos trabalhadores ou que diminua a nossa liberdade ou independência. Nunca, jamais, assinaremos tais acordos comerciais. A América primeiro novamente». Não menos relevante, prometia «reconstruir as nossas forças armadas esgotadas». Ao mesmo tempo, procura conter os danos provocados pela observação de que a NATO se encontrava «obsoleta», afirmando que se referia apenas à «obsolescência» da missão desempenhada pela organização durante a Guerra Fria. Num gesto de conciliação, diz não ter pretendido desvalorizar a NATO *tout court*, mas apenas apelar à modernização da sua missão e, num tom apaziguador, reconhece que a decisão da NATO de estabelecer «um novo programa de combate ao terrorismo» representava um «verdadeiro passo no sentido certo». Não obstante os progressos, volta a reiterar que uma fatia excessiva dos custos caía sobre o tesouro americano porque vários «estados-membros não pagam a sua justa parte» das despesas da organização. A clarificação não impede Hillary Clinton de o acusar — sem fundamento — de pretender «que saiamos da NATO».[264] Com o discurso de aceitação final da nomeação presidencial do GOP, Trump, ao mesmo tempo que alerta para as indesejáveis consequências de uma vitória de Clinton nas urnas, coloca os aliados europeus e asiáticos sob aviso.

Inapto para ser presidente

Pouco tempo depois de Donald Trump ser formalmente indigitado como candidato presidencial do GOP, Barack Obama aproveita a

---

[264] Ver David Smith, «At CNN town hall, Trump doubles back on promise to support Republican nominee — as it happened», *The Guardian*, 29 de Março de 2016, consultado em: https://www.theguardian.com/us-news/live/2016/mar/29/us-election-live-ted-cruz-donald-trump-kasich-sanders-clinton?page=with%3Ablock-56fa9c6ee4b0465523578e1b. Durante o debate com Mike Pence, realizado em 4 de Outubro de 2016 na Universidade de Longwood, Tim Kaine diz: «É por isso que a afirmação de Donald Trump de que a NATO é obsoleta e o que precisamos é de nos livrarmos da NATO é tão perigosa». O debate pode ser consultado no YouTube em: https://www.youtube.com/watch?v=uJAjR__EGZ0.

Convenção Nacional Democrata de Filadélfia para definir as eleições de Novembro de 2016 como «não apenas uma escolha entre partidos ou políticas, os debates habituais entre esquerda e direita», mas como «uma escolha mais fundamental — sobre quem somos como povo e se permaneceremos fiéis a esta grande experiência americana de autogoverno».[265] Caracterizando efectivamente a votação como uma escolha existencial, Obama deixa patente que o sistema democrático seria irrevogavelmente comprometido se o candidato que «apenas oferece *slogans* e o medo» viesse a ser eleito, pois «o poder do país não vem de um qualquer autodeclarado salvador que promete que só ele pode restaurar a ordem».[266] Embora se coibisse de o explicitar de forma inequívoca, nas entrelinhas inferia-se que Trump não passava de um desprezível demagogo cujos impulsos autoritários o afastavam dos valores e das tradições duradouras da democracia americana. Em suma, Obama concebe a eleição presidencial como uma escolha existencial precisamente porque acredita que o eventual triunfo do *trumpismo* configurava uma indisfarçável ameaça à sobrevivência da república.

Naturalmente, e por muito demagógicas que fossem, as palavras de Obama encontravam ressonância junto dos membros do Partido Democrata presentes na Convenção de Filadélfia. Procurando semear divisões no seio do GOP, Obama reconhece que «houve presidentes republicanos com os quais discordei, mas nunca tive dúvidas de que poderiam desempenhar o cargo».[267] A referência a George W. Bush era seguida pela observação de que o conclave que elegera Trump «não foi

---

[265] Ver «Full text: President Obama's DNC speech», *Politico*, 27 de Julho de 2016, consultado em: https://www.politico.com/story/2016/07/dnc-2016-obama-prepared-remarks-226345.

[266] *Ibid.*

[267] Obama acrescentou que «eu acho que estava certo e Mitt Romney e John McCain estavam errados em certas questões políticas, mas nunca pensei que eles não pudessem desempenhar a função. E se tivessem vencido, eu teria ficado desapontado, mas teria dito a todos os americanos: este é o nosso presidente e vai cumprir certas normas e regras de bom senso, observará a decência básica, terá conhecimento suficiente sobre política económica e política externa e as nossas tradições constitucionais e o estado de direito, que o nosso governo vai funcionar e iremos, daqui a quatro anos, tentar ganhar a eleição». Ver David Smith e Ben Jacobs, «Unfit to be president: Obama hammers Trump with harshest comments yet», *The Guardian*, 3 de Agosto de 2016, consultado em: https://www.theguardian.com/us-news/2016/aug/02/barack-obama-donald-trump-president-republican-party.

particularmente republicano — e com certeza não foi conservador. O que ouvimos foi uma visão profundamente pessimista de um país onde nos voltamos uns contra os outros e nos afastamos do resto do mundo. Não houve soluções sérias para os problemas urgentes — apenas o aumento do ressentimento, da culpa, da raiva e do ódio. E essa não é a América que eu conheço».[268] Nesta antevisão do discurso dos «deploráveis» posteriormente empregue por Hillary Clinton, um chefe de estado em exercício tem o topete de classificar opiniões divergentes das suas como manifestações de «ressentimento, culpa, raiva e ódio». A retórica não deixa de ser profundamente irónica porque, durante oito anos, Obama transformou divergências políticas em confrontos de natureza moral. Transformou adversários em inimigos. Não era, portanto, isento de responsabilidades pelo extremar da política americana e pelo caldo cultural que permitiu a ascensão de Trump. Era, em bom rigor, um dos seus mais directos responsáveis. Assistia-lhe, porém, razão num ponto fundamental: o Partido Republicano centrista que enfrentara no passado recente dera lugar a um partido *trumpista* nada interessado em receber da mão do *establishment* — e, em particular, do presidente Obama — certificados de bom comportamento político-ideológico. Para os eleitores do GOP, as palavras de Obama tinham o mérito de comprovar, de forma inequívoca, que Trump se encontrava em rota de colisão com o desprezado «pântano».

Representativo das elites confortavelmente instaladas no interior da bolha *washingtoniana*, Obama não entende que os seus violentos ataques apenas serviam para animar os apoiantes de Trump. Acentuando o contraste entre Donald Trump e Hillary Clinton, retrata a sua antiga colaboradora como «uma mãe e uma avó que tudo faria para ajudar os nossos filhos a prosperar; uma líder com planos concretos para quebrar barreiras, quebrar telhados de vidro e alargar o círculo de oportunidades de cada americano».[269] Para além de subscrever o carácter, as qualidades pessoais e as virtudes públicas de Clinton, realça a sua vasta experiência política porque «nada realmente prepara alguém para as exigências da Sala Oval. Até que nos sentemos naquela secretária, não sabemos o que é gerir uma crise mundial ou enviar jovens para a guerra. Mas Hillary já

---

[268] Ver, «Full text: President Obama's DNC speech», *Politico*, 27 de Julho de 2016, *op. cit.*

[269] *Ibid.*

esteve na sala; participou nessas decisões».[270] De forma um tanto hiperbólica, acrescenta que «nunca houve um homem ou mulher mais qualificado do que Hillary Clinton para servir como presidente dos Estados Unidos da América».[271]

Porém, acérrima defensora das elites que dominavam a política externa e ainda manchada pelo desastre de Benghazi que vitimou o embaixador J. Christopher Stevens, a ex-secretária de Estado exibe vulnerabilidades políticas difíceis de mitigar.[272] As surpreendentes votações conseguidas por Trump e Sanders nas primárias alertaram-na para o colapso do consenso bipartidário em política externa junto da generalidade dos eleitores.[273] De modo a apaziguar os anti-globalistas reunidos em torno de Bernie Sanders, Hillary retira o apoio anteriormente dado à TPP, mas, ao fazê-lo, realça as persistentes dúvidas quanto à firmeza das suas convicções e à solidez da sua visão para o país. Neste quadro de rebelião populista que atinge os dois partidos, a vasta experiência política acumulada por Hillary Clinton e a sua pertença ao *establishment* deixam de ser mais-valias políticas. Com efeito, passam a ser o seu «calcanhar de Aquiles».

Não era apenas a inexperiência política de Trump que leva Obama a afiançar que o nova-iorquino não reunia as indispensáveis condições para desempenhar a função de comandante-chefe. Displicentemente, caracteriza-o como não sendo «uma pessoa de planos», adiantando que também «não é uma pessoa de factos. Autodenomina-se uma pessoa dos negócios,

---

[270] *Ibid.*

[271] *Ibid.*

[272] Para a versão de Hillary Clinton dos acontecimentos de Benghazi, ver, «Terrorist attack in Benghazi: The Secretary of State's view, hearing before the Committee on Foreign Affairs, House of Representatives, January 23, 2013, Serial No. 113–11», consultado em: https://www.govinfo.gov/content/pkg/CHRG-113hhrg78250/pdf/CHRG-113hhrg78250.pdf.

[273] Ver Peter Trubowitz e Peter Harris, «The End of the American Century? Slow Erosion of the Domestic Sources of Usable Power», *International Affairs*, Vol. 95, No. 3, 2019, pp. 619–639. Em vez de considerar as capacidades relativas de poder entre os Estados Unidos e os seus rivais, Trubowitz e Harris argumentam que o principal obstáculo à liderança americana era doméstico. Utilizam o conceito de «*usable power*», que engloba três factores domésticos: hiperpartidarização, a ausência de uma narrativa robusta estratégica e a «erosão do contrato social de crescimento inclusivo». Afirmando que o «poder utilizável» do país diminuiu no passado recente, os autores concluíam que os Estados Unidos teriam uma dificuldade imensa em implementar qualquer grande estratégia.

o que é verdade, mas devo dizer que conheço muitos homens e mulheres de negócios que alcançaram o sucesso sem deixar um rasto de processos legais, trabalhadores sem salários e pessoas com a sensação de que foram enganadas».[274] A desqualificação de Trump não se resume ao seu passado profissional nos negócios. Obama insiste que era legítimo concluir que o republicano «não conhece os homens e as mulheres que integram a maior força de combate que o mundo alguma vez conheceu» porque «chama um desastre às nossas forças armadas».[275] Porventura mais inquietante, Trump era insensível à esperança e à promessa simbolizada pela América em todo o mundo porque «não deve ouvir os biliões de homens, mulheres e crianças, dos Bálticos à Birmânia, que ainda olham para a América como a luz da liberdade, da dignidade e dos direitos humanos».[276] Era precisamente esta incapacidade inata de entender a essência do país — de perceber que a verdadeira fonte do poder americano era esta sua capacidade de inspirar — que vinha à superfície cada vez que Trump «se aproxima de Putin, elogia Saddam Hussein e diz aos aliados da NATO que estiveram ao nosso lado após o 11 de Setembro que têm de pagar se querem a nossa protecção».[277] Como não entendia o lugar da América no mundo nem que o *soft power* do país era uma fonte vital da sua força e credibilidade, Trump era manifestamente desprovido das qualidades esperadas do «líder do mundo livre».

A fim de contrariar a narrativa *declinista* de Trump, Obama não se fica somente pela crítica. Enaltece o seu próprio mandato presidencial, afirmando que os Estados Unidos passaram a ser «mais fortes e mais respeitados» desde que assumira o cargo, imodestamente concluindo que, sob a sua liderança, «a América já é grande. A América já é forte. E prometo-vos que a nossa força, a nossa grandeza, não está dependente de Donald Trump».[278] Balizando a escolha eleitoral de 2016 em termos tão drásticos, transforma — quiçá inadvertidamente — a votação num referendo sobre o declínio nacional. Comete o erro crasso de deslocar a discussão para o terreno onde Trump manifestamente se sentia mais confortável.

---

[274] Ver «Full text: President Obama's DNC speech», *Politico*, 27 de Julho de 2016, *op. cit.*

[275] *Ibid.*

[276] *Ibid.*

[277] *Ibid.*

[278] *Ibid.*

Em paralelo, esforça-se para transmutar uma candidata impopular e polarizadora numa figura empática, «genuína» e confiável.[279]

No Verão de 2016, ao transformar-se no palco da inenarrável polémica que opõe Donald Trump aos pais do falecido capitão do Exército Humayun Khan, a Convenção Nacional do Partido Democrata expõe a toxicidade que permeia a campanha para a Casa Branca. Nascido nos Emirados Árabes Unidos, de pais de origem paquistanesa, Humayun Khan imigra para os Estados Unidos ainda criança e, tal como centenas de milhares de jovens, ingressa no Exército pouco depois dos acontecimentos de 11 de Setembro. Antes de tombar no Iraque num ataque terrorista realizado em Junho de 2004, são-lhe atribuídas as condecorações *Purple Heart* e *Bronze Star* em reconhecimento da sua bravura em combate. Os seus pais — Khizr e Ghazala Khan — sobem ao pódio da Convenção e, depois de uma apresentação carregada de emoção, Khizr Khan brande uma Constituição dos Estados Unidos e pergunta se Trump — que exigia a proibição da entrada de muçulmanos no país — estava familiarizado com o seu conteúdo.[280] Acompanhando-o no palco, a sua mulher,

---

[279] Sobre a percepção dos eleitores relativamente aos vários candidatos, ver Henry Louis Gates, Jr, «Hating Hillary», *The New Yorker*, 18 de Fevereiro de 1996, consultado em: https://www.newyorker.com/magazine/1996/02/26/hating-hillary; Karlyn Kohrs Campbell, «The discursive performance of femininity: Hating Hillary», *Rhetoric and Public Affairs*, Vol. 1, No. 1, 1998, pp. 1–20; Nicholas Kristof, «Is Hillary Clinton dishonest?» *The New York Times*, 23 de Abril de 2016, consultado em: https://www.nytimes.com/2016/04/24/opinion/sunday/is-hillary-clinton-dishonest.html?searchResultPosition=1; Henry Enten, «Americans' distaste for both Trump and Clinton is record-breaking», *FiveThirtyEight*, 5 de Maio de 2016, consultado em: https://fivethirtyeight.com/features/americans-distaste-for-both-trump-and-clinton-is-record-breaking/; Sarah Pulliam Bailey, «The deep disgust for Hillary Clinton that drives so many evangelicals to support Trump», *The Washington Post*, 9 de Outubro de 2016, consultado em: https://www.washingtonpost.com/news/acts-of-faith/wp/2016/10/09/the-deep-disgust-for-hillary-clinton-that-drives-so-many-evangelicals-to-support-trump/; Melissa Chan, «Donald Trump more trustworthy than Hillary Clinton, poll finds», *Time*, 2 de Novembro de 2016, consultado em: https://time.com/4554576/donald-trump-trustworthy-hillary-clinton/, e Rasmussen Reports, «Did Voters Vote for Trump or against Clinton?», 11 de Novembro de 2016, consultado em: https://www.rasmussenreports.com/public_content/politics/elections/election_2016/did_voters_vote_for_trump_or_against_clinton.

[280] Ver Will Drabold, «Watch the father of fallen Muslim soldier ask Donald Trump if he has read the Constitution», *Time*, 28 de Julho de 2016, consultado em: https://time.com/4429891/dnc-khizr-khan-donald-trump-constitution/.

Ghazala, não usa da palavra, posteriormente explicando que receava perder a compostura se falasse do seu falecido filho.[281]

Indignado com a encenação que alega ter sido montada para o «atacar violentamente», Trump insinua que os conselheiros de Hillary Clinton prepararam a intervenção de Khan e, mais importante ainda, que Ghazala Khan fora proibida pelo marido de se dirigir aos delegados presentes na Convenção Democrata.[282] Era uma forma dissimulada de dizer que as mulheres muçulmanas eram privadas de exercer os seus mais elementares direitos constitucionais, incluindo, neste caso específico, a liberdade de expressão. Com efeito, acusava Khizr Khan de desconhecer os direitos constitucionais pelos quais o seu filho sacrificara a vida. Desprovida de elevação, a campanha — crescentemente polarizada — resvala para uma mera troca de acusações espúrias. Protelada pelos *media*, a torpe e insidiosa polémica persiste durante duas semanas, proporcionando a Barack Obama uma nova oportunidade para investir contra Donald Trump por ocasião de uma conferência de imprensa realizada na Casa Branca aquando da visita do primeiro-ministro de Singapura, Lee Hsien Loong.[283] Obama admoesta os republicanos porque, mais cedo ou mais tarde, terão de reconhecer que o candidato por eles nomeado «não é alguém que possa ser apoiado para presidente dos Estados Unidos».[284]

---

[281] Ver o artigo de opinião da sua autoria no *The Washington Post*, Ghazala Khan, «Trump criticized my silence. He knows nothing about true sacrifice», *The Washington Post*, 31 de Julho de 2016, consultado em: https://www.washingtonpost.com/opinions/ghazala-khan-donald-trump-criticized-my-silence-he-knows-nothing-about-true-sacrifice/2016/07/31/c46e52ec-571c-11e6-831d-0324760ca856_story.html.

[282] Ver Maggie Haberman e Richard A. Oppel Jr., «Donald Trump criticizes Muslim family of slain U.S. soldier, drawing ire», *The New York Times*, 30 de Julho de 2016, consultado em: https://www.nytimes.com/2016/07/31/us/politics/donald-trump-khizr-khan-wife-ghazala.html?searchResultPosition=1.

[283] Meses depois, procurando amenizar a polémica, a campanha de Trump emite uma declaração descrevendo o capitão Khan como um herói que merecia ser homenageado da mesma maneira que qualquer outro soldado caído. Ver Eli Watkins, «Trump signs bill naming post office for Capt. Humayun Khan», *CNN*, 25 de Dezembro de 2018, consultado em: https://edition.cnn.com/2018/12/24/politics/donald-trump-humayun-khan/index.html.

[284] Ver David Smith e Ben Jacobs, «Unfit to be president: Obama hammers Trump with harshest comments yet», *The Guardian*, 3 de Agosto de 2016, consultado em: https://www.theguardian.com/us-news/2016/aug/02/barack-obama-donald-trump-president-republican-party.

Radicalizando a retórica, afirma que as declarações versando a família Khan demonstravam que Trump não possuía «o julgamento, o temperamento e a compreensão para ocupar o cargo mais poderoso do mundo».[285] Como se a sua opinião sobre o candidato do GOP não fosse suficientemente clara, descreve-o como «inadequado» e «lamentavelmente impreparado», pois «não parece ter conhecimento básico sobre assuntos críticos na Europa, no Médio Oriente e na Ásia».[286]

Hipersensível à crítica, Trump reage às palavras do presidente apontando, uma vez mais, as gritantes falhas da Administração Obama em política externa. Reitera que o duo «Obama-Clinton desestabilizou o Médio Oriente, entregou o Iraque, a Líbia e a Síria ao ISIS e permitiu que o nosso pessoal fosse massacrado em Benghazi».[287] Na esfera da política económica, «produziram a pior recuperação desde a Grande Depressão. Enviaram milhões de nossos melhores empregos para o exterior de forma a apaziguar os interesses especiais globais. Traíram a nossa segurança e os nossos trabalhadores e Hillary Clinton mostrou-se inadequada para servir em qualquer cargo governamental».[288] Horas depois de fazer estas considerações, Trump volta ao Twitter para proclamar — em jeito de juízo final — que o «presidente Obama será talvez considerado o pior presidente da história dos Estados Unidos!».[289]

A dureza da avaliação de Trump não surpreende porque a extensa revisão de prioridades em política exterior que promete ao longo da campanha eleitoral pressupunha um corte total com o pessoal ligado à Administração Obama. A propósito da drenagem do «pântano», Trump, durante uma iniciativa de campanha realizada no estado da Virgínia, aconselha Obama

---

[285] *Ibid.*

[286] *Ibid.*

[287] Ver Domenico Montanaro, «Obama calls Trump "unfit" to be president, questions why Republicans still endorsing», *NPR*, 2 de Agosto de 2016, consultado em: https://www.npr.org/2016/08/02/488383580/obama-calls-trump-unfit-to-be-president-questions-why-republicans-still-endorsin.

[288] Ver Ryan Teague Beckwith, «Read Donald Trump's speech criticizing Hillary Clinton on foreign policy», *Time*, 22 de Junho de 2016, consultado em: https://time.com/4378270/donald-trump-hillary-clinton-foreign-policy-speech-transcript/.

[289] Ver John Parkinson, «President Obama reads Donald Trump's mean tweet on "Jimmy Kimmel Live"», *ABC News*, 25 de Outubro de 2016, consultado em: https://abcnews.go.com/Politics/president-obama-reads-donald-trumps-tweet-jimmy-kimmel/story?id=43032859.

a «olhar para o mundo: é uma bagunça», razão pela qual diz não querer «usar as pessoas actualmente envolvidas» na formulação e execução da política externa.[290] A fórmula visa colar Clinton à «bagunça», mas também pretende resolver um problema prático. Dado que rompera com virtualmente todos os especialistas em política externa e de defesa do GOP, Trump vê-se forçado a recrutar colaboradores fora do *mainstream* do *foreign policy establishment*. Elogiando uma equipa cuja inexperiência em assuntos internacionais era notória, afirma que o seu «pessoal é melhor» e mais capacitado para exercer os sensíveis cargos no âmbito da segurança nacional.[291] Procurando transformar a inexperiência numa virtude, Trump insiste que a abundante experiência adquirida por Hillary Clinton no «pântano» era, de facto, uma das principais causas do declínio nacional. A ênfase dada por Obama à experiência da sua ministra acaba por se enquadrar perfeitamente na narrativa anti-*establishment* construída por Trump e pelo Partido Republicano.

O eterno retorno do declínio

Anos antes de Donald Trump passar pelos portões da Casa Branca, as mudanças tectónicas que reconfiguravam a carta geopolítica mundial corroíam a hegemonia internacional dos Estados Unidos. À semelhança do *retrenchment* de Obama, a mundividência *America First* configura uma resposta preliminar — se bem que, por vezes, ambígua e incoerente — à erosão da primazia americana. Ambas as abordagens expunham a fragilidade da ordem criada na sequência da Segunda Guerra Mundial e renovada durante o «momento unipolar» do pós-Guerra Fria. Por acreditar na possibilidade de reverter o declínio do país, Trump perspectivava um rumo alternativo daquele que fora seguido pelo presidente Obama.[292]

[290] Ver «Donald Trump in Ashburn, VA — August 8, 2016», *Factbase*, 8 de Agosto de 2016, consultado em: https://factba.se/transcript/donald-trump-speech-ashburn-va-august-8-2016.

[291] *Ibid.*

[292] Existe uma vasta leitura sobre as falhas que conduziram à crise. Alguns dos mais recentes — e mais interessantes — trabalhos a versar este tema incluem John J. Mearsheimer, «Bound to Fail: The Rise and Fall of the Liberal World Order», *International Security*, Vol. 43, No. 4, 2019, pp. 7–50; Graham Allison, «The Truth

Não se pode dizer que Donald Trump fosse dado às introspecções *hamletianas* que acompanhavam o processo decisório de Barack Obama, que, com frequência, se deixa paralisar por intermináveis equívocos. Trump, em contraste, gabava-se de agir sem desperdiçar tempo e energia com abstracções inúteis. Se Trump recusa abraçar o *statu quo* internacional, Obama empenha-se na redefinição do papel da América num mundo que define como «multi-parceiro».[293] Se Obama pretendia gerir o vagaroso declínio americano, Trump mantinha que a revisão da ordem internacional era a condição *sine qua non* para o inverter. A sua intenção de operar uma profunda modificação do *statu quo* internacional provoca compreensíveis ondas de choque em todo o mundo e, em particular, junto dos aliados asiáticos e europeus.

A tese *trumpiana* de que os Estados Unidos enfrentavam um período de acelerado declínio nacional não era propriamente inovadora, pois leituras *declinistas* contagiaram o discurso político ao longo de toda a história dos Estados Unidos.[294] Aliás, ciente da persistência do sentimento *declinista*,

About the Liberal Order: Why it Didn't Make the Modern World», *Foreign Affairs*, Vol. 97, No. 4, 2018, pp. 124–133; John J. Mearsheimer, *The Great Delusion: Liberal Dreams and International Realities*. New Haven: Yale University Press, 2018; Patrick Porter, *The False Promise of Liberal Order. Nostalgia, Delusion and the Rise of Trump*, Cambridge, Polity, 2020, e Alexander Cooley e Daniel Nexon, *Exit from Hegemony: The Unraveling of the American Global Order*, Oxford, Oxford University Press, 2020.

293 Ver Barack Obama, «Renewing American Leadership», *Foreign Affairs*, Vol. 84, No. 4, 2007, pp. 2–16. Para uma avaliação da perspectiva de Barack Obama sobre a política externa quando foi eleito presidente, ver, por exemplo, Patrick Keller, «Barack Obama's Foreign Policy: What Can NATO Expect from the Next U.S President?», *Research Paper*, Research Division, NATO Defense College, No. 43, Novembro de 2008, consultado em: https://www.files.ethz.ch/isn/94350/rp_43en.pdf.

294 Sobre este assunto, cf. Michael Hunt, «American Decline and the Great Debate: A Historical Perspective», *SAIS Review*, Vol. 10, No. 2, 1990, pp. 27–40; Joseph Nye, «The Decline of America's Soft Power», *Foreign Affairs*, 2004, Vol. 83, No. 3, pp. 16–20; Christopher Layne, «Graceful Decline», *The American Conservative*, 1 de Maio de 2010, consultado em: https://www.theamericanconservative.com/articles/graceful-decline/; Christopher Layne, «This Time It's Real: The End of Unipolarity and the Pax Americana», *International Studies Quarterly*, Vol. 56, No. 1, 2012, pp. 203–213; Josef Joffe, «Declinism's Fifth Wave», *The American Interest*, Vol. 7, No. 3, 2012, e Michael Daniels, «American "Declinism": A Review of Recent Literature», *Parameters*, Vol. 44, No. 4, 2014/2015, pp. 135–140. Para a refutação das teses *declinistas*, ver Alan W. Dowd, «Declinism», *Policy Review*, No. 144, 2007, pp. 83–97, Josef Joffe, *The Myth of America's Decline: Politics, Economics. And a Half Century of False Prophesies*,

Barack Obama observa, com inteira razão, que não se tratava de «uma ideia que começou com Donald Trump» porque, com efeito, era «vendida por políticos há muito tempo, provavelmente desde o início da nossa república».[295] Se a apreciação de Obama correspondia à verdade histórica, nem por isso esclarece o motivo que o induziu a invocar argumentos *declinistas* durante a sua campanha de 2008 ou a optar por uma estratégia de *managed decline*.[296]

Variante genérica do pessimismo político, o *declinismo* configura um entendimento teleológico da História que minimiza a possibilidade de se superar os problemas do momento. Consiste na projecção de desafios e obstáculos conjunturais para um horizonte de futuro, produzindo, assim, uma leitura determinística quanto à irreversibilidade do declínio se — e o «se» é absolutamente crucial — o país continuar a enveredar pelo «mesmo rumo». Esta compreensão estática e linear da História proporciona terreno fértil para discursos populistas, anti-*establishment*, que invariavelmente responsabilizam as elites dominantes pelas dificuldades vividas. Não surpreende que os populistas insistam que o saneamento de elites esgotadas — ou simplesmente incompetentes — se afigura como a primeira e necessária condição para inverter o declínio.

Abordando o tema num estudo pioneiro, Samuel Huntington identifica cinco distintas «vagas de *declinismo*» que atravessaram o pensamento político americano nas décadas posteriores a 1945.[297] Estas vagas foram, como seria de esperar, sempre acompanhadas pelo surgimento de populismos diversos, tanto à esquerda como à direita. A bem dizer, não poderia deixar de o ser porque o *declinismo* e o populismo são duas faces da mesma moeda.

Nova Iorque, W.W. Norton, 2014, e Joseph S. Nye, *Bound to Lead: The Changing Nature Of American Power*, Nova Iorque, Basic Books, 1990.

[295] Ver «Full text: President Obama's DNC speech», *Politico*, 27 de Julho de 2016, consultado em: https://www.politico.com/story/2016/07/dnc-2016-obama-prepared-remarks-226345.

[296] Para um argumento que adianta que Obama nunca abraçou o *declinismo*, cf. Andrew Moran, «Barack Obama and the Return of "Declinism": Rebalancing American Foreign Policy in an Era of Multipolarity». In Edward Ashbee e John Dumbrell (eds.), *The Obama Presidency and the Politics of Change*, Cham, Springer, 2017, pp. 265–287.

[297] Samuel Huntington argumentou que a primeira vaga foi iniciada quando os soviéticos quebraram o monopólio nuclear americano, em Agosto de 1949. Ver Samuel Huntington, «The US-Decline or Renewal?», *Foreign Affairs*, Vol. 67, No. 2, 1988, pp. 76–96.

A longa tradição populista americana engloba personagens tão diversas como o presidente Andrew Jackson, Tom Watson, William Lamb e William Jenning Bryans, cujo «populismo progressista» o leva a candidatar-se à presidência em três ocasiões distintas.[298] A insurgência populista encabeçada pelo «Partido do Povo», apoiado por produtores de algodão, trigo e milho que contestavam as mudanças económicas que deprimiram o valor das colheitas e os mergulhavam em dívidas, parte das regiões Sul e Oeste para o resto do país. Apresenta candidatos em vários estados em 1892, 1894 e 1896, ano em que William Jennings Bryan protagoniza uma candidatura presidencial conjunta do Partido do Povo e do Partido Democrata. Reivindica políticas estatistas, a eleição directa do Senado Federal e a criação de um imposto sobre o rendimento individual. Via, portanto, a intervenção governamental como a solução para retirar o poder às detestadas elites plutocráticas e, dessa forma, resolver os problemas económicos dos «verdadeiros americanos».

Durante a Grande Depressão da década de 1930, o populismo alimenta-se da animosidade dirigida às elites, aos bancos e ao *big business*, exigindo que o Estado protegesse o «homem comum». Franklin Roosevelt, principalmente a partir de 1935, socorre-se de um léxico político cada vez mais anti-elitista para defender o seu *New Deal*. Os opositores do presidente seguem pelo mesmo caminho e formam movimentos de massas para contestar as novas elites *rooseveltianas* e as suas prioridades políticas. O mais bem-sucedido dos demagogos anti-*New Deal*, o governador democrata do Louisiana Huey Long, apoia Roosevelt em 1932, mas, quando chega a Washington em 1933 como senador federal, rompe com o presidente. Aspirações presidenciais levam-no a formar um movimento *grass roots* nacional que tem como objectivo fazer de «todo o homem um rei».[299]

---

[298] Sobre o populismo americano, ver, *inter alia*, Chris Stirewalt, *Every Man a King: A Short, Colorful History of American Populists*, Nova Iorque, Hachette, 2018; John B. Judis, *The Populist Explosion: How the Great Recession Transformed American and European Parties*, Nova Iorque, Columbia Global Reports, 2016; Michael Kazin, *The Populist Persuasion: An American History*, Nova Iorque, Basic Books, 1995; Robert C. McMath, *American Populism: A Social History, 1877–1898*, Nova Iorque, Hill and Wang, 1992; Christopher Lasch, *The True and Only Heaven: Progress and its Critics*, Nova Iorque, W.W. Norton, 1991, e George McKenna, *American Populism*, Nova Iorque, Putnam, 1974.

[299] Ver, *inter alia*, Henry C. Dethloff, *Huey P. Long: Southern Demagogue or American Democrat?*, Lafayette, University of Southwestern Louisiana, 1976; Alan

Com o assassinato de Long em 1935, o padre Charles Coughlin assume o manto do populismo de direita. A partir de um subúrbio operário de Detroit, cria uma rede nacional de rádio que lhe permite atrair seguidores em todo o país, que subscrevem a sua síntese de justiça social e de anticomunismo radical. Defende as aspirações económicas do cidadão comum e faz ataques contundentes às instituições financeiras. Com o avançar da década de 1930, envereda gradualmente pelo caminho da conspiração anti-semita e cruza-se com o aviador Charles Lindbergh na defesa do isolacionismo.

Porventura o mais popular herói americano depois de completar a travessia Nova Iorque-Paris no seu *Spirit of St. Louis*, Lindbergh considera que a Alemanha era uma potência ascendente que teria de ser acolhida pelos restantes países europeus. Em si, a ideia não era particularmente controversa, mas Lindbergh vai mais longe ao afirmar que apenas Berlim poderia «travar as hordas asiáticas» — sinónimo dos bolcheviques russos — que pretendiam invadir a Europa. Típico da época, o argumento assenta em categorias racistas, pois Lindbergh entende a guerra como um conflito dentro da família das «raças brancas» que só poderia enfraquecê-las e beneficiar a União Soviética. Depois de publicitar esta mundivisão num artigo na *Reader's Digest* — em que afirma «aprendamos com Atenas e Esparta antes que percamos toda a Grécia» —, junta-se a Charles Coughlin para, em 1940, criar o *America First Committee*, que zela pela preservação da neutralidade dos Estados Unidos.[300] Desacreditados pelo ataque a Pearl Harbor, os isolacionistas de direita deixam subsequentemente de ser *players* relevantes na política interna dos Estados Unidos.

Terminada a guerra e ante o expansionismo comunista, em 12 de Março de 1947, o presidente Harry Truman dirige-se a uma sessão conjunta das duas câmaras do Congresso para delinear a «doutrina de contenção», explicando que «os Estados Unidos devem apoiar os povos livres que resistem à tentativa de subjugação por minorias armadas ou

---

Brinkley, *Voices of Protest: Huey Long, Father Coughlin, and the Great Depression*, Nova Iorque, Vintage Books, 1983, e William Ivy Hair, *The Kingfish and His Realm: The Life and Times of Huey P. Long*, Baton Rouge, Louisiana State University Press, 1996.

[300] O artigo pode ser consultado em Charles A. Lindbergh, «Aviation, Geography, and Race», *Reader's Digest*, Vol. 35, Novembro de 1939, consultado em: http://reparti.free.fr/lindbergh39.pdf.

por pressão externa».[301] Universalizando a luta contra a ameaça soviética, a estratégia de contenção traduz a certeza inabalável de que, a prazo, o comunismo seria vencido. Todavia, a breve trecho, esse desfecho não era garantido. No período que se seguiu à Segunda Guerra Mundial, os debates em torno da «perda da China» para Mao Zedong, do julgamento de Julius e Ethel Rosenberg por espionagem atómica, do caso Alger Hiss e do McCarthyism adensam o *declinismo*. Receios quanto ao futuro são acentuados aquando do lançamento do *Sputnik* em 1957, que aparenta testemunhar a superioridade tecnocientífica do comunismo soviético. Com a América mergulhada em três recessões ao longo dos oito anos de poder de Dwight Eisenhower, Moscovo reporta impressionantes índices de crescimento económico. Extrapolando a partir destas tendências, era perfeitamente razoável confiar na veracidade da célebre afirmação de Nikita Khrushchev dirigida ao Ocidente em jeito de ameaça: «Enterrar-vos-emos».[302]

Pela mão de John F. Kennedy, a «Nova Fronteira», ao dar continuidade ao *New Deal*, desvenda um horizonte de possibilidades infindáveis

---

[301] Cf. David McCullough, *Truman*. Nova Iorque: Simon and Schuster, 1992, p. 548. Para o desenvolvimento do conceito de «contenção», ver George Kennan (X), «The Sources of Soviet conduct», *Foreign Affairs*, Vol. 26, No. 2, Julho de 1947, pp. 566–582. Sobre o contributo de George Kennan para a «doutrina de contenção», ver, por exemplo, David Mayers, *George Kennan and the Dilemmas of US Foreign Policy*, Nova Iorque, Oxford University Press, 1988. Ao mesmo tempo, o ideólogo do Partido Comunista da União Soviética (PCUS), Andrei Zhdanov, durante a reunião fundadora do Cominform, em 22 de Setembro de 1947, anuncia a doutrina dos «dois campos», postulando a inevitabilidade da guerra entre o pólo «antidemocrático e imperialista» liderado pelos Estados Unidos e o bloco «democrático e anti-imperialista» encabeçado pela União Soviética. Uma vez que o campo «democrático e anti-imperialista» abrangia os partidos operários e comunistas e também reunia os movimentos de libertação do mundo colonial, o conceito tradicional marxista-leninista de «dois sistemas» dá lugar ao conceito de «dois campos irreconciliáveis». Para a transcrição do discurso de Zhdanov, cf. «Speech by Andrei Zhdanov (member of the Soviet Politburo) at the founding of the Cominform (a Communist International Organization) in September 1947», consultado em: http://educ.jmu. edu/~vannorwc/assets/ghist%20102-150/pages/readings/zhdanovspeech.html.

[302] A afirmação foi feita em 18 de Novembro de 1956, na embaixada da Polónia em Moscovo, numa recepção em honra de Władysław Gomułka. Khrushchev afirma: «Sobre os estados capitalistas, não depende de vós se existimos ou não. Se não gostam de nós, não aceitem os nossos convites e não nos convidem. Quer gostem ou não, a história está do nosso lado. Enterrar-vos-emos!». Ver «Foreign news: We will bury you!», *Time*, 26 de Novembro de 1956, consultado em: http://content.time.com/time/subscriber/article/0,33009,867329,00.html.

simbolizadas pela corrida à conquista do espaço proclamada pelo presidente em 12 de Setembro de 1962 perante uma multidão de 40 mil pessoas reunidas no estádio da Universidade Rice, em Dallas. Com esse discurso, formaliza o lançamento do Programa Apollo, orçamentado em 25,4 biliões de dólares (mais de 150 biliões em valores actualizados). Aliás, nos anos de maior cabimento orçamental, o programa espacial chega a consumir uns impressionantes 2,2% do PIB americano.[303] Diga-se, em abono da verdade, que se trata não tanto de uma corrida ao espaço, mas de uma corrida contra a União Soviética para lhe negar a liderança tecnológica.

A inauguração de Camelot kennediano faz-se acompanhar por uma vaga de optimismo quanto aos destinos do país. Esse breve interlúdio finda com as balas disparadas contra John F. Kennedy por Lee Harvey Oswald na Praça Dealey, na cidade de Dallas, pouco depois do meio-dia do dia 22 de Novembro de 1963. A tragédia provoca um monumental *shift* no *zeitgeist* nacional e mergulha o país numa década de profunda e nem sempre pacífica mudança sociopolítica. Político talentoso, o vice-presidente Lyndon Johnson sucede a Kennedy na presidência e, um ano depois, obtém uma vitória esmagadora nas eleições de 1964, em parte porque qualifica o seu adversário republicano Barry Goldwater como um extremista preparado para desencadear uma catastrófica guerra nuclear. Johnson, porém, rapidamente encaminha uma nação traumatizada para o atoleiro vietnamita, para onde destaca centenas de milhares de combatentes. Perante a contestação gerada pela escalada da guerra e a oposição que lhe era movida por Eugene McCarthy e Robert F. Kennedy, desiste de concorrer às tumultuosas primárias de 1968, que culminam com dias de ira e violência nas ruas de Chicago durante a Convenção do Partido Democrata. Escassos meses depois dos homicídios de Martin Luther King e de Robert Kennedy, as imagens dos confrontos transmitidas pelas televisões evidenciavam a polarização da sociedade americana e, para muitos, o colapso da ordem social.

Impulsos populistas reaparecem à medida que a revolução dos direitos cívicos começa a desfazer a coligação do *New Deal*. A hegemonia

---

[303] Ver Alex Knapp, «Apollo 11's 50th anniversary: The facts and figures behind the 152 billion moon landing», *Forbes*, 20 de Julho de 2019, consultado em: https://www.forbes.com/sites/alexknapp/2019/07/20/apollo-11-facts-figures-business/?sh=5db1c8483377.

do consenso *rooseveltiano* evidencia brechas quando eleitores brancos da classe trabalhadora e/ou do Sul, até então os sectores mais leais ao Partido Democrata, rumam às candidaturas presidenciais de George Wallace em 1968 e 1972. Em 1968, o governador do Alabama — que, em 1963, proclamara «segregação agora, segregação amanhã, segregação para sempre» — consegue óptimos resultados entre os brancos da classe trabalhadora e os votantes étnicos das grandes cidades do Norte. Alarga o seu apoio durante as primárias democratas de 1972, ficando em segundo lugar nos estados industrializados da Pensilvânia e do Wisconsin. Mas vê-se obrigado a abandonar a corrida pela Casa Branca na sequência de um atentado à sua vida. Pioneiro da retórica anti-elitista posteriormente adoptada por muitos políticos para conquistar eleitores brancos conservadores, Wallace antecipa o desprezo pela «elite cultural» que passou a ser *leitmotiv* básico dos populistas de esquerda e de direita.

Prometendo restabelecer a «lei e a ordem» e o fim da guerra no Vietname, Richard Nixon conquista a Casa Branca em 1968. Rapidamente se vê confrontado com a inflação e os elevados défices orçamentais resultantes do colossal esforço de guerra então em curso. De modo a encontrar uma saída para o imbróglio da Indochina, em Fevereiro de 1972 Nixon desloca-se a Pequim para concretizar a inédita abertura à «China Vermelha».[304] Com o intuito de alistar Mao Zedong numa aliança sino-americana destinada a equilibrar o poderio soviético, a iniciativa marca uma viragem na grande estratégia americana.[305] Atendendo à correlação de forças internacional aparentemente favorável a Moscovo, a América vê-se obrigada a construir novas e heterodoxas alianças para travar a expansão do império soviético. A contenção dava, portanto, lugar ao congelamento do *statu quo* representado pela política de *détente* acordada com a União Soviética, que, na óptica de Henry *Scoop* Jackson e de outros críticos da abordagem *nixoniana*, era nada menos do que uma

---

[304] Sobre este assunto, ver Chris Tudda, *A Cold War Turning Point: Nixon and China, 1969–1972*, Baton Rouge, Louisiana State University Press, 2012. Também, Richard Nixon, *The Memoirs of Richard Nixon*, Nova Iorque, Grosset and Dunlap, 1978, pp. 880–881, e Henry Kissinger, *White House Years*, Boston, Little, Brown and Company, 1979, p. 764.

[305] Sobre o papel da China no sistema internacional ao longo da Guerra Fria, cf. Carlos Gaspar, *O Regresso da Anarquia: Os Estados Unidos, a Rússia, a China e a Ordem Internacional*, Lisboa, Alêtheia Editores, 2019.

capitulação que, a breve trecho, teria de ser revertida.[306] A abertura à China e o início da retirada das tropas americanas que indiciam a prometida *vietnamização* da guerra conduzem à segunda vitória eleitoral de Richard Nixon, em 1972.

No início da década de 1970, o *declinismo* encontra-se, uma vez mais, em franca ascensão, em resultado do choque petrolífero de 1973, do fim da convertibilidade do dólar em ouro e do «escândalo Watergate». Para evitar que o Congresso o destituísse do cargo, Nixon demite-se da presidência em Agosto de 1974. Seria substituído pelo vice-presidente Gerald Ford, que, meses mais tarde, em Abril de 1975, assiste ao colapso de Saigão e à humilhante queda de toda a Indochina — Vietname, Laos e Camboja — para os guerrilheiros comunistas. Dificilmente se escapa à conclusão de que a promessa feita por Harry Truman em Maio de 1947 de travar a expansão do comunismo nos quatro cantos do mundo deixara de ser exequível. A presidência atribulada de Ford faz com que o GOP perca a eleição de 1976 para um democrata centrista que advoga a substituição do esgotado realismo *nixoniano* por uma abordagem «idealista» que colocava os direitos humanos no centro das prioridades da política externa do país.

Nos quatro anos de mandato de Jimmy Carter, os Estados Unidos confrontam-se com sucessivas crises: a energética, a inédita conjugação de inflação e da estagflação e o prolongado sequestro dos americanos feitos reféns por fundamentalistas islâmicos no Irão depois do derrube do xá Mohammad Reza Pahlavi.[307] A impotência da superpotência americana sob a liderança de Carter traduz-se na obtenção de ganhos geopolíticos soviéticos no Terceiro Mundo, incluindo a entrada em força na África Austral, o alinhamento da Etiópia de Mengistu Hailé Mariam com o Kremlin, a devolução do Canal do Panamá, a vitória dos sandinistas na Nicarágua, a supressão do Solidariedade polaco e a invasão soviética do

---

[306] Sobre as posições de Jackson, um senador democrata do estado de Washington, ver Robert G. Kaufman, *Henry M. Jackson: A Life in Politics*, Seattle, University of Washington Press, 2000.

[307] Sobre a queda do xá, ver Andrew Scott Cooper, *The Fall of Heaven: The Pahlavis and the Final Days of Imperial Iran*, Nova Iorque, Henry Holt and Co., 2016. Sobre a crise dos reféns, ver Mark Bowden, *Guests of the Ayatollah: The First Battle in America's War with Militant Islam*, Nova Iorque, Atlantic Monthly Press, 2006.

Afeganistão nos derradeiros dias de Dezembro de 1979. As ameaças à hegemonia americana não se restringem ao mundo em vias de desenvolvimento, pois temia-se que o Japão — que, ironicamente, nas décadas seguintes sucumbia à estagnação — superasse a economia americana e, a longo prazo, viesse a constituir a principal ameaça estratégica à hegemonia dos Estados Unidos.[308]

À medida que o desastroso mandato de Carter se aproximava do fim, era tentador — quiçá obrigatório — concluir que os melhores dias da América residiam num passado distante. Será neste *milieu* de apreensão e pessimismo generalizado que, em 1980, democratas e republicanos apresentam dois candidatos presidenciais singulares, que preconizam propostas políticas radicalmente divergentes.[309] À direita, Ronald Reagan utiliza o *slogan Let's Make America Great Again* para destacar o contraste entre a sua visão do futuro e o «mal-estar nacional» que Carter introduziu no país.[310] Inabalável na sua fé quanto à redenção da América, o *challenger* republicano articula uma visão de renovação nacional assente

---

[308] Esta preocupação era alimentada por numerosos livros que mantinham que um Japão emergente tornar-se-ia num rival dos Estados Unidos. Ver, por exemplo, Herman Kahn, *The Emerging Japanese Superstate: Challenges and Responses*, Londres, Andre Deutsch, 1971. Vinte anos mais tarde, George Friedman e Meredith LeBard continuavam a argumentar que os Estados Unidos e o Japão iriam confrontar-se militarmente nos 20 anos seguintes (ou seja, até 2011). Mantinham que, tal como se verificou em 1941, o Japão necessitaria de obter acesso a mercados externos de exportação e aos minérios do Sudeste Asiático, pelo que teria de excluir os Estados Unidos do Pacífico Ocidental. Ver George Friedman e Meredith LeBard, *The Coming War With Japan*, Nova Iorque, St. Martin's Press, 1991. Tentativas de explicar por que razão o Japão não emergiu incluem, por exemplo, Richard Katz, *Japan, The System That Soured: The Rise and Fall of Japan's Economic Miracle*, Nova Iorque, M. E. Sharpe, 1998, e Dick Beason e Dennis Patterson, *The Japan That Never Was: Explaining the Rise and Decline of a Misunderstood Country*, Albany, State University of New York Press, 2004.

[309] Sobre a corrida presidencial de 1980, ver Andrew E. Busch, *Reagan's Victory: The Presidential Election of 1980 and the Rise of the Right*, Lawrence, University Press of Kansas, 2005. Sobre a transição de um GOP *nixoniano* para um Partido Republicano *reaganista*, ver Rick Perlstein, *The Invisible Bridge: The Fall of Nixon and the Rise of Reagan*, Nova Iorque, Simon & Schuster, 2014.

[310] Para uma avaliação positiva da presidência de Jimmy Carter, cf. Robert A. Strong, «Recapturing Leadership: The Carter Administration and the Crisis of Confidence», *Presidential Studies Quarterly*, Vol. 16, No. 4, 1986, pp. 636–650, consultado em: https://www.jstor.org/stable/40574414?mag=jimmy-carter-and-the-meaning-of-malaise&seq=6#metadata_info_tab_contents.

numa ruptura com as moribundas elites *washingtonianas* e no relançamento da economia através da eliminação da regulação excessiva, dos cortes nos impostos e do desmantelamento da burocracia federal.[311] Na óptica de Reagan, a inversão do declínio nacional exigia uma política exterior credível, assente na reconstrução da economia nacional e no endurecimento face à União Soviética, ou seja, num efectivo regresso à contenção. Acredita que os ganhos estratégicos soviéticos dos anos recentes eram fruto da ausência de força e consistência do presidente Carter e não da superioridade intrínseca do sistema comunista. Rompendo com o consenso em torno da *détente* de Richard Nixon e de Henry Kissinger, reclama um colossal *buildup* militar — simbolizado pelo programa *Strategic Defense Initiative*, conhecido por «Guerra das Estrelas» — para dissuadir as tentações expansionistas de Moscovo. Manifesta, ao mesmo tempo, o seu apoio aos dissidentes anticomunistas da Europa de Leste e propõe-se derrubar os clientes soviéticos na Nicarágua, em El Salvador, em Angola e no Afeganistão.

Admirável mundo novo

Os incontornáveis êxitos políticos de Ronald Reagan não silenciaram os profetas do *declinismo*, inspirados pela publicação, em 1987, do monumental *The Rise and Fall of the Great Powers*, de Paul Kennedy.[312] À medida que as teses cassandristas de Kennedy quanto à «sobre-extensão imperial» migravam da academia para o *mainstream* político, a História intervém de forma inesperada no *annus mirabilis* de 1989. Consumada a revolução democrática desencadeada pela derrocada das autocracias marxistas-leninistas europeias, o *declinismo* era, como que de um dia para o outro, suplantado pelo triunfalismo liberal de Francis Fukuyama, cujo ensaio *The End of History?* sugeria que a demolição do comunismo europeu significava que — após a derrota do nazismo/fascismo

311 Ver Meg Jacobs, «"Ronald" Trump: Why 2016 is looking a lot like 1980», *The Daily Beast*, 24 de Maio de 2016, consultado em: http://www.thedailybeast.com/articles/2016/05/24/ronald-trump-why-2016-is-looking-a-lot-like-1980.

312 Ver Paul Kennedy, *The Rise and Fall of the Great Powers: Economic Change and Military Conflict from 1500 to 2000*, Nova Iorque, Random House, 1987.

em 1945 — desapareciam as alternativas universais à democracia. Com efeito, este entendimento *neohegeliano* quanto ao rumo da História não significava a inexistência de conflitos bélicos nas partes do globo ainda fustigadas pelo peso intransponível da História. Se o fim da História não era sinónimo do fim da conflitualidade, era, todavia, o fim de uma alternativa global à democracia liberal e ao capitalismo de mercado. Atendendo a que as alternativas globais ao liberalismo se encontravam historicamente ultrapassadas, Fukuyama prevê a «universalização da democracia liberal ocidental como forma final de governação humana».[313] Neste admirável mundo pós-histórico, os Estados Unidos — o *primus inter pares* da comunidade das democracias liberais — estavam destinados a dominar o mundo a emergir dos escombros do comunismo. Concluía-se que as teses *declinistas* iam pelo mesmo inexorável caminho do partido único, da ditadura do proletariado e do «socialismo real».

Consumado o desmoronamento da União Soviética, a América deixa de se confrontar com um rival à sua altura, ou seja, um *peer competitor* capaz de disputar influências nos quatro cantos do planeta. O universalismo da rivalidade geoestratégica que perdura ao longo da Guerra Fria dá lugar — no dizer de Charles Krauthammer — a um «momento unipolar» de inquestionável supremacia americana. No seu influente ensaio «The Unipolar Moment», publicado na revista *Foreign Affairs*, sublinha que a preponderância dos Estados Unidos residia no facto de «serem o único país com activos militares, diplomáticos, políticos e económicos que lhes permite ser um *player* decisivo em qualquer conflito, em qualquer parte do mundo onde escolhem envolver-se».[314] Para todos os efeitos, a segurança física do país dependia da sua «força e vontade de liderar um mundo unipolar, definindo destemidamente as regras da ordem mundial e

---

[313] Ver Francis Fukuyama, «The End of History?», *The National Interest*, No. 16, 1989, p. 1. No livro *O Fim da História e o Último Homem*, Fukuyama, recorrendo ao conceito *nietzschiano* do «último homem», revela-se consideravelmente mais cauteloso quanto aos desafios que confrontam a democracia liberal. Cf. Francis Fukuyama, *The End of History and the Last Man*, Nova Iorque, The Free Press, 1992. Críticas ao trabalho de Fukuyama são numerosas, mas um interessante ponto de vista pode ser encontrado em Robert Kagan, *The Return of History and the End of Dreams*, Nova Iorque, Knopf, 2008.

[314] Ver Charles Krauthammer, «The Unipolar Moment», *Foreign Affairs*, Vol. 70, No. 1, 1990/1991, p. 24.

preparado para as fazer respeitar».[315] Partia-se, evidentemente, da premissa de que os Estados Unidos eram — na formulação de Madeleine Albright — a potência «indispensável» cuja hegemonia benevolente ordenava o sistema internacional em conformidade com o interesse nacional americano, traduzido na promoção da liberdade, da democracia, dos direitos humanos, do capitalismo de mercado, do multilateralismo e da reconstrução nacional (*nation-building*). Neste sistema unipolar, a América seria o xerife universal que definia e impunha as regras necessárias para cumprir os seus desígnios mundiais.[316] Profundamente aliciante para as elites que ao longo de décadas levaram a cabo a Guerra Fria, a visão de Krauthammer era entusiasticamente abraçada pela *foreign policy community* nos Estados Unidos e, convém recordar, na Europa.

Dir-se-á que era inevitável que a primazia americana relançasse as ambições imperiais que floresceram no alvorecer do século XX, após a guerra hispano-americana. A visão neo-imperial esboçada pelo historiador Niall Ferguson sugeria que a missão americana no pós-Guerra Fria extravasava um simples imperativo nacional, pois «muitas partes do mundo beneficiarão de um período de domínio americano».[317] Um século depois de Theodore Roosevelt brandir o *big stick*, Ferguson recomenda que os Estados Unidos abraçassem — sem equívocos — a sua vocação imperial de modo a fazer um mundo melhor. Consideravelmente mais ambicioso nas suas pretensões, Michael Ignatieff — um influente proponente da doutrina da «responsabilidade de proteger» — antevê a mobilização do poderio americano para erguer um «império humanitário» de estados «livres e independentes» dispostos a empregar a força militar para reconstruir estados falhados.[318] Disfarçadas de roupagem moderna, as ideias de Ferguson e de Ignatieff retomam o apelo de Thomas Jefferson ao estabelecimento de um «império da liberdade»

---

[315] *Ibid.*, p. 33. Dez anos mais tarde, Krauthammer reconsidera o momento unipolar. Ver Charles Krauthammer, «The Unipolar Moment Revisited», *The National Interest*, No. 70, 2002/2003, pp. 5–17.

[316] Ver, por exemplo, Richard N. Haas, *The Reluctant Sheriff: The United States After the Cold War*, Nova Iorque, Council on Foreign Relations, 1997.

[317] Ver Niall Ferguson, *Colossus: The Rise and Fall of the American Empire*, Nova Iorque, Penguin Books, 2005, p. 2.

[318] Ver Michael Ignatieff, *Empire Lite: Nation-Building in Bosnia, Kosovo and Afghanistan*, Nova Iorque, Vintage, 2003.

benigno. Este impulso imperial, por sua vez, dá origem à doutrina de «intervenção humanitária», que, como se sabe, seria selectivamente aplicada em terras longínquas; designadamente, nas ruínas da Jugoslávia, quando as tropas da NATO intervêm no Kosovo para pôr termo ao genocídio desencadeado por Slobodan Milošević.[319]

No seguimento do fatídico 11 de Setembro, os mesmos responsáveis que conduzem a «guerra global contra o terrorismo» reiteram que o país não nutria ambições imperialistas. George W. Bush dá voz a esta perspectiva quando, em Junho de 2003, na Academia Militar de West Point, certifica que a «América não tem um império para alargar nem uma utopia para estabelecer».[320] Meses mais tarde, insiste que o país era desprovido de «ambições territoriais», afirmando que «não procuramos um império [porque] a nossa nação está comprometida com a liberdade para nós próprios e para os outros».[321] Se a afirmação de que a América estava comprometida com a sua liberdade era incontroversa, já a ideia de que estava comprometida apenas com — ou principalmente com — as liberdades dos demais países era desmentida pela experiência histórica e, na era pós-11 de Setembro, pela forma como acolhe o farto número

[319] Ver Samantha Power, *A Problem from Hell: America and the Age of Genocide*, Nova Iorque, Basic Books, 2002; Alex J. Bellamy, *Responsibility to Protect: The Global Effort to End Mass Atrocities*, Cambridge, Polity Press, 2009, e Gareth Evans, *The Responsibility to Protect: Ending Mass Atrocity Crimes Once and for All*, Washington, Brookings Institutional Press, 2008. Para uma discussão da época sobre o intervencionismo humanitário centrado no Kosovo, ver, *inter alia*, Simon Duke, «The State and Human Rights: Sovereignty Versus Humanitarian Intervention», *International Relations*, Vol. 12, No. 2, 1994, pp. 25–48; Sean D. Murphy, *Humanitarian Intervention: The United Nations in an Evolving World Order*, Filadélfia, University of Pennsylvania Press, 1996; Ruth Gordon, «Humanitarian Intervention by the United Nations: Iraq, Somalia, and Haiti», *Texas International Law Journal*, 31, 1996, pp. 43–56; Catherine Guicherd, «International Law and the War in Kosovo», *Survival*, Vol. 41, No. 2, 1999, pp. 19–34, e Richard B. Builder, «Kosovo and the "New Interventionism": Promise or Peril?», *Journal of Transnational Law & Policy*, 9, 1999, pp. 153–182.

[320] Ver The White House, «President Bush Delivers Graduation Speech at West Point», United States Military Academy, West Point, New York, 1 de Junho de 2002, consultado em: https://georgewbush-whitehouse.archives.gov/news/releases/2002/06/20020601-3.html.

[321] Ver George W. Bush, «Remarks at a White House Reception for Veterans», 11 de Novembro de 2002, *The American Presidency Project*, UC Santa Barbara, consultado em: https://www.presidency.ucsb.edu/documents/remarks-white-house-reception-for-veterans. Cf. também Michael Cox, «Empire by Denial: The Strange Case of the United States», *International Affairs*, Vol. 81, No. 1, 2005, pp.15–30.

de autocratas alistados na guerra contra o terrorismo. Sem dúvida que a expansão da democracia era um dos motores da política externa americana, mas jamais fora o único e, em várias épocas, nem sequer chegara a ser um dos principais.

Para todos os efeitos práticos, Bush suprime a linha de separação que demarca os conceitos de império — isto é, domínio directo de territórios e povos — e de *imperium*.[322] Analisando o Império Romano do Oriente, Peter Stephenson nota que o «brilhantismo do sistema imperial romano não residia apenas na sua capacidade de aproveitar a violência esmagadora para alcançar os seus objectivos, embora isso fosse vital para expandir e sustentar o seu domínio, mas também tolerava e integrava ideias e práticas do exterior, vinculando-as numa teia maior e mais solta».[323] Num mundo hiperglobalizado, o *imperium* dos nossos tempos assumia a forma da «americanização» das economias e das culturas nacionais.[324] Assumia a extinção da soberania e das fronteiras, como se via nos projectos de integração, na doutrina de responsabilidade de proteger e no uso unilateral da força para fazer avançar a agenda de liberdade *bushista*.

É justamente durante o apogeu da unipolaridade americana que a Administração Bush se propõe derrubar a tirania de Saddam Hussein. Acontecimento gerador de repercussões duradouras, a guerra iraquiana de 2003 demonstra que uma China em ascensão e uma Rússia revanchista davam passos decisivos no sentido de contrariar a hegemonia americana. Nos meses anteriores à invasão militar, os danos políticos infligidos aos Estados Unidos pelo campo «anti-guerra» foram significativos, particularmente em sede do Conselho de Segurança das Nações Unidas. Ao mesmo tempo que o presidente Bush se desdobra em esforços diplomáticos com

---

[322] Seguindo Michael Doyle, impérios podem ser entendidos como «relações de controlo político impostas por algumas sociedades políticas sobre a soberania efectiva de outras sociedades políticas». Dir-se-á que enquanto o império é territorialmente delimitado, o *imperium* não o é. Cf. Michael Doyle, *Empires*, Ithaca, Cornell University Press, 1986, p. 19.

[323] Ver Paul Stephenson, *New Rome: The Roman Empire in the East, AD 395–700*, Londres, Profile Books, 2021, p. 64.

[324] Os paralelos entre Roma e os Estados Unidos são tratados em, por exemplo, Cullen Murphy, *Are We Rome? The Fall of an Empire and the Fate of America*, Boston, Houghton Mifflin, 2007, e Thomas F. Madden, *Empires of Trust: How Rome Built — and America Is Building — a New World*, Nova Iorque, Dutton, 2008.

o intuito de montar uma coligação internacional que pudesse desalojar os *baathistas* iraquianos, a Rússia, a China, a França e a Alemanha formam uma coligação contra-hegemónica com o expresso propósito de bloquear o avanço da investida militar da «hiperpotência americana».[325] Ao aderirem à coligação anti-guerra, os aliados francês e alemão abrem uma crise que abala os alicerces fundamentais do relacionamento euro-americano, provocando, assim, a «quase morte» da Aliança Atlântica.[326] Neste quadro de acrimónia no interior do campo ocidental, alguns analistas convenciam-se de que a União Europeia — profundamente dividida, pois a maioria dos estados europeus prontamente apoia a posição americana — estava destinada a suplantar os Estados Unidos como a «próxima superpotência» mundial.[327] Porventura sob a influência desta estirpe de pensamento mágico então em voga, as elites continentais admitiam que a União Europeia, cuja liderança assentava em princípios pós-modernos «avançados», viesse a desempenhar um papel hegemónico por meio do seu «poderio normativo». Mais sofisticado do que a maioria dos seus pares, Robert Cooper, no livro *The Breaking of Nations*, salientando a centralidade do poderio normativo europeu, teme que os compromissos

---

[325] O termo «hiperpotência» americana foi originado pelo antigo ministro dos Negócios Estrangeiros francês Hubert Védrine. Ver Hubert Védrine, *France in an Age of Globalization*, Washington, Brookings Institution Press, 2001.

[326] Ver Elizabeth Pond, *Friendly Fire: The Near-Death of the Transatlantic Alliance*, Washington, Brookings Institution Press, 2004; William Shawcross, *Allies: The United States, Britain, Europe and the War in Iraq*, Londres, Atlantic Books, 2003; Laurent Cohen-Tanugi, *An Alliance at Risk: The United States and Europe since September 11*, Baltimore, The Johns Hopkins University Press, 2003, e João Marques de Almeida e Vasco Rato, *A Encruzilhada: Portugal, a Europa e os Estados Unidos*, Lisboa, Bertrand Editora, 2004.

[327] Dessa altura, ver, *inter alia*, T. R. Reid, *The United States of Europe: The New Superpower and the End of American Supremacy,* Nova Iorque, Penguin Press, 2004; Jeremy Rifkin, *The European Dream: How Europe's Vision of the Future is Quietly Eclipsing the American Dream*, Nova Iorque, Penguin, 2004; Rockwell A. Schnabel com Francis X. Rocca, *The Next Superpower? The Rise of Europe and its Challenge to the United States*, Lanham, Rowman & Littlefield, 2005; Mark Leonard, *Why Europe Will Run the 21st Century*, Londres, Fourth Estate, 2005; John McCormick, *The European Superpower*, Londres, Palgrave, 2007. Mais prudente, Charles Krauthammer sugeriu que «enquanto uma Europa unificada pode em algum momento do próximo século actuar como uma potência unificada, a sua desorganização inicial e as respostas nacionais desarticuladas à crise no Golfo Pérsico ilustram novamente que a "Europa" nem sequer ainda existe como *player* no cenário mundial». Ver Charles Krauthammer, «The Unipolar Moment», *op. cit.*, p. 24.

inerentes à luta contra o terrorismo conduzissem à sobre-extensão americana, ou seja, ao eventual declínio dos Estados Unidos.[328]

As amargas experiências com os processos de democratização no Médio Oriente e de *nation-building* decorridos no início dos anos 1990 na Somália e no Haiti eram como que um pré-aviso quanto à inadequação da América para conduzir as ocupações prolongadas — e dispendiosas em termos de sangue e de tesouro — que acompanham projectos de reconstrução nacional bem-sucedidos. Com a passagem dos anos, as novíssimas «guerras selváticas da paz» a decorrer nos atoleiros afegão e iraquiano dissipam o impulso imperial em que assentava a «agenda de liberdade» de George W. Bush. Regressa, em seu lugar, o discurso *declinista* travestido de humildade, autocontenção e, no dizer de Obama, de cooperação num «mundo multi-parceiro».[329] As consequências da guerra iraquiana — e a impressionante ascensão político-económica da Ásia — levam Fareed Zakaria, em 2008, a descrever um mundo «pós-americano» onde os Estados Unidos conservam o seu estatuto de potência mundial mais poderosa, mas em que a sua liberdade de acção é severamente circunscrita pela «ascensão das restantes».[330] Zakaria, a bem dizer, espelhava o espírito da época, aparentemente confirmado nos derradeiros meses do mandato de George W. Bush, quando o presidente se vê perante a possibilidade real de assistir ao desmoronamento do sistema económico--financeiro mundial.[331] Evita-se o pior, mas a crise que abala os pilares de tal sistema incentiva a beligerância russa na Geórgia em 2008 e, ainda mais tenebroso, convence a *nomenklatura* chinesa quanto ao fim iminente da hegemonia americana.[332]

---

[328] Ver Robert Cooper, *The Breaking of Nations. Order and Chaos in the Twenty--First Century*, Nova Iorque, Atlantic Monthly Press, 2003.

[329] Ver Barack Obama, «Renewing American Leadership», *Foreign Affairs*, Vol. 84, No. 4, 2007, pp. 2–16.

[330] Segundo Zakaria, os EUA permaneceriam como um «*pivotal power*» durante muito tempo porque havia «um mercado forte para o poderio americano, por razões tanto geopolíticas como económicas. Mas, mais importante, permanece uma procura ideológica». Ver Fareed Zakaria, *The Post-American World*, Nova Iorque, W.W. Norton, 2008, p. 234.

[331] Sobre a crise financeira, ver Adam Tooze, *Crashed: How a Decade of Financial Crises Changed the World*, Londres, Allen Lane, 2018.

[332] Ver Vasco Rato, «À procura da alma de Putin: a Rússia e as eleições americanas», *RI: Relações Internacionais*, No. 20, Dezembro de 2008, pp. 5–20.

Neste contexto de turbulência mundial, indicativa de um *power shift* internacional, seguem-se meses de polarização político-ideológica desencadeada pela corrida presidencial de 2008. Argumentando que o declínio vivido pelos Estados Unidos era de natureza estrutural, Barack Obama considera que o desafio mais premente da sua presidência não se prendia com o retardar do surgimento do multipolarismo, até porque essa tarefa seria impossível de levar a bom porto. Diz, no entanto, ser imprescindível delinear uma grande estratégia que respondesse aos múltiplos desafios desencadeados pelo declínio nacional.[333] Julgando o processo irreversível, porque a correlação de forças internacionais era crescentemente desfavorável aos Estados Unidos, propõe-se reconfigurar o papel e os compromissos externos através de uma política exterior «humilde».[334]

Entendida não como uma escolha mas como uma inevitabilidade, a estratégia de *retrenchment* de Obama foi resumida pela *Estratégia de Segurança Nacional* de 2015 nos seguintes termos: «Num mundo interligado, não existem problemas globais que possam ser resolvidos sem os Estados Unidos e poucos podem ser resolvidos apenas pelos Estados Unidos. A liderança americana continua a ser essencial para mobilizar a acção colectiva de modo a enfrentar os riscos globais e para aproveitar as oportunidades estratégicas. Os nossos parceiros e aliados mais próximos continuarão a ser a pedra basilar do nosso envolvimento internacional».[335] Constrangidos no uso dos instrumentos de poder que lhes restavam, os Estados Unidos teriam de cultivar aliados para gerir o declínio nacional no âmbito das instituições multilaterais. Obama mantinha que o país não era destituído de poder, pois nenhum problema mundial poderia ser resolvido na ausência do seu empenhamento directo. Mas porque nada poderia fazer sozinho, a ordem liberal passa a ser um veículo para assegurar a gestão do declínio americano.

---

[333] Por exemplo, Robert Singh, *Barack Obama's Post-American Foreign Policy: The Limits of Engagement*, Nova Iorque, Bloomsbury Academic, 2012.

[334] Sobre a «Doutrina Obama», ver Jeffrey Goldberg, «The Obama Doctrine», *The Atlantic*, Abril de 2016, consultado em: https://www.theatlantic.com/magazine/archive/2016/04/the-obama-doctrine/471525/, e Colin Dueck, *The Obama Doctrine: American Grand Strategy Today*, Oxford, Oxford University Press, 2015.

[335] Ver The White House, «National Security Strategy», Fevereiro de 2015, p. 3, consultado em: https://obamawhitehouse.archives.gov/sites/default/files/docs/2015_national_security_strategy_2.pdf.

Em 2016, Trump, em contraste nítido com Obama, considerava que o país não teria de se resignar a gerir um inexorável declínio. A diferença era fundamental e resultava em duas estratégias nacionais mutuamente exclusivas. Ambos, porém, coincidem num ponto essencial: era imperativo prosseguir com a renovação da economia americana. Para Obama, essa era a condição *sine qua non* para gerir o declínio. Antecipando um futuro consideravelmente menos sombrio, Trump considera que a renovação da economia nacional seria impossível, a menos que se ultrapassassem as causas da debilidade económica do país. Afiança, por isso, que o saneamento da liderança política era o primeiro e necessário passo para inverter o declínio. Identificando o *bias* internacionalista da política externa como uma das principais causas dos problemas que assolavam o país, prepara-se para abandonar o «globalismo» dos seus antecessores e, desse modo, colocar a soberania e os interesses nacionais no centro das preocupações da política externa *America First.*[336]

Num palácio de sonhos

Para se apreender a singularidade da presidência de Donald Trump, urge recordar que, independentemente das diferenças político-ideológicas que os separavam, todos os antecessores professavam fidelidade à ordem internacional criada depois de 1945. Simplificando as tradicionais visões quanto à política externa dos Estados Unidos, dir-se-á que, ao longo da Guerra Fria, posições genericamente «realistas» rivalizaram com abordagens de natureza «idealista».[337] Realistas como Richard Nixon orientaram-se por um pragmatismo ditado pelo interesse nacional e procuraram acautelar a segurança internacional através da balança do poder, isto é, dos equilíbrios estabelecidos entre estados rivais.

---

[336] Cf. Robert Kagan, «The Twilight of the Liberal World Order», *The Brookings Institution*, 24 de Janeiro de 2017, consultado em: https://www.brookings.edu/research/the-twilight-of- the-liberal-world-order.

[337] Para uma excelente discussão, cf. Walter Russell Mead, *Special Providence: American Foreign Policy and How It Changed the World*, Nova Iorque, Knopf, 2001. Ver também Thomas I. Cook e Malcolm Moos, «Foreign Policy: The Realism of Idealism», *The American Political Science Review*, Vol. 46, No. 2, June 1952, pp. 343–356.

Em contraste, idealistas como Jimmy Carter privilegiaram o reforço da cooperação balizada por normas liberais, instituições multilaterais, direitos humanos universais e a promoção da democracia.

Convém sublinhar que, de certo modo, o consenso bipartidário conciliava as divergências entre «realistas» e «idealistas», que sempre foram mais de grau do que de tipo, pois ambos partiam da premissa de que os Estados Unidos, na sua qualidade de arquitectos da ordem liberal, estavam precludidos de abdicar do seu papel liderante na cena mundial.[338] No essencial, tanto realistas como idealistas promoviam a supremacia americana que sustentava a ordem liberal e entendiam que o livre comércio e os mecanismos multilaterais — incluindo as alianças formais institucionalizadas por tratado — eram os pilares estruturantes do poderio nacional e da estabilização do sistema internacional. Ambos subscreviam a ideia de que o alargamento da democracia e dos mercados resultaria na criação de «zonas de paz» — como a União Europeia — que, por sua vez, reforçavam a ordem liberal e, nessa medida, reduziam a necessidade de recorrer a intervenções militares além-fronteiras.[339] Não obstante esta convergência genérica, surgiam diferenças de opinião quanto, por exemplo, ao papel a conceder às Nações Unidas, que vários presidentes, e Ronald Reagan em particular, desvalorizaram.

Durante a Guerra Fria, o anticomunismo une realistas e idealistas, pois ambos olham para a União Soviética como a principal ameaça existencial. Será, no entanto, a avaliação quanto ao êxito da contenção que ocasionalmente induz acertos geopolíticos. Nos anos 1980, a percepção de que os esforços de Carter para neutralizar a expansão comunista

---

[338] Sobre a ordem internacional pós-1945, ver, por exemplo, John G. Ruggie, *Winning the Peace: America and World Order in the New Era,* Nova Iorque, Columbia University Press, 1996; G. John Ikenberry, *After Victory: Institutions, Strategic Restraint, and the Rebuilding of Order After Major Wars*, Princeton, Princeton University Press, 2001; G. John Ikenberry, *Liberal Order and Imperial Ambition: American Power and International Order,* Cambridge, Polity, 2006; Gideon Rose, «What Obama Gets Right: Keep Calm and Carry the Liberal Order On», *Foreign Affairs*, Vol. 94, No. 5, 2015, pp. 2–12; G. John Ikenberry, «The End of Liberal Order?», *International Affairs*, Vol. 94, No. 1, 2018, pp. 7–23; Hans W. Maull, «The Once and Future Liberal Order», *Survival*, Vol. 61, No. 2, 2019, pp. 7–32, e Kori Schake, *America vs the West: Can the Liberal Order be Preserved?*, Londres, Penguin, 2019.

[339] Ver Arie M. Kacowicz, «Explaining Zones of Peace: Democracies as Satisfied Powers?», *Journal of Peace Research*, Vol. 32, No. 3, 1995, pp. 265–276.

fracassaram motiva Ronald Reagan a robustecer a contenção. Quando o desmoronamento do comunismo europeu liberta Washington da necessidade de travar o expansionismo moscovita, não admira que a política exterior americana do pós-Guerra Fria viesse a ser direccionada para a promoção do liberalismo político e do comércio livre por meio de instituições internacionais. A abordagem seria, *grosso modo*, comum às políticas externas de Bill Clinton, George W. Bush e Barack Obama. Com efeito, o consenso bipartidário que emerge depois de 1991 deve-se às ideias avançadas por Reagan sobre os mercados e o poder transformador da democracia.

O desfecho da Guerra Fria demonstra a superioridade dos mercados e da democracia — e, obviamente, da liberdade individual — como princípios organizativos da ordem internacional. Porque este legado *reaganiano* será incorporado na «doutrina do alargamento» traçado por Bill Clinton, o GOP junta-se aos democratas para firmar o novo consenso bipartidário. Ocupando a chefia do estado no pós-Guerra Fria num período marcado pela ausência de restrições significativas à expansão da ordem liberal, Clinton molda o novo consenso bipartidário em torno da preponderância económica e militar dos americanos. A primazia seria exercida em prol da missão central dos Estados Unidos, que, de acordo com o conselheiro de Segurança Nacional Anthony Lake, se prendia com a ampliação da «comunidade de nações livres» que, em última análise, tornaria o país «mais seguro, próspero e influente».[340] Subscrevendo a proposição *neokantiana* de que as democracias não se guerreiam — e convencidos de que o incremento dos fluxos comerciais provocaria mudanças socioeconómicas propícias à democratização —, os arquitectos da política externa visavam alargar a democracia e os mercados de modo a estabelecer a «paz

[340] Anthony Lake, o primeiro director do *National Security Council* de Bill Clinton, definiu os pilares da «Doutrina Clinton» num discurso proferido em 21 de Setembro de 1991, na Johns Hopkins University. Ver Antony Lake, «From Containment to Enlargement», 21 de Setembro de 1993, consultado em: http://www.mtholyoke.edu/acad/intrel/lakedoc.html. Sobre a «Doutrina Clinton», ver The White House, «A National Security Strategy of Engagement and Enlargement», Fevereiro de 1996, consultado em: https://www.hsdl.org/?view&did=444939. Para uma discussão, ver Douglas Brinkley, «Democratic Enlargement: The Clinton Doctrine», *Foreign Policy*, No. 106, 1997, pp. 110–127, e J. Dumbrell, «Was There a Clinton Doctrine? President Clinton's Foreign Policy Reconsidered», *Diplomacy & Statecraft*, Vol. 13, No. 22, 2002, pp. 43–56.

interdemocrática».[341] Neste novo mundo, a China e a Rússia, definidas pelo presidente Clinton como os «nossos antigos adversários», poderiam vir a ser plenamente integradas no «sistema internacional como nações abertas, prósperas e estáveis».[342] Tratava-se, decididamente, de uma tarefa alcançável, pois, na óptica de Clinton, o alargamento e o aprofundamento da globalização conduziria forçosamente a um mundo «plano» gerador da democratização e do bem-estar económico que englobaria os antigos rivais comunistas.[343] Era uma conclusão que, por sua vez, repousava na crença ingénua, racionalista, de Clinton de que «quanto mais as pessoas sabem, mais opiniões terão, mais a democracia alastrará».[344]

Reforçando-se mutuamente, a democratização e a globalização eram, do ponto de vista normativo, fins desejáveis. Porque também consolidava a

---

[341] Existe uma volumosa literatura académica a explorar a correlação positiva — pois trata-se de uma correlação, mesmo que robusta — entre a democracia e a paz. Alguns dos trabalhos pioneiros incluem, *inter alia*, Michael Doyle, «Kant, Liberal Legacies and Foreign Affairs. Part 1», *Philosophy and Public Affairs*, Vol. 12, No. 3, 1983, pp. 205–235; Michael Doyle, «Liberalism and World Politics», *American Political Science Review*, Vol. 80, No. 4, 1986, pp. 1151–1169; Zeev Maoz e Bruce Russett, «Normative and Structural Causes of Democratic Peace, 1946–1986», *American Political Science Review*, Vol. 87, No. 3, 1993, pp. 624–638; Raymond Cohen, «Pacific Unions: A Reappraisal of the Theory That Democracies Do Not Go to War with Each Other», *Review of International Studies*, Vol. 20, No. 3, 1994, pp. 207–223; Michael Doyle, *Ways of War and Peace: Realism, Liberalism, and Socialism*, Nova Iorque, W. W. Norton, 1997; John R. Oneal e James Lee Ray, «New Tests of the Democratic Peace: Controlling for Economic Interdependence, 1950–85», *Political Research Quarterly*, Vol. 50, No. 4, 1997, pp. 751–775; John M. Owen, *Liberal Peace, Liberal War*, Ithaca, Cornell University Press, 1997; Stephen van Evera, *Causes of War: Power and the Roots of Conflict*, Ithaca, Cornell University Press, 1999, e Vasco Rato, «Mas São Mesmo Mais Pacíficas?», *Política Internacional*, No.18, 1998, pp. 93–114.

[342] Ver The White House, «Remarks by the President on Foreign Policy», Grand Hyatt Hotel, San Francisco, California, 26 de Fevereiro de 1999, consultado em: https://www.mtholyoke.edu/acad/intrel/clintfps.htm.

[343] Ver Thomas L. Friedman, *The World is Flat: A Brief History of the Twenty-First Century*, Nova Iorque, Farrar, Straus and Giroux, 2006. Anos antes da publicação do livro de Friedman, vários académicos expressavam o seu cepticismo quanto aos efeitos de *flattening* provocados pela globalização e recordavam que o processo era de natureza assimétrica e frequentemente contraditório. Cf., por exemplo, Benjamin R. Barber, *Jihad vs. McWorld: How the Planet Is Both Falling Apart and Coming Together and What This Means for Democracy*, Nova Iorque, Crown Books, 1995.

[344] Ver The White House, «Remarks by the President at the World Economic Forum», Davos, Switzerland, 29 de Janeiro de 2000, consultado em: https://1997-2001.state.gov/travels/2000/000129clinton_wef.html.

segurança nacional dos Estados Unidos, o imperativo moral de promover os mercados e a democracia era inteiramente compaginável com a defesa do interesse nacional. Melhor dizendo, era sinónimo. A América não se via impelida a optar entre os seus valores e os seus interesses materiais. Ainda assim, Lake reconhecia que, ocasionalmente, constrangimentos externos inerentes à lógica do poder num mundo *hobbesiano* inviabilizavam os objectivos americanos. Por exemplo, regimes ditatoriais teriam de ser apoiados ocasionalmente de modo a escudar os interesses nacionais vitais dos Estados Unidos.[345] No mundo real da política internacional, a doutrina *clintoniana* jamais poderia ser aplicada de forma consistente.

Durante a tortuosa transição russa para o pós-comunismo, canalizaram-se consideráveis recursos políticos e financeiros para o campo reformista congregado em torno de Boris Yeltsin. Como é sobejamente sabido, o fracasso da democratização naquele país conduziu à ascensão de Vladimir Putin, um autocrata determinado a vingar a «humilhação nacional» às mãos de um Ocidente que alargara a NATO e a União Europeia até às fronteiras russas.[346] Mas os alargamentos que Putin posteriormente denuncia não eram propriamente uma escolha; eram, na verdade, uma consequência lógica da doutrina do alargamento que unia os *establishments* de política externa americano e europeu.[347] Sob a liderança de Tony Blair, Londres desempenha um papel crítico na promoção da abordagem *clintoniana* como veículo para avançar a integração continental por meio da expansão da NATO e da União Europeia para a Europa Central e Oriental. Se a abordagem traz sucessos notáveis, já nos Balcãs, o renascimento do etno-nacionalismo protagonizado pelos presidentes sérvio Slobodan Milošević e croata Franjo Tudjman conduz à violentíssima desagregação da Jugoslávia, nos escombros da qual as «limpezas étnicas» quebram ilusões quanto ao «admirável mundo novo» a emergir na periferia europeia.[348] Para justificar a sua gritante inacção,

---

[345] Ver Antony Lake, «From Containment to Enlargement», *op. cit.*

[346] Ver Vasco Rato, «Romper o Cerco: a Rússia de Putin e a Nova Guerra Fria», *Nação e Defesa*, No. 148, 2018, pp. 116–148.

[347] O melhor trabalho sobre os alargamentos da NATO é M. E. Sarotte, *Not One Inch: America, Russia, and the Making of the Post-Cold War Stalemate*, New Haven, Yale University Press, 2021.

[348] Ver Michael Ignatieff, *Blood and Belonging: Journeys Into the New Nationalism*, Nova Iorque, Noonday Press, 1995, pp. 19–56.

que acaba por prolongar as guerras balcânicas, Clinton invoca a persistência dos «ódios antigos» descritos por Robert D. Kaplan em *Balkan Ghosts*.[349] Dito de forma diferente, os Balcãs eram *outliers* ainda amarrados à História e, por isso, não invalidavam a mundivisão *clintoniana*. Porém, confrontados com os horrores diariamente exibidos nos ecrãs, políticos americanos e europeus são forçados a ultrapassar as suas reservas e acabam por intervir na Bósnia — e, mais tarde, no Kosovo — para obstar a novas «limpezas étnicas». A tragédia balcânica confirmava, com efeito, que a integração através da NATO e da União Europeia era o caminho mais indicado para se promover a paz europeia.

Mas seria em relação à República Popular da China que a nova ortodoxia produziria consequências mais duradouras. Em termos gerais, postulava-se que o *engagement* com Pequim — cuja finalidade era a integração da China na economia capitalista globalizada — provocaria dinâmicas internas que induziriam o país a adoptar comportamentos benignos na cena mundial.[350] A premissa por detrás desta visão mantinha que o *engagement* estimularia o florescimento de uma classe média próspera que exigiria uma participação mais activa na esfera política. Essa exigência desencadearia, por sua vez, transformações na «superstrutura» porque o Partido Comunista Chinês — procurando evitar a derrocada do

[349] Cf. Robert D. Kaplan, *Balkan Ghosts: A Journey Through History*, Nova Iorque, Vintage, 1994. Também Michael Kaufman, «The dangers of letting a President read», *The New York Times*, 22 de Maio de 1999, consultado em: https://www.nytimes.com/1999/05/22/books/the-dangers-of-letting-a-president-read.html?searchResultPosition=1.

[350] Articulando este ponto de vista, Bill Clinton, em 1997, afirmava: «O isolamento da China é impraticável, contraproducente e potencialmente perigoso. Medidas militares, políticas e económicas para fazer tal coisa encontrariam pouco apoio entre os nossos aliados em todo o mundo e, mais importante, mesmo entre os próprios chineses que lutam por mais liberdade. O isolamento encorajaria os chineses a tornar-se hostis e a adoptar políticas em oposição aos nossos interesses e valores. Eliminará, não facilitará, a cooperação no âmbito da proliferação de armas. Atrapalharia, não adiantaria, os nossos esforços para gerar a estabilidade na Ásia. Iria exacerbar, e não melhorar, a situação dos dissidentes. Fecharia, não abriria, um dos mercados mais importantes do mundo. Tornaria a China menos, não mais, propensa a seguir as regras de conduta internacional e a fazer parte de um consenso internacional emergente». Ver The White House, «Remarks by the President in Address on China and the National Interest», *Voice of America*, Washington, 24 de Outubro de 1997, consultado em: https://1997-2001.state.gov/regions/eap/971024_clinton_china.html.

seu monopólio do poder — não teria alternativa senão abrir as instituições estatais de forma a acomodar as novas reivindicações sociopolíticas. Numa sociedade complexa, o incremento do pluralismo estimularia reformas liberalizantes e — na melhor das hipóteses — a democratização plena do país. A exuberância idealista que enforma a estratégia do alargamento vem ao de cima quando Clinton questiona «qual é a melhor coisa a fazer para maximizar a possibilidade de a China seguir o rumo certo e que, por causa disso, o mundo será mais livre, mais pacífico, mais próspero no século XXI? Não acredito que possamos levar mudanças à China se isolarmos a China das forças da mudança».[351] Considerados nestes termos, os interesses materiais imediatos da América — em particular, as oportunidades de investimento e o acesso às potencialidades do vasto mercado chinês — eram um veículo para acelerar a inexorável expansão da democracia e da paz.

A estratégia *clintoniana* do alargamento prevê, como é lógico, a adesão da China à ordem liberal por meio da sua acessão à Organização Mundial do Comércio (OMC), um prémio há muito apetecido pelas autoridades comunistas, que viam na organização um instrumento para acelerar o seu desenvolvimento. Convencido de que a política comercial configurava um instrumento para certificar que a China continuaria rumo à «ascensão pacífica» prometida pelos dirigentes comunistas, Clinton bate-se pela inserção de Pequim como *stakeholder* na ordem liberal. A elite dirigente chinesa não hesita em validar a orientação globalista de Washington e prontamente reitera o seu compromisso com a «ascensão pacífica».[352] Porque concebiam a globalização como um processo essencialmente unilinear, Clinton e Lake aceitaram as assimetrias que acompanhavam a entrada da China na OMC e o acesso em termos favoráveis ao cobiçado mercado americano. Excluem, todavia, a eventualidade de a América

---

351 Ver The White House, «Remarks by the President on Foreign Policy», *op. cit.*

352 Cf. State Council White Paper, «China's peaceful development road», *People's Daily*, 22 de Outubro de 2005, consultado em: http://en.people.cn/200512/22/eng20051222_230059.html. Para uma elaboração do tema, ver David Shambaugh, «China's Soft Power Push: The Search for Respect», *Foreign Affairs*, Vol. 94, No. 4, 2015, pp. 99–107; Henry Kissinger, *On China*, Nova Iorque, The Penguin Press, 2011, pp. 499–513; Zheng Bijian, «China's "Peaceful Rise" to Great-Power Status», *Foreign Affairs*, Vol. 84, No. 5, 2005, pp. 18–24, e Barry Buzan, «China in International Society: Is "Peaceful Rise" Possible?», *The Chinese Journal of International Politics*, Vol. 3, No. 1, 2010, pp. 5–36.

vir a ser profunda e negativamente atingida pela globalização. Ora, essa incapacidade de prever as verdadeiras consequências da entrada da China na economia mundial revelar-se-ia uma falha de proporções históricas porque, ao invés de um *stakeholder* responsável, Pequim transforma-se num rival que desafia a hegemonia americana, os valores ocidentais e os fundamentos da ordem liberal. Apesar das diferenças pontuais que os separavam, nem George W. Bush nem Barack Obama abandonam as premissas e os pilares do internacionalismo americano.

Donald Trump não fora o primeiro político a levantar a voz contra as consequências provocadas pelo consenso bipartidário em política externa. No período do pós-Guerra Fria, vários *outsiders* situados nas margens da política americana ocasionalmente contestaram o globalismo. Em 1992 e em 1996, Pat Buchanan monta as suas «campanhas insurgentes» destinadas a conquistar a nomeação presidencial do GOP que introduzem temas subsequentemente retomados por Trump: o nacionalismo musculado, a limitação da imigração, a redução dos compromissos internacionais e uma política externa isolacionista. Antecipando as posições de Trump no âmbito do comércio mundial, bate-se pela imposição de barreiras alfandegárias, reclama a renegociação (ou a revogação) do NAFTA e, mais importante, alerta para os riscos inerentes ao surgimento da República Popular da China como potência rival. Buchanan não era, obviamente, o único a procurar dissolver o consenso internacionalista partilhado por democratas e republicanos. Veterano das primárias republicanas de 2008 e de 2016, o congressista texano Ron Paul propunha o regresso ao padrão ouro, o isolacionismo em política externa e o fim das intervenções militares no estrangeiro.[353] A última destas reivindicações era particularmente relevante porque une falcões republicanos e internacionalistas democratas, ambos dispostos a alistar o poderio militar do país na promoção dos mercados e da democracia.[354]

---

[353] Ver Tim Mak, «Ron Paul: Close foreign military bases», *Politico*, 20 de Novembro de 2011, consultado em: https://www.politico.com/blogs/politico-now/2011/11/ron-paul-close-foreign-military-bases-040970, e Christopher Caldwell, «The antiwar, anti-abortion, anti-drug-enforcement-administration, anti-medicare candidacy of Dr. Ron Paul», *The New York Times*, 22 de Julho de 2007, consultado em: https://www.nytimes.com/2007/07/22/magazine/22Paul-t.html?searchResultPosition=1.

[354] Cf., por exemplo, Peter Beinart, *The Good Fight: Why Liberals — and Only Liberals — Can Win the War on Terror and Make America Great Again*, Nova Iorque,

Do outro lado do espectro político-ideológico, logo nas primárias presidenciais de 1992 a ala esquerda do Partido Democrata mostra-se desagradada com a promoção do comércio livre e do intervencionismo externo pelos *clintonites*. Reunindo o apoio de poderosos sindicatos nacionais que argumentam que os acordos de comércio livre, e o NAFTA em particular, impunham a liberalização do mercado de trabalho americano em detrimento dos interesses dos operários, o senador democrata do Iowa Tom Harkin hasteava o estandarte do populismo, do nacionalismo económico e do proteccionismo. Também os ambientalistas olhavam com profunda desconfiança para o comércio livre porque a desregulamentação — diziam — corroeria os exigentes padrões ambientais em vigor. Em 2004, John Edwards retoma a retórica do nacionalismo económico e disputa as primárias do Partido Democrata com o propósito de combater o que diz ser as consequências nefastas do comércio livre junto das classes trabalhadoras. Embora a nomeação acabasse por ser conquistada pelo centrista John Kerry, Edwards seria designado como o candidato do partido a vice-presidente.

A crise financeira de 2008 e a vitória de Barack Obama interrompem o debate no seio do Partido Democrata em torno do comércio livre. Mas a hostilidade à globalização volta a ser articulada pela ala «progressista» em 2016 e em 2020. Nessas ocasiões, Bernie Sanders encabeça candidaturas cuja retórica, no essencial, espelha o discurso de Donald Trump. Não era por acaso que tanto Sanders como Trump denunciam o apoio concedido por Hillary Clinton a dois dos maiores símbolos do consenso globalista: a intervenção iraquiana de 2003 e a Parceria Trans-Pacífica. Nas eleições gerais de 2016, cabe a Trump assumir a defesa do nacionalismo contra a pessoa que melhor personifica o internacionalismo do pós-Guerra Fria. Defensora de uma política externa enraizada nos princípios, normas e instituições que sustentavam a ordem liberal — incluindo o comércio livre, o multilateralismo e as alianças institucionalizadas —, Hillary Clinton prontamente abraça o papel de porta-voz do *establishment* bipartidário.

HarperPerennial, 2006. Por ser um adepto desta abordagem, o senador democrata do Connecticut Joe Lieberman foi contemplado por John McCain como o seu candidato a vice-presidente no *ticket* do GOP nas presidenciais de 2008. As suas posições «duras» em política externa eram virtualmente indistinguíveis das de McCain. Ver James Kirchick, «The Last Liberal: The Legacy of Joe Lieberman», *World Affairs*, Vol. 175, No. 5, 2013, pp. 52–58.

Garante, assim, que as eleições de 2016 viessem a configurar uma escolha nítida entre a candidata da continuidade e um *challenger* determinado a demolir os alicerces da política externa. Seria, sem dúvida, impossível encontrar dois políticos que melhor exemplificassem as diferentes agendas político-ideológicas que separavam os dois lados da barricada.

CAPÍTULO 3
O DEMOLIDOR

If you have behaved badly, repent, make what amends you can and address yourself to the task of behaving better next time. On no account brood over your wrongdoing.
Aldous Huxley, *Brave New World*

Há muito que a Organização das Nações Unidas (ONU) epitoma sintetizar a aspiração de construir uma ordem internacional mais pacífica e justa correspondente à visão original de Franklin D. Roosevelt.[355] Para quem ainda nutre esperanças deste género, o 75.º aniversário da organização — comemorado em Setembro de 2020 — não poderia ter deixado de ser uma ocasião extraordinariamente sombria. Afirmando que o mundo enfrentava um novo «momento 1945», o secretário-geral António Guterres desdobrou-se em sentidos apelos ao incremento da «cooperação global reforçada».[356] Constatando a irrefutável intensificação da rivalidade sino-americana, apelou a que tudo se fizesse «para evitar uma nova Guerra Fria», pois era imprescindível afastar «um futuro em que as duas maiores economias dividam o globo numa grande fractura

---

[355] Para uma perspectiva convencional sobre as Nações Unidas, ver Paul Kennedy, *The Parliament of Man: The Past, Present, and Future of the United Nations*, Nova Iorque, Vintage, 2006. Para uma interpretação mais heterodoxa, cf. Mark Mazower, *No Enchanted Palace: The End of Empire and the Ideological Origins of the United Nations*, Princeton, Princeton University Press, 2009.

[356] Ver António Guterres, «Address to the Opening of the General Debate of the 75th Session of the General Assembly», 22 de Setembro de 2020, consultado em: https://www.un.org/sg/en/content/sg/speeches/2020-09-22/address-the-opening-of-the-general-debate-of-the-75th-session-of-the-general-assembly.

— cada uma com as suas próprias regras comerciais e financeiras, capacidades de Internet e inteligência artificial».[357] Não explica nem o tempo nem o modo de obstar à nova Guerra Fria, mas não deixa de recordar que tanto o populismo como o nacionalismo «frequentemente pioraram as coisas».[358] Limitava-se, com efeito, a expressar a perspectiva convencional que aponta o nacionalismo e o proteccionismo da década de 1930 como as principais causas da conflagração detonada pela *blitzkrieg* hitleriana contra a Polónia.

Guterres não censura directamente o presidente dos Estados Unidos, mas também não disfarça o seu repúdio pela abordagem *trumpiana* das relações internacionais.[359] As palavras de admoestação do antigo primeiro-ministro português iam ao encontro da narrativa dominante sobre a política internacional, mas não adiantam uma análise dos erros e das falhas da organização que lidera, pois, apesar dos seus 70 anos de existência, a ONU não impedira que se chegasse ao «momento 1945». Pouco depois de António Guterres concluir o seu discurso, Donald Trump desequivoca o secretário-geral e os delegados, que porventura esperavam a moderação da sua retórica nacionalista e uma reorientação da sua «grande estratégia». Congruente com as palavras por si proferidas em sessões anteriores da Assembleia Geral, Trump reafirma a intenção de prosseguir o interesse nacional do seu país e aconselha os demais estados a trilhar o mesmo caminho.[360] Ilustrando o ponto, sublinha que, em última análise, a América asseguraria a «paz através da força» porque dispunha de armamentos de «nível avançado, como nunca, francamente, pensámos vir a ter».[361] Ao mesmo tempo, considerando-os lesivos dos interesses vitais

---

[357] *Ibid.*

[358] *Ibid.*

[359] Sobre esta questão, ver Thomas G. Weiss, «The United Nations and Sovereignty in the Age of Trump», *Current History*, Vol. 117, No. 795, 2018, pp. 10–15; Thomas G. Weiss, «The UN and Multilateralism under Siege in the "Age of Trump"», *Global Summitry*, Vol. 4, No. 1, 2018, pp. 12–14, e David M. Herszenhorn, «Guterres and Trump embody clashing visions at UN summit», *Politico*, 24 de Setembro de 2019, consultado em: https://www.politico.eu/article/antonio-guterres-donald-trump-clash-united-nations/.

[360] Ver The White House, «Remarks by President Trump to the 75th Session of the United Nations General Assembly», 22 de Setembro de 2020, consultado em: https://www.whitehouse.gov/briefings-statements/remarks-president-trump-75th-session-united-nations-general-assembly/.

[361] *Ibid.*

americanos, renega o acordo nuclear iraniano e o «horrível» Tratado de Paris negociados por Barack Obama com o apoio dos aliados europeus. Quanto à rivalidade estratégica com a China, que Trump denuncia como o «mais vil» dos poluidores, o presidente afirma que o mundo teria de a responsabilizar por ter «desencadeado a peste» da Covid.[362]

Concluídas as apreciações de Trump, Xi Jinping apresenta-se aos delegados como o guardião da ordem internacional. Aproveita a ocasião para destacar a sua legitimidade para a defender, pois recorda que a China fora uma das potências triunfantes da «Guerra Mundial Antifascista», isto é, um dos países fundadores da ordem surgida depois de 1945.[363] Eis uma forma sibilina de Xi se distanciar dos «proteccionismos» e dos «unilateralismos» que considera inerentes à agenda *America First*, uma abordagem que diz condenada ao fracasso porque «enterrar a cabeça na areia como uma avestruz perante a globalização económica ou tentar lutar contra ela com a lança de Dom Quixote vai contra as tendências da História».[364] Caso a referência indirecta à Administração Trump não fosse suficientemente cristalina, o autocrata explicita que o «mundo jamais regressará ao isolamento, pois ninguém pode cortar os laços entre os países».[365] Por outras palavras, o materialismo histórico de Xi leva-o a concluir que Trump remava contra o sentido dos acontecimentos que, crescentemente, se revelavam favoráveis aos destinos chineses.

Há anos que o presidente chinês articula a sua visão de uma nova ordem internacional desprovida do «hegemonismo» e das alianças de segurança mantidas pelos Estados Unidos depois de 1945. Em contraste, Xi pretende «realinhar a governança global em pelo menos cinco dimensões principais: política, desenvolvimento (incluindo economia, sociedade e tecnologia),

---

[362] *Ibid.*

[363] Ver «Xi Jinping's speech at high-level meeting to mark UN's 75th anniversary», *CGTN*, 22 de Setembro de 2020, consultado em: https://news.cgtn.com/news/2020-09-22/Full-text-Xi-Jinping-addresses-high-level-meeting-for-UN-anniversary-TYvH4vvVDO/index.html. Sobre o modo como o Partido Comunista Chinês visa alterar a narrativa da Segunda Guerra Mundial de forma a promover o nacionalismo e a reforçar a legitimidade do regime, ver Rana Mitter, *China's Good War: How World War II Is Shaping a New Nationalism*, Cambridge, Harvard University Press, 2020.

[364] Ver «Xi Jinping's speech at high-level meeting to mark UN's 75th anniversary», *CGTN*, 22 de Setembro de 2020, *op. cit.*

[365] *Ibid.*

segurança, cultura e meio ambiente».[366] Xi esclarece a sua abordagem revisionista das relações internacionais num discurso proferido em 18 de Janeiro de 2017 nas Nações Unidas, em Genebra, onde afirma que «a proposta da China é construir uma comunidade de futuro compartilhado para a humanidade e alcançar um desenvolvimento compartilhado em que todos saiam a ganhar».[367] Invocando a existência de uma «harmonia de interesses» entre a China e as demais nações, defende o estabelecimento de uma «ordem internacional justa e equitativa» enraizada na «igualdade soberana». Pretende-se que o princípio operacional entre estados seja a «consulta», mecanismo que, por sua vez, estrutura as «parcerias internacionais» baseadas no «diálogo, no não-confronto» e na rejeição das alianças militares.[368] Atendendo a que as regras do novo sistema devem assentar no princípio da igualdade entre estados soberanos, assegura que «a China nunca buscará hegemonia, expansão ou esferas de influência».[369] Aparentemente benigna, a «comunidade de destino comum para a humanidade» traçada pelo presidente chinês constitui, na realidade, um desafio global para os Estados Unidos e seus aliados, tanto asiáticos como não-asiáticos.[370]

Mesmo que articuladas de forma indirecta, as recriminações mútuas expressas pelos dois chefes de estado traduzem uma nítida clivagem quanto à futura configuração da ordem liberal. Ambos partiam da premissa de que o *statu quo* deixara de ser sustentável. Não deixa de ser irónico verificar que, enquanto Trump comunica a sua ambiguidade relativamente à utilidade de uma ordem arquitectada pelo seu país, a China afirma-se como defensora acérrima do comércio livre, do multilateralismo e de outros elementos estruturantes dessa mesma ordem[371]; curiosamente

---

[366] Ver Liza Tobin, «Xi's Vision for Transforming Global Governance: A Strategic Challenge for Washington and its Allies», *Texas National Security Review*, Vol. 2, No. 1, 2018, p. 165.

[367] Para o texto completo do discurso, ver «Work Together to Build a Community of Shared Future for Mankind». Speech By President Xi Jinping At the United Nations Office at Geneva, Geneva, 18 de Janeiro de 2017, consultado em: http://iq.chineseembassy.org/eng/zygx/t1432869.htm.

[368] *Ibid.*

[369] *Ibid.*

[370] Cf. Lam Peng Er, «China, the United States, Alliances, and War: Avoiding the Thucydides Trap?», *Asian Affairs*, Vol. 43, No. 2, 2016, pp. 36–46.

[371] Ver Kristen Hopewell, *Breaking the WTO: How Emerging Powers Disrupted the Neoliberal Project*, Stanford, Stanford University Press, 2016.

os mesmíssimos elementos que Trump reiteradamente aponta como as principais causas do declínio americano. A retórica de Xi não constitui, como é óbvio, prova cabal de que o Partido Comunista Chinês se convertera ao entendimento ocidental da ordem liberal; mas — e o ponto é crucial — confirma que Pequim passara a advogar a preservação dos elementos estruturantes dessa ordem, que considerava decisivos para o êxito da sua geopolítica.[372] Com efeito, Xi chegara à conclusão de que não era necessário demolir a ordem vigente, bastando-lhe transformá-la por dentro. Nesse sentido, a «ascensão pacífica» chinesa acabaria por produzir uma novel ordem mundial pós-liberal.

As abundantes e vertiginosas mudanças internacionais provocadas pelos ataques terroristas de 11 de Setembro provocam uma gradual, mas nem por isso menos substancial, alteração à forma como se encara a globalização. Há muito encarado como um assunto essencialmente técnico dirigido por elites, transforma-se num *issue* de natureza iminentemente política, isto é, numa questão de segurança nacional. Esta politização da globalização acelera-se a partir de 2008, quando o presidente Obama enfrenta uma devastadora crise financeira, as prolongadas guerras no Médio Oriente e a ascensão da Ásia. Quando, oito anos mais tarde, cede a Sala Oval a Donald Trump, países tão diversos como a China de Xi Jinping, a Índia de Narendra Modi, a Turquia de Recep Tayyip Erdoğan e a Rússia de Vladimir Putin rendiam-se a um nacionalismo assertivo crescentemente hostil à globalização.[373] A vaga nacional-populista não se restringe a estes países, pois nas democracias ocidentais florescem movimentos populistas que, em maior ou menor grau, alimentam a contestação ao globalismo das «elites cosmopolitas» alienadas das ansiedades expressas pelas classes mais vulneráveis.[374] Se se podia dizer que a ordem

---

372 Ver Liza Tobin, «Xi's vision for transforming global governance», *op. cit.*, e Nadège Rolland, «China's Vision for a New World Order», The National Bureau of Asian Research, *NBR Special Report* #83, Janeiro de 2020, consultado em: https://www.nbr.org/wp-content/uploads/pdfs/publications/sr83_chinasvision_jan2020.pdf. Ver também Vasco Rato, *De Mao a XI: O Ressurgimento da China*, Lisboa, Alêtheia Editores, 2020.

373 Ver Timothy Snyder, *The Road to Unfreedom: Russia, Europe, America*, Nova Iorque, Duggan Books, 2018.

374 Ver Vasco Rato, «Canários na Mina: a democracia, a globalização e o populismo», *Nação e Defesa*, No. 155, Abril de 2020, pp. 87–113. A literatura académica sobre o populismo é praticamente inesgotável. Em inglês, alguns dos trabalhos mais interessantes

liberal não estava prestes a ruir, era igualmente óbvio que atravessava uma profunda crise.

Donald Trump chega à Casa Branca convencido de que possui um mandato que o autoriza a desmontar o nefasto *foreign policy blob* criado e perpetuado pelo *establishment washingtoniano*. Se, por um lado, repudia a orientação internacionalista dos seus antecessores, por outro, escusa-se a divulgar uma alternativa estruturada que a pudesse substituir. Talvez não a tivesse. Seja como for, fiel à máxima de que a melhor defesa é um bom ataque, apregoa uma nova diplomacia económica que rompe com alguns fundamentos da ordem liberal. Nos primeiros dias de vida da Administração Trump, este seu nacionalismo económico expressa-se na transformação do NAFTA, da TPP e do TTIP em assuntos de segurança nacional.[375] Não era uma viragem inteiramente surpreendente,

---

incluem: Chantal Mouffe, *For a Left Populism*, Londres, Verso, 2018; Cas Mudde e Cristobal Rovira Kaltwasser, *Populism: A Very Short Introduction*, Nova Iorque, Oxford University Press, 2017; Jan-Werner Müller, *What is Populism?*, Filadélfia, University of Pennsylvania Press, 2016; Benjamin Moffitt, *The Global Rise of Populism: Performance, Political Style, and Representation*, Stanford, Stanford University Press, 2016; Ernesto Laclau, *On Populist Reason*, Londres, Verso, 2005; Francisco Panizza, *Populism and the Mirror of Democracy*, Londres, Verso, 2005; Cas Mudde, «The Populist Zeitgeist», *Government and Opposition*, Vol. 39, No. 4, 2004, pp. 542–563; Yves Mény e Yves Surel (eds.), *Democracy and the Populist Challenge*, Nova Iorque, Palgrave, 2002; Ernesto Laclau e Chantal Mouffe, *Hegemony and Socialist Strategy: Towards a Radical Democratic Politics*, Londres, Verso, 1985; Margaret Canovan, «People, Politicians, and Populism», *Government and Opposition*, Vol. 19, No. 3, 1984, pp. 312–327, e Margaret Canovan, *Populism*, Boston, Houghton Mifflin Harcourt, 1981. Autores portugueses que têm contribuído para o debate incluem José Filipe Pinto, *Populismo e Democracia: Dinâmicas Populistas na União Europeia*, Lisboa, Edições Sílabo, 2017; Jaime Nogueira Pinto, *Bárbaros e Iluminados: Populismo e Utopia no Século XXI*, Lisboa, Dom Quixote, 2019; Alexandre Franco de Sá, *Ideias Sem Centro: Esquerda e Direita no Populismo Contemporâneo*, Lisboa, Dom Quixote, 2021, e José Pedro Zúquete, *Populismo Lá Fora e Cá Dentro*, Lisboa, Fundação Francisco Manuel dos Santos, 2022.

[375] Os dois documentos principais que definem a política comercial de Donald Trump são (i) *The President's 2017 Trade Policy Agenda* e (ii) *2017 Trade Policy Agenda and 2016 Annual Report of the President of the United States on the Trade Agreements Program*. Ver Office of the United States Trade Representative, «2017 Trade Policy Agenda and 2016 Annual Report of the President of the United States on the Trade Agreements Program», Março de 2017, consultado em: https://ustr.gov/sites/default/files/files/reports/2017/AnnualReport/AnnualReport2017.pdf. Para uma discussão da política comercial de Trump na primeira fase da sua presidência, ver Christoph Scherrer

pois a estratégia *America First* indiciava uma adesão condicional, limitada, às instituições e aos acordos multilaterais. Vislumbrava políticas proteccionistas dirigidas contra potências rivais, mas também contra os aliados tradicionais dos Estados Unidos. Formalizado com a publicação da *Estratégia de Segurança Nacional*, em Dezembro de 2017, este *shift* em política externa alarga a segurança nacional ao comércio, à tecnologia e à cultura, confirmando, assim, a amplitude da rivalidade geopolítica com a China e, em menor grau, com a Rússia. *Last but not least*, o *principled realism* em que assenta a *Estratégia de Segurança Nacional* omite as tradicionais preocupações com as normas democráticas e os direitos humanos, que, anteriormente, eram referências obrigatórias da política externa americana.

Um aviso ao mundo

No preciso momento em que a *Associated Press* anuncia os resultados das eleições presidenciais de 8 de Novembro de 2016, instala-se o choque e o pavor nas sedes dos partidos Republicano e Democrata. Se a negação alastra junto dos adeptos da candidatura de Hillary Clinton, entre os partidários de Donald Trump prevalece a incredulidade. Do lado vencedor, o próprio candidato talvez fosse o mais surpreendido com os resultados, pois nos dias e semanas que antecedem o escrutínio adivinhava-se-lhe uma redonda calamidade nas urnas. Uma avalanche de sondagens e um número sem fim de respeitadíssimos especialistas situavam as probabilidades de uma vitória de Hillary Clinton na ordem dos 71 a 99% e, inclusivamente, no próprio dia da votação, o *The Huffington Post* estima-as em 98,2%.[376] As sondagens revelam-se certeiras num

---

e Elizabeth Abernathy, «Trump's Trade Policy Agenda», *Intereconomics*, Vol. 52, No. 6, 2017, pp. 364–369, e Kristen Hopewell, «Trump and Trade: The Crisis in the Multilateral Trading System», *New Political Economy*, Vol. 26, No. 2, 2021, pp. 271–282.

[376] Ver Michael Wolff, *Fire and Fury: Inside the Trump White House*, Nova Iorque, Henry Holt and Company, 2018, p. 18. Também Josh Katz, «Who Will Be President?», *The New York Times*, 8 de Novembro de 2016, consultado em: https://www.nytimes.com/interactive/2016/upshot/presidential-polls-forecast.html. Para uma análise da votação de 2016, ver Courtney Kennedy, Mark Blumenthal, Scott Clement, Joshua D. Clinton, Claire Durand, Charles Franklin, Kyley McGeeney, Lee Miringoff, Kristen

determinado sentido: Trump perde no voto popular. Contrastando com os 65,84 milhões (48,1%) de votos obtidos por Clinton, os 62,98 milhões (46,0%) de Trump representavam uma diferença significativa de 2,86 milhões de eleitores.[377] No entanto, no Colégio Eleitoral, onde as eleições se decidem, Trump soma 306 delegados, enquanto a sua rival se fica pelos 232 boletins. Não quer isto dizer que Trump perderia a presidência caso o cargo fosse decidido por sufrágio popular. Convém frisar que a estratégia da sua campanha fora delineada de modo a conquistar os *swing states* necessários para a obtenção da maioria no Colégio Eleitoral. Recursos financeiros e a gestão das presenças do candidato não visavam maximizar o número total de votos, mas, com efeito, o voto em determinados estados que eram decisivos para assegurar a vitória no Colégio Eleitoral. Se outras regras existissem, a campanha teria sido outra e o resultado do voto popular também teria sido outro. Seja como for, os resultados de Hillary Clinton provocam uma campanha democrata destinada a negar a legitimidade da vitória de Trump.

Até à contagem dos boletins de voto, praticamente todos os comentadores consideravam que um homem com as qualidades e os defeitos de Trump — os defeitos, sobretudo — jamais poderia ocupar a presidência. Trump encabeça um movimento de «deploráveis» altamente motivados para irem às urnas nos *swing states* de modo a superar o patamar dos 270 votos no Colégio Eleitoral necessários para tomar a Casa Branca.[378] A insatisfação deste exército de «descamisados» não era inteiramente

---

Olson, Douglas Rivers, Lydia Saad, G. Evans Witt e Christopher Wlezien, «An Evaluation of the 2016 Election Polls in the United States», *Public Opinion Quarterly*, Vol. 82, Issue 1, 2018, pp. 1–33.

[377] O candidato do Partido Libertário Gary Johnson obteve 3,3% e o candidato dos Verdes Jill Stein conquistou 1,1%. A margem da vitória de Hillary Clinton foi 2,1% no voto popular, comparado com os 3,9% de Obama relativamente a Mitt Romney. O voto de Clinton ficou ligeiramente abaixo dos 65,9 milhões obtidos por Obama em 2012, enquanto Trump obteve mais de 2 milhões do que Romney.

[378] Ver John Sides, Michael Tesler e Lynn Vavreck, «The 2016 U.S. Election: How Trump Lost and Won», *Journal of Democracy*, Vol. 28, No. 2, 2017, pp. 34–44. Sobre as atitudes populares em relação à política externa nesta altura, ver Richard Fontaine, «Great-Power Competition Is Washington's Top Priority — But Not the Public's: China and Russia Don't Keep Most Americans Awake at Night», *Foreign Affairs*, 9 de Setembro de 2019, consultado em: https://www.foreignaffairs.com/articles/china/2019-09-09/great-power-competition-washingtons-top-priority-not-publics.

surpreendente porque a crise financeira de 2008 acentuara a apreensão no país quanto à segurança da pátria (*homeland*) desencadeada pela investida terrorista de 11 de Setembro e pelas «guerras intermináveis» (*forever wars*) do Grande Médio Oriente. Ciente destes constrangimentos, Barack Obama procura desfazer o «nó górdio» da política externa: conciliar a liderança internacional americana com a diminuição do colossal fardo inerente à sua preservação. A estratégia de *retrenchment* que adopta para fazer frente a este dilema suscita avultada aceitação popular, mas nem por isso deixa de gerar resistências no seio de um *establishment* apreensivo com a tibieza e a incoerência estratégica do presidente na Síria, na Líbia, na Ucrânia e no Afeganistão.[379]

As linhas mestras da política externa de Donald Trump são clarificadas a 20 de Janeiro de 2017, aquando da sua intervenção na cerimónia de tomada de posse realizada no Capitólio.[380] Através do inusitado discurso *America First*, o presidente delineia a sua visão restritiva, transaccional do interesse nacional e do papel dos Estados Unidos na cena mundial. Investindo contra o *establishment*, chama os cidadãos a colaborar num «grande esforço para reconstruir o nosso país».[381] Anuncia que resgatará o poder concentrado nas mãos de «um pequeno grupo» instalado na capital federal que «ao longo dos anos tem colhido os frutos da governação enquanto o povo acarreta com o seu custo».[382] Fazendo eco da retórica de Franklin Roosevelt, frisa que o contrato político que vincula o presidente às mulheres e homens «esquecidos do nosso país» significa que, doravante, os sectores mais vulneráveis da população «não serão mais

---

[379] Barack Obama e os seus colaboradores insistem que é necessário adoptar uma avaliação *long-view* dos trabalhos da Administração. Concluem que, no futuro, tornar-se-á claro que Obama estava correcto na sua abordagem à política externa. Ver, por exemplo, Barack Obama, *A Promised Land*, Nova Iorque, Crown, 2020; Ben Rhodes, *The World As It Is: A Memoir of the Obama White House*, Nova Iorque, Random House, 2018; Derek Chollet, *The Long Game: How Obama Defied Washington and Redefined America's Role in the World*, Nova Iorque, Public Affairs, 2016, e Jeffrey Goldberg, «The Obama Doctrine», *The Atlantic*, Abril de 2016, consultado em: https://www.theatlantic.com/magazine/archive/2016/04/the-obama-doctrine/471525/.

[380] Para o texto completo do discurso de tomada de posse, ver The White House, «The Inaugural Address», 20 de Janeiro de 2017, consultado em: https://trumpwhitehouse.archives.gov/briefings-statements/the-inaugural-address/.

[381] *Ibid.*

[382] *Ibid.*

esquecidos».[383] Por isso, o poder será entregue ao «homem comum», fustigado por elites que «prosperaram» enquanto «os postos de trabalho se perderam e as fábricas fecharam».

Ao introduzir a dicotomia «nós e eles» — um povo imaculado *versus* uma elite corrupta —, que tipicamente estrutura o léxico populista, o *trumpismo* assume-se como um movimento de descamisados espoliados pela «carnificina» que enriquece o estrangeiro «à custa da indústria americana».[384] Determinado a pôr termo à situação, proclama que, «a partir deste momento, será a América em primeiro lugar. Qualquer decisão sobre o comércio, os impostos, a imigração, as relações exteriores será tomada para beneficiar os trabalhadores e as famílias americanas».[385] Com o propósito de escudar o país e as suas gentes das «devastações» provocadas por estados que «roubam as nossas empresas e destroem os nossos empregos», promete reerguer as fronteiras nacionais e definir políticas proteccionistas, condição *sine qua non* para que a América «comece a vencer novamente, vencer como nunca e, assim, inverter o declínio nacional».[386]

Na perspectiva de Donald Trump, o poderio americano fora corroído por aliados que se aproveitaram das garantias de segurança proporcionadas pelos Estados Unidos e que prosperaram através do seu acesso em termos favoráveis ao mercado americano. Protegidos pelas garantias de segurança, os aliados canalizaram recursos que, noutras circunstâncias, seriam alocados à defesa nacional, ou seja, construíram *welfare states* tão generosos quanto abrangentes. Insiste que, deste modo, os contribuintes americanos «subsidiam os exércitos de outros países ao mesmo tempo que permitimos o enfraquecimento das nossas forças armadas, defendemos as fronteiras de outras nações enquanto recusamos defender as nossas e gastamos biliões de dólares no exterior enquanto a infra-estrutura da América envelhece e cai em decadência».[387] Nas décadas mais recentes, a prosperidade dos países aliados indicava que a «riqueza da nossa classe média foi arrancada das suas casas e redistribuída por todo o mundo»,

---

383 *Ibid.*
384 *Ibid.*
385 *Ibid.*
386 *Ibid.*
387 *Ibid.*

ou seja, os custos inerentes à manutenção das alianças e da ordem liberal eram suportados pelo «homem comum», ameaçado pelo empobrecimento gradual e forçado a assistir à erosão do modo de vida americano.[388] Era justamente esta desigualdade gritante entre quem custeava os arranjos da ordem liberal e de quem deles beneficiava que torna o problema dos acordos comerciais e do *burden-sharing* nas alianças em matéria de primeira linha para a Administração Trump.

Para estancar o declínio nacional produzido por esta colossal transferência de riqueza nacional para além-fronteiras, impunha-se que estados soberanos voltassem a «colocar os seus próprios interesses em primeiro lugar», um princípio duradouro das relações internacionais que deveria pautar o comportamento de todos os países. Nos Estados Unidos, o retorno à primazia do interesse nacional significava descartar as políticas associadas ao consenso bipartidário — o intervencionismo militar no estrangeiro, a reconstrução nacional e a promoção da democracia. Ao mesmo tempo, Trump pretende que o país se abstenha de «impor o nosso estilo de vida» para que, em alternativa, possa «brilhar como um exemplo para todos seguirem».[389] Recupera, deste modo, o simbolismo da «cidade na colina» que serve de inspiração para o mundo, apesar de o seu excepcionalismo assentar na força do exemplo e não no poder da força. Esta «normalização» da América gera momentos inusitados. Por exemplo, Trump recusa censurar as perseguições de Recep Tayyip Erdoğan após o golpe falhado de Julho de 2016 porque, «quando o mundo vê quão maus são os Estados Unidos, não acho que sejamos bons mensageiros quando começamos a falar sobre as liberdades cívicas».[390] Noutra ocasião, pouco depois de entrar na Casa Branca, numa entrevista concedida à Fox News, Bill O'Reilly caracteriza Putin como um «assassino», o que leva Trump a observar que «há muitos assassinos. Nós temos muitos assassinos. Pensas que o nosso país é assim tão inocente?».[391] Não era, *to say the least*,

---

[388] *Ibid.*

[389] *Ibid.*

[390] Ver David E. Sanger e Maggie Haberman, «Donald Trump Sets Conditions for Defending NATO Allies Against Attack», *The New York Times*, 20 de Julho de 2016, consultado em: https://www.nytimes.com/2016/07/21/us/politics/donald-trump-issues.html?searchResultPosition=1.

[391] Ver Lissette Rodriguez, «Trump Asks "What Do You Think? Our Country's So Innocent?"», *ABC News*, 5 de Fevereiro de 2017, consultado em: https://abcnews.go.com/

usual ouvir um presidente americano afirmar que a História do seu país não era desprovida de capítulos menos dignificantes que lhe diminuíam a autoridade para censurar terceiros. Conceber a América como um país «normal» significava que os relacionamentos com países amigos e aliados teriam de ser pautados por critérios transaccionais e por objectivos específicos de interesse mútuo, como, por exemplo, a unidade do «mundo civilizado contra o terrorismo radical islâmico, que vamos erradicar completamente da face da Terra».[392]

Como não poderia deixar de ser, o novo rumo apontado por Trump produziria consequências na política interna americana. Desde logo, o patriotismo, por ele entendido como a «nossa lealdade ao nosso país», seria revitalizado pelo nacionalismo subjacente à agenda *America First*, que iria potencializar a redescoberta «da nossa lealdade uns para com os outros».[393] Porque a inversão do declínio implicava um comportamento internacional ditado por interesses nacionais estreitos enraizados num novo patriotismo, a *America First* era, em última análise, nada menos do que um indispensável roteiro para superar as perniciosas lealdades de grupo fomentadas por «políticas identitárias» que destruíam os alicerces da unidade, da prosperidade e do poderio nacional. Uma das raízes do declínio americano era, portanto, as divisões que minavam o propósito comum. Nesse sentido, a *America First* era muito mais do que uma abordagem ao mundo exterior. Cumprir o interesse nacional pressupunha a reconstrução da coesão nacional, que Trump considerava estar sob ameaça em resultado da mundividência *woke* do Partido Democrata.

Poucos meses depois, no Outono de 2017, Trump clarifica as linhas mestras da novíssima política externa no seu primeiro discurso perante a Assembleia Geral das Nações Unidas. Num fórum que lhe era francamente hostil, alerta para os «crescentes perigos que ameaçam tudo o que prezamos e valorizamos»: as organizações terroristas, os regimes párias na posse de armas nucleares e os regimes autoritários que buscam subverter «os valores, os sistemas e as alianças que desde a Segunda Guerra Mundial impediram o conflito e encaminharam o mundo no sentido da

---

Politics/trump-respects-putin-fox-news-super-bowl-interview/story?id=45273810.

[392] Ver The White House, «The Inaugural Address», 20 de Janeiro de 2017, *op. cit.*

[393] *Ibid.*

liberdade».[394] Previsivelmente, faz a apologia da centralidade da soberania, pois «o primeiro dever do nosso governo é para com o povo, para com os nossos cidadãos — servir as suas necessidades, garantir a sua segurança, preservar os seus direitos e defender os seus valores».[395] Promete colocar a América «em primeiro lugar» porque, no seu entendimento, «os líderes dos vossos países colocam sempre, e devem sempre colocar, os seus países em primeiro lugar».[396] Num mundo de incessante competição entre estados, o modo de relacionamento preconizado por Trump visa impedir que estados terceiros «se possam aproveitar» dos Estados Unidos «ou entrar em negócios onde os Estados Unidos não recebem nada em troca».[397] Reiterando as premissas do discurso de tomada de posse de Janeiro de 2017, frisa que «o estado-nação continua a ser o melhor veículo para elevar a condição humana», concluindo, logicamente, que a governança global promovida pelas Nações Unidas não era passível de sustentar uma ordem mundial estável e duradoura.[398]

Dado que os Estados Unidos continuariam a defender os seus interesses nos quatro cantos do planeta, o isolacionismo teria necessariamente de ser excluído como opção viável de política externa. Não obstante este compromisso contínuo com o mundo exterior, a agenda *America First* era obviamente incompatível com o modelo de multilateralismo privilegiado pelas Nações Unidas e por muitos dos aliados de Washington.[399] Fundada para moldar um «futuro melhor», a ONU, segundo Trump, deveria cumprir a original «visão de que diversas nações poderiam cooperar para proteger a sua soberania, preservar a sua segurança e promover a sua prosperidade».[400] Num ponto concreto Trump não destoa dos anteriores ocupantes da Casa Branca: acreditava que, depois de 1945, altura em

---

[394] Ver The White House, «Remarks by President Trump to the 72nd Session of the United Nations General Assembly», 19 de Setembro de 2017, consultado em: https://www.whitehouse.gov/briefings-statements/remarks-president-trump-72nd-session-united-nations-general-assembly/.

[395] *Ibid.*

[396] *Ibid.*

[397] *Ibid.*

[398] *Ibid.*

[399] Ver Thomas Weiss, «The UN and Multilateralism under Siege in the "Age of Trump"», *op. cit.*

[400] Ver The White House, «Remarks by President Trump to the 72nd Session of the United Nations General Assembly», 19 de Setembro de 2017, *op. cit.*

que «ajudámos a construir instituições como esta [ONU] para defender a soberania, a segurança e a prosperidade de todos», a América «não procurou a expansão territorial, nem tentou, com raras excepções, impor a nossa forma de vida aos outros».[401] Exagerava manifestamente o altruísmo subjacente ao comportamento americano no mundo e desvalorizava o número de intervenções directas e indirectas nos assuntos internos de países estrangeiros. De qualquer modo, convencido de que as organizações internacionais — incluindo as Nações Unidas — se tinham afastado dos valores, regras e propósitos da ordem liberal, oportunamente lembra que o multilateralismo era crescentemente incompatível com a defesa dos interesses vitais americanos. Não repudia todas as instituições multilaterais, até porque a sua perspectiva transaccional admite que as «nossas nações, os seus interesses e os seus futuros» pudessem vir a ser avançados no âmbito de algumas.[402] Por outras palavras, aceitaria o multilateralismo quando fosse útil para neutralizar as «ameaças à soberania, desde a Ucrânia ao Mar do Sul da China», razão pela qual os Estados Unidos zelavam pelo «respeito pelo direito, pelas fronteiras» que potenciavam relacionamentos internacionais pacíficos.[403]

Quais eram, exactamente, as ameaças à segurança colectiva que o presidente Trump pretendia enfrentar? Porventura a mais assinalável prendia-se com «um pequeno grupo de regimes párias que [...] não respeitam os seus próprios cidadãos nem os direitos soberanos dos países», sendo que, de todos, o «regime depravado da Coreia do Norte» era o mais perigoso.[404] Advertindo que os Estados Unidos reservavam para si o direito de recorrer a todas as medidas necessárias para se defenderem de uma Coreia do Norte hostil e nuclearizada, avisa que, na eventualidade de uma investida bélica desencadeada por Pyongyang, «não teremos escolha a não ser destruir totalmente a Coreia do Norte. O *Rocket Man* encontra-se numa missão suicida para si e para o seu regime».[405] Confirma que recorreria às armas nucleares em caso de necessidade, pois os «Estados Unidos estão prontos, dispostos e capazes» de as utilizar, apesar de

[401] *Ibid.*
[402] *Ibid.*
[403] *Ibid.*
[404] *Ibid.*
[405] *Ibid.*

esperar que tal «não fosse necessário».[406] Embora posteriormente tenha esboçado uma estratégia de negociação com a dinastia norte-coreana, Trump, nesta conjuntura, afiança que era a «hora de todas as nações trabalharem juntas para isolar o regime de Kim, até que cesse o seu comportamento hostil». Porém, não era expectável que o multilateralismo impedisse o presidente de agir para desmontar ameaças iminentes colocadas ao seu país.[407]

A Coreia do Norte não era, evidentemente, o único país que fomentava a instabilidade e a insegurança regionais. Identifica a República Islâmica do Irão como «uma ditadura corrupta por detrás do falso disfarce de uma democracia» e acusa-a de exportar «a violência, o derramamento de sangue e o caos» para a vizinhança.[408] Caracterizando o acordo nuclear celebrado por Barack Obama em 2015 como «uma das piores e mais unilaterais transacções a que os Estados Unidos já aderiram», insta os líderes iranianos a cessarem o apoio dispensado a grupos terroristas e a respeitarem os direitos soberanos dos países da região.[409] A menos que os *ayatollahs* alterassem voluntariamente o seu comportamento, Teerão seria alvo de uma campanha de «pressão económica máxima» com vista a provocar o seu isolamento. Descarta, portanto, a estratégia de normalização do regime, que era a razão de ser do acordo nuclear assinado pelo seu antecessor.[410] Dirigindo-se aos países da vizinhança próxima que ameaçavam a estabilidade hemisférica, Trump constata que os venezuelanos morriam de fome porque as «instituições democráticas [estavam] a ser destruídas».[411] Descrevendo a situação naquele país latino-americano como «completamente inaceitável», faz notar que iria «ajudá-lo a recuperar a liberdade, a recuperar o país e a restaurar a democracia».[412]

---

406 *Ibid.*

407 *Ibid.*

408 *Ibid.*

409 *Ibid.*

410 Ver Matthew Kroenig, «The Return to the Pressure Track: The Trump Administration and the Iran Nuclear Deal», *Diplomacy & Statecraft*, Vol. 29, No. 1, 2018, pp. 94–104.

411 Cf. The White House, «Remarks by President Trump to the 72nd Session of the United Nations General Assembly», 19 de Setembro de 2017, *op. cit.*

412 *Ibid.*

Percebe-se que a Venezuela também passe a estar na mira da diplomacia de «pressão económica máxima» da Administração Trump.[413]

No plano teórico, era inteiramente verosímil — e, porventura, desejável — enfrentar estes regimes através das organizações multilaterais. No entanto, Trump expressa profundas reservas quanto à eficácia do multilateralismo na resolução de crises desta natureza, um cepticismo certamente acentuado no caso específico das Nações Unidas porque vários estados procuravam «subverter os nobres objectivos» da instituição. Essa subversão era consequência da colonização das agências especializadas da ONU, algo que se verifica quando «alguns governos com um histórico de abuso flagrante de direitos humanos» acabam por ser premiados com um lugar no Comité dos Direitos Humanos.[414] A referência indirecta à China e a outras autocracias ilustra uma ironia gritante — um órgão incumbido de defender os direitos humanos encontrava-se sob a tutela efectiva de regimes que sistematicamente os violavam. Não sendo, por regra, a ONU um fórum confiável através do qual a acção internacional pudesse ser canalizada, não restava outra opção senão agir de forma unilateral.[415] Esta jamais seria a primeira preferência da Casa Branca, mas, ocasionalmente, se as normas liberais deixassem de ser observadas pelas organizações encarregadas de as preservar, seria a única escolha admissível. Não era, portanto, a Administração Trump que renegava as normas liberais; eram as instituições incumbidas de zelar pela sua integridade que abdicavam de cumprir a função para que foram estabelecidas. Convenhamos que a crítica não era inteiramente descabida.

---

[413] Para uma avaliação crítica da política venezuelana de Trump, ver Geoff Ramsey e David Smilde, «Recalibrating U.S. Policy in Venezuela: Learning from Failure and Seizing Opportunities», *WOLA: Advocacy for Human Rights in the Americas, Policy Memo*, Dezembro de 2020, consultado em: https://www.wola.org/wp-content/uploads/2020/12/Recalibrating-US-Policy-in-Venezuela-Ramsey-Smilde.pdf.

[414] Ver The White House, «Remarks by President Trump to the 72nd Session of the United Nations General Assembly», 19 de Setembro de 2017, *op. cit.*

[415] *Ibid.* Atendendo às limitações da organização, Trump não pretendia suportar os elevados custos inerentes a estas instituições, que acreditava serem desigualmente distribuídos. Fez notar que «os Estados Unidos são um dos 193 países das Nações Unidas e, no entanto, pagamos 22% do orçamento, ou mais. [...] Os Estados Unidos arcam com o ónus de custos injusto, mas, para ser justo, se pudessem realmente cumprir todos os seus objectivos declarados, especialmente o da paz, esse investimento valeria a pena».

Realce-se que Trump não fora o primeiro presidente americano do pós--Guerra Fria a direccionar a política externa do país num sentido mais nacionalista. Em 2001, George W. Bush chega ao poder advogando uma política exterior balizada pelo pragmatismo e por uma leitura estreita do interesse nacional. Condoleezza Rice, num artigo publicado na revista *Foreign Affairs* em vésperas das eleições presidenciais de Novembro de 2000, prevenia que «simplesmente não é possível ignorar e isolar outros estados poderosos que não partilham» os valores que fundamentavam a «doutrina do alargamento» de Bill Clinton.[416] Alertava, também, para os perigos decorrentes de umas forças armadas deixadas «perto de um ponto de ruptura» após oito anos de desinvestimento sob a capa de um ilusório *peace dividend*.[417] À luz destas preocupações, desaconselha projectos de reconstrução nacional pela simples razão de que as forças armadas «não foram projectadas para construir sociedades civis».[418] As palavras da futura directora do National Security Council não indiciavam a intenção de cortar com as linhas mestras da política externa *clintoniana*, mas expressavam o propósito de traçar interesses nacionais limitados de modo a mitigar o internacionalismo assertivo de Bill Clinton.

As realidades geopolíticas decorrentes dos ataques perpetrados pela al-Qaeda em 11 de Setembro de 2001 inviabilizam a orientação nacionalista seguida por George W. Bush nos primeiros meses da sua presidência. O «realismo pragmático» que então o orienta prontamente dá lugar ao intervencionismo neoconservador e à «agenda da liberdade» que acabará

---

416 Ver Condoleezza Rice, «Promoting the National Interest», *Foreign Affairs*, Vol. 79, No. 1, 2000, pp 45–62. Oito anos mais tarde, Rice argumentava que, depois do 11 de Setembro de 2001, «os Estados Unidos foram arrastados para um mundo fundamentalmente diferente. Fomos chamados a liderar com uma nova urgência e com uma nova perspectiva». Essa mudança significou, com efeito, que a política dos Estados Unidos deve concentrar-se na promoção da democracia, dos direitos humanos e do desenvolvimento económico, especialmente nos países mais pobres. Rice reconhecia que «em 2000, denunciei o papel dos Estados Unidos, em particular o dos militares norte-americanos, na reconstrução nacional. Em 2008, é absolutamente claro que estaremos envolvidos na reconstrução nacional por muitos anos». Ver Condoleezza Rice, «Rethinking the National Interest: American Realism for a New World», *Foreign Affairs*, Vol. 87, No. 4, 2008, pp. 2–26.

417 Condoleezza Rice, «Promoting the National Interest», *op. cit.*

418 *Ibid.*

por definir a *Grande Estratégia* da sua Administração.[419] Ao fazer eco do universalismo de Harry Truman, Bush aponta para a luta contra o terrorismo como a nova «longa guerra» que, à semelhança da luta contra o comunismo, teria de ser prosseguida durante décadas. Recebida de forma deveras crítica na maioria dos países europeus, a política externa *neo-wilsoniana* do presidente Bush não configurava uma descontinuidade absoluta relativamente aos objectivos estratégicos dos seus antecessores.[420] Se os ataques às Torres Gémeas e ao Pentágono originaram uma postura militar assertiva, não é menos verdade que os compromissos com outros pilares fundamentais da ordem liberal — por exemplo, o comércio livre e o multilateralismo — nunca foram renegados.

Retomar a diplomacia económica

Acreditando que o crescimento da economia americana proporcionava o único baluarte contra a turbulência do mundo contemporâneo, Trump elege a robustez económica do país como a sua prioridade de segurança nacional — desde logo porque o país arriscava perder a liderança no âmbito da inovação científico-tecnológica caso não acompanhasse as inovações no âmbito do *big data*, da computação quântica, da inteligência artificial, da robótica e das demais tecnologias disruptivas. A aplicação da inovação nas empresas provocaria intensa angústia e insegurança em

---

[419] Ver Ivo H. Daalder e James M. Lindsay, *America Unbound: The Bush Revolution in Foreign Policy*, Washington, Brookings Institution Press, 2003, e Melvyn P. Leffler, «Bush's Foreign Policy», *Foreign Policy*, No. 144, 2004, p. 22. Sobre a Doutrina Bush, ver, *inter alia*, John Lewis Gaddis, «Bush's Security Strategy«, *Foreign Policy*, No. 133, 2002, pp. 50–57; Robert Jervis, «Understanding the Bush Doctrine», *Political Science Quarterly*, Vol. 118, No. 3, 2003, pp. 365–388; Robert G. Kaufman, *In Defense of the Bush Doctrine*, Lexington, The University Press of Kentucky, 2007; John Lewis Gaddis, *Surprise, Security, and the American Experience*, Cambridge, Harvard University Press, 2004; Thomas Carothers, «Promoting Democracy and Fighting Terror», *Foreign Affairs*, Vol. 82, No. 1, 2003, pp. 84–97; Robert Jervis, «Why the Bush Doctrine Cannot be Sustained», *Political Science Quarterly*, Vol. 120, No. 3, 2005, pp. 351–377, e G. John Ikenberry, «The End of the Neo-Conservative Movement», *Survival*, Vol. 46, No. 1, 2004, pp. 7–22.

[420] Ver, *inter alia*, Alexander Moens, *The Foreign Policy of George W. Bush: Values, Strategy, and Loyalty*, Nova Iorque, Routledge, 2004, e George W. Bush, *Decision Points*, Nova Iorque, Random House, 2010.

toda a sociedade, particularmente junto dos trabalhadores menos qualificados.[421] As consequências sociais destas vertiginosas disrupções eram indissociáveis da forma como o comércio internacional deveria ser processado, motivando Trump à inflexibilidade quanto à rejeição do «comércio estúpido», pese embora não renegue o princípio do comércio livre. Explicita, na sede das Nações Unidas, em finais 2017, que os acordos comerciais celebrados nas décadas anteriores violavam o princípio do comércio «justo e recíproco», um juízo, aliás, partilhado por uma parte considerável do povo americano.[422]

Em conformidade com esta análise, a Administração Trump visa colocar a diplomacia económica — e a política externa em geral — ao serviço da reconstrução da economia nacional, condição *sine qua non* para inverter o declínio nacional.[423] Convencido de que era possível fomentar o crescimento mesmo depois dos vastos estragos produzidos pela crise financeira de 2008, durante a campanha presidencial compromete-se a duplicar os índices de crescimento registados ao longo da década anterior,

---

[421] Ver Georg Löfflmann, «America First and the Populist Impact on US Foreign Policy», *Survival*, Vol. 61, No. 6, 2019, pp. 115–138.

[422] Ver David P. Fidler, «President Trump, Trade Policy, and American Grand Strategy: From Common Advantage to Collective Carnage», *Asian Journal of WTO & International Health Law and Policy*, Vol. 12, No. 1, 2017, pp. 1–31.

[423] Sobre a diplomacia económica (*economic statecraft*), cf., *inter alia*, Juan C. Zarate, «Harnessing the Financial Furies: Smart Financial Power and National Security», *Washington Quarterly*, Vol. 32, No. 4, 2009, pp. 43–59; Robert Zoellick, «The Currency of Power», *Foreign Policy*, 8 de Outubro de 2012, consultado em: https://foreignpolicy.com/2012/10/08/the-currency-of-power/; Juan Zarate, *Treasury's War: The Unleashing of a New Era of Financial Statecraft*, Nova Iorque, PublicAffairs, 2013; Robert D. Blackwill e Jennifer M. Harris, *War by Other Means: Geoeconomics and Statecraft*, Nova Iorque, The Council of Foreign Relations, 2016, e David A. Baldwin, *Economic Statecraft: New Edition*, Princeton, Princeton University Press, 2020. O termo «geoeconomia» é frequentemente utilizado como sinónimo de diplomacia económica. Num artigo publicado em 1990, Edward N. Luttwak escreveu que «o fim da Guerra Fria está a reduzir cada vez mais a importância do poderio militar nos assuntos mundiais» e, portanto, «os meios comerciais estão a substituir os meios militares». Esses «meios comerciais», combinados com a lógica do conflito, significava que «os estados são inclinados a lutar por vantagens relativas contra entidades semelhantes na cena internacional, mesmo que apenas por outros meios que não a força». A melhor caracterização desta nova realidade era a «geoeconomia». Ver Edward N. Luttwak, «From Geopolitics to Geo-economics: Logic of Conflict, Grammar of Commerce», *The National Interest*, No. 20, 1990, pp. 17–23.

ou seja, aponta para níveis de crescimento na ordem dos 3/4% ao ano.[424] Para conseguir estes resultados, a nova Administração teria de libertar as empresas nacionais das amarras impostas pelos tratados de livre comércio previamente celebrados.[425] Ainda assim, uma vez que o comércio externo representava apenas 13% do PIB americano, impunham-se reformas profundas que pudessem impulsionar os sectores responsáveis pelos restantes 87% do produto nacional.

Publicada em Dezembro de 2017, a *Estratégia de Segurança Nacional* da Administração Trump proclama que «os Estados Unidos não vão mais tolerar a agressão económica ou práticas comerciais desleais» e salienta que os instrumentos económicos «podem ser partes importantes de estratégias mais amplas para deter, coagir e constringir adversários».[426] Esta visão *trumpista* da diplomacia económica seria esclarecida em maior pormenor com a divulgação do documento *The President's 2017 Trade Policy Agenda*, elaborado pelo Office of the US Trade Representative. Ali se podia ler que as mudanças preconizadas no âmbito do comércio externo se justificam não porque os americanos deixaram de acreditar no comércio livre e nos mercados abertos, mas porque «nem todos viam os benefícios dos acordos comerciais internacionais».[427] Reconhecer que «nem todos viam os benefícios» não equivalia a dizer que eles não existiam. Raramente examinados em detalhe pela imprensa — ou adequadamente explicados pelos políticos que os aprovam —, tais acordos acabam por ser avaliados à luz dos impactos específicos produzidos junto das pessoas. Em tempos de dificuldade, as camadas fustigadas pela desindustrialização e pela perda dos «bons empregos» atribuem os seus problemas às elites que os celebram.

---

[424] Ver Paul R. La Monica, «Donald Trump wants 4% GDP growth. 3% will do», *CNN*, 22 de Março de 2017, consultado em: http://money.cnn.com/2017/03/22/investing/trump-economy-gdp.

[425] Cf. Doug Palmer, «Trump on trade: Scrutinize NAFTA, other deals for "abuses"», *Politico*, 28 de Março de 2017, consultado em: http://www.politico.com/story/2017/04/28/trump -trade-naphtha-abuses-237777.

[426] Ver The White House, «National Security Strategy of the United States of America», Dezembro de 2017, p. 1.

[427] Cf. Office of the United States Trade Representative, «The President's 2017 Trade Policy Agenda», Março de 2017, p. 1.

Legitimada pelo triunfo eleitoral de 2016, a abordagem de Trump visa «expandir o comércio de forma mais livre e justa para todos os americanos», o que, em termos práticos, significava que as acções a tomar «em relação ao comércio serão projectadas para incrementar o nosso crescimento económico, criar empregos nos Estados Unidos, promover a reciprocidade com os nossos parceiros comerciais, fortalecer a nossa base industrial e a nossa capacidade de nos defendermos, expandir os nossos sectores de exportação agrícola e de serviços».[428] A fim de alcançar esta panóplia de objectivos, o país privilegiaria negociações bilaterais, incluindo a renegociação ou a revisão de «acordos comerciais quando os nossos objectivos não estão a ser cumpridos».[429] Por último, a *Trade Policy Agenda* tornava claro que, em nome da obtenção de «uma suposta vantagem geopolítica», o país deixaria de «fechar os olhos às práticas comerciais injustas que prejudicam os trabalhadores, agricultores, rancheiros e empresas americanas nos mercados globais».[430] Por outras palavras, e por muito importantes que pudessem ser, os países aliados deixariam de beneficiar das relações comerciais «injustas» que mantinham com os Estados Unidos. Na perspectiva do presidente, a vantagem económica era, em si mesma, um ganho geopolítico, pois a robustez económica era o alicerce principal do poderio nacional.

Em muitos aspectos cruciais, a diplomacia económica coerciva de Donald Trump — assente no recurso a tarifas, no controlo das exportações e no emprego generalizado da diplomacia financeira (*financial statecraft*) — contrastava com as preferências dos seus antecessores mais recentes.[431] Por exemplo, em 8 de Março de 2018, a Casa Branca determina a imposição de uma tarifa sobre a totalidade do alumínio e do aço a entrar no mercado americano. A verdadeira novidade da medida residia no facto de não contemplar qualquer distinção entre países amigos e inimigos. Com efeito, estados aliados, como o Japão, o Canadá, a Coreia

---

428 *Ibid.*

429 *Ibid.*

430 *Ibid.*

431 Ver Daniel W. Drezner, «Economic Statecraft in the Age of Trump», *The Washington Quarterly*, Vol. 42, No. 3, 2019, pp. 7–24, e Jacob J. Lew e Richard Nephew, «The Use and Misuse of Economic Statecraft: How Washington is Abusing its Financial Might», *Foreign Affairs*, Vol. 97, No. 6, 2018, pp. 139–149.

do Sul e o México, ficavam sujeitos à coerção económica porque as tarifas eram um componente central da estratégia *trumpiana* destinada a rever as normas e as instituições liberais. Por essa razão, os adversários do presidente acusam-no de «enfraquecer a posição do país no mundo e de levar outros governos a considerar o uso das mesmas ferramentas para, de forma arbitrária, restringir o comércio».[432] Sintetizando este ponto de vista, Daniel Drezner concluía que «a Administração Trump renunciou unilateralmente a um conjunto de ideais que durante décadas orientaram os decisores políticos americanos».[433]

Se a abordagem de Trump abandonava a defesa incondicional do comércio livre, não era menos verdade que a diplomacia económica coerciva acompanhava a política externa americana desde os primórdios da república.[434] Poucos anos depois da independência das 13 colónias, Thomas Jefferson aprova o *Embargo Act* de 1807, na expectativa de compelir a Grã-Bretanha e a França a pôr termo à apreensão de navios comerciais americanos, ou seja, a respeitar os direitos de neutralidade da nova república.[435] Quando a lei se revela nociva para a economia nacional, o Congresso revoga-a. Pouco depois, James Madison, que sucede a Jefferson na presidência, vê os congressistas aprovarem o *Non-Intercourse Act*, que retoma o comércio com a generalidade dos países, excepto com a Grã-Bretanha e com a França. Mais tarde, o Congresso reataria o comércio com estas duas potências, mas, no início de 1811, o presidente Madison corta relações comerciais com Londres e retira o ministro acreditado junto do reino. As pressões surtem efeito e as restrições em vigor contra o comércio

---

[432] Ver Chad P. Brown e Douglas A. Irwin, «Trump's Assault on the Global Trading System: And Why Decoupling from China Will Change Everything», *Foreign Affairs*, Vol. 98, No. 5, 2019, p. 125.

[433] Ver Daniel W. Drezner, «This Time Is Different: Why U.S. Foreign Policy Will Never Recover», *Foreign Affairs*, Vol. 98, No. 3, 2019, p. 16.

[434] Ver Gary Clyde Hufbauer e Jeffrey J. Schott, «Economic Sanctions and U.S. Foreign Policy», *PS: Political Science & Politics*, Vol. 18, No. 4, 1985, pp. 727–735. Para dois excelentes trabalhos sobre a política externa da república durante os primeiros anos da sua existência, ver Robert W. Tucker e David C. Hendrickson, *Empire of Liberty: The Statecraft of Thomas Jefferson*, Nova Iorque, Oxford University Press, 1990, e Gordon S. Wood, *Empire of Liberty: A History of the Early Republic, 1789–1815*, Nova Iorque, Oxford University Press, 2011, particularmente o Capítulo 17.

[435] Ver Jeffrey A. Frankel, «The 1807–1809 Embargo Against Great Britain», *The Journal of Economic History*, Vol. 42, No. 2, 1982, pp. 291–308.

americano são revogadas. Trata-se, porém, de um caso de *too little, too late* porque, em 1 de Junho de 1812, Madison obtém do Congresso uma declaração de guerra contra os britânicos.[436]

Nos tempos modernos, a guerra económica transformou-se em guerra total. À medida que os Estados Unidos se assumem como grande potência em finais do século XIX, proclamam a *Open Door Policy* na China. Em resultado da invasão japonesa da China, a Administração Roosevelt, em 1939, põe termo ao tratado comercial de 1911 com Tóquio. A posição americana endurece quando, em Junho de 1940, Henry L. Stimson regressa ao Governo como secretário da Guerra. Apoiante da *Open Door Policy*, recorre a sanções económicas a fim de conter a expansão imperial nipónica na China e no resto da região. Em 3 de Julho de 1940, Washington decreta um embargo às exportações de sucata de ferro, de aço e de produtos petrolíferos. Um ano depois, «congela» os activos nipónicos nos Estados Unidos, rompendo efectivamente as relações comerciais com o país e, poucos dias depois, decreta um embargo total a produtos petrolíferos com destino ao Japão. Quando os britânicos e os holandeses seguem o mesmo caminho, o regime militarista japonês confronta-se com uma posição insustentável e, em Dezembro de 1941, ataca Pearl Harbor.[437]

A diplomacia económica praticada nos primeiros anos da Guerra Fria materializa-se em colossais ajudas financeiras estendidas à Europa por intermédio do Plano Marshall (*European Recovery Plan*), em 1948.[438] Os defensores da iniciativa argumentavam que os interesses americanos

---

[436] Ver Donald R. Hickey, *The War of 1812: A Forgotten Conflict, Bicentennial Edition*, Urbana, University of Illinois Press, 2012.

[437] Sobre a guerra económica entre o Japão e os Estados Unidos antes do ataque de Pearl Harbor, ver Irvine H. Anderson, Jr., «The 1941 De Facto Embargo on Oil to Japan: A Bureaucratic Reflex», *Pacific Historical Review*, Vol. 44, No. 2, 1975, pp. 201–231; Edward S. Miller, *Bankrupting the Enemy: The U.S. Financial Siege of Japan Before Pearl Harbor*, Annapolis, Naval Institute Press, 2007, e Jeffrey Record, «Japan's Decision for War in 1941: Some Enduring Lessons», Strategic Studies Institute, US Army War College, Fevereiro de 2009, consultado em: https://www.hsdl.org/?view&did=38470.

[438] Para um trabalho muito completo sobre o Plano Marshall, ver Benn Steil, *The Marshall Plan: Dawn of the Cold War*, Oxford, Oxford University Press, 2018. Para um argumento crítico do Plano Marshall, tido como a grande causa da divisão da Europa, ver Michael Cox e Caroline Kennedy-Pipe, «The Tragedy of American Diplomacy? Rethinking the Marshall Plan», *Journal of Cold War Studies*, Vol. 7, No. 1, 2005, pp. 97–134.

seriam mais bem atendidos com o célere regresso da Europa à prosperidade, pelo que a infusão de fundos era absolutamente indispensável para reerguer o tecido industrial do continente. No entendimento dos mais cépticos, o Plano Marshall visava, sobretudo, proporcionar liquidez na região de forma a estimular a procura, permitindo, assim, o escoamento do excesso de produção industrial dos Estados Unidos — que emergem da guerra como a maior economia mundial. Ambas as interpretações abarcam dimensões distintas da realidade, pois os dois objectivos não eram antagónicos. Havia, porém, um terceiro objectivo. Esperava-se que a reconstrução europeia neutralizasse os partidos comunistas, particularmente o francês e o italiano. Nas eleições para a Assembleia Constituinte realizadas em Outubro de 1945, os comunistas franceses — com 26,1 % dos sufrágios — são a força mais votada. Por sua vez, os comunistas italianos (a concorrer em lista conjunta com os socialistas) conquistam 31% nas eleições legislativas realizadas em Abril de 1948. Era razoável concluir que, caso o desmoronamento económico não fosse estancado, o descontentamento poderia catapultar estes e outros partidos marxistas-leninistas para o poder. Mesmo que continuasse a ser possível excluí-los da governação, sociedades fustigadas pela pobreza e pelo desemprego seriam mais facilmente desestabilizadas pelos partidos, movimentos e sindicatos revolucionários presentes e activos em toda a Europa Ocidental.

Se o Plano Marshall representava a «cenoura», havia também o «bastão». Antes da aprovação do Plano Marshall, medidas de coerção económica tinham sido dirigidas contra aliados — em particular, a Grã-Bretanha — que se mostravam relutantes em secundar a arquitectura desenhada por Washington para o pós-guerra.[439] Exausta pela longa e dispendiosa luta contra as potências do Eixo, Londres vê-se confrontada com a repentina decisão de Harry Truman de pôr termo ao programa de ajudas *Lend-Lease*, facto que leva John Maynard Keynes a observar que «a América não deve ter permissão para arrancar os olhos do Império britânico». Para fazer face às suas obrigações financeiras correntes, Londres solicita um empréstimo de emergência na ordem dos 3,75 biliões de dólares. Trata-se, efectivamente, de um resgate destinado a evitar o colapso económico. Em contrapartida, o Governo trabalhista de

---

[439] Ver Robert B. Zoellick, *America in the World. A History of U.S. Diplomacy and Foreign Policy*, Nova Iorque, Twelve, 2020, pp. 272–280.

Clement Attlee cede às exigências de Washington no âmbito das negociações de Bretton Woods. A Administração Truman consolida o dólar como moeda de reserva mundial e força efectivamente a abertura dos mercados coloniais da Grã-Bretanha quando exige a convertibilidade da libra, eliminando, assim, os privilégios comerciais decorrentes da «zona *sterling*».[440] Do outro lado da Eurásia, a coerção económica faz-se por meio de um embargo económico desenhado para isolar o regime comunista proclamado por Mao Zedong em Outubro de 1949.[441] Na sequência da Guerra da Coreia (1950–1953), também a Coreia do Norte, o estado beligerante que invadira o Sul, ficaria sob embargo comercial, opção que seria também tomada em relação ao regime cubano de Fidel Castro na sequência da crise dos mísseis de 1962.

Dir-se-á que o mais notável episódio de coerção económica durante a Guerra Fria ocorre durante a crise do Suez de 1956, que se desenrola em paralelo com a invasão soviética da Hungria. Fracassados os esforços diplomáticos e perante a impossibilidade de recorrer à força militar contra aliados da NATO, Dwight D. Eisenhower socorre-se de instrumentos financeiros para obrigar Londres e Paris a desistir da sua imprudente aventura imperial.[442] Para forçar a retirada do Suez, Washington impede o Fundo Monetário Internacional (FMI) de conceder 561 milhões de dólares em créditos a Londres, proíbe o US Export-Import Bank de disponibilizar outros 600 milhões e, mais importante do que tudo, ameaça vender os títulos detidos em libras esterlinas. Se o congelamento dos créditos leva efectivamente Londres à beira da falência, a venda de títulos teria sido catastrófica.[443] Com efeito, a desvalorização resultante da venda

---

[440] Ver Catherine R. Schenk, *The Decline of Sterling: Managing the Retreat of an International Currency, 1945–1992*, Cambridge, Cambridge University Press, 2010, pp. 37–82, e Philip Stephens, *Britain Alone: The Path from Suez to Brexit*, Londres, Faber, 2021, pp. 51–55.

[441] Ver Shu Guang Zhang, *Economic Cold War: America's Embargo Against China and the Sino-Soviet Split, 1949–1962*, Stanford, Stanford University Press, 2001.

[442] Ver Diane B. Kunz, *The Economic Diplomacy of the Suez Crisis*, Chapel Hill, University of North Carolina Press, 1991; Richard M. Filipink, «"Force Is the Last Method": Eisenhower, Dulles and American Intervention in the Suez Crisis», *Critique*, Vol. 35, No. 2, 2007, pp. 173–88, e David J. Katz, «Waging Financial War», *Parameters*, Vol. 43, No. 4, 2013, pp. 77–85.

[443] Em 1956, o Reino Unido não podia prescindir de financiamentos internacionais, pois os Estados Unidos detinham 3,75 biliões de dólares em dívida britânica resultante

exigiria que Londres recorresse às suas reservas estrangeiras para manter a paridade da libra em relação ao dólar americano. Mesmo assim, a ameaça de Eisenhower aumentou significativamente o risco de negociar em libras e, desse modo, contribuiu para consolidar o dólar americano como moeda de reserva internacional.

É óbvio que nem toda a diplomacia económica americana era de natureza coerciva. Como se vê pelo Plano Marshall, eram utilizados frequentemente incentivos para encorajar mudanças de comportamento por parte de países amigos. A este propósito, convém recordar que os dinheiros do Plano Marshall obedeciam a um rigoroso condicionalismo, pois os países beneficiários eram obrigados a coordenar os seus investimentos. Dito de forma diferente, por decisão de Washington, era-lhes exigido um processo de decisão multilateral que, na prática, constituía o primeiro passo rumo à integração regional.

Atendendo aos resultados benéficos do Plano Marshall, a Aliança pelo Progresso da Administração Kennedy, prevista para um horizonte de dez anos, visava replicar, na América Latina, a experiência europeia de fomentar a democracia por meio do desenvolvimento.[444] O objectivo último era neutralizar a ameaça comunista, que se encontrava em franco crescimento naquela região depois da «revolução castrista».[445] Na óptica de Kennedy, impunha-se auxiliar uma região onde «milhões de homens e mulheres sofrem as degradações diárias da fome e da pobreza» e, como consequência, «o descontentamento está a crescer».[446] Fundos, tecnologia

---

do *Anglo-American Loan Agreement* de 1945. Para financiar o seu esforço durante a Segunda Guerra, Londres recorreu também a empréstimos na ordem dos 14 biliões de libras que não conseguia pagar a países como a Índia, a Argentina e o Egipto. Em Outubro de 1956, a totalidade das reservas britânicas era equivalente a 2,2 biliões de dólares.

[444] Sobre as teorias de modernização então em voga e a iniciativa de Kennedy, ver Michael E. Latham, «Ideology, Social Science, and Destiny: Modernization and the Kennedy-Era Alliance for Progress», *Diplomatic History*, Vol. 22, No. 2, 1998, pp. 199–229.

[445] Ver Michael Dunne, «Kennedy's Alliance for Progress: countering revolution in Latin America: Part I: From the White House to the Charter of Punta del Este», *International Affairs*, Vol. 89, No. 6, 2013, pp. 1389–1409.

[446] O discurso completo do presidente Kennedy a anunciar a iniciativa pode ser encontrado em «Address by President Kennedy at a White House Reception for Latin American Diplomats and Members of Congress», 13 de Março de 1961, consultado em: https://sourcebooks.fordham.edu/mod/1961kennedy-afp1.asp.

e *know-how* americanos seriam canalizados para programas de alfabetização, saúde, educação, redistribuição e o aumento da produtividade industrial. Em Maio de 1961, o Congresso aloca 500 milhões de dólares e, nos dez anos seguintes, concede biliões de dólares para os programas sem, no entanto, acautelar os mecanismos de coordenação e transparência que tanto contribuíram para o êxito do Plano Marshall. Terminada a iniciativa, 13 países latino-americanos encontravam-se sob ditadura militar.

Quanto ao relacionamento com a União Soviética, a coesão económica era um elemento estrutural. Apesar da natureza autárcica do bloco comunista, foram repetidamente invocadas preocupações de segurança nacional ao longo das décadas da Guerra Fria para condicionar as vendas de cereais e de tecnologia avançada à União Soviética. Quando, em Dezembro de 1979, Leonid Brezhnev ordena a invasão do Afeganistão, Jimmy Carter decreta sanções retaliatórias, incluindo o boicote aos Jogos Olímpicos de Verão, a realizar em Moscovo em 1980.[447] Após a declaração de lei marcial na Polónia em Dezembro de 1981, a Administração Reagan suspende os voos da Aeroflot para os Estados Unidos, congela as licenças de exportação de tecnologia avançada, põe termo às negociações sobre um novo acordo de exportação de cereais e impõe um rol de outras medidas que provocam um momento de grande tensão no seio da Aliança Atlântica. No rescaldo da Guerra Fria assiste-se à proliferação de sanções contra o regime *baathista* de Saddam Hussein, a Sérvia de Slobodan Milosevic, a Coreia do Norte de Kim Jong-il e a Líbia de Muammar al-Qaddafi.[448] Mais recentemente, o pacote legislativo *Global Magnitsky Act* de 2016 inaugura uma nova fase no uso de sanções coercivas, pois

---

[447] Ver Paige Bryan, «The Soviet Grain Embargo», *The Heritage Foundation Backgrounder*, 12 de Janeiro de 1981, consultado em: http://s3.amazonaws.com/thf_media/1981/pdf/bg130.pdf, e A. P. Mustard e S.C. Schmidt, «Short-Term Impact of the 1980–81 Partial U.S. Grain Embargo on Grain Trade», *North Central Journal of Agricultural Economics*, Vol. 5, No. 2, 1983, pp. 111–121. Sobre as limitações impostas à exportação de tecnologia, ver Benjamin H. Flowe, Jr., «An Overview of Export Controls on Transfer of Technology to the U.S.S.R. in Light of Soviet Intervention in Afghanistan», *North Carolina Journal of International Law and Commercial Regulation*, Vol. 5, No. 3, 1980, pp. 555–573.

[448] Ver David L. Asher, Victor D. Comras e Patrick M. Cronin, «Pressure: Coercive Economic Statecraft and U.S. National Security», Center for a New American Security, Janeiro de 2011, consultado em: https://www.files.ethz.ch/isn/126602/CNAS_Pressure_AsherComrasCronin_1.pdf.

habilita os legisladores americanos a punir cidadãos estrangeiros suspeitos de graves violações dos direitos humanos, a congelar os seus activos e a proibi-los de entrar em território americano.[449]

A utilização regular dos instrumentos de coerção económica — incluindo a vasta expansão das «sanções secundárias» — confirma que a prática se tornou consensual entre as elites republicanas e democratas.[450] Aliás, a diplomacia económica de Trump teria sido impossível de executar na ausência da vasta legislação adoptada no período pós-Guerra Fria a contemplar o recurso a duras sanções, a controlos das exportações e, depois do 11 de Setembro, a mecanismos desenhados para combater a lavagem de dinheiro e o financiamento de grupos terroristas. Dado que virtualmente todas as transacções financeiras realizadas em dólares são intermediadas por instituições financeiras americanas, passou a ser relativamente fácil bloquear movimentos de capitais com destino — ou com origem — ao Irão, à Rússia e a outros Estados (ou personalidades) colocados na «lista negra» de Washington.[451] Sanções específicas são utilizadas para atingir a Guarda Revolucionária do Irão, os membros do Governo de Putin, investigadores do Tribunal Criminal Internacional, executivos da Huawei e outras personalidades caídas na mira das autoridades americanas.

Porque o dólar conservava o seu «privilégio exorbitante» como moeda de reserva mundial na economia globalizada, as ferramentas de coerção

---

449 Ver Michael A. Weber e Edward J. Collins-Chase, «The Global Magnitsky Human Rights Accountability Act», *CRS/Congressional Research Service*, 28 de Outubro de 2020, consultado em: https://crsreports.congress.gov/product/pdf/IF/IF10576, e Tom Firestone e Kerry Contini, «The Global Magnitsky Act», *Criminal Law Forum*, Vol. 29, No. 4, 2018, pp. 617–628.

450 Sobre o emprego de sanções antes da presidência de Trump, ver Robert J. Art e Patrick M. Cronin (eds.), *The United States and Coercive Diplomacy*, Washington, U.S. Institute of Peace Press, 2003; Lawrence Freedman (ed.), *Strategic Coercion: Concepts and Cases*, Oxford, Oxford University Press, 1998; Peter Viggo Jakobsen, *Western Use of Coercive Diplomacy after the Cold War: A Challenge for Theory and Practice*, Nova Iorque, St. Martin's Press, 1998, e Daniel L. Byman e Matthew C. Waxman, *The Dynamic of Coercion: American Foreign Policy and the Limits of Military Might*, Cambridge, Cambridge University Press, 2002.

451 A expressão «privilégio exorbitante» foi pela primeira vez utilizada por Valéry Giscard d'Estaing. Ver Brooke Sample, «America's currency is losing its exceptionalism», *Bloomberg*, 13 de Junho de 2020, consultado em: https://www.bloomberg.com/news/newsletters/2020-06-13/u-s-dollar-s-exorbitant-privilege-is-about-to-end-kbdl8zcy.

económica utilizadas eram cada vez mais atraentes para *policymakers*, porque os custos do seu uso eram reduzidíssimos quando comparados com o instrumento militar.[452] Durante a Guerra Fria houve alguma relutância em recorrer a este tipo de ferramentas, pois, num mundo em que a economia e a moeda americanas esmagavam as restantes, o comércio livre e o multilateralismo eram preferências menos onerosas. Quando Trump conquista a Casa Branca, esse mundo de inequívoca hegemonia americana havia-se desmoronado, o que tornou as sanções coercivas necessárias. Ao contrário dos seus antecessores, que entendiam que as regras multilaterais do GATT e, mais tarde, da OMC, eram garantes do acesso aos mercados mundiais, Trump privilegia acordos bilaterais porque — pelo menos em teoria — lhe permitem extrair vantagens competitivas para os interesses americanos. Por isso mesmo, dias depois de entrar na Sala Oval, em conformidade com a sua promessa de campanha, Trump exige a revisão do NAFTA, do Acordo de Livre Comércio Coreia-EUA (KORUS FTA) e confirma que abandonará as negociações sobre a TPP, decisões que descreve como um «grande» avanço para os trabalhadores americanos.[453]

A fim de assegurar a passagem do tratado USMCA — que substitui o NAFTA — pelos parlamentos canadiano e mexicano, Trump suspende as tarifas sobre o aço e o alumínio dirigidas a ambos os países.[454] Concluídas as negociações, verifica-se que os termos do USMCA obrigam o Canadá a reduzir as restrições à importação de produtos lácteos e o México a modificar as «regras de origem» que tanto contribuíram para dinamizar

---

[452] Sobre a emergência do dólar como moeda de reserva mundial, ver Barry Eichengreen, *Exorbitant Privilege. The Rise and Fall of the Dollar and the Future of the International Monetary System*, Oxford, Oxford University Press, 2010. Sobre a «diplomacia da moeda», ver Benjamin J. Cohen, *Currency Statecraft: Monetary Rivalry and Geopolitical Ambition*, Chicago, The University of Chicago Press, 2019.

[453] Ver David Smith, «Trump withdraws from Trans-Pacific Partnership amid flurry of order», *The Guardian*, 23 de Janeiro de 2017, consultado em: https://www.theguardian.com/us-news/2017/jan/23/donald-trump-first-orders-trans-pacific-partnership-tpp, e Bob Woodward, *Fear: Trump in the White House*, Nova Iorque, Simon & Schuster, 2018, pp. 264–265.

[454] Ver Sean Higgins, «Business to Trump: End steel and aluminium tariffs in wake of US-Canada-Mexico trade deal», *The Washington Examiner*, 4 de Outubro de 2018, consultado em: https://www.washingtonexaminer.com/policy/economy/business-to-trump-end-steel-and-aluminum-tariffs-in-wake-of-us-canada-mexico-trade-deal.

o sector de componentes automóveis.[455] Espelhando o novo *zeitgeist* da Casa Branca, os signatários são impedidos de celebrar acordos comerciais bilaterais com estados autoritários, uma cláusula destinada a frustrar as pretensões chinesas no mercado norte-americano. Mas a *leverage* não era ilimitada. Por muito que tenha insistido, Trump não conseguiu abolir o Capítulo 19 do NAFTA, ou seja, as cláusulas referentes à resolução de litígios.[456] Embora aproximadamente 95% do Tratado USMCA replicasse o conteúdo do NAFTA, o novo acordo era, no entanto, menos promotor do comércio entre os três países.[457] Ainda assim, e na medida em que o Canadá e o México se viam impelidos a conceder termos mais vantajosos à parte americana, o USMCA não deixa de ser apontado como uma «vitória» política de Trump, uma apreciação partilhada por Joe Biden, que o considera «melhor do que o NAFTA».[458]

Neste quadro, Trump provoca nova tempestade política. Na Primavera de 2018, perante o influxo de caravanas de migrantes oriundas da América Central que atravessam o México rumo aos Estados Unidos, o *Attorney General* Jeff Sessions responde com a política de «tolerância zero», que lhe vale a acusação de que pretendia «separar famílias».[459]

---

[455] Para o texto completo do tratado, ver Office of the United States Trade Representative, «Agreement between the United States of America, the United Mexican States, and Canada 7/1/20 Text», consultado em: https://ustr.gov/trade-agreements/free-trade-agreements/united-states-mexico-canada-agreement/agreement-between.

[456] Trump pretendia renegociar o Capítulo 19 — que estipulava o mecanismo de resolução de litígios — por considerá-lo injusto para a parte americana porque limitava a possibilidade de Washington avançar com casos anti-*dumping* e anti-subsídios contra o Canadá e o México. Era uma das prioridades dos negociadores americanos. Ver Homer E. Moyer, Jr., «Chapter 19 of the NAFTA: Binational Panels as the Trade Courts of Last Resort», *The International Lawyer*, Vol. 27, No. 93, 1993, pp. 707–726.

[457] Para uma avaliação do acordo USMCA, ver Meredith Lilly, Hugo Perezcano Díaz e Christine McDaniel, «The Future of North America' s Economic Relationship: From NAFTA to the New Canada-United States-Mexico Agreement and Beyond», *CIGI Special Report,* Centre for International Governance Innovation, Waterloo, Ontario, 11 de Fevereiro de 2019, consultado em: https://www.cigionline.org/sites/default/files/documents/North%20American%20Forum%20Special%20Report_1.pdf.

[458] Ver Yaron Steinbuch, «Joe Biden says Trump's USMCA is "better than NAFTA"», *New York Post*, 11 de Setembro de 2020, consultado em: https://nypost.com/2020/09/11/joe-biden-admits-trumps-usmca-is-better-than-nafta/.

[459] Ver Department of Justice, «Attorney General Announces Zero-Tolerance Policy for Criminal Illegal Entry», 6 de Abril de 2018, consultado em: https://www.justice.gov/opa/pr/attorney-general-announces-zero-tolerance-policy-criminal-illegal-entry.

Ao longo de 2018, as caravanas continuam a chegar, levando Trump, a 26 de Novembro, a recorrer ao Twitter para lembrar que «o México deveria devolver os imigrantes, muitos dos quais são perigosos criminosos, aos seus países. Faça-o por avião, por autocarro, faça-o como quiser. Mas eles NÃO virão para os EUA. Se necessário, encerraremos definitivamente a fronteira».[460] Ao ameaçar selar a fronteira, estabelece o *linkage* entre a imigração ilegal e o comércio bilateral, o que, em Maio de 2019, se traduz na intenção de agravar taxas aduaneiras sobre produtos mexicanos, caso as autoridades desse país não resolvessem o problema. Chegados a este ponto, firma-se um acordo bilateral que atribui ao México a responsabilidade de conter o influxo de migrantes, restringindo-o ao lado sul da fronteira. Quanto aos países que originavam as caravanas — El Salvador, Guatemala e Honduras —, a Casa Branca deixa claro que descontinuaria a ajuda externa que lhes era destinada caso aquelas não fossem estancadas no ponto de origem.[461]

A revisão do NAFTA e as negociações em torno das caravanas migratórias eram facilitadas pela *leverage* exercida por Trump junto de economias profundamente dependentes do mercado americano. Todavia, no que respeita às negociações com a União Europeia, a existência de um maior equilíbrio entre os parceiros transatlânticos torna as conversações consideravelmente mais complexas e morosas. Responsável por negociar matérias comerciais em nome de todos os estados-membros, a Comissão Europeia colide com a Casa Branca a propósito de múltiplas questões. As tensões agudizam-se quando, em 8 de Março de 2018, Trump, em conformidade com a Secção 232 do *Trade Expansion Act of 1962*, assina a célebre «ordem executiva» que impõe tarifas de 25% sobre as importações de aço e de 10% sobre o alumínio provindos da União Europeia.[462]

---

[460] Ver Bloomberg, «President Trump Threatens to Close Border with Mexico "Permanently If Need Be"», *Time*, 26 de Novembro de 2018, consultado em: https://time.com/5463168/trump-border-mexico/.

[461] As ajudas acabariam por ser canceladas. Ver «Donald Trump cuts $700m in Central American aid as migrant crisis deepens», *ABC News*, 31 de Março de 2019, consultado em: https://www.abc.net.au/news/2019-03-31/trump-cuts-aid-to-central-american-countries-as-migrant-crisis/10957000.

[462] Ver United States Department of Commerce, «The Effect of Imports of Steel on the National Security: An Investigation Conducted under Section 232 of the Trade Expansion Act of 1962, as amended», US Department of Commerce Bureau of Industry

Com as taxas a entrar em vigor em 1 de Maio, são concedidas isenções temporárias à parte europeia, tendo em vista dar tempo aos negociadores para encontrarem uma saída para o impasse. Esgotadas as conversações, as taxas americanas entram em vigor em 6 de Junho, altura em que os europeus respondem com tarifas retaliatórias sobre uma ampla gama de produtos americanos — incluindo produtos agrícolas — no valor de 2,8 biliões de euros.[463]

Visivelmente exasperado com a escalada *tit-for-tat* em curso, o presidente da Comissão Europeia Jean-Claude Juncker reitera a advertência que já havia dirigido a Trump: «Se quer ser estúpido, eu também posso ser estúpido.»[464] Independentemente da crueza da formulação de Juncker, as suas palavras evidenciam o profundo antagonismo entre aliados que pouco tempo antes negociavam a Parceria Transatlântica de Comércio e Investimento (TTIP).[465] A fim de se escudar dos danos da nova diplomacia económica americana, a União Europeia ratifica generosos acordos de comércio livre com o Canadá, com o Japão e com o Vietname. A União Europeia não se encontrava isolada na resistência às pressões da Casa

---

and Security Office of Technology Evaluation, 11 de Janeiro de 2018, consultado em: https://www.commerce.gov/sites/default/files/the_effect_of_imports_of_steel_on_the_national_security_-_with_redactions_-_20180111.pdf.

463 A Europa procurou impor tarifas sobre 6,4 biliões de euros de exportações americanas, incluindo motas e um conjunto de produtos agrícolas. A União Europeia também pretendeu abrir um processo na OMC contra as medidas. Jean-Claude Juncker caracterizou a posição americana como «proteccionismo, puro e simples». Ver William Mauldin, «US Tariffs Prompt Anger, Retaliation from Trade Allies», *The Wall Street Journal*, 31 de Maio de 2018, consultado em: https://www.wsj.com/articles/u-s-slaps-steel-aluminum-tariffs-on-canada-mexico-european-union-1527774283.

464 Ver Valentina Pop e Vivian Salama, «Juncker's Trade Pitch to Trump: "I Can Be Stupid, as Well"», *The Wall Street Journal*, 26 de Julho de 2018, consultado em: https://www.wsj.com/articles/eus-white-house-trade-talks-went-from-uncertainty-to-lowered-tensions-1532624882.

465 Ver Rolf J. Langhammer, «Why a Market Place Must Not Discriminate: The Case against a US-EU Free Trade Agreement», Kiel Institute for the World Economy, Working Paper 1407, Março de 2008, consultado em: https://www.researchgate.net/publication/45122907_Why_a_market_place_must_not_discriminate_The_case_against_a_US-EU_free_trade_agreement/link/00b4952822f519bbff000000/download, e Gabriel J. Felbermayr e Mario Larch, «The Transatlantic Trade and Investment Partnership (TTIP): Potentials, Problems and Perspectives», *CESifo Forum*, Ifo Institut — Leibniz-Institut für Wirtschaftsforschung an der Universität München, Munique, Vol. 14, No. 2, 2013, pp. 49–60.

Branca. Quando as conversações para salvar a TPP fracassam, Tóquio junta-se aos restantes dez países envolvidos no processo para ratificar uma versão modificada do tratado — o Acordo Global e Progressivo para a Parceria Trans-Pacífica (AAPPT) —, que entra em vigor em finais de Dezembro de 2018.[466] Concebida pela Administração Obama como uma zona de comércio livre de onde os chineses seriam excluídos, são agora os americanos que se auto-excluem do AAPPT. Face às manobras da potência rival, Pequim sobe as tarifas sobre os bens e serviços americanos e redobra os esforços diplomáticos com vista à expansão da Parceria Económica Abrangente Regional (RCEP), vista pelos chineses como uma alternativa ao AAPPT. Nas derradeiras semanas de 2020, Pequim concretiza o seu objectivo.[467]

A reestruturação das relações comerciais americanas pretendida por Trump passava também pela revisão do acordo de comércio livre com a Coreia do Sul (KORUS FTA), de 2012. Atendendo à dependência de Seul em relação ao «guarda-chuva» nuclear americano, o país encontrava-se — pelo menos em teoria — em profunda desvantagem negocial, que Trump não hesita em explorar ao exigir o início de negociações no preciso momento em que Kim Jong-un redobra as suas ameaças à paz peninsular. Com efeito, o presidente provoca a renegociação do KORUS FTA de forma indirecta quando solicita o aumento da contribuição financeira de

---

[466] No seguimento do anúncio da Casa Branca, os demais países negociaram novas disposições, mais aceitáveis para Washington. Em início de Abril de 2018, o Deputy Press Secretary Lindsay Walters admitia que o «presidente tem consistentemente dito que estaria aberto a um acordo substancialmente melhor, incluindo no seu discurso de Davos deste ano. Para esse fim, pediu ao embaixador Lighthizer e ao director Kudlow que olhassem novamente para determinarem se um melhor acordo poderia ser negociado». Ver Alana Abramson, «White House Explains Trump's Reversal on TPP», *Fortune*, 12 de Abril de 2018, consultado em: https://fortune.com/2018/04/12/white-house-explains-trumps-reversal-on-tpp/. Para uma discussão sobre o significado geopolítico do acordo comercial, ver Michael J. Green e Matthew P. Goodman, «After TPP: The Geopolitics of Asia and the Pacific», *The Washington Quarterly*, Vol. 38, No. 4, 2015, pp. 19–34, e Jane Perlez, «U.S. Allies See Trans-Pacific Partnership as a Check on China», *The New York Times*, 6 de Outubro de 2015, consultado em: https://www.nytimes.com/2015/10/07/world/asia/trans-pacific-partnership-china-australia.html.

[467] Ver, por exemplo, Min Ye, «China and Competing Cooperation in Asia-Pacific: TPP, RCEP, and the New Silk Road», *Asian Security*, Vol. 11, No. 3, 2015, pp. 206–224, e Shintaro Hamanaka, «TPP versus RCEP: Control of Membership and Agenda Setting», *Journal of East Asian Economic Integration*, Vol. 18, No. 2, 2014, pp. 163–186.

Seul para a manutenção das bases militares americanas no país.[468] Havia, é certo, razões ponderosas para rever a estrutura de partilha de custos de modo a dar resposta aos colossais investimentos de Pequim em novas capacidades de «negação de área e anti-acesso» (A2/AD) e numa possante marinha oceânica. Aliás, em campanha no início de 2016, Trump sugeria que a Coreia do Sul e o Japão teriam de arcar com uma maior fatia dos custos de defesa e, ainda mais insólito, aconselha-os a equacionar a aquisição de arsenais nucleares.[469] Feitas na qualidade de candidato à nomeação presidencial do GOP, as declarações introduzem um grau acrescido de incerteza no complexo equilíbrio de poder regional. Quando se torna evidente que a proposta não iria acolher apoios, a Casa Branca

---

[468] Ver Victor Cha e Andy Lim, «Database: Donald Trump's Skepticism of U.S. Troops in South Korea Since 1990s», *CSIS Beyond Parallel*, 25 de Fevereiro de 2019, consultado em: https://beyondparallel.csis.org/database-donald-trumps-skepticism-u-s-troops-korea-since-1990/. Ver Bob Woodward, *Rage*, Nova Iorque, Simon & Schuster, 2020, pp. 83–85. Em 1966, os Estados Unidos e a Coreia do Sul assinaram o *Status of Forces Agreement*, cujo Artigo V afirma que Washington suportará a totalidade dos custos resultantes da manutenção das tropas americanas, excepto os custos especificamente assumidos pela Coreia do Sul. Para determinar esta contribuição, *Special Measures Agreements* (SMAs) têm sido periodicamente negociados desde 1991. Em resultado do último destes — de Fevereiro de 2019, com a duração de um ano — Seul concordou em aumentar a sua contribuição para 927 milhões de dólares, um aumento de 70,3 milhões de dólares relativamente ao acordo anterior. Inicialmente, Donald Trump solicitou à Coreia do Sul 5 biliões de dólares. O Japão dedica sensivelmente 1,8 biliões de dólares à presença do contingente americano, a maior parte do qual se encontra estacionado na ilha de Okinawa. Responsável por mais de 80% do custo do estacionamento de tropas no país, o Japão aumentou a sua participação nos últimos anos, passando a assumir a responsabilidade pelo pagamento de serviços públicos, reparos às habitações e uma série de despesas diversas.

[469] Ver, a título exemplificativo, Demetri Sevastopulo, «Donald Trump open to Japan and South Korea having nuclear weapons», *Financial Times*, 27 de Março de 2016, consultado em: https://www.ft.com/content/c927017c-f398-11e5-9afe-dd2472ea263d, e «Full Rush Transcript: Donald Trump, CNN Milwaukee Republican Presidential Town Hall», *CNN*, 29 de Março de 2016, consultado em: https://cnnpressroom.blogs.cnn.com/2016/03/29/full-rush-transcript-donald-trump-cnn-milwaukee-republican-presidential-town-hall/. A fim de restaurar maior previsibilidade à política regional dos Estados Unidos, o secretário da Defesa James Mattis reafirmou o «firme compromisso de Washington para com os seus aliados regionais». Ver Michael R. Gordon e Choe Sang-Hun, «Jim Mattis, in South Korea, tries to reassure an ally», *The New York Times*, 2 de Fevereiro de 2017, consultado em: https://www.nytimes.com/2017/02/02/world/asia/james-mattis-us-korea-thaad.html.

procura transferir para os aliados uma fatia maior do custo do «guarda--chuva» nuclear.[470]

As negociações do KORUS FTA terminaram com a parte coreana a aceitar reduzir as exportações de aço em 30% em troca do abandono da tarifa de 25% pretendida pela Casa Branca e facilitava a importação de automóveis americanos.[471] Não obstante a aparência de que Trump obtivera mais uma «vitória» negocial, uma análise mais fina mostra que nem Seul exportava automóveis em número significativo para a América nem a importação de carros americanos sofria alterações dignas de registo pela simples razão de que os coreanos não os compravam.[472] Por outras palavras, e apesar dos danos diplomáticos causados, nada de substancial resultou das negociações. Quanto ao novo acordo de

---

[470] Ver Hiroyuki Akita, «Trump demands Japan and South Korea pay for nuclear umbrella», *Nikkei Asian Review*, 4 de Fevereiro de 2020, consultado em: https://asia.nikkei.com/Spotlight/Comment/Trump-demands-Japan-and-South-Korea-pay-for-nuclear-umbrella, e Ashley Parker, «Donald Trump Says NATO is "Obsolete", UN is "Political Game"», *The New York Times*, 2 de Abril de 2016, consultado em: https://www.nytimes.com/politics/first-draft/2016/04/02/donald-trump-tells-crowd-hed-be-fine-if-nato-broke-up/. Um problema prático é que o «dissuasor nuclear» americano abrange uma vasta gama de sistemas de armas, incluindo mísseis balísticos intercontinentais, bombardeiros, submarinos capacitados com armas nucleares, porta-aviões, sistemas de comando e controlo, bem como sistemas de alerta. Muitas dessas armas e sistemas são parcial ou totalmente secretos. Ou seja, a menos que os Estados Unidos decidam abrir esses sistemas aos aliados, não há como saber o seu custo exacto, mesmo que fosse possível separar o custo específico de estender o «guarda-chuva» nuclear aos aliados.

[471] Ver Alexia Fernández Campbell, «Trump's New Trade Deal with South Korea, Explained», *Vox*, 25 de Setembro de 2018, consultado em: https://www.vox.com/2018/9/24/17883506/trump-korea-trade-deal-korus; Simon Lester, Inu Manak e Kyounghwa Kim, «Trump's First Trade Deal: The Slightly Revised Korea-U.S. Free Trade Agreement», *Free Trade Bulletin No. 73*, Cato Institute, 13 de Junho de 2019, consultado em: https://www.cato.org/free-trade-bulletin/trumps-first-trade-deal-slightly-revised-korea-us-free-trade-agreement, e Brock R. Williams (coord.), «U.S.-South Korea (KORUS) FTA», *CRS/Congressional Research Service*, 28 de Dezembro de 2018, consultado em: https://www.everycrsreport.com/files/2018-12-28_IF10733_5414a2917e96d62b72baed8eaa55b54b44fbedea.pdf.

[472] Ver «The trade deal between America and South Korea has barely changed», *The Economist*, 29 de Setembro de 2018, consultado em: https://www.economist.com/finance-and-economics/2018/09/27/the-trade-deal-between-america-and-south-korea-has-barely-changed, e Hyunjoo Jin e Joyce Lee, «U.S., South Korea revise trade deal with quotas on Korean steel», *Reuters*, 26 de Março de 2018, consultado em: https://www.reuters.com/article/us-usa-trade-southkorea-idUSKBN1H22GP.

burden-sharing militar, a dotação financeira coreana seria reforçada, mas num montante inferior a 100 milhões de dólares, valor modestíssimo que dificilmente se prestava a ser caracterizado como uma «grande vitória» do presidente Trump.

A preferência de Donald Trump pelo bilateralismo era também fruto da sua convicção de que urgia proceder a uma revisão global das regras da OMC.[473] A bem dizer, a erosão do multilateralismo comercial inicia-se muito antes da tomada de posse da Administração Trump. Por exemplo, os bloqueios que paralisaram a Ronda de Doha do GATT evidenciam quão estreito era o caminho para chegar a um amplo acordo sobre a liberalização do comércio mundial. Mesmo assim, o presidente dizia-se preparado para abandonar a OMC caso as reformas que reivindicava — incluindo a reformulação do Órgão de Resolução de Litígios — não fossem instituídas.[474] Com esse objectivo em vista, a Casa Branca intensifica, em finais de 2019, as críticas à OMC e recusa nomear juízes para o Órgão de Recurso, paralisando, assim, efectivamente a organização.[475] A decisão não era inteiramente inesperada porque, meses antes, em Xangai, na véspera de mais uma ronda de negociações decorrentes da «guerra comercial» com a China, Trump vocalizara a sua frustração para

[473] Ver Damian Paletta e Ana Swanson, «Trump suggests ignoring World Trade Organization in major policy shift», *The Washington Post*, 1 de Março de 2017, consultado em: https://www.washingtonpost.com/news/wonk/wp/2017/03/01/trump-may-ignore-wto-in-major-shift-of-u-s-trade-policy/; Robert Howse, «Making the WTO (Not So) Great Again: The Case Against Responding to the Trump Trade Agenda Through Reform of WTO Rules on Subsidies and State Enterprises», *Journal of International Economic Law*, Vol. 23, No. 2, 2020, pp. 371–389, e Simon Lester e Huan Zhu, «Closing Pandora's Box: The Growing Abuse of the National Security Rationale for Restricting Trade», *Policy Analysis*, Cato Institute, No. 874, 25 de Junho de 2019, consultado em: https://www.cato.org/policy-analysis/closing-pandoras-box-growing-abuse-national-security-rationale-restricting-trade.

[474] Ver James Politi, «Donald Trump threatens to pull out of the WTO», *Financial Times*, 30 de Agosto de 2018, consultado em: https://www.ft.com/content/32e17984-aca2-11e8-89a1-e5de165fa619.

[475] Ver Ana Swanson, «Trump Cripples W.T.O. as Trade War Rages», *The New York Times*, 8 de Dezembro de 2019, consultado em: https://www.nytimes.com/2019/12/08/business/trump-trade-war-wto.html?searchResultPosition=1. Um ano antes, a Casa Branca anunciou a sua intenção de prosseguir com este rumo. Ver Tom Miles, «U.S. blocks WTO judge reappointment as dispute settlement crisis looms», *Reuters*, 27 de Agosto de 2018, consultado em: https://www.reuters.com/article/us-usa-trade-wto-idUSKCN1LC19O.

com a OMC, descrevendo-a como *broken*.[476] A pertinência da observação seria validada quando Ricardo Azevedo, o director-geral da OMC, admite que a organização que dirigia «tem de ser actualizada. Tem de ser mudada. Tem de ser reformada».[477] Para todos os efeitos, Trump chegara à conclusão de que, tal como existia, a OMC, uma das organizações mais emblemáticas da ordem liberal, não oferecia garantias de fazer cumprir as regras do comércio mundial.

Em Janeiro de 2020, na ponta final do seu mandato, o presidente volta a suscitar o problema da OMC quando afirma que a organização «tem sido muito injusta com os Estados Unidos há muitos e muitos anos. Sem ela, a China não seria a China e a China não estaria onde está agora».[478] Salientava, deste modo, que a adesão da China lhe havia permitido quadruplicar o PIB e quintuplicar as exportações.[479] Subentendia-se do argumento que a OMC — e o multilateralismo em geral — trouxe vantagem considerável aos rivais dos Estados Unidos que ostensivamente violavam as regras comerciais. Parte do inegável sucesso chinês prendia-se com a incapacidade da OMC de contrariar a política industrial proteccionista de Pequim, que estimulava o *offshoring* de milhões de postos de trabalho americanos. A inoperância da organização estendia-se ao fracasso do seu combate aos subsídios ilegais concedidos pelo estado chinês às empresas estatais, à ineficiência na prevenção do roubo da propriedade intelectual e à incapacidade para pôr termo à transferência forçada de tecnologia ocidental como preço a pagar pelas empresas para ingressar no mercado chinês. Em suma, a impressionante modernização e crescimento da economia chinesa assentava na violação maciça das regras comerciais aceites pelo país aquando da sua adesão à OMC. Ignorando as queixas,

---

[476] Ver Jacob M. Schlesinger e Alex Leary, «Trump Denounces Both China and WTO», *The Wall Street Journal*, 26 de Julho de 2019, consultado em: https://www.wsj.com/articles/trump-presses-wto-to-change-china-s-developing-country-status-11564166423.

[477] Ver Silvia Amaro, «A reform-or-die moment: Why world powers want to change the WTO», *CNBC*, 7 de Fevereiro de 2020, consultado em: https://www.cnbc.com/2020/02/07/world-powers-us-eu-china-are-grappling-to-update-the-wto.html.

[478] Ver «WTO has been very unfair to US for many years: Trump», *Business Standard*, 23 de Janeiro de 2000, consultado em: https://www.business-standard.com/article/news-ani/wto-has-been-very-unfair-to-us-for-many-years-trump-120012300078_1.html.

[479] Para uma discussão dos benefícios obtidos pela China em resultado da sua entrada na OMC em 2001, ver Stewart Paterson, *China, Trade and Power: Why the West's Economic Engagement Has Failed*, Londres, London Publishing Partnership, 2018.

as autoridades de Pequim respondem que agiam em conformidade com as normas e as práticas correntes e — dissimuladamente — garantiam que as divergências com os americanos seriam superadas quando a China passasse do estatuto de «país em vias de desenvolvimento» para ser reconhecida como uma *market-focused economy*.[480]

As críticas dirigidas à OMC eram motivadas pela busca de um relacionamento comercial «mais justo» com a China, mas a estratégia de contenção do poderio chinês traçada por Trump englobava vários pilares: segurança, economia, ideologia, tecnologia e cultura. Se, durante a Guerra Fria, a contenção da União Soviética privilegiou o vector militar, no novo quadro internacional o perigo prendia-se, antes de mais, com a inovação tecnológica e com o comércio. Era, pois, necessário, sequencialmente, ganhar a corrida à inovação e reestruturar cadeias de produção e de fornecimento de modo a evitar dependências excessivas em relação à indústria chinesa, um propósito articulado no final de 2018 no «discurso da Cortina de Ferro» proferido por Mike Pence no Hudson Institute, em Washington. Para travar a crescente influência económica e geopolítica chinesa, o secretário de Estado propõe um *reset* das relações bilaterais.[481] As palavras de Pence ilustram a distância percorrida desde os anos 1990, quando Bill Clinton proclamara não haver «substituto para a confiança e a credibilidade que a OMC oferece ao processo de expansão do comércio assente em regras. Não há substituto para o alívio temporário que a OMC oferece à economia americana, especialmente contra o comércio injusto e os aumentos abruptos nas importações. E não há substituto para a autoridade da OMC na resolução de litígios que impõem o respeito de todos os países membros».[482] Vinte anos volvidos, verificando a

---

[480] Ver Todd L. Allee e Jamie E. Scalera, «The Divergent Effects of Joining International Organizations: Trade Gains and the Rigors of WTO Accession», *International Organization*, Vol. 66 No. 2, 2012, pp. 243–276, e Christina L. Davis e Meredith Wilf, «Joining the Club: Accession to the GATT/WTO», *The Journal of Politics*, Vol. 79, No. 3, 2017, pp. 964–978.

[481] Ver «Vice President Mike Pence's Remarks on the Administration's Policy Towards China, October 4 Event», *Hudson Institute,* 4 de Outubro de 2018, consultado em: https://www.hudson.org/events/1610-vice-president-mike-pence-s-remarks-on-the-administration-s-policy-towards-china102018.

[482] Ver The White House, «Remarks by the President at the World Economic Forum», Davos, Switzerland, 29 de Janeiro de 2000, consultado em: https://1997-2001.state.gov/travels/2000/000129clinton_wef.html.

ineficiência da organização nas três dimensões referenciadas, quão remotas e deslocadas eram as palavras do presidente Clinton.

A ameaça vermelha

A «abertura» à «China Vermelha» efectuada por Richard Nixon em 1972 enceta um relacionamento bilateral sino-americano que permanece relativamente estável ao longo das décadas. Todavia, se os americanos se deixavam seduzir pela ilusão da «ascensão pacífica» chinesa, Pequim nunca se iludiu quanto à natureza da ameaça representada pelos Estados Unidos.[483] No seguimento da carnificina de Junho de 1989 na Praça Tiananmen, a casta comunista confirma que os Estados Unidos configuravam uma «ameaça existencial» à República Popular.[484] A reunião do Politburo alargado do Partido Comunista Chinês realizada depois da matança caracteriza as manifestações como «distúrbios» que se transformaram num «motim contra-revolucionário».[485] Embora reconhecesse que a grande maioria dos manifestantes estaria «equivocada, mas não era hostil ao regime», a cúpula comunista alegava que eles tinham sido incitados por «ideias de liberalização burguesa» e por forças estrangeiras — os Estados Unidos, obviamente — que «conspiravam» para derrubar o partido e o regime.[486] Curiosamente, apesar da clareza das declarações de Pequim, a convicção de que a inclusão da China na ordem liberal a conduziria à adopção de um comportamento benigno na cena mundial permaneceu inalterada até à chegada de Trump à Casa Branca.

---

[483] Ver Vasco Rato, *De Mao a Xi*, *op. cit.*, pp. 157–188.

[484] Ver Deng Xiaoping, «June 9 Speech to Martial Law Units», consultado em: http://www.tsquare.tv/chronology/Deng.html. Cf. também Li Peng, «Full Text of Top-Secret Fourth Plenary Session Document: Li Peng's Life-Taking Report Lays Blame on Zhao Ziyang», *Chinese Law & Government*, Vol. 38, No. 3, 2005, pp. 69–84. Para uma discussão interessante, ver Andrew J. Nathan, «The New Tiananmen Papers», *Foreign Affairs*, Vol. 98, No. 4, 2019, pp. 80–91, e Ian Johnson, «China's "Black Week-end"», *The New York Review of Books*, 27 de Junho de 2019, pp. 34–37, consultado em: https://www.nybooks.com/articles/2019/06/27/tiananmen-chinas-black-week-end.

[485] Ver Andrew J. Nathan e Perry Link (eds.), *The Tiananmen Papers*, Londres, Little, Brown and Company, 2001, pp. 431–437.

[486] *Ibid.*, p. 440.

Partindo da premissa de que a ascensão estratégica da China fora auxiliada pela «política económica predatória» do regime comunista, Trump enterra a narrativa da «emergência pacífica» e estabelece um novo consenso bipartidário que identifica a China como o principal rival. A viragem não era inesperada porque, poucos dias depois de ser eleito, aceita um telefonema congratulatório de Tsai Ing-wen, a presidente de Taiwan, reconhecendo-lhe simbolicamente o estatuto de «chefe de estado» e não o de representante de uma «província chinesa» renegada.[487] Pela primeira vez desde o rompimento das relações com a Formosa (1979) um presidente americano (neste caso, um presidente-eleito) comunica directamente com o seu homólogo taiwanês. A liderança chinesa dificilmente poderia ignorar o simbolismo do gesto até porque, numa entrevista de campanha concedida à Fox News, Trump afirmou não entender a necessidade de manter a política da «China única» para negociar diferendos comerciais com Pequim.[488]

No início de 2018 torna-se claro que algo de diferente estava a ocorrer na relação sino-americana, uma mutação que os *media* internacionais qualificam como uma «guerra comercial» desencadeada pelo presidente Trump. A designação generaliza-se talvez porque, num *tweet* de 2 de Março de 2018, Trump se diz preparado para desencadear uma guerra comercial, pois as «guerras comerciais são boas e fáceis de vencer». E acrescentou: «When we are down US$100 billion with a certain country and they get cute, don't trade anymore — we win big. It's easy.»[489] A ligeireza

[487] Ver Mark Landler e David E. Sanger, «Trump Speaks With Taiwan's Leader, an Affront to China», *The New York Times*, 2 de Dezembro de 2016, consultado em: https://www.nytimes.com/2016/12/02/us/politics/trump-speaks-with-taiwans-leader-a-possible-affront-to-china.html.

[488] Ver Mark Lander, «Trump Suggests Using Bedrock China Policy as Bargaining Chip», *The New York Times*, 11 de Dezembro de 2016, consultado em: https://www.nytimes.com/2016/12/11/us/politics/trump-taiwan-one-china.html?searchResultPosition=1. Pouco tempo depois, no seguimento de uma conversa telefónica com Xi Jinping, o presidente Trump anunciou que, afinal, aceitava a política da «China única». Ver Mark Landler e Michael Forsythe, «Trump Tells Xi Jinping U.S. Will Honor "One China" Policy», *The New York Times*, 9 de Fevereiro de 2017, consultado em: https://www.nytimes.com/2017/02/09/world/asia/donald-trump-china-xi-jinping-letter.html.

[489] Ver «Trump defiant as tariffs spark global anger, stock market plunges», *The Business Times*, 2 de Março de 2018, consultado em: https://www.businesstimes.com.sg/government-economy/trump-defiant-as-tariffs-spark-global-anger-stock-market-plunges.

da afirmação seria pouco depois corrigida pela Casa Branca, quando esclarece que as preocupações com a segurança nacional a levaram a recorrer à Secção 301 do *US Trade Act of 1974* de modo a contrariar as políticas «discriminatórias» chinesas que «oneram ou restringem o comércio dos Estados Unidos»[490]. Consubstanciando um corte radical com as práticas seguidas pelas administrações anteriores, a decisão refuta os princípios mais genéricos do multilateralismo e os mecanismos de resolução de litígios da OMC. Com efeito, o comércio internacional transbordava para um conflito geopolítico sino-americano, ou seja, os litígios comerciais passam a ser encarados como assuntos de segurança nacional.

A intenção de Trump de contrariar as práticas comerciais chinesas por meio de tarifas contempladas nas Secções 201 e 301 do *US Trade Act of 1974* fora explicitada durante a campanha, num discurso proferido em 28 de Junho de 2016 no estado da Pensilvânia. Anunciadas a 22 de Janeiro de 2018, as primeiras medidas atingem os painéis solares e as máquinas de lavar oriundas da China, que passaram a estar sujeitas a novas taxas aduaneiras.[491] Trump formaliza a decisão após a publicação do relatório elaborado pela United States International Trade Commission, que concluía que a concorrência desleal chinesa justificava restrições de «salvaguarda global», às quais Pequim, por sua vez, responde com tarifas preliminares sobre o sorgo americano. Washington escala o conflito a 1 de Março do mesmo ano ao revelar que, por motivos de segurança nacional, tenciona impor tarifas sobre o aço e o alumínio, embora apenas 6% das importações dessas matérias tivessem origem na China.[492] Nos meses subsequentes, tarifas de 25% eram impostas e uma tarifa de 10%

---

[490] Ver Office of the United States Trade Representative, «Section 301 Investigation Fact Sheet», Junho de 2018, consultado em: https://ustr.gov/about-us/policy-offices/press-office/fact-sheets/2018/june/section-301-investigation-fact-sheet.

[491] Ver Executive Office of the President of the United States, «Section 201 Cases: Imported Large Residential Washing Machines and Imported Solar Cells and Modules», *Fact Sheet*, consultado em: https://ustr.gov/sites/default/files/files/Press/fs/201%20Cases%20Fact%20Sheet.pdf. Em Janeiro de 2021, Trump alargou tarifas de «salvaguarda» às máquinas de lavar residenciais durante mais dois anos. Ver David Lawder, «Trump extends "safeguard" tariffs on large washer imports for two years», *Reuters*, 14 de Janeiro de 2021, consultado em: https://www.reuters.com/article/us-usa-trade-washers-idUSKBN29J2SD.

[492] Ver Chad P. Brown, «Trump's Steel and Aluminum Tariffs: How WTO Retaliation Typically Works», Peterson Institute for International Economics, 5 de Março de 2018,

era adicionada aos 200 biliões de dólares de importações provenientes da República Popular.[493] Com as negociações comerciais bilaterais bloqueadas, em Maio de 2019 aplica-se uma tarifa de 25% sobre uma segunda tranche de produtos.

Pouco depois, em Agosto de 2019, Trump cumpria a sua promessa eleitoral de designar a China como país «manipulador de moeda», embora uns meses depois viesse a revogar a decisão.[494] Presumindo que Trump fosse obrigado a obter um acordo comercial antes de se aventurar na sua corrida a um segundo mandato, Pequim, com o propósito de provocar danos junto da base eleitoral do presidente, endurece a sua posição ao anunciar novas tarifas.[495] Chegados ao Verão de 2019, as exportações

---

consultado em: https://www.piie.com/blogs/trade-and-investment-policy-watch/trumps-steel-and-aluminum-tariffs-how-wto-retaliation.

493 Ver Jacob Pramuk, «Trump will slap 10% tariffs on $200 billion in Chinese goods — and they will go to 25% at year-end», *CNBC*, 17 de Setembro de 2018, consultado em: https://www.cnbc.com/2018/09/17/trump-puts-new-tariffs-on-china-as-trade-war-escalates.html.

494 Rotulando a China como a «grande campeã» da manipulação da moeda ao longo da campanha de 2016, Trump afirmou, no seu primeiro dia na Sala Oval, que o país seria formalmente designado como «manipulador da moeda». Repetidamente criticou as práticas discriminatórias de Pequim que prejudicam as empresas americanas e alertou insistentemente para o facto de as empresas ocidentais enfrentarem transferências forçadas de tecnologia, roubo de propriedade intelectual e barreiras inaceitáveis à entrada no mercado chinês. Concomitantemente, lembrou que as empresas chinesas a operar nos Estados Unidos beneficiavam de acesso irrestrito do tipo negado às empresas americanas no mercado chinês. Dois meses mais tarde, numa entrevista concedida ao *The Wall Street Journal*, mudou de posição. O Departamento do Tesouro, por sua vez, no seu Relatório ao Congresso de Janeiro de 2020, levantou a designação. Sobre o assunto, veja-se Steve Holland e David Lawder, «Exclusive: Trump calls Chinese "grand champions" of currency manipulation», *Reuters*, 24 de Fevereiro de 2017, consultado em: http://www.reuters.com/article/us-usa-trump -china-currency-exclusive-idUSKBN1622PJ; Gerard Baker, Carol E. Lee e Michael C. Bender, «Trump Says Dollar "Getting Too Strong" Won't Label China a Currency Manipulator», *The Wall Street Journal*, 12 de Abril de 2017, acessível em: https: //www.wsj.com/articles/trump-says-dollar-getting-too-strong-wont-label-china-currency-manipulator-1492024312; «Treasury Designates China as a Currency Manipulator», U.S. Department of the Treasury, Press Releases, 5 de Agosto de 2019, consultado em: https://home.treasury.gov/news/press-releases/sm751, e The Department of the Treasury, «Report to Congress. Macroeconomic and Foreign Exchange Policies of Major Trading Partners of the United States», Janeiro de 2020, pp. 1–2, consultado em: https://home.treasury.gov/system/files/136/20200113-Jan-2020-FX-Report-FINAL.pdf.

495 As autoridades chinesas subestimaram a mudança na opinião pública americana desde que Trump entrou na Casa Branca. No Verão de 2018, o *Pew Research Center*

oriundas dos Estados Unidos tinham sido sujeitas a tarifas *tit-for-tat* num valor superior a 110 biliões de dólares.[496] Procurando conter os estragos políticos, Trump insiste que seria a China — e não os consumidores e as empresas americanas — a arcar com o custo das taxas alfandegárias.[497] Assistia-lhe alguma razão porque, a longo prazo, as tarifas invariavelmente alterariam estratégias de investimento. Para colmatar a disrupção das cadeias de fornecimento que as medidas provocariam, era natural que também se assistisse a algum *reshoring* da indústria americana, isto é, o regresso aos Estados Unidos de actividades industriais anteriormente deslocalizadas.[498] Mas ainda que assim fosse, mesmo que as empresas não trocassem a China pelo Vietname ou por outros países de baixo custo laboral, era indiscutível que, no curto prazo, os prejuízos económicos iriam incidir sobre as companhias e os consumidores americanos. Aliado político do presidente, Larry Kudlow, director do National Economic Council, admite-o quando diz que «ambas as partes sofrerão».[499]

Esse «sofrimento» não tarda, com efeito, a chegar sob a forma de uma quebra de vendas da Whirlpool e da desvalorização das acções das empresas operando nos sectores impactados pelas tarifas. Chega também sob a forma do aumento do preço do aço, que quebra a procura e obriga a

---

relatava uma redução significativa de opiniões positivas sobre a China, que diminuíram de 44% em 2017 para 38% em 2018. Ver Richard Wike and Kat Devlin, «As Trade Tensions Rise, Fewer Americans see China Favorably», Pew Research Center Global Attitudes and Trends, 28 de Agosto de, 2018, consultado em: https://www.pewresearch.org/global/2018/08/28/as-trade-tensions-rise-fewer-americans-see-china-favorably/.

[496] Ver «China tariffs: what are they and how are they used?», *South China Morning Post*, 10 de Dezembro de 2020, consultado em: https://www.scmp.com/economy/china-economy/article/3113157/china-tariffs-what-are-they-and-how-are-they-used.

[497] Ver Geoffrey Gertz, «Did Trump's tariffs benefit American workers and national security?», Policy 2020, *Brookings*, 10 de Setembro de 2020, consultado em: https://www.brookings.edu/policy2020/votervital/did-trumps-tariffs-benefit-american-workers-and-national-security/.

[498] Ver John K. Ferraro, «Long-Run Effects on Chinese GDP from US-China Tariff Hijes», *FEDS Notes*, Board of Governors of the Federal Reserve System, 15 de Julho de 2019, consulado em: https://www.federalreserve.gov/econres/notes/feds-notes/long-run-effects-on-chinese-gdp-from-us-china-tariff-hikes-20190715.htm.

[499] Ver Patrick Temple-West, «Kudlow: "Both sides will suffer" in U.S.-China trade war», *Politico*, 5 de Dezembro de 2019, consultado em: https://www.politico.com/story/2019/05/12/china-trade-war-kudlow-1317632.

gigantesca US Steel a fechar várias unidades fabris em solo americano.[500] Não menos relevante, as autoridades chinesas contemplam uma redução significativa de estudantes a frequentar o ensino superior nos Estados Unidos, secando, assim, uma fonte de receita das universidades.[501] Igualmente preocupante, Pequim anuncia o propósito de equacionar restrições à exportação de terras raras e de outros minérios estratégicos, como, aliás, fizera em 2010, quando embargou exportações para o Japão na sequência de um incidente em torno das ilhas Senkaku (Diaoyu).[502]

Neste quadro, a 15 de Janeiro de 2020, depois de ano e meio de «guerra comercial», a China e os Estados Unidos celebraram o acordo «Fase Um», que prevê a reversão de tarifas, o aumento de compras de produtos americanos e o compromisso renovado chinês de normalizar práticas cambiais, direitos de propriedade intelectual e transferências de tecnologia.[503] Em contrapartida, a Casa Branca abandona as tarifas inicialmente previstas para entrar em vigor em Dezembro de 2019 e reafirma o seu compromisso para com uma redução de taxas de 15% para 7,5% sobre 120 biliões de dólares em produtos chineses, embora não altere tarifas adicionais no valor de 250 biliões de dólares. A China, por sua vez, reduziria para metade as tarifas sobre 1717 produtos oriundos dos Estados Unidos, incluindo crude, produtos cárneos e soja. No total, Pequim acedia a adquirir pelo menos 200 biliões de dólares de bens e serviços americanos nos dois anos seguintes, acima da linha de base de 2017 (186 biliões).

Durante os dois primeiros anos do seu mandato, Trump concentrou-se quase exclusivamente em corrigir os desequilíbrios da balança comercial.

---

[500] Ver Rajesh Kumar Singh, «Trump steel tariffs bring job losses to swing state Michigan», *Reuters*, 9 de Outubro de 2020, consultado em: https://www.reuters.com/article/us-usa-election-steel-insight-idUSKBN26U161.

[501] Ver Panos Mourdoukoutas, «China Threatens To Cut Rare Earths Supplies To The U.S. — Bad Idea», *Forbes*, 16 de Maio de 2019, consultado em: https://www.forbes.com/sites/panosmourdoukoutas/2019/05/16/china-threatens-to-cut-rare-earths-supplies-to-the-us-bad-idea/?sh=2bae4e2a7486.

[502] Ver Ming Hwa Ting e John Seaman, «Rare Earths: Future Elements of Conflict in Asia», *Asian Studies Review*, Vol. 373, No. 2, 2013, pp. 234–252.

[503] Para o texto integral do Acordo, ver «Economic and Trade Agreement Between the Government of the United States of America and the Government of the People's Republic of China», consultado em: https://ustr.gov/sites/default/files/files/agreements/phase%20one%20agreement/Economic_And_Trade_Agreement_Between_The_United_States_And_China_Text.pdf.

No entanto, concluía que mesmo que um maior equilíbrio nas relações comerciais fosse passível de ser estabelecido por meio das novas tarifas alfandegárias, os desafios associados ao surgimento da China como grande potência não seriam superados. Daí que o problema dos défices comerciais fosse relegado para segundo plano e que a atenção da Administração americana passasse a estar centrada na protecção da tecnologia americana e nos perigos colocados pelos avanços da inovação chinesa.[504] Por outras palavras, a Casa Branca considerava a «guerra comercial» sino-americana como mais uma das numerosas frentes da rivalidade estratégica global.[505]

Ao romper com quatro décadas de tentativas de gerar teias de interdependência de modo a transformar a China num *stakeholder* na ordem liberal, Trump reconhece que a rivalidade prolongada que se adivinhava fazia com que a diplomacia económica fosse um instrumento fundamental do arsenal americano.[506] A melhor ilustração do problema são os imensos esforços para circunscrever o papel da Huawei na construção das redes 5G nos países aliados.[507] Porque a lei chinesa obrigava as empresas a partilhar os dados das redes 5G estrangeiras com os seus serviços de informações, a Casa Branca afiançava que a segurança nacional americana poderia ser comprometida se os governos aliados não restringissem a participação da Huawei nas suas redes nacionais.[508] Aliados

---

[504] Ver Ryan McCrimmon, «China pledges big soybean buy», *Politico*, 1 de Fevereiro de 2019, consultado em: https://www.politico.com/newsletters/morning-agriculture/2019/02/01/china-pledges-big-soybean-buy-498235.

[505] Ver Chad P. Brown e Douglas A. Irwin, «Trump's Assault on the Global Trading System: And Why Decoupling from China Will Change Everything», *op. cit.*

[506] Cf. Dan Blumenthal e Nicholas Eberstadt, «China Unquarantined», *National Review*, 4 de Junho de 2020, consultado em: https://www.nationalreview.com/magazine/2020/06/22/our-disastrous-engagement-of-china/#slide-1.

[507] Ver John Bolton, *The Room Where it Happened: A White House Memoir*, Nova Iorque, Simon & Schuster, 2020, pp. 305–309.

[508] Ver Aarshi Tirkey, «The 5G Dilemma: Mapping Responses Across the World», *ORF/Observer Research Foundation*, Nova Deli, Maio de 2020, pp. 16–23, consultado em: https://www.orfonline.org/wp-content/uploads/2020/05/ORF_Monograph_5G_Dilemma.pdf. Ver também «Huawei Personnel Worked With China Military on Research Projects», *Bloomberg*, 27 de Junho de 2019, consultado em: https://www.bloomberg.com/news/articles/2019-06-27/huawei-personnel-worked-with-china-military-on-research-projects, e Julian E. Barnes, «White House Official Says Huawei Has Secret Back Door to Extract Data», *The New York Times*, 11 de Fevereiro de 2020, consultado

que optassem pela Huawei — ou empresas chinesas similares — teriam o acesso às informações (*intelligence*) americanas severamente limitado ou — eventualmente — descontinuado. Sinalizando a sua inflexibilidade quanto a este assunto, em Maio de 2018 a Administração Trump interdita a venda de dispositivos Huawei em instalações militares americanas e proíbe fornecedores do Governo Federal de utilizarem componentes e serviços da companhia.[509] O cerco não fica por aqui e, um ano mais tarde, a empresa seria adicionada à «lista de entidades», «inamistosas», mantida pelo Departamento de Comércio, uma forma indirecta de ilegalizar a venda dos seus componentes na ausência de autorização prévia das autoridades federais.[510] A investida contra uma das empresas chinesas mais bem-sucedidas no mercado internacional faz soar os alarmes em Pequim. Se dúvidas subsistiam, a decisão reforça a convicção das autoridades comunistas de que as vulnerabilidades do país só seriam superadas por meio da auto-suficiência tecnológica e da potencialização do mercado interno.[511] Por outras palavras, pelo condicionalismo industrial e pelo *decoupling* em relação à América.

Mesmo antes de Donald Trump conquistar a Casa Branca, a convicção de que a auto-suficiência era a resposta mais indicada para colmatar

---

em: https://www.nytimes.com/2020/02/11/us/politics/white-house-huawei-back-door.html. Para uma perspectiva alternativa, ver Elsa B. Kania e Lindsey R. Sheppard, «Why Huawei Isn't So Scary», *Foreign Policy*, 12 de Outubro de 2019, consultado em: https://foreignpolicy.com/2019/10/12/huawei-china-5g-race-technology/.

[509] Ver Shannon Liao, «The Pentagon bans Huawei and ZTE phones from retail stores on military bases», *The Verge*, 2 de Maio de 2018, consultado em: https://www.theverge.com/2018/5/2/17310870/pentagon-ban-huawei-zte-phones-retail-stores-military-bases. Muitas destas restrições foram alargadas em 2020. Ver David Shepardson e Mike Stone, «U.S. federal contract ban takes effect for companies using products from Huawei, others», *Reuters*, 13 de Agosto de 2020, consultado em: https://www.reuters.com/article/us-usa-china-contracting/u-s-federal-contract-ban-takes-effect-for-companies-using-products-from-huawei-others-idINKCN25928Y.

[510] Ver «Addition of Certain Entities to the Entity List and Revision of Entities on the Entity List», *Federal Register*, 21 de Agosto de 2019, consultado em: https://www.govinfo.gov/content/pkg/FR-2019-08-21/pdf/2019-17921.pdf.

[511] Ver Meng Jing e Zen Soo, «Tech cold war: how Trump's assault on Huawei is forcing the world to contemplate a digital iron curtain», *South China Morning Post*, 26 de Maio de 2019, consultado em: https://www.scmp.com/tech/big-tech/article/3011700/tech-cold-war-how-trumps-assault-huawei-forcing-world-contemplate. Ver também Haiyong Sun, «U.S.-China Tech War: Impacts and Prospects», *China Quarterly of International Strategic Studies*, Vol. 5, No. 2, 2019, pp. 197–212.

a vulnerabilidade chinesa já era visível, particularmente quando, em Maio de 2015, o primeiro-ministro Li Keqiang apresenta a estratégia *Made In China 2025*.[512] Inspirada no projecto «Indústria 4.0» alemã de 2013 e na abordagem japonesa à inovação, a iniciativa chinesa visava robustecer as capacidades tecnológicas e industriais do país num horizonte de dez anos.[513] Pretendia-se, com efeito, alcançar o domínio em dez sectores-chave da futura economia mundial, incluindo a inteligência artificial, a aviação, a robótica, os automóveis autónomos e os produtos médicos avançados.[514] Preconiza-se a alocação de investimentos maciços para a

---

[512] Ver «Made In China 2025 plan unveiled to boost manufacturing», *GB Times*, 20 de Maio de 2015, consultado em: https://gbtimes.com/made-china-2025-plan-unveiled-boost-manufacturing.

[513] Ver Jost Wübbeke, Mirjam Meissner, Max J. Zenglein, Jaqueline Ives e Björn Conrad, «Made In China 2025: The making of a high-tech superpower and consequences for industrial countries», *Mercator Institute for China Studies* (MERICS), No. 2, December 2016, consultado em: https://www.merics.org/sites/default/files/2017-09/MPOC_No.2_MadeinChina2025.pdf. Ver também Ma Huimin, Li Yan, Xiang Wu, Han Huang, Han Wu, Jie Xiong e Jinlong Zhang, «Strategic Plan of Made In China 2025 and Its Implementations»; Richard Brunet-Thornton e Felipe Martinez (eds.), *Analyzing the Impacts of Industry 4.0 in Modern Business Environments*, Hershey, IGI Global, 2018, pp. 1–23; Scott Kennedy, «Made In China 2025», *Critical Questions*, Centre for Strategic and International Studies, 1 de Junho de 2015, consultado em: https://www.csis.org/analysis/made-china-2025, e Mirjam Meisnner e Jost Wüebbeke, «China's High-Tech Strategy Raises the Heat on Industrial Countries», *The Diplomat*, 16 de Dezembro de 2016, consultado em: https://thediplomat.com/2016/12/chinas-high-tech-strategy-raises-the-heat-on-industrial-countries/.

[514] Anunciada em Julho de 2010, a Estratégia de Alta Tecnologia 2020 para a Alemanha privilegia a pesquisa e a inovação. A inovação está orientada para cinco áreas prioritárias: clima/energia, saúde/nutrição, mobilidade, segurança e comunicações. O objectivo de Berlim é aumentar a digitalização e a interconexão de produtos num período de 10 a 15 anos, obtendo vantagens na manufactura digital. A tecnologia da informação e a Internet das coisas são de importância crítica porque, ao conectar as empresas alemãs às cadeias de produção globais, torna-as mais competitivas. Em 2020, o Ministério Federal da Educação e Pesquisa actualizou a estratégia. Ver The State Council of the People's Republic of China, «Made in China 2025 plan issued», May 19, 2015, consultado em: http://english.www.gov.cn/policies/latest_releases/2015/05/19/content_281475110703534.htm. Dez sectores foram seleccionados como prioritários para desenvolver e actualizar a indústria chinesa: tecnologia de informação avançada, máquinas-ferramentas automatizadas e robótica, equipamentos aeroespaciais e aeronáuticos, equipamentos marítimos e transporte de alta tecnologia, equipamentos modernos de transporte ferroviário, veículos e equipamentos de novas energias, equipamentos energéticos, equipamentos agrícolas, novos materiais, produtos médicos

investigação e o desenvolvimento, bem como a aplicação de capital — principalmente através do Fundo de Investimento Nacional Integrado, um veículo financiado na sua totalidade pelo estado chinês — em empresas inovadoras com potencial para competir nos exigentes mercados internacionais.[515] Construía-se um ecossistema propício ao crescimento das empresas nacionais através de subsídios estatais, de transferências forçadas de tecnologia estrangeira, de incentivos à exportação e da apropriação indevida da propriedade intelectual.[516] Quando adquirissem «escala» no imensíssimo mercado interno, as empresas saíam à conquista de mercados estrangeiros. No essencial, a estratégia de fazer crescer empresas competitivas de classe mundial replicava a política industrial que produziu a Huawei e os demais «campeões nacionais».[517] Manifestando a preocupação da Casa Branca com este estado de coisas, o vice-presidente Mike Pence avisa que, «por meio do plano *Made In China 2025*, o Partido Comunista tem como objectivo controlar 90% das indústrias mais avançadas do mundo», acrescentando que, para «conquistar a liderança da economia no século XXI, Pequim orientou os seus burocratas e empresas para obterem propriedade intelectual americana — a base da nossa liderança económica — por todos os meios necessários».[518]

---

avançados e biofármacos. A importância deste último sector tornou-se universalmente evidente durante a crise do Covid.

[515] Ver Nicholas R. Lardy, *The State Strikes Back: The End of Economic Reform in China?*, Washington, Peterson Institute for International Economics, 2019, p. 2.

[516] *Ibid.*, pp. 99–117. Estas práticas estão documentadas no Relatório do United States Trade Representative de Março de 2018, que resultou na investigação no âmbito da Secção 301 sobre as práticas comerciais chinesas. Ver Office of the United States Trade Representative, Executive Office of the President, «Findings of the Investigation into China's Acts, Policies, and Practices Related to Technology Transfer, Intellectual Property, and Innovation Under Section 301 of the Trade Act of 1974», 22 de Março de 2018, consultado em: https://ustr.gov/sites/default/files/Section%20301%20FINAL.PDF.

[517] Para mais dados sobre as principais companhias tecnológicas chinesas, ver Rebecca A. Fannin, *Tech Giants of China*, Boston, Nicholas Brealey Publishing, 2019. Sobre a estratégia internacional da Huawei, ver Brian Low, «Huawei Technologies Corporation: from local dominance to global challenge?», *Journal of Business and Industrial Marketing*, Vol. 22, No. 2, 2007, pp. 138–144, e Sunny li Sun, «Internationalization Strategy of MNEs from Emerging Economies: The Case of Huawei», *Multinational Business Review*, Vol. 17, No. 2, 2009, pp. 133–159.

[518] Ver The White House, «Remarks by Vice President Pence on the Administration's Policy Toward China», The Hudson Institute, Washington, 4 de Outubro de 2018,

Todavia, o *Made in China 2025* era vital para alcançar a «sociedade moderadamente próspera» prevista pelo «Sonho Chinês» de Xi Jinping. Para evitar a «armadilha do rendimento médio», o país teria de subir na cadeia de valor ao mesmo tempo que transitava para uma economia desenvolvida.[519] Reforçando os sectores identificados pelo *Made In China 2025*, cumpria-se esse objectivo e, em simultâneo, reduzia-se a dependência relativamente às importações e aos mercados estrangeiros. A tarefa afigurava-se como urgente porque o aumento da competitividade verificada nos países ocidentais devia-se a ganhos de eficiência impulsionados pela inovação tecnológica. Se a trajectória continuasse no mesmo sentido, a mão-de-obra barata chinesa passaria a ser insuficientemente competitiva para o país conservar o seu modelo de crescimento assente em exportações. Impedida de fazer desvalorizações significativas do *renminbi*, a China teria de obter vantagens competitivas por meio da inovação e do estabelecimento de padrões técnicos (*standards*) em sectores emergentes da economia digital.

Note-se que a diplomacia económica da Administração Trump não contemplava apenas a China. As campanhas de «pressão máxima» traçadas pela Casa Branca destinavam-se a coagir estados párias — particularmente a Coreia do Norte, o Irão e a Venezuela — que se tinham colocado em rota de colisão com os Estados Unidos. Quando abandona a Sala Oval, Barack Obama confidencia ao seu sucessor que a Coreia do Norte representava a principal ameaça à segurança nacional americana.[520] Trump, que subscreve esta avaliação, não perde tempo em colocar pressão sobre Pyongyang. Ao mesmo tempo que sanções adicionais são aprovadas pelo Conselho de Segurança da ONU, os aliados do Ásia-Pacífico são

---

consultado em: https://www.whitehouse.gov/briefings-statements/remarks-vice-president-pence-administrations-policy-toward-china/.

[519] Cf. The World Bank and Development Research Center of the State Council, the People's Republic of China, «China 2030: Building a Modern, Harmonious, and Creative Society», Washington, 2013, p. 12, consultado em: https://documents1.worldbank.org/curated/en/781101468239669951/pdf/China-2030-building-a-modern-harmonious-and-creative-society.pdf.

[520] Ver Gerald F. Seib, Jay Solomon e Carol E. Lee, «Barack Obama Warns Donald Trump on North Korea Threat», *The Wall Street Journal*, 22 de Novembro de 2016, consultado em: https://www.wsj.com/articles/trump-faces-north-korean-challenge-1479855286.

instados a suprimir actividades destinadas a furar as sanções conduzidas a partir das embaixadas e dos consulados de Pyongyang. Não menos relevante, Washington intensifica abertamente a pressão para que a China faça cumprir as sanções impostas ao regime dinástico da família Kim.[521]

As iniciativas em nada dissuadem Kim Jong-un de avançar com a testagem de mísseis balísticos. Face à escalada da retórica bélica coreana, Trump, no dia 3 de Janeiro de 2018, esclarece que «Kim Jong-un acaba de declarar que o seu "botão nuclear se encontra na sua secretária em todos os momentos". Alguém do seu faminto e esgotado regime, por favor, informe-o de que eu também tenho um *Botão Nuclear*, mas é muito maior e mais poderoso do que o dele. E o meu *Botão* funciona!»[522] À inusitada ameaça americana segue-se uma brusca alteração de estratégia quando, com o propósito de persuadir Kim a aderir a uma solução negociada para a questão peninsular, a Casa Branca promete fornecer ajuda ao desenvolvimento a Pyongyang em troca da sua desnuclearização. Trata-se, na prática, de um caminho para normalizar um regime pária, internacionalmente isolado.[523] Quando, durante a cimeira de Hanói, se torna patente que as negociações entre Kim e Trump fracassaram, Pyongyang, em violação clara das resoluções aprovadas pelo Conselho de Segurança da ONU, retoma os testes de mísseis. Em última análise, as mediáticas cimeiras Trump-Kim serviram apenas para conferir respeitabilidade internacional ao ditador e para quebrar o seu isolamento.[524]

---

[521] Ver Leif-Eric Easley, «From Strategic Patience to Strategic Uncertainty: Trump, North Korea, and South Korea's New President», *World Affairs*, Vol. 180, No. 2, 2017, pp. 7–31, e Inhan Kim, «Trump power: Maximum pressure and China's sanctions enforcement against North Korea», *The Pacific Review*, Vol. 33, No. 1, 2020, pp. 96–124.

[522] Ver «Trump to Kim: My nuclear button is "bigger and more powerful"», *BBC News*, 3 de Janeiro de 2018, consultado em: https://www.bbc.com/news/world-asia-42549687.

[523] Ver Michael Wolff, *Siege: Trump Under Fire*, Londres, Little, Brown, 2019, p. 140, e Julie Bykowicz e Farnaz Fassihi, «Trump Says He and Kim Jong Un "Fell in Love"», *Wall Street Journal*, 30 de Setembro de 2018, consultado em: https://www.wsj.com/articles/trump-says-he-and-kim-jong-un-fell-in-love-1538336604.

[524] Ver Leif-Eric Easley, «Trump and Kim Jong Un: Climbing the Diplomatic Ladder», *North Korean Review*, Vol. 16, No. 1, 2020, pp. 103–110; Jung H. Pak, «What Kim Wants: The Hopes and Fears of North Korea's Dictator», *Foreign Affairs*, Vol. 99, No. 3, 2020, pp. 96–106; Daniel Wertz, «The U.S., North Korea, and Nuclear Diplomacy», National Committee on North Korea (NCNK), *Issue Brief*, Outubro de 2018, pp. 1–24, consultado em: https://www.ncnk.org/sites/default/files/issue-briefs/US_DPRK_

Se a espinhosa relação com a Coreia do Norte termina num beco sem saída, o relacionamento com o Irão afigura-se ainda mais tempestuoso. Depois de, durante a campanha, ter afiançado que repudiaria o *Joint Comprehensive Plan of Action* (JCPOA) negociado pelos Estados Unidos e o UE-3 (Alemanha, França e Reino Unido), Trump abandona-o em 8 de Maio de 2018, no preciso momento em que anuncia a imposição de sanções financeiras adicionais e designa a Guarda Revolucionária iraniana como uma organização terrorista.[525] Também pressiona a SWIFT — a rede de pagamentos transfronteiriços sediada em Bruxelas — para excluir os bancos iranianos sujeitos às sanções americanas. Com o intuito de preservar o acordo nuclear, a União Europeia aconselha a SWIFT a resistir à pressão vinda da Casa Branca e prepara arranjos de pagamentos alternativos ao dólar. Porém, no Outono de 2018, a SWIFT cede às pretensões americanas.[526] Em paralelo, são eliminadas as isenções até então em vigor que permitiam a exportação de petróleo iraniano para países terceiros, uma imprescindível fonte de receita para o tesouro iraniano. A política de «pressão económica máxima» *trumpiana* surte efeitos notáveis, incluindo a queda em mais de 50% das exportações de petróleo, a desvalorização da moeda em 60% e uma contracção significativa do PIB.[527] Embora nunca tivesse revelado o objectivo último das novas acções, era

---

Relations.pdf, e Mel Gurtov, *America in Retreat: Foreign Policy Under Donald Trump*, Londres, Rowman & Littlefield, 2021, pp. 75–81.

[525] Ver Eli Stokols, «Trump declares himself a friend of Israel: "Believe me"», *Politico*, 21 de Março de 2016, consultado em: https://www.politico.com/story/2016/03/donald-trump-israel-aipac-221064, e Mark Landler, «Trump Abandons Iran Nuclear Deal He Long Scorned», *The New York Times*, 8 de Maio de 2018, consultado em: https://www.nytimes.com/2018/05/08/world/middleeast/trump-iran-nuclear-deal.html?searchResultPosition=1.

[526] Ver «SWIFT system to disconnect some Iranian banks this weekend», *Reuters*, 9 de Novembro de 2018, consultado em: https://www.reuters.com/article/usa-iran-sanctions-swift/swift-system-to-disconnect-some-iranian-banks-this-weekend-idUSFWN1XK0YW, e Radosław Fiedler, «Iran and the European Union after the Nuclear Deal», *CES Working Papers*, Vol. 10, No. 3, 2018, pp. 291–305.

[527] Ver Javier Blas, «In Big Win for Trump, U.S. Sanctions Cripple Iranian Oil Exports», *Bloomberg*, 28 de Setembro de 2018, consultado em: https://www.bloomberg.com/news/articles/2018-09-18/in-big-win-for-trump-u-s-sanctions-cripple-iranian-oil-exports, e Saeed Ghasseminejad e Richard Goldberg, «The Impact of Sanctions Two years After U.S, Withdrawal From the Nuclear Deal», FDD/Foundation for Defense of Democracies, *FDD Policy Brief*, 6 de Maio de 2020, consultado em: https://www.fdd.org/analysis/2020/05/06/sanctions-impact-two-years-after-jcpoa-withdrawal/.

patente que a sua lógica sugeria que se pretendia efectuar uma mudança de regime.[528] Não admira, portanto, que os *mullahs* recusassem fazer concessões e, na segunda metade de 2019, reiniciassem o enriquecimento de urânio nas instalações de Fordow.[529] Confrontados com esta flagrante violação dos termos do JCPOA, os europeus, que manobravam para salvar o acordo, são forçados a homologar novas sanções contra Teerão.[530]

Quanto à Venezuela, Trump secunda os esforços do Grupo de Lima destinados a isolar o regime bolivariano de Nicolás Maduro.[531] Reconhece Juan Guaidó como legítimo presidente da República e bloqueia o acesso de Caracas aos activos e às contas detidas pelo regime no estrangeiro.[532] Com a Venezuela a ser severamente fustigada pela hiperinflação e pelo racionamento dos bens essenciais, os americanos apertam o cerco através de sanções secundárias às empresas estrangeiras com negócios no país. À semelhança do caso iraniano, o propósito final da Administração Trump aparentava ser a mudança de regime, um objectivo que se torna absolutamente cristalino quando a Casa Branca admite publicamente que não

---

[528] Ver Steven Simon, «Iran and President Trump: What Is the Endgame?», *Survival*, Vol. 60, No. 4, 2018, pp. 7–20, Mohammed Nuruzzaman, «President Trump's "Maximum Pressure" Campaign and Iran's Endgame», *Strategic Analysis*, Vol. 44, No. 6, 2020, pp. 570–582, e Mel Gurtov, *America in Retreat*, *op. cit.*, pp. 81–85.

[529] Ver Patrick Wintour, «Iran resumes uranium enrichment in new step away from nuclear deal», *The Guardian*, 5 de Novembro de 2019, consultado em: https://www.theguardian.com/world/2019/nov/05/iran-announces-injection-of-uranium-gas-into-1044-centrifuges; Laurence Norman, «In Major Nuclear Step, Iran to Resume Enrichment at Underground Site», *The Wall Street Journal*, 5 de Novembro de 2019, consultado em: https://www.wsj.com/articles/iran-plans-to-breach-nuclear-deal-again-11572955701, e Marc Santora, «Iran Increases Uranium Enrichment at Key Nuclear Facility», *The New York Times*, 4 de Janeiro de 2021, consultado em: https://www.nytimes.com/2021/01/04/world/middleeast/iran-nuclear-uranium-enrichment.html?searchResultPosition=1.

[530] Ver Julian Borger, «Friends without Benefits: How Europe Was Wrongfooted by Trump over Iran», *The Guardian*, 14 de Maio de 2018, consultado em: https://www.theguardian.com/world/2018/may/14/the-myth-of-trumps-european-allies-shows-of-friendship-dont-signal-influence, e Ellie Geranmayeh, «Trump's Iran Sanctions: An Explainer on Their Impact for Europe», European Council on Foreign Relations, 12 de Setembro de 2018, consultado em: https://www.ecfr.eu/article/commentary_trumps_iran_sanctions_an_explainer_on_their_impact_for_europe.

[531] Cf. John Bolton, *The Room Where it Happened*, *op. cit.*, pp. 247–285.

[532] Ver Clare Ribando Seelke, «Venezuela: Overview of U.S. sanctions», *CRS/Congressional Research Service*, 22 de Janeiro de 2021, consultado em: https://fas.org/sgp/crs/row/IF10715.pdf.

descartava o eventual uso da força.[533] Em resposta, Maduro recorre à intensificação da repressão contra a oposição. Apesar da dureza da retórica de Trump, a inesperada intransigência de Maduro faz com que o presidente americano perca «a paciência e o interesse pela situação» e — subitamente — a crise venezuelana desaparece do radar político da Casa Branca.[534]

De acordo com os críticos da política de «pressão económica máxima», a estratégia da Administração Trump desperdiçou as vantagens estratégicas dos Estados Unidos, pois o Irão, a Coreia do Norte e a Venezuela descobriram que poderiam escalar as tensões de modo a fazer com que os custos para os políticos americanos fossem proibitivos.[535] No limite, era possível que Kim Jong-un utilizasse os mísseis balísticos de que dispunha para provocar crises regionais de consequências imprevisíveis. Maduro, por sua vez, poderia usar refugiados venezuelanos como armas de arremesso contra a Colômbia e os países da região alinhados com os Estados Unidos. Quanto ao Irão, possuía instrumentos assimétricos suficientemente diversificados para desestabilizar o Golfo Pérsico e, assim, interromper o fornecimento mundial de petróleo. Embora Trump tivesse obtido apoio multilateral para a sua campanha de «pressão máxima» contra os governos coreano e venezuelano, no tocante ao caso iraniano, a sua abordagem acaba por se transformar numa fonte adicional de discórdia transatlântica.

---

[533] Ver Brian Ellsworth, «Trump says U.S. military intervention in Venezuela "an option"; Russia objects», *Reuters*, 3 de Fevereiro de 2019, consultado em: https://www.reuters.com/article/us-venezuela-politics-idUSKCN1PS0DK.

[534] Ver Karen DeYoung e Josh Dawsey, «With Maduro entrenched in Venezuela, Trump loses patience and interest in issue, officials say», *The Washington Post*, 20 de Junho de 2019, consultado em: https://www.washingtonpost.com/world/national-security/with-maduro-entrenched-in-venezuela-trump-loses-patience-and-interest-in-issue-officials-say/2019/06/19/a7ba2c56-92b1-11e9-b58a-a6a9afaa0e3e_story.html.

[535] Ver, por exemplo, Richard C. Bush, Robert Einhorn, Ryan Hass, Michael E. O'Hanlon, Jung H. Pak, e Jonathan D. Pollack, «Around the halls: Can President trump claim credit for progress on North Korea?», *Brookings*, 19 de Outubro de 2018, consultado em: https://www.brookings.edu/blog/order-from-chaos/2018/10/19/around-the-halls-can-president-trump-claim-credit-for-progress-on-north-korea/, e Loosineh Markarian, «Trump's Maximum Pressure Campaign Thwarted the Chance to Contain Iran's Islamic Revolutionary Guard Corps», *Responsible Statecraft*, 11 de Dezembro de 2019, consultado em: https://responsiblestatecraft.org/2019/12/11/trumps-maximum-pressure-campaign-thwarted-the-chance-to-contain-irans-islamic-revolutionary-guard-corps/.

CAPÍTULO 4
O TRUCULENTO

[...] *crushed between the fears of going forward and the dread of going back.*
Jim Crace, *The Pesthouse*

Alternativamente atribuída a Oscar Wilde, a George Bernard Shaw e a Winston Churchill, a observação de que os Estados Unidos e o Reino Unido são dois países separados por uma língua comum comporta uma verdade insofismável: semelhanças incutem uma falsa sensação de familiaridade.[536] Esta singela verdade adequa-se às percepções nos dois lados do Atlântico que há muito alimentam a crença de que americanos e europeus são, no essencial, indistinguíveis. Em geral, os europeus insistem em interpretar a América — melhor, uma das muitas caricaturas que constroem do país — pelo filtro de uma cultura *pop* disseminada por uma *língua franca* hoje omnipresente no «Velho Continente». Os americanos, por sua vez, persistem em romantizar o *old country* e, em jeito de rito de passagem, aventuram-se na obrigatória «experiência de mochilão» que os leva às avenidas emblemáticas das capitais europeias. Ambos, à sua maneira, perpetuam a ilusão do conhecimento e entendimento mútuos, que, invariavelmente, ofusca mais do que revela. Eis como tem sido propagada a

[536] Para um enquadramento, ver, *inter alia*, Jarrod Wiener (ed.), *The Transatlantic Relationship*, Basingstoke, Macmillan Press, 1996; Steven McGuire e Michael Smith, *The European Union and the United States: Competition and Convergence in the Global Arena*, Basingstoke, Palgrave Macmillan, 2008; Bruce W. Jentleson, *American Foreign Policy: The Dynamics of Choice in the 21st Century*, Nova Iorque, W.W. Norton, 2014, e Glenn Peter Hastedt, *American Foreign Policy: Past, Present and Future*, Lanham, Rowman and Littlefield, 2017.

mitologia em torno de um relacionamento transatlântico harmonioso, apenas intermitentemente perturbado por políticos truculentos, como George W. Bush ou Donald Trump.

Absolutamente seguras de que Hillary Clinton emergiria triunfante das eleições de 2016, as elites europeias descobriam que o mesmo país que por duas vezes elegera Barack Obama decide, em 2016, depositar a sua confiança numa personagem que era nada menos do que a antítese do ex-presidente. A antipatia reservada a Trump era, aliás, reminiscente da profunda aversão a seu tempo registada em relação a Ronald Reagan e a George W. Bush. A imensa impopularidade de Trump era fruto da cultura política «centrista» dos partidos de poder europeus, usualmente sincronizados com as linhas programáticas do Partido Democrata. Porque a retórica, os valores e as preferências políticas do Partido Republicano colidiam com as sensibilidades do «centrismo» europeu, os alicerces culturais e as especificidades da base de apoio do *trumpismo* nunca poderiam ser cabalmente decifrados.[537] Na verdade, o problema da incompreensão era ainda mais dramático. Visto como um acidente de percurso, o *trumpismo* parecia esgotar-se na mundivisão singular de um exótico magnata nova-iorquino divorciado dos tradicionais ideais e políticas que norteavam o *mainstream* do *Grand Old Party* (GOP). Trump era simplesmente olhado como uma anomalia política passageira.

Parece incontroverso dizer que, com Trump, as relações transatlânticas atingiram o ponto mais baixo desde a eclosão da Guerra do Iraque, em 2003.[538] As tensões e os mal-entendidos não eram inesperados, pois o indisfarçável despeito de Trump pelo projecto de integração europeia,

---

[537] Ver, por exemplo, Marie-Cécile Naves, *Trump: l'Onde de Choc Populiste*, Limoges, FYP éditions, 2016, e Marie-Cécile Naves, *Trump, la Revanche de l'Homme Blanc*, Paris, Éditions Textuel, 2017. Para uma avaliação mais positiva de Trump, cf. Vicente Vallés, *Trump y la Caída del Imperio Clinton*, Madrid, La Esfera de los Libros, 2017.

[538] Ver Philip H. Gordon, «Bridging the Atlantic divide», *Foreign Affairs*, Vol. 82, No. 1, 2003, pp. 70–83; Andrew Moravcsik, «Striking a new transatlantic bargain», *Foreign Affairs*, Vol. 82, No. 4, 2003, pp. 74–89; Trine Flockhart, «Trans-atlantic relations after the war in Iraq: returning to — or departing from — "normal politics"?», *Perspectives on European Politics and Society*, Vol. 5, No. 3, 2004, pp. 395–417; Heinz Gärtner e Ian M. Cuthbertson (eds.), *European Security and Transatlantic Relations after 9/11 and the Iraq War*, Nova Iorque, Palgrave Macmillan, 2005. Ver também João Marques de Almeida e Vasco Rato, *A Encruzilhada: Portugal, A Europa e os Estados Unidos*, Lisboa, Bertrand Editora, 2004.

a veemência do apoio que concede ao *Brexit*, o abandono ostensivo do Tratado de Paris e a intenção declarada de remodelar as regras do comércio internacional configuravam um nítido repúdio do consenso mantido pelo *establishment* europeu. No âmbito da segurança, a colossal imprudência dos seus comentários versando o valor estratégico da Organização do Tratado do Atlântico Norte (NATO) muito contribuíram para depauperar a garantia de defesa mútua consagrada pelo Artigo 5.º da Carta do Atlântico Norte.[539] Durante a campanha, Trump, que perspectivava as relações transatlânticas a partir de um prisma transaccional, ameaça deixar a Europa entregue a si própria caso a relação euro-americana não fosse modificada de acordo com as suas exigências.[540] Em contraste, os seus antecessores sempre mantiveram que as democracias europeias eram aliados privilegiados e, não menos crítico, que a prosperidade americana não dispensava o comércio e os investimentos continentais.

A relação transatlântica atravessou, como seria de esperar, momentos de alta tensão desde a Segunda Guerra Mundial. A crise do Suez revelou a implacabilidade americana quando se tratava de constranger o poder dos estados europeus; isto é, demonstrou quem realmente mandava no espaço transatlântico. As divergências com a França, que mais tarde levam Charles de Gaulle a abandonar o comando integrado militar da NATO, confirmam que nem sempre seria possível manter a convergência estratégica entre as partes. Diferendos sobre o Médio Oriente impelem Henry

---

[539] O Artigo 5.º do Tratado estabelece: «As Partes concordam em que um ataque armado contra uma ou várias delas na Europa ou na América do Norte será considerado um ataque a todas e, consequentemente, concordam em que, se um tal ataque armado se verificar, cada uma, no exercício do direito de legítima defesa, individual ou colectiva, reconhecido pelo artigo 51.º da Carta das Nações Unidas, prestará assistência à Parte ou Partes assim atacadas, praticando sem demora, individualmente e de acordo com as restantes Partes, a acção que considerar necessária, inclusive o emprego da força armada, para restaurar e garantir a segurança na região do Atlântico Norte. Qualquer ataque armado desta natureza e todas as providências tomadas em consequência desse ataque serão imediatamente comunicados ao Conselho de Segurança. Essas providências terminarão logo que o Conselho de Segurança tiver tomado as medidas necessárias para restaurar e manter a paz e a segurança internacionais». Para o texto completo do Tratado, ver https://www.nato.int/nato_static_fl2014/assets/pdf/stock_publications/20120822_nato_treaty_en_light_2009.pdf.

[540] Ver «Transcript: Donald Trump on NATO, Turkey's coup attempt and the World», *The New York Times*, 21 de Julho de 2016, consultado em: https://www.nytimes.com/2016/07/22/us/politics/donald-trump-foreign-policy-interview.html.

Kissinger a dizer que desconhecia o «número de telefone da Europa», dando a entender que era impossível consultar com uma parte que falava a várias vozes. A crise dos euromísseis e a acrimónia em torno das sanções a impor contra a União Soviética após a declaração da lei marcial na Polónia em 1981 foram outros momentos de exacerbada tensão transatlântica. Quando, em retaliação contra a cumplicidade de Moscovo com a repressão do General Wojciech Jaruzelski, os americanos decretaram sanções unilaterais contra a construção do gasoduto a ligar o campo siberiano de Urengoy e a Europa através da Ucrânia, o ministro dos Negócios Estrangeiros francês Claude Cheysson sugeria que «este dia, 18 de Junho de 1982, pode muito bem ser o início do fim da Aliança Atlântica. [...] os Estados Unidos acabam de declarar o que equivale a uma guerra económica contra os seus aliados na Europa Ocidental».[541] Mas por muito complexos que fossem estes e outros assuntos, nenhum presidente antes de Trump equacionara abandonar a Europa à sua sorte. Trump parecia indicar que passara o tempo em que a Casa Branca via a segurança e a prosperidade no «velho continente» como elementos indissociáveis do interesse vital americano.

Por muito contundente que fosse a retórica de Trump, as fricções no seio da aliança transatlântica não eram simplesmente atribuíveis ao comportamento mercurial de um presidente tão inexperiente quanto arrogante. A ambivalência americana relativamente ao elo transatlântico era mais profunda. Em Junho de 2011, num discurso proferido em Bruxelas poucas semanas antes de abandonar o cargo de secretário da Defesa de Barack Obama, Robert M. Gates expressa a sua preocupação relativamente ao «futuro sombrio» da aliança transatlântica, pois «a dura realidade é que haverá a diminuição do apetite e da paciência no Congresso dos EUA, e no país em geral, para gastar fundos cada vez mais preciosos em nome de nações que aparentemente não estão dispostas a dedicar os recursos necessários» à sua própria defesa.[542] Antecipando as polémicas dos anos Trump, afirma que os «futuros líderes políticos dos EUA,

---

[541] Ver Antony J. Blinken, *Ally Versus Ally: America, Europe and the Siberian Pipeline Crisis*, Nova Iorque, Praeger, 1987, p. 3.

[542] Para o texto completo do discurso, ver «Reflections on the status and future of the transatlantic alliance as delivered by Secretary of Defense Robert M. Gates, Brussels, Belgium, Friday, June 10, 2011», consultado em: https://www.atlanticcouncil.org/blogs/natosource/text-of-speech-by-robert-gates-on-the-future-of-nato/.

aqueles para quem a Guerra Fria não foi a experiência formativa que foi para mim, podem não considerar que o retorno no investimento dos EUA na NATO valha o custo»[543]. Como corolário, alerta para o perigo real de a NATO se dividir «entre os dispostos e capazes de pagar o preço e arcar com o ónus dos compromissos da aliança e os que desfrutam dos benefícios da adesão à NATO».[544] Era outra forma de dizer que a partilha de custos no âmbito da Aliança Atlântica, tal como existia, era, a prazo, simplesmente incomportável.

Em Dezembro de 2018, o secretário de Estado Mike Pompeo admite que «a União Europeia e os seus predecessores proporcionaram grande prosperidade a todo um continente» e, por extensão, «nós beneficiámos enormemente com o vosso sucesso».[545] Mas também se interroga se a União Europeia «assegura que os interesses dos países e dos cidadãos se sobrepõem aos interesses dos burocratas de Bruxelas».[546] Declarações desta natureza convenciam muitos europeus de que a Administração Trump corroía a unidade transatlântica. No mínimo, a retórica transmitia *mixed signals* quanto à Europa, como fica patente durante a Conferência de Segurança de Munique, em Fevereiro de 2020, quando Pompeo, uma vez mais, procura sanar as preocupações com a liderança global dos Estados Unidos. Se, por um lado, proclama que «a morte da aliança transatlântica foi largamente exagerada», por outro, declara que «o respeito pela soberania das nações é [...] central para o nosso sucesso».[547] Com efeito, frisa que os ataques à soberania «são ataques às próprias liberdades que ancoram o ideal ocidental».[548] Crentes nos benefícios proporcionados pelo modelo de «soberania partilhada», os europeus interpretam a ênfase dada por Pompeo à soberania como sinónimo de um menor compromisso com os processos de consulta e cooperação que sustentavam a relação transatlântica.[549]

---

543 *Ibid.*

544 *Ibid.*

545 Ver US Embassy in Luxembourg, «Secretary Pompeo and Secretary Esper Speak at Munich Security Conference 2020», Fevereiro de 2020, consultado em: https://lu.usembassy.gov/secretary-pompeo-and-secretary-esper-speak-at-munich-security-conference-2020/.

546 *Ibid.*

547 *Ibid.*

548 *Ibid.*

549 Ver Joachim Krause, «Multilateralism: behind European views», *Washington Quarterly*, Vol. 27, No. 2, 2004, pp. 43–59.

Na verdade, o problema não era reduzível às ambiguidades e às contradições de Trump. Estas eram uma consequência — e não a causa — de a Europa ter deixado de ser o palco principal da geopolítica mundial. À luz de uma nova carta geopolítica centrada no Indo-Pacífico depois do «*pivot* para a Ásia» de Barack Obama de 2011, era irrazoável esperar que o foco da política externa americana voltasse a centrar-se no espaço atlântico.[550] Não obstante a viragem estratégica para o Extremo Oriente, justificava-se a conservação de um elo transatlântico robusto. Desde logo, a NATO e a União Europeia eram os pilares históricos da ordem liberal, razão pela qual todos os presidentes desde os finais dos anos 1940 apoiaram a reconstrução europeia por intermédio do projecto de integração e das garantias de segurança da NATO. Os europeus retribuíam com a sua anuência à liderança de Washington, reduzindo, assim, substancialmente os recursos alocados à conservação da ordem mundial. A rede de laços e de interesses de segurança eram, por sua vez, robustecidos por interacções comerciais e financeiras mutuamente vantajosas, que eram, ao mesmo tempo, pilares da ordem económica mundial.[551] Eram razões mais do que suficientes para acarinhar o relacionamento euro-americano.

---

[550] Sobre o «*pivot* para a Ásia», ver Hillary Clinton, «America's Pacific century», *Foreign Policy*, 11 de Outubro de 2011, consultado em: https://foreignpolicy.com/2011/10/11/americas-pacific-century/. Cf. também Kurt M. Campbell, *The Pivot: The Future of American Statecraft in Asia*, Nova Iorque, Twelve, 2016. Kurt Campbell, o primeiro subsecretário de Estado para a Ásia do Leste e Pacífico durante o primeiro mandato de Barack Obama, foi o principal arquitecto do *pivot*. Para uma avaliação crítica da decisão e da forma como foi executada, ver, por exemplo, Bruce Klingner, «The missing Asia pivot in Obama's defense strategy», *The Heritage Foundation WebMemo*, 6 de Janeiro de 2012, consultado em: http://thf_media.s3.amazonaws.com/2012/pdf/wm3443.pdf, e Niels Bjerre-Poulsen, «Here, we see the future: the Obama administration's pivot to Asia», *in* Edward Ashbee and John Dumbrell (eds.), *The Obama Presidency and the Politics of Change*, Springer, 2017, pp. 307–327.

[551] Em 2019, o total do comércio entre os Estados Unidos e a União Europeia em mercadorias e serviços situou-se em 1,3 triliões de dólares. Em 2018, o investimento directo americano na UE ascendia a 3,3 triliões de dólares, enquanto a UE investiu 2,6 triliões nos EUA. Assim, a UE responde por mais da metade do investimento estrangeiro directo nos Estados Unidos, embora o *Brexit* viesse alterar esses níveis de comércio e de investimento, já que o Reino Unido, em 2018, representava aproximadamente 15% do PIB da UE. Ainda assim, a UE pós-*Brexit* continua a ser o maior parceiro comercial e de investimento dos Estados Unidos.

Europa como Némesis

Se a agenda *America First* constituía uma fonte de tensões transatlânticas, não é menos verdade que a responsabilidade pela deterioração do relacionamento euro-americano não fora da exclusiva responsabilidade de Donald Trump. As elites europeias reagiram ao seu triunfo eleitoral com indisfarçável perplexidade, trepidação e, diga-se, alguma resignação. A desconfiança em relação ao novo ocupante da Sala Oval advinha, pelo menos parcialmente, da preocupação de que Trump pretendia «diminuir a capacidade da UE para definir o seu próprio futuro».[552] Alguns comentadores mais alarmistas mantinham que a ascensão de Trump prenunciava «o fim da Europa», como se o destino do «velho continente» repousasse unicamente sobre os ombros da nova Administração.[553] Igualmente exagerados, outros insistiam que o presidente iria desencadear nada menos do que o fim do liberalismo ocidental.[554] Categoricamente descartadas como demagógicas num contexto de menor polarização política, estas profecias apocalípticas acabaram por se impor à medida que as «cassandras» continentais se viam compelidas, ano após ano, a repetir as suas advertências. Em última análise, esta demonização do presidente americano cria, nos dois lados do Atlântico, um colete-de-forças discursivo que muito degrada o elo transatlântico.

A hostilidade em relação a Trump generaliza-se mesmo antes da votação de Novembro de 2016, com políticos europeus a proferirem veementes críticas públicas ao candidato. Por exemplo, quando Trump anuncia a sua «proibição muçulmana», o primeiro-ministro britânico David Cameron deixa claro que «discorda completamente» de uma proposta que denuncia

---

552 Ver, por exemplo, Natalie Nougayrède, «A chaotic Brexit is part of Trump's grand plan for Europe», *The Guardian*, 14 de Março de 2019, consultado em: https://www.theguardian.com/commentisfree/2019/mar/14/chaotic-brexit-trump-plan-europe-president.

553 Ver James Kirchick, *The End of Europe: Dictators, Demagogues, and the Coming Dark Age*, New Haven, Yale University Press, 2018, pp. xii-xiii, e David Frum, «Trump's plan to end Europe», *The Atlantic*, Maio de 2017, consultado em: https://www.theatlantic.com/magazine/archive/2017/05/the-plan-to-end-europe/521445/.

554 Ver Edward Luce, *The Retreat of Western Liberalism*, Nova Iorque, Atlantic Monthly Press, 2017, pp. 11–12.

como «divisiva, inútil e simplesmente errada».[555] Visivelmente eufórico com a renúncia de Cameron à chefia do Governo no seguimento do referendo do *Brexit*, Trump pede aos seus apoiantes para «imaginarem quão melhor pode ser o nosso futuro se declarássemos a nossa independência das elites que nos conduziram de desastre em desastre financeiro e de política externa».[556] Se a mensagem não fosse suficientemente clara, nota que «os nossos amigos da Grã-Bretanha votaram recentemente para recuperar o controlo da sua economia, da sua política e das suas fronteiras. Eu estava do lado certo nessa questão, como sabem, com o povo. Eu estava lá. Eu disse que iria acontecer, eu senti-o».[557] Dirigindo-se aos seus eleitores, lembra que «Hillary, como sempre, estava do lado das elites, e tanto ela como o presidente Obama erraram totalmente nessa previsão, e em muitas outras».[558] Numa altura em que a maioria dos governos europeus temia que o *Brexit* viesse a provocar a deserção de mais estados, a incursão de Trump no debate britânico era interpretada como um assalto à unidade europeia numa fase de grande melindre.

As palavras de David Cameron revelar-se-iam de uma contenção exemplar quando contrastadas com as do presidente socialista francês François Hollande, que assumiu deplorar os «comentários dolorosos e humilhantes» de Trump no «caso Khan», cujos «excessos dão vontade de vomitar».[559] Estas violentíssimas considerações sobre uma polémica de política interna de um país aliado levam-no a concluir que a eventual vitória de Trump «terá consequências, porque uma eleição americana é uma eleição mundial. [...] poderá levar a uma viragem muito forte à direita no mundo. [...] a campanha americana revela questões que se reflectirão

---

555 Ver Matt Chorley, «Donald Trump is "divisive, stupid and wrong" but we shouldn't ban him from Britain, says David Cameron», *Daily Mail*, 16 de Dezembro de 2015, consultado em: https://www.dailymail.co.uk/news/article-3362449/Donald-Trump-divisive-stupid-wrong-shouldn-t-ban-Britain-says-David-Cameron.html.

556 Ver «Donald Trump's jobs plan speech», *Politico*, 28 de Junho de 2016, consultado em: https://www.politico.com/story/2016/06/full-transcript-trump-job-plan-speech-224891.

557 *Ibid.*

558 *Ibid.*

559 Cf. «François Hollande says Donald Trump makes you want to retch», *The Guardian*, 3 de Agosto de 2016, consultado em: https://www.theguardian.com/world/2016/aug/03/francois-hollande-says-donald-trump-makes-you-want-to-retch.

na campanha francesa».[560] É evidente que Hollande acreditava que uma vitória de Trump impulsionaria Marine Le Pen para a segunda volta das presidenciais gaulesas. Prestes a enfrentar os seus eleitores no preciso momento em que os partidos nacional-populistas subiam nos inquéritos de opinião realizados em todo o continente, o presidente socialista transforma o *trumpismo* numa clivagem de política interna francesa. Com as sondagens a atribuir-lhe uma intenção de voto abaixo dos dois dígitos, Hollande desiste de concorrer a um segundo mandato no Eliseu e abre, assim, o caminho a Emmanuel Macron para a disputa da segunda volta com Marine Le Pen.

As polémicas anti-Trump não se circunscreviam ao Reino Unido e à França, até porque Trump não se coíbe de dirigir a sua fúria contra a classe política alemã. A sua antipatia relativamente a Berlim não era recente, pois já em 1987, na «carta aberta ao povo americano» que publica em vários jornais, argumentara que «está na hora de acabar com os nossos enormes défices obrigando o Japão, e outros que podem pagar, a pagar. A nossa protecção pelo mundo fora vale centenas de biliões de dólares para esses países protegidos e a importância dessa protecção é muito maior para esses países do que para nós».[561] Embora não fosse explicitamente identificada, a Alemanha era um dos *free-riders* denunciados por Trump. Será mais directo durante a campanha eleitoral quando, em Outubro de 2015, concede uma entrevista ao *CBS Face the Nation*. Caracteriza como «louca» a decisão de Angela Merkel de abrir as portas a mais de um milhão de refugiados sírios, considerando-a um sinistro presságio de futuros «motins na Alemanha».[562] Confessa ainda a sua desilusão pessoal com a chanceler, porque sempre acreditara que «Merkel era, tipo, uma grande líder».[563] Dois anos mais tarde, quando a revista *Time* anuncia a escolha de Merkel como «Personalidade do Ano», Trump, num *tweet* de 9 de Dezembro 2017, faz saber que «a revista *Time* nunca me escolheria como personalidade do ano, apesar de eu ter sido o grande

[560] *Ibid.*

[561] Ver Charlie Laderman e Brendan Simms, *Donald Trump: The Making of a World View*, Londres, I.B. Tauris, 2017, p. 33.

[562] Para a transcrição completa da entrevista, cf. «Face the Nation Transcripts October 11, 2015: Trump, Carson»; CBS News, 11 de Outubro de 2015, consultado em: https://www.cbsnews.com/news/face-the-nation-transcripts-october-11-2015-trump-carson/.

[563] *Ibid.*

favorito. Escolheram a pessoa que está a arruinar a Alemanha».[564] Passadas umas semanas, a propósito dos assaltos ocorridos em Colónia em vésperas de Ano Novo, abandona o recato esperado de políticos de estados aliados para profetizar que «o povo alemão vai acabar por derrubar esta mulher».[565]

Previsivelmente, as tiradas de Trump unem a elite política alemã em torno da chanceler. Assinalando esta coesão, Sigmar Gabriel, vice-chanceler e líder do Partido Social Democrata, o parceiro júnior da coligação «preto-vermelho», compara Trump com Marine Le Pen e com Geert Wilders, advertindo que os três líderes populistas prometiam «um caminho de regresso a um mundo de conto de fadas».[566] Abandonando qualquer espécie de *nuance*, acrescenta que «esses populistas de direita não são apenas uma ameaça à paz e à coesão social; são-no, também, ao desenvolvimento económico».[567] Para bom entendedor, a eventual vitória de Trump nas urnas era uma grave ameaça à estabilidade e à prosperidade alemãs. Atendendo ao nacionalismo económico de Trump — conjugado com a sua aversão a aliados *free-riders* e a relações comerciais «injustas» —, as apreensões de Gabriel não eram inteiramente descabidas, até porque, em várias ocasiões, o candidato do GOP admitira a possibilidade de recorrer a tarifas contra a indústria automóvel alemã. Aos receios de Berlim quanto às ambiguidades de Trump sobre a ordem liberal juntavam-se as preocupações pragmáticas relativas aos interesses económicos do país.

Merkel não prescinde de se intrometer nas polémicas. Cumprindo as regras da correcção diplomática, abstém-se de apoiar a candidatura de

---

[564] Depois de a revista *Time* anunciar a sua «Personalidade do Ano», Trump, num *tweet* de 24 de Novembro de 2017, afirma: «A *Time* ligou para dizer que eu *provavelmente* seria nomeado "Personalidade do Ano", como no ano passado, mas eu teria de concordar com uma entrevista e uma grande sessão de fotografias. Disse que provavelmente não era bom e dei um "passe". Obrigado, mesmo assim!». Para ambos os *tweets*, cf. Allie Malloy e Jeff Zeleny, «Trump tweets he "took a pass" at being named TIME's person of the year», *CNN*, 25 de Novembro de 2017, consultado em: https://edition.cnn.com/2017/11/24/politics/president-donald-trump-time-magazine/index.html.

[565] Ver Meghan Keneally, «What Trump and Merkel have said about each other», *ABC News*, 6 de Julho de 2017, consultado em: https://abcnews.go.com/Politics/trump-merkel/story?id=46198767.

[566] Cf. Michael Nienaber, «German minister calls Trump a threat, Merkel lauds Clinton», *Reuters*, 6 de Março de 2016, consultado em: https://www.reuters.com/article/us-usa-election-trump-germany-idUSMTZSAPEC36LTD4ZC.

[567] *Ibid.*

Hillary Clinton. Porém, fá-lo tacitamente quando exalta o «pensamento estratégico» da ex-secretária de Estado, descrevendo-a como «uma forte apoiante da parceria transatlântica».[568] Solicitada a fazer uma declaração sobre a apreciação nada lisonjeira feita por Trump à forma como geriu o influxo de refugiados, Merkel secamente remata que «não vejo nenhuma razão para lhe responder».[569] Não restavam dúvidas que considerava Trump um *lightweight* político incapaz de ganhar a Casa Branca. Trump, por sua vez, volta à carga em Junho de 2016, afirmando que os alemães que «agora falam em deixar a Alemanha» foram, em tempos, «incrivelmente orgulhosos de serem alemães, pensaram ser o maior país alguma vez existente».[570]

Ao longo da campanha eleitoral, Trump usa recorrentemente Merkel como arma de arremesso contra Clinton. Fá-lo em Agosto de 2016, em Charlotte, quando diz que a democrata tencionava «trazer cerca de 620 mil refugiados de todas as nações durante o seu primeiro mandato, para além de toda a outra imigração», intenção que demonstrava que Clinton «concorria para ser a Angela Merkel da América, e vimos a criminalidade e outros problemas que causou ao povo alemão».[571] Semanas depois, suaviza a declaração, lembrando que «Merkel é realmente uma grande líder mundial. [...] sempre apreciei a Merkel, achei que era realmente fantástica». Mas, como era seu timbre, não deixa de acrescentar que «acho que cometeu um erro muito trágico há um ano e meio».[572] Da mesma forma como Hollande se socorre de Trump para cavar clivagens na política interna francesa, Trump utiliza os líderes europeus, e Merkel

---

568 *Ibid.*

569 *Ibid.*

570 Ver Chris Cillizza, «Donald Trump's Brexit press conference was beyond bizarre», *The Sydney Morning Herald*, 25 de Junho de 2016, consultado em: https://www.smh.com.au/world/donald-trumps-brexit-press-conference-was-beyond-bizarre-20160625-gprojw.html.

571 Ver Sopan Deb, «Trump says he admires Germany's Merkel despite bashing her often», CBS News, 29 de Setembro de 2016, consultado em: https://www.cbsnews.com/news/trump-says-he-admires-germanys-merkel-despite-bashing-her-often/ e «Fact check: Is Merkel's immigration policy like Clinton's?», *DW*, 16 de Agosto de 2016, consultado em: https://www.dw.com/en/fact-check-is-merkels-immigration-policy-like-clintons/a-19478550.

572 Ver «"I was always a Merkel person", says US presidential candidate Donald Trump», *DW*, 30 de Setembro de 2016, consultado em: https://www.dw.com/en/i-was-always-a-merkel-person-says-us-presidential-candidate-donald-trump/a-35929474.

em particular, para acentuar as linhas divisórias da política americana. Trata-se de um padrão nunca verdadeiramente abandonado pelas duas partes durante os quatro anos da Administração Trump.

Conhecidos os resultados da eleição de Novembro de 2016, Merkel, através de uma declaração oficial, congratula Trump pela vitória e estende-lhe a mão da cooperação com base em valores comuns que explicitamente delineia: «democracia, liberdade, o respeito pela lei e pela dignidade do ser humano, independentemente da sua origem, cor de pele, religião, género, orientação sexual ou posição política».[573] Ao estipular de modo tão público, franco e detalhado os termos genéricos da relação bilateral que antevê, Merkel repreende Trump e as suas orientações políticas. Poucos dias depois da sua tomada de posse, Trump anuncia formalmente a «proibição muçulmana» prometida durante a campanha. Merkel agrava as tensões quando, reagindo à notícia, afirma que a «batalha necessária e decisiva contra o terrorismo não justifica de forma alguma colocar certos grupos sob suspeita geral; neste caso, pessoas de crença muçulmana».[574] Ao insinuar que Trump corroía os sacrossantos valores, direitos e liberdades ocidentais, assinala a sua preocupação com o estado da democracia americana. Política experiente, Merkel estava certamente ciente de que o seu «sermão» violava todas as cortesias diplomáticas — e boas maneiras elementares — que impediam um aliado de sugerir que um chefe de estado legitimamente eleito pelos seus concidadãos ameaçava a democracia.

A manifesta falta de entusiasmo de Angela Merkel pela agenda internacional de Trump confirma-se durante as cimeiras da NATO, da UE e dos G7 de Maio de 2017, encontros decisivos que catapultam os dois líderes para o centro de um intenso debate em torno da «liderança do mundo livre».[575] Terminadas as reuniões, a chanceler alemã, claramente exasperada

---

[573] Ver «Merkel congratulates Trump as politicians express shock», *DW*, 11 de Novembro de 2016, consultado em: https://www.dw.com/en/merkel-congratulates-trump-as-politicians-express-shock/a-36318866.

[574] Ver «Merkel says U.S. travel ban not justified by terror fight», *Reuters*, 30 de Janeiro de 2017, consultado em: https://fr.reuters.com/article/usa-trump-immigration-germany-merkel-idINKBN15E1IO.

[575] A primeira referência à «chanceler do mundo livre» foi feita pela revista *Time* quando designou Angela Merkel como «Personalidade do Ano» para 2015. Ver Karl Vick, com Simon Shuster, «Angela Merkel — Chancellor of the Free World», *Time*, 21 de Dezembro de 2015, consultado em: https://time.com/time-person-of-the-%20year-2015-

com a postura de Trump, afirma que «os tempos em que poderíamos depender completamente dos outros, até certo ponto, acabaram. Tive essa experiência nos últimos dias. [...] Nós, europeus, realmente temos de tomar o nosso destino nas nossas próprias mãos».[576] Proferida no exacto momento em que o presidente era acusado de romper com as normas liberais vigentes, a bombástica declaração agudiza as tensões. Como seria de esperar, a Casa Branca vê nas palavras de Merkel a confirmação de que a Alemanha era o principal responsável pelos problemas que assolavam as relações transatlânticas. Todavia, a crise de refugiados de 2015 revelara que a chanceler não reunia condições para assumir o papel de «líder do mundo livre», porquanto a liderança de Berlim tampouco congregava aceitação pan-europeia.[577] A bom rigor, Merkel e o resto da classe política alemã evitam sinais de aspirar a «liderar o mundo livre», como fica patente quando Jürgen Hardt, porta-voz de política externa do grupo parlamentar da CDU/CSU, afirma categoricamente que «a Alemanha não é o líder do mundo livre».[578] Seja como for, as críticas de Merkel ao

---

angela-merkel/. Cf. também Suzanne Moore, «Angela Merkel shows how the leader of the free world should act», *The Guardian*, 29 de Maio de 2017, consultado em: https://www.theguardian.com/commentisfree/2017/may/29/angela-merkel-leader-free-world-donald-trump. Para uma perspectiva diferente, ver Clemens Wergin, «Angela Merkel is not the "leader of the free world"», *The New York Times*, 4 de Março de 2018, consultado em: https://www.nytimes.com/2018/03/04/opinion/angela-merkel-leader-free-world.html?searchResultPosition=1.

[576] Ver Michael Birnbaum e Rick Noack, «Following Trump's trip, Merkel says Europe can't rely on "others". She means the U.S.», *The Washington Post*, 28 de Maio de 2017, consultado em: https://www.washingtonpost.com/world/following-trumps-trip-merkel-says-europe-cant-rely-on-us-anymore/2017/05/28/4c6b92cc-43c1-11e7-8de1-cec59a9bf4b1_story.html, e Giulia Paravicini, «Angela Merkel: Europe must take "our fate" into own hands», *Politico*, 28 de Maio de 2017, consultado em: https://www.politico.eu/article/angela-merkel-europe-cdu-must-take-its-fate-into-its-own-hands-elections-2017.

[577] Ver Constanze Stelzenmüller, «Is Angela Merkel the leader of the free world now? Not quite», *Brookings Institution*, 17 de Novembro de 2016, consultado em: https://www.brookings.edu/blog/order-from-chaos/2016/11/17/is-angela-merkel-the-leader-of-the-free-world-now-not-quite/, e «The Merkel doctrine: Germany is not the new leader of the free world», *The Economist*, 18 de Julho de 2017, consultado em: https://www.economist.com/europe/2017/07/08/germany-is-not-the-new-leader-of-the-free-world.

[578] Ver Erik Kirschbaum, «With America in crisis, a reluctance in Germany to be "leader of the free world"», *South China Morning Post*, 4 de Junho de 2020, consultado em: https://www.scmp.com/news/world/europe/article/3087531/america-crisis-reluctance-germany-be-leader-free-world.

caminho soberanista traçado por Trump transformam a chanceler no principal expoente — e símbolo — da ordem liberal.

Visto da esquerda, a eleição de Trump era apenas o mais recente de uma infindável série de falhanços americanos. Se Barack Obama representara um breve interlúdio nessa trajectória, sob a liderança de Trump, os Estados Unidos fatalmente retomavam os seus caminhos malévolos. Vociferando este sentimento, François Hollande felicita, laconicamente, Trump pelo triunfo eleitoral — como, aliás, «é natural entre dois chefes de estado» —, mas deixa patente que comunga da convicção de Merkel de que «certas posições assumidas por Donald Trump durante a campanha americana têm de ser confrontadas com os valores e os interesses que compartilhamos com os Estados Unidos».[579] Se a avaliação de Hollande extravasa a correcção entre chefes de estado aliados, os seus ministros mostram-se ainda menos constrangidos nas considerações que fazem sobre o novo presidente. Dando azo a um anti-*trumpismo* militante, o ministro das Relações Exteriores Jean-Marc Ayrault afirma que «não queremos um mundo onde o egoísmo triunfe».[580] Não menos zelosa, a ministra da Ecologia Ségolène Royal lamenta a posição «absolutamente catastrófica» do presidente sobre as mudanças climáticas.[581] Com o extremar de posições nos dois lados das trincheiras, antecipam-se adicionais escaramuças transatlânticas.

As elites francesa e alemã não são as únicas que vêm a terreiro expressar o seu anti-*trumpismo*. Colum Eastwood, o líder do Partido Social-Democrata e Trabalhista da Irlanda, descreve Trump como um *bigot* que promovia o «ódio sectário, racial e xenófobo».[582] Consideravelmente

[579] Ver Guardian Staff, «World leaders react to Donald Trump's US election victory», *The Guardian*, 9 de Novembro de 2016, consultado em: https://www.theguardian.com/us-news/2016/nov/09/world-leaders-react-to-donald-trumps-us-election-victory.

[580] Ver Derek Healey, «Donald Trump wins US election: Reaction from around the world», *The Press and Journal*, 9 de Novembro de 2016, consultado em: https://www.pressandjournal.co.uk/fp/news/world/1079618/donald-trump-wins-us-election-reaction-around-world/.

[581] Ver Alister Doyle, «Trump's climate plan "catastrophic". France's Royal», *Reuters*, 11 de Novembro de 2016, consultado em: https://www.reuters.com/article/us-usa-election-climatechange-plan-idUSKBN13625G.

[582] Ver Gareth McKeown, «SDLP will boycott Trump White House says Eastwood», *The Irish News*, 10 de Novembro de 2016, consultado em: https://www.irishnews.com/news/2016/11/10/news/sdlp-will-boycott-trump-white-house-says-eastwood-778112/.

menos imaginativo, o senador do Partido Trabalhista Irlandês Aodhán O'Riordáin qualifica-o — convenhamos que de forma um tanto redundante — como um «monstro» e um «fascista».[583] Do outro lado do mar da Irlanda, o trabalhista Jeremy Corbyn, surpreendentemente contido na apreciação, censura a «retórica divisiva» de Trump, mas reconhece que o seu triunfo era uma reacção às políticas económicas fracassadas das elites.[584] Empregando uma retórica arcaica, Pablo Iglesias, o líder do *Podemos* espanhol, chama-lhe «fascista».[585] Igualmente bafiento no uso da linguagem, o Bloco de Esquerda português considera que a sua eleição representa «uma vitória da política de ódio — ódio à igualdade de direitos, à imigração e ao primado dos direitos humanos».[586] Sintomático da aridez analítica da esquerda radical, os dois partidos peninsulares deliberadamente ignoram as razões que levavam as classes trabalhadoras americanas a dar o seu voto a um «fascista».

No lado oposto do espectro político-ideológico, as reacções ao sucesso eleitoral de Donald Trump eram consideravelmente mais calorosas. Reconhecendo que a agenda *America First* coincidia com a intenção dos *Brexiters* de «retomar o controlo» dos destinos nacionais britânicos, Nigel

---

[583] Ver Cian Murray, «Senator launches stinging attack at government's reaction to "monster" and "fascist" Trump», *Independent*, 11 de Novembro de 2016, consultado em: https://www.independent.ie/irish-news/politics/watch-senator-launches-stinging-attack-at-governments-reaction-to-monster-and-fascist-trump-35207286.html.

[584] A declaração de Jeremy Corbyn dizia o seguinte: «A eleição de Trump é uma rejeição inconfundível de um *establishment* político e de um sistema económico que simplesmente não está a funcionar para a maioria das pessoas. Gerou desigualdades crescentes e padrões de vida estagnados ou em queda para a maioria, tanto nos EUA quanto na Grã-Bretanha. É uma rejeição de um consenso económico falhado e de uma elite governamental que parece não ter ouvido. A raiva pública que levou Donald Trump ao cargo reflecte-se em convulsões políticas em todo o mundo. Mas algumas das respostas de Trump às grandes questões que os Estados Unidos enfrentam e a retórica divisiva em torno delas estão claramente erradas». Ver Julia Rampen, «Jeremy Corbyn's reaction to Donald Trump's election is getting a reaction of its own», *New Statesman*, 9 de Novembro de 2016, consultado em: https://www.newstatesman.com/politics/staggers/2016/11/jeremy-corbyns-reaction-donald-trumps-election-getting-reaction-its-own.

[585] Ver Comunicado da Comissão Política do Bloco de Esquerda, «Eleição de Trump é um perigo global», *Esquerda.net*, 9 de Novembro de 2016, consultado em: https://www.esquerda.net/artigo/eleicao-de-trump-e-um-perigo-global/45368.

[586] Ver «Pablo Iglesias: "Podemos llamar fascista a Donald Trump"», *Público*, 29 de Novembro de 2016, consultado em: https://www.publico.es/politica/pablo-iglesias-llamar-fascista-donald.html.

Farage, num *tweet* de 9 de Novembro, diz suspeitar que «2016 será o ano de duas grandes revoluções políticas».[587] Candidata à presidência francesa, Marine Le Pen estende os parabéns ao povo «livre» americano.[588] Frauke Petry, a líder da *Alternative für Deutschland*, aprecia o resultado como «um triunfo do povo americano, uma vitória do povo comum sobre o *establishment* político» e, por isso, saúda a estrondosa «vitória sobre as elites globalistas politicamente correctas que mostram pouco interesse no bem-estar do povo».[589] No mesmo sentido se manifestou Geert Wilders, o líder do Partido da Liberdade holandês, que realça que «a América recuperou a sua soberania nacional, a sua identidade. Recuperou a sua democracia, por isso chamei-lhe uma revolução».[590] Igualmente satisfeito, o líder do Partido da Liberdade austríaco Heinz-Christian Strache entendia que «a esquerda política e o sistema corrupto e alienado estão a ser punidos pelos eleitores e expulsos do poder».[591] Cada um à sua maneira, os populistas reconheciam que Trump reforçava os seus respectivos partidos na medida em que os inseria no *mainstream* político e, desse modo, legitimava ideias que pouco antes eram tidas como extremas e marginais.

Governantes populistas também se mostravam agradados com o triunfo de Donald Trump. Viktor Orbán, primeiro-ministro húngaro e líder do *Fidesz*, usa o *Facebook* para sentenciar que «a democracia ainda está viva».[592] Escassos dias depois de ter feito esta afirmação triunfalista, adianta que a votação americana permitia um tardio «retorno

---

587 Ver Matthew Weaver, Stephanie Kirchgaessner, Helena Smith, Kate Connolly e Philip Oltermann, «Rightwing populists first to congratulate Trump on historic upset», *The Guardian*, 9 de Novembro de 2016, consultado em: https://www.theguardian.com/us-news/2016/nov/09/far-right-first-to-congratulate-donald-trump-on-historic-upset.

588 Ver «Far-right leader Le Pen says Trump win "good news for France"», *France24*, 9 de Novembro de 2016, consultado em: https://www.france24.com/en/20161109-france-far-right-chief-marine-le-pen-congratulates-trump.

589 Ver Jeremy Ashkenas e Gregor Aisch, «European Populism in the Age of Trump», *The New York Times*, 5 de Dezembro de 2016, consultado em: https://www.nytimes.com/interactive/2016/12/05/world/europe/populism-in-age-of-trump.html

590 *Ibid.*

591 Ver «Austria's far-right Freedom Party congratulates Trump», *Reuters*, 9 de Novembro de 2016, consultado em: https://www.reuters.com/article/usa-election-austria-fpo-idINKBN1341DB.

592 Para esta e outras reacções, ver Matthew Weaver, Stephanie Kirchgaessner, Helena Smith, Kate Connolly e Philip Oltermann, «Rightwing populists first to congratulate Trump on historic upset», *op. cit.*

à realidade», que seguramente iria abrir caminho para que a «civilização ocidental se libertasse do cativeiro de uma ideologia».[593] Vista de Budapeste, a vitória de Trump configura uma severo revés do abominado «politicamente correcto» e das políticas identitárias advogadas por Barack Obama e pela esquerda americana. Aludindo aos seus conflitos políticos com Bruxelas em torno da qualidade da democracia húngara, Orbán mantém que o triunfo da agenda *America First* era equivalente a ter recebido «permissão do mais alto lugar do mundo para que também nos possamos colocar em primeiro lugar».[594] Para o primeiro-ministro húngaro, o «interesse europeu comum» insistentemente promovido por Bruxelas teria de ceder à soberania e ao interesse nacional de cada país. Era, obviamente, demasiado cedo para antecipar o desfecho da contra-revolução, mas, para o nacional-populismo europeu, a vitória do *trumpismo* inaugurava um novo horizonte de possibilidades.

Porque, no passado, Barack Obama criticara Orbán por corrupção e desrespeito pelo estado de direito, o entusiasmo com que o húngaro saúda a eleição de Trump era mais do que compreensível. Se outra razão não houvesse, a ênfase dada pelo novo presidente à imigração ilegal, aos valores tradicionais e à palpável admiração que nutria por homens fortes iam ao encontro de alguns pilares da «democracia iliberal» teorizada por Orbán.[595] Não se pretende com isto dizer que — pelo menos naquela conjuntura — o projecto político de Trump fosse iliberal. A realidade política americana, a robustez das suas instituições e a autonomia da sociedade civil inviabilizavam qualquer impulso de natureza iliberal. De qualquer forma, a convergência de pontos de vista seria recompensada com uma

---

[593] Ver Benjamin Novak, «Orbán: We are living times of great transformation!», *Budapest Beacon*, 10 de Novembro de 2016, consultado em: https://budapestbeacon.com/orban-living-times-great-transformation/.

[594] Ver Tom Batcherlor, «Hungary's Prime Minister Viktor Orban praises Donald Trump's "America First" nationalism», *The Independent*, 23 de Janeiro de 2017, consultado em: http://www.independent.co.uk/news/world/europe/donald-trump-nationalist-hungary-pm-viktor-orban-praise-america-first-a7542361.htm.

[595] Orbán inspirou o conceito de «democracia iliberal» formulado por Zakaria. Ver Fareed Zakaria, «The Rise of Illiberal Democracy», *Foreign Affairs*, Vol. 76, No. 6, 1997, pp. 22–43. Sobre o regime de Orbán, ver Paul Lendvai, *Orbán: Europe's New Strongman*, Oxford, Oxford University Press, 2017, e Peter Wilkin, *Hungary's Crisis of Democracy: The Road to Serfdom*, Lanham, Lexington Books, 2016.

reunião entre Orbán e Trump em Maio de 2019, a primeira vez desde 2005 que um primeiro-ministro húngaro era recebido na Casa Branca.[596]

Outros líderes ideologicamente próximos de Donald Trump foram recompensados com visitas — ou, pelo menos, com convites — à Casa Branca. Dias depois das eleições, numa carta endereçada a Trump, o presidente checo Miloš Zeman confessava que «os meus opositores políticos chamam-me o Donald Trump checo» porque «partilhamos pontos de vista sobre os assuntos como a luta contra o terrorismo, o chamado Estado Islâmico e as migrações globais. Tenho orgulho do rótulo e nunca o entendi como um insulto».[597] Obviamente lisonjeado com o teor da missiva do seu homólogo, Trump precipitadamente convida Zeman — um político conhecido pelas posições pró-russas — a deslocar-se à Casa Branca. Desentendimentos entre Zeman e os americanos surgem em torno da colocação de um sistema de defesa antimísseis na República Checa, mas as relações melhoraram quando Praga contribui para bloquear uma declaração conjunta da UE criticando a decisão de Trump de transferir a embaixada americana para Jerusalém e quando os serviços de informação checos alertam para os perigos do uso do *software* da Huawei.[598] Heterodoxo e imprevisível, Zeman acaba por ser substituído pelo confiável e pró-Trump primeiro-ministro Andrei Babiš, que ruma à Casa Branca em Março de 2019.[599]

---

[596] Ver Drew Hinshaw and Anita Komuves, «In a reversal, U.S. to host Hungarian Prime Minister», *The Wall Street Journal*, 12 de Maio de 2019, consultado em: https://www.wsj.com/articles/in-a-reversal-u-s-to-host-hungarian-prime-minister-11557687059.

[597] Ver «The President of the Czech Republic Miloš Zeman sent congratulations to Donald Trump on November 9, 2016», Embassy of the Czech Republic in Washington, D. C, 10 de Novembro de 2016, consultado em: https://www.mzv.cz/washington/en/czech_u_s_relations/news/czech_republic_s_president_zeman.html.

[598] O presidente Zeman parece ter sido convidado porque Donald Trump não tinha conhecimento das suas políticas pró-russas e pró-chinesas. Zeman foi, no entanto, aplaudido pela sua posição sobre o terrorismo islâmico e pelo forte apoio concedido a Israel. Ver Jiri Valenta e Leni Friedman Valenta, «Trump should aid Czech President Zeman in fighting the "Munich attitude"», *BESA Perspectives*, Begin-Sadat Center for Strategic Studies, Dec. 20, 2017, pp. 1–5, consultado em: https://www.jstor.org/stable/resrep16850?seq=1#metadata_info_tab_contents. Sobre as tensões nas relações bilaterais, ver Łukasz Ogrodnik, «Intensification of Czech-U.S. Relations», *PISM Bulletin*, PISM/The Polish Institute of International affairs, No. 94, 1340, 11 de Julho de 2019, consultado em: https://pism.pl/publications/Intensification_of_CzechUS_Relations.

[599] Ver «Trump, Czech Prime Minister Babiš have much in common», *VOA/Voice of America*, 7 de Março de 2019, consultado em: https://www.voanews.com/usa/trump-

Tutelado por Jarosław Kaczyński, o Governo polaco do partido Lei e Justiça conclui que Trump encarnava uma «América real» em rebelião aberta contra as «forças progressistas» que investiam contra os valores cristãos tradicionais.[600] A aparente afinidade entre Trump e Vladimir Putin inicialmente esfria o entusiasmo polaco, mas as dúvidas são dissipadas quando o presidente se desloca a Varsóvia em Julho de 2017 e sai em defesa da «civilização ocidental sob ameaça».[601] Solidamente contra a imigração aberta, o cosmopolitismo e as políticas identitárias, Trump emerge como um aliado valioso na longa luta conduzida pelo Lei e Justiça contra o globalismo da União Europeia. Na medida em que representa a antítese da ortodoxia europeísta de Bruxelas, Trump passa a ocupar a primeira linha da política interna da Polónia e de outros estados europeus.[602]

---

czech-prime-minister-babis-have-much-common, e Robert Tait, «Rich, scandal-hit and anti-immigrant: Czech leader Babiš to meet Trump», *The Guardian*, 6 de Março de 2019, consultado em: https://www.theguardian.com/world/2019/mar/05/rich-scandal-hit-and-populist-czech-leader-babis-to-meet-trump.

[600] Ver Jeremy Shapiro e Dina Pardijs, «The Transatlantic Meaning of Donald Trump: A US-EU Power Audit», European Council on Foreign Relations, Setembro de 2017, p. 34, consultado em: https://ecfr.eu/publication/the_transatlantic_meaning_of_donald_trump_a_us_eu_power_audit7229/. Ver também James Traub, «The Party that wants to make Poland Great Again», *The New York Times Magazine*, 2 de Novembro de, 2016, consultado em: https://www.nytimes.com/2016/11/06/magazine/the-party-that-wants-to-make-poland-great-again.html?searchResultPosition=1; Joanna Fomina e Jacek Kucharczyk, «The Specter Haunting Europe: Populism and Protest in Poland», *Journal of Democracy*, Vol. 27, No. 4, Outubro de 2016, pp. 58–68, e Robert Csehi e Edit Zgut, «"We Won't Let Brussels Dictate Us": Eurosceptic Populism in Hungary and Poland», *European Politics and Society*, Vol. 22, No. 1, Fevereiro de 2021, pp. 53–68.

[601] O presidente Trump afirmou: «Este continente não enfrenta mais o espectro do comunismo. Mas hoje estamos no Ocidente e temos de dizer que há ameaças terríveis à nossa segurança e ao nosso modo de vida. Vejam o que está a acontecer lá fora. São ameaças. Nós vamos enfrentá-las. Nós ganharemos. Mas são ameaças. [...] Assim como a Polónia não foi *broken*, declaro hoje para que o mundo ouça que o Ocidente nunca, jamais será *broken*. Os nossos valores prevalecerão. O nosso povo vai prosperar. E a nossa civilização triunfará». Ver The White House, «Remarks by President Trump to the People of Poland», Warsaw, Poland, 6 de Julho de 2017, consultado em: https://trumpwhitehouse.archives.gov/briefings-statements/remarks-president-trump-people-poland/.

[602] Ver Charlotte Cavaillé, Noam Gidron e Peter A. Hall, «Trumpism as a transatlantic phenomenon», *Prospect*, 8 de Março de 2016, consultado em: https://scholar.harvard.edu/files/hall/files/cavailleetal2016_trump.pdf.

A família conflituosa

As escolhas políticas dos presidentes americanos ocasionalmente detonam conflitos interpartidários europeus. A singularidade de Donald Trump residia na sua capacidade de provocar clivagens na política interna dos estados europeus ainda antes de ocupar a Casa Branca. Não obstante esta originalidade, o triunfo eleitoral de Trump significava que os chefes de governo se viam obrigados a estabelecer relações bilaterais normais com alguém que diabolizaram, que apresentavam como a antítese de tudo o que a Europa representava. Depois de ter caracterizado a retórica da campanha de Trump como «racista e divisiva», o primeiro-ministro irlandês Enda Kenny prudentemente envia-lhe os seus «sinceros parabéns» pelo resultado eleitoral obtido.[603] Teria, por isso, a distinção de ser o primeiro chefe de governo europeu a receber uma chamada telefónica de Trump. Curvando-se perante a realidade dos factos, a maioria dos líderes europeus adopta o mesmo pragmatismo de «esperar para ver» quanto ao rumo da nova liderança. Paradigmático desta sensibilidade, o ministro dos Negócios Estrangeiros holandês Bert Koenders admitia que, no decorrer da campanha para a Casa Branca, «o Sr. Trump expressou opiniões que não estão de acordo com a forma como concebemos a sociedade e a ordem mundial; por exemplo, no que diz respeito à NATO, às relações com a Rússia e a Europa e a grupos específicos da população»[604]. Mas, atendendo ao novo quadro, sabiamente acrescenta que doravante «iremos julgá-lo de acordo com as suas acções concretas».[605] A realidade dos factos impunha-se.

Naturalmente, de Oeste a Leste, o pragmatismo leva a generalidade dos líderes europeus a abraçar os novos donos do poder. Em Portugal, o governo socialista de António Costa propõe-se balizar os termos do relacionamento bilateral ao esclarecer que «confiamos que as prioridades da

---

[603] Ver Fiach Kelly, «Government feels it had no choice but to welcome Trump win», *The Irish Times*, 11 de Novembro de 2016, consultado em: https://www.irishtimes.com/news/politics/government-feels-it-had-no-choice-but-to-welcome-trump-win-1.2863445.

[604] Ver «Koenders: Judge Trump by his actions», Government of the Netherlands, Ministry of Foreign Affairs, 9 de Novembro de 2016, consultado em: https://www.government.nl/ministries/ministry-of-foreign-affairs/news/2016/11/09/koenders-judge-trump-by-his-actions.

[605] *Ibid.*

política externa da nova Administração se situem no grande quadro de valores que têm norteado a acção dos Estados Unidos no mundo, no compromisso com o sistema multilateral das Nações Unidas, com a Aliança Atlântica e com o desenvolvimento das relações com a União Europeia», adiantando que «Portugal cooperará lealmente com os Estados Unidos, quer no âmbito bilateral quer no âmbito multilateral, respeitando o direito internacional e os valores democráticos e reforçando os laços que tão profundamente ligam os dois países».[606] Na ponta leste da União Europeia, a ministra dos Negócios Estrangeiros lituana Linas Linkevicius revelava maior desconforto. Manifestamente preocupada com os elogios de Trump a Vladimir Putin, disse temer que a Rússia «possa vir a testar a NATO» antes da tomada de posse do novo presidente.[607] Compreensivelmente, poucos seriam os governos europeus disponíveis para protelar conflitos estéreis com Donald Trump.

Invocando o «relacionamento especial» entre o Reino Unido e a América, que espera traduzir numa parceria «forte e próxima» no âmbito do «comércio, da segurança e da defesa», a primeira-ministra Theresa May desloca-se à Casa Branca no dia 26 de Janeiro de 2017 para discutir um acordo comercial bilateral para o pós-*Brexit*.[608] Enquanto May regressava a Londres, Trump assina uma «ordem executiva» a vedar a entrada nos Estados Unidos a cidadãos oriundos de sete países muçulmanos, incluindo britânicos na posse de dupla cidadania. Em plena Câmara dos Comuns, May vê-se forçada a admitir que Trump nada lhe dissera sobre

---

[606] Ver Sónia Sapage e Maria João Lopes, «Marcelo e Costa felicitam Donald Trump», *Público*, 9 de Novembro de 2016, consultado em: https://www.publico.pt/politica/noticia/marcelo-felicita-donald-trump-1750510.

[607] Ver Kevin Connolly, «Trump election: Baltic warning over Russian move on Nato», *BBC*, 18 de Novembro de 2016, consultado em: https://www.bbc.com/news/world-europe-38014997.

[608] Boris Johnson, o ministro dos Negócios Estrangeiros de May, recusou marcar presença numa «sessão especial» dos ministros dos Negócios Estrangeiros da União Europeia, agendada para a véspera do encontro regular, a fim de deliberar sobre a eleição de Trump. Johnson declarou então: «Não vemos a necessidade de uma reunião adicional no domingo porque o calendário eleitoral dos EUA está estabelecido há muito tempo. Ocorreu um acto de democracia, há um período de transição e trabalharemos com as administrações actual e futura para garantir os melhores resultados para a Grã-Bretanha». Ver «Boris Johnson snubs emergency EU meeting on Trump Victory» *PressTV*, 12 de Novembro de 2016, consultado em: https://www.presstv.com/Detail/2016/11/12/493312/UKUS-relations-Boris-Johnson-Donald-Trump-EU-Brexit.

tal «ordem executiva», que adjectiva como «divisiva e errada».[609] Seis meses mais tarde, quando Trump alega que «pessoas muito boas» se encontravam entre os activistas de extrema-direita que desfilaram em Charlottesville, em Agosto de 2017, as relações sofriam novo abalo. Politicamente acossada, May retrucou que «não vejo equivalência entre quem propõe pontos de vista fascistas e os que a eles se opõem», acrescentando que «todos os que se encontram em posições de responsabilidade devem condenar os pontos de vista de extrema-direita onde quer que os ouçamos».[610] A crítica de May a Trump era, simultaneamente, um recado dirigido aos *Brexiters* do Partido Conservador, em rebelião aberta contra a primeira-ministra.

Nunca especialmente próximas, as relações entre Theresa May e Trump degradam-se com o passar do tempo.[611] Em 23 de Junho de 2016, quando os eleitores britânicos se pronunciam favoráveis ao abandono da UE por uma margem de 52%, Trump, ainda na qualidade de candidato, expressa interesse em celebrar um acordo bilateral de comércio livre. Com o *Brexit* agendado para Março de 2019, a morosidade das negociações com Bruxelas produz clivagens cada vez mais nítidas no seio do Partido Conservador. Quando, em Julho de 2018, Trump se desloca ao Reino Unido, alerta

[609] Ver «May: I won't chase headlines over Trump ban», *BBC News*, 1 de Fevereiro de 2017, consultado em: https://www.bbc.com/news/uk-politics-38828383. Pouco depois, em 17 de Março de 2017, Washington acusou os serviços de inteligência britânicos de espiar o candidato Trump a pedido do presidente Obama. O gabinete de May negou a acusação, mencionando que «deixámos claro à Administração que essas alegações são ridículas e devem ser ignoradas. Recebemos garantias de que essas alegações não serão repetidas». Trump voltaria a repeti-las. Ver Peter Baker and Steven Erlanger, «Trump offers no apology for claim on British spying», *The New York Times*, 17 de Março de 2017, consultado em: https://www.nytimes.com/2017/03/17/world/europe/trump-britain-obama-wiretap-gchq.html?searchResultPosition=1.

[610] Para esta e outras reacções europeias às declarações de Trump sobre Charlottesville, ver Liam Stack, «Charlottesville violence and Trump's reaction draw criticism abroad», *The New York Times*, 17 de Agosto de 2017, consultado em: https://www.nytimes.com/2017/08/17/world/charlottesville-trump-world-reaction.html.

[611] Sobre as dificuldades do relacionamento anglo-americano durante a primeira metade da presidência Trump, ver Thomas Wright, «How Trump undermined Theresa May», *The Atlantic*, 31 de Maio de 2019, consultado em: https://www.theatlantic.com/ideas/archive/2019/05/trump-undermines-uk-and-bullies-theresa-may/590758/. Também Kim Darroch, o controverso embaixador britânico acreditado em Washington até 2019, escreveu um interessante livro sobre as tensões bilaterais durante este período. Ver Kim Darroch, *Collateral Damage: Britain, America, and Europe in the Age of Trump*, Nova Iorque, PublicAffairs, 2020.

para o facto de que o futuro relacionamento comercial entre os dois países corria perigo se May optasse por um *soft Brexit*. Por acreditar que o referendo visava «romper os laços com a UE», incentiva May a terminar as negociações com Bruxelas e a «processar a UE».[612] Confirma o teor do conselho quando diz: «dei-lhe as minhas opiniões sobre o que deveria fazer e como deveria negociar, mas não seguiu os meus pontos de vista», admitindo, aliás, que a primeira-ministra «provavelmente iria pelo caminho oposto».[613] Mergulhando na política interna do Reino Unido, elogia Boris Johnson, o ministro dos Negócios Estrangeiros que, dias antes, se demitira em divergência aberta com a forma como May conduzia o *dossier Brexit*. Alegando que «não estou a lançar um contra o outro», não se inibe de reconhecer publicamente que Johnson «seria um grande primeiro-ministro».[614] A indiscrição de Trump alimenta, como é natural, a especulação de que a demissão fora concertada com o intento de remover May de Downing Street. Três meses depois, em Outubro de 2018, a Casa Branca notificava o Congresso de que encetaria negociações com o Reino Unido sobre um acordo bilateral de comércio livre logo que o país abandonasse a União Europeia.[615]

---

[612] Em Londres, o presidente Trump afirmou: «If they do a deal like that, it will most likely, because we'll be dealing with the European Union, instead of dealing with the U.K., so it will probably kill the deal, if they do a deal like that, their trade deal with the U.S. will probably not be made. [...] Because we have enough difficulty with the European Union». Ver Kathryn Watson, «Trump says UK Prime Minister Theresa May "went the opposite way" from his Brexit advice», CBS News, 13 de Julho de 2018, consultado em: https://www.cbsnews.com/news/trump-sun-interview-today-theresa-may-soft-brexit-boris-johnson-2018-07-12/. Também, Philip Rucker e Carol Leonnig, *A Very Stable Genius Donald J. Trump's Testing of America*, Londres, Bloomsbury, 2020, pp. 316–317 e Michael Wolff, *Siege*, *op. cit.*, p. 165.

[613] Ver Andrew Learmonth, «Donald Trump humiliates Theresa May at Chequers conference», *The National*, 14 de Julho de 2018, consultado em: https://www.thenational.scot/news/16354160.donald-trump-humiliates-theresa-may-chequers-conference/.

[614] *Ibid.*

[615] Em Abril de 2019, a *Speaker* Nancy Pelosi anunciou que não haveria «qualquer hipótese» de acordo comercial pós-*Brexit* caso se verificasse qualquer «enfraquecimento» do *Good Friday Accord* de 1998. Ver Ned Simons, «Nancy Pelosi warns "no chance whatsoever" of US-UK trade deal if Brexit harms Good Friday Agreement», *Huffington Post*, 15 de Abril de 2019, consultado em: https://www.huffingtonpost.co.uk/entry/nancy-pelosi-warns-no-chance-whatsoever-of-us-uk-trade-deal-if-brexit-harms-good-friday-agreement_uk_5cb4a5d5e4b098b9a2d7b5f7.

Sitiada pela oposição interna e com a Câmara dos Comuns paralisada, Theresa May anuncia a intenção de se demitir da liderança do Partido Conservador no dia 24 de Maio de 2019. Dias antes de iniciar uma visita de estado ao Reino Unido — que coincide com o processo de substituição da liderança *tory* —, Trump volta a imiscuir-se na política interna do país ao declarar que «Boris faria um trabalho muito bom. Acho que seria excelente. Gosto dele. Sempre gostei dele. Não sei se vai ser escolhido, mas penso que é um bom tipo, uma pessoa com muito talento. Tem sido muito positivo em relação a mim e ao meu país».[616] Conquistada a liderança dos *Tories* e na posse de um acordo *Brexit* «pronto para o forno», Johnson obtém uma maioria esmagadora nas eleições de Dezembro de 2019. Nos derradeiros dias desse mesmo mês, a Câmara dos Comuns vota favoravelmente o acordo final de retirada. Para Washington, não restava qualquer dúvida de que a *Global Britain* do pós-*Brexit* — potência nuclear da NATO, membro do G7 e titular de um dos cinco lugares permanentes no Conselho de Segurança das Nações Unidas — seria um aliado confiável em matéria de segurança internacional. Mas na medida em que Londres usualmente secundava as perspectivas americanas nas instâncias europeias, o *Brexit* constituía um inegável revés, pois deixava as relações euro-americanas largamente dependentes da França e da Alemanha.

Do outro lado do Canal da Mancha, Donald Trump ensombra a corrida presidencial francesa quando, na Primavera de 2017, declara que Marine Le Pen era «a mais forte» dos candidatos ao cargo.[617] A admiração era mútua, pois, entrevistada no dia em que Trump toma posse, Le Pen declara que «a UE está morta, mas ainda não sabe».[618] Durante o último debate da segunda volta das presidenciais, Le Pen reconhecia —

---

[616] Ver Tom Newton Dunn, «I Back Boris. Donald Trump wades into Toy leadership race saying Boris Johnson would do a "very good job"», *The Sun*, 1 de Junho de 2019, consultado em: https://www.thesun.co.uk/news/9196164/donald-trump-boris-johnson-prime-minister-uk-visit/.

[617] Ver Aidan Quigley, «Trump expresses support for Le Pen», *Politico*, 21 de Abril de 2017, consultado em: https://www.politico.eu/article/trump-expresses-support-for-french-candidate-le-pen/.

[618] Ver «EU is dead but doesn't know this yet, French rightist Le Pen says», *Daily Sabah*, 22 de Janeiro de 2017, consultado em: https://www.dailysabah.com/europe/2017/01/22/eu-is-dead-but-doesnt-know-this-yet-french-rightist-le-pen-says.

não sem razão — que era a candidata «mais bem colocada» para interagir com Trump.[619] A inferência era que também a França deveria descartar os constrangimentos impostos por Bruxelas que a impediam de seguir um caminho de independência nacional. Em contraste, Emmanuel Macron postula que a independência nacional não era diminuída pela pertença do país à União Europeia, pois, por muito paradoxal que pudesse parecer, a «partilha» de soberania europeia ampliava o poder de Paris na cena internacional.[620] Contrariando as teses avançadas por Le Pen e reabilitando argumentos *gaullistas*, Macron mantém que o reforço do poderio gaulês era sinónimo do aprofundamento da integração europeia. Propõe, por isso, a integração no âmbito da defesa, a condição *sine qua non* para que a Europa pudesse «tomar o seu destino nas suas próprias mãos».[621] Dito de forma clara, a defesa dos valores e dos interesses europeus — que Macron usualmente fazia confluir com os de Paris — impunha a redução da dependência da União Europeia relativamente à NATO e aos Estados Unidos.

Ciente da preferência de Trump por Marine Le Pen, Macron não se inibe de apelar a uma «cooperação estreita» com Washington em questões de segurança e, inclusivamente, assume que pretendia «convencer Trump a trabalhar em conjunto na questão das mudanças climáticas».[622] Tratava-se de uma expectativa de escassa adesão à realidade porque, algumas semanas antes, Macron antecipava que Trump «cometeria um grave

---

[619] Ver Simon Carraud, Ingrid Melander e Johnny Cotton, «France's Le Pen says best placed to face "new world" of Trump, Putin», *Reuters*, 2 de Maio de 2017, consultado em: https://www.reuters.com/article/us-france-election-le-pen-trump-idUSKBN17Y2DL.

[620] Ver «French election highlights a deep divide on the European Union», *The Conversation*, 5 de Maio de 2017, consultado em: https://theconversation.com/french-election-highlights-a-deep-divide-on-the-european-union-77193, e «Why the French election is a pivotal test for Europe», *The Conversation*, 21 de Abril de 2017, consultado em: https://theconversation.com/why-the-french-election-is-a-pivotal-test-for-europe-76296.

[621] Ver Manuel Lafont Rapnouil e Jeremy Shapiro, «Macron's Foreign Policy: Claiming the tradition», European Council on Foreign Relations, *ECFR Commentary*, 5 de Maio de 2017, consultado em: https://ecfr.eu/article/commentary_macrons_foreign_policy_claiming_the_tradition_7285/.

[622] Ver Philippe Le Corre, «A bloody final debate between Macron and Le Pen as France heads toward election runoff», *Brookings*, 4 de Maio de 2017, consultado em: https://www.brookings.edu/blog/order-from-chaos/2017/05/04/a-bloody-final-debate-between-macron-and-le-pen-as-france-heads-toward-election-runoff/#cancel.

erro se voltasse atrás nos compromissos relativos às mudanças climáticas do seu antecessor», pois Paris não hesitaria em «forjar uma aliança estratégica com o nosso parceiro chinês».[623] Se pretendia aprofundar a cooperação bilateral com os Estados Unidos, era estranho que Macron escolhesse privilegiar a temática das alterações climáticas porque, dadas as posições assertivas assumidas pela Casa Branca, existia uma forte probabilidade de o relacionamento franco-americano vir a azedar. Ficava por esclarecer como propunha convencer Trump de que o aquecimento global não era uma «farsa» ou como iria demovê-lo de «cancelar» o Tratado de Paris.[624] Macron não podia ignorar que uma discussão estéril com o presidente americano em torno das alterações climáticas iria arrastá-lo para a política interna gaulesa. Mas talvez fosse essa a intenção.

Chegado ao Eliseu em Maio de 2017, Macron diz-se resoluto a estabelecer um relacionamento de proximidade pessoal com o seu homólogo americano. À luz da tensa relação entre Trump e Angela Merkel — e da saída do Reino Unido da União Europeia —, Macron seguramente esperava emergir como o principal interlocutor europeu do presidente americano. A expectativa não era de todo descabida, porque, afinal, ambos eram *outsiders* que derrotaram os *establishments* políticos dos seus países. Ambos se apresentavam como homens destemidos que apontavam caminhos ousados para inverter o declínio nacional.[625] Durante a visita oficial a Washington que realiza em Abril de 2018, Macron congratula-se por ter estabelecido uma «relação muito especial» com Trump; mas, a contragosto, rapidamente constata que a agenda *America First* erguia obstáculos intransponíveis que tornam o relacionamento pessoal entre os

---

[623] Ver «French presidential candidate Macron criticizes Trump's policies», *Reuters*, 2 de Março de 2017, consultado em: https://www.reuters.com/article/us-france-trump-macron-idUSKBN1691J5.

[624] Ver Jan Selby, «The Trump presidency, climate change, and the prospect of a disorderly energy transition», *Review of International Studies*, Vol. 45, No. 3, 2019, pp. 471–490; Asadnabizadeh Majid, «Climate change in the foreign policy of the Trump administration», *Environmental Policy and Law*, Vol. 49, No. 1/2, 2019, pp. 195–202, e Frank Jotzo, Joanna Depçedge e Harald Winkler, «US and international climate policy under President Trump», *Climate Policy*, Vol. 17, No. 7, 2018, pp. 813–817.

[625] Ver Harriet Sinclair, «Macron says he and Trump have "special relationship" because "we are both mavericks"», *Newsweek*, 22 de Abril de 2018, consultado em: https://www.newsweek.com/macron-says-he-and-trump-have-special-relationship-because-we-are-both-896624.

dois chefes de estado cada vez mais tortuoso.[626] Com efeito, Macron vê-se impossibilitado de evitar as tarifas americanas sobre o aço e o alumínio europeus e não consegue demover Trump de abandonar o acordo nuclear com o Irão nem o Tratado de Paris.[627] Com a acumulação dos receios quanto à fiabilidade das garantias de segurança provocados pela agudização das divergências sobre a partilha de custos no âmbito da NATO, Macron passa a insistir sobre uma maior «autonomia estratégica» europeia em relação aos Estados Unidos.[628]

Em finais de 2018, com a relação euro-americana a evidenciar irrefutáveis sinais de avançada degradação, Trump desloca-se a Paris para participar nas comemorações evocativas do centenário do fim da Primeira Guerra Mundial. No discurso que na ocasião profere, Macron, numa referência velada ao seu convidado, denuncia as «nações» que perderam a sua bússola moral em resultado de terem colocado os seus interesses nacionais em primeiro plano.[629] Virtualmente idêntica à retórica europeísta que censurava «interesses egoístas» que se sobrepunham ao «interesse geral europeu», a observação era profundamente demagógica e claramente provocatória, pois o presidente francês certamente não ignorava que a premissa fundamental da política externa *trumpiana* era a de que todos os países assentam a sua actuação na busca do interesse nacional. O facto

---

[626] Ver James McAuley, «The broken romance? The Trump-Macron relationship is on the rocks», *The Washington Post*, 10 de Novembro de 2018, consultado em: https://www.washingtonpost.com/world/2018/11/10/broken-bromance-trump-macron-relationship-is-rocks/, e Alexandra de Hoop Scheffer e Martin Quencez, «The U.S.-France special relationship: testing the Macron method», GMF/The German Marshall Fund of the United States, *Policy Brief*, No. 006, 18 de Abril de 2018, consultado em: https://www.gmfus.org/publications/us-france-special-relationship-after-year-trump.

[627] Ver Sara Stefanini e Kalina Oroschakoff, «France, Germany and Italy: Paris deal "cannot be renegotiated"», *Politico*, 1 de Junho de 2017, consultado em: http://www.politico.eu/article/france-germany-and-italy-paris-deal-cannot-be-renegotiated/, e John Vogler and Charlotte Bretherton, «The European Union as a protagonist to the United States on climate change», *International Studies Perspectives*, Vol. 7, No. 1, Fevereiro de 2006, pp. 1–22.

[628] Ver Benjamin Haddad, *Le Paradis Perdu: l'Amérique de Trump et la Fin des Illusions Européennes*, Paris, Bernard Grasset, 2019, pp. 258–265.

[629] Ver Philip Rucker e Carol Leonnig, *A Very Stable Genius Donald J. Trump's Testing of America*, *op. cit.*, pp. 319–321, e Helene Fouquet, «The moment Macron gave up on Trump», *Bloomberg*, 13 de Fevereiro de 2019, consultado em: https://www.bloomberg.com/news/features/2019-02-13/the-moment-emmanuel-macron-gave-up-on-donald-trump.

de a França sustentar que o seu interesse e poderio nacionais eram reforçados pelo «aprofundamento» do processo de integração europeia não invalidava a regra, pois, a bom rigor, os gauleses concebiam a Europa como um instrumento para avançar os seus interesses. Em resposta, num *tweet* de 13 de Novembro, Trump, fiel a si próprio, denigre os militares franceses: «Emmanuel Macron suggests building its own army to protect Europe against the U.S., China and Russia. But it was Germany in World Wars One & Two — How did that work out for France? They were starting to learn German in Paris before the U.S. came along. Pay for NATO or not!»[630] A troca de acusações em nada dignifica as partes, mas o pior estava para vir.

Em Dezembro de 2018, o presidente americano volta a socorrer-se do Twitter para anunciar que «derrotámos o ISIS na Síria, a minha única razão de estar lá durante a Presidência de Trump».[631] A declaração provoca ondas de choque em Paris porque, pouco antes, Macron advertira que o abandono do teatro sírio fortaleceria a influência regional de Bashar al-Assad e dos seus aliados iranianos, o que, por si só, comprometeria a luta contra o terrorismo.[632] O presidente francês teme que o cheque em branco que Trump oferecia a Vladimir Putin na Síria dar-lhe-ia um poder virtualmente ilimitado sobre o fluxo de refugiados que buscavam acolhimento na União Europeia, uma das causas da mobilização populista que alastrava pelo continente. Mas poderia ter acrescentado que o virar de costas de Trump ao Médio Oriente também enfraqueceria a influência francesa na região.

A divergência torna-se pública quando o presidente francês revela que as garantias sobre a Síria que lhe foram dadas durante a visita de Trump a Paris em Novembro de 2018 eram manifestamente incompatíveis com a anunciada retirada. Mas Trump não será persuadido a alterar a decisão,

---

[630] O *tweet* de 13 de Novembro de 2018 pode ser encontrado em: https://www.abc.net.au/news/2018-11-14/@realdonaldtrump:-emmanuel-macron-suggests-building-its-own-arm/10495092?nw=0.

[631] Ver Julian Borger e Martin Chulov, «Trump shocks allies and advisers with plan to pull US troops out of Syria», *The Guardian*, 20 de Dezembro de 2018, acessível em: https://www.theguardian.com/us-news/2018/dec/19/us-troops-syria-withdrawal-trump.

[632] Ver Helene Fouquet, «The moment Macron gave up on Trump», *Bloomberg*, 13 de Fevereiro de 2019, consultado em: https://www.bloomberg.com/news/features/2019-02-13/the-moment-emmanuel-macron-gave-up-on-donald-trump.

nem mesmo quando esta desencadeia a demissão do secretário da Defesa James Mattis.[633] Em visita oficial ao Chade, Emmanuel Macron reage a estes acontecimentos da pior forma imaginável. Seguro de que no futuro Trump quebraria a sua palavra quando a ocasião o exigisse, diz que «lamenta profundamente» a decisão porque um «aliado deve ser confiável e coordenar com os outros aliados».[634] As dúvidas acumuladas levam-no a concluir que as garantias de segurança dadas pelos Estados Unidos à Europa por intermédio da NATO deixavam de ser fiáveis. Menos de dois anos após a tomada de posse da Administração Trump, as reservas de Macron quanto à confiabilidade do presidente não se dissipavam e, mais importante, passaram a moldar a estratégia de segurança francesa.[635] Aliás, um mês depois de Trump ter reiterado o seu compromisso relativamente à NATO durante as comemorações do armistício, Michael Pompeo afirma que as organizações internacionais não deveriam considerar o apoio dos Estados Unidos como garantido, devendo, antes, «ser reformadas ou eliminadas».[636] Proferida em Bruxelas, a cidade onde a NATO e a União Europeia se encontram sediadas, o simbolismo da declaração era desprovido de subtileza.

Em concomitância com a deterioração das relações entre Washington e Paris, os laços com Berlim desfazem-se a um ritmo estonteante. Depois de Trump acusar Angela Merkel de «arruinar a Alemanha» ao ter recebido os

---

[633] *Ibid.* Ver também Jeffery Goldber, «The man who couldn't take it anymore», *The Atlantic*, Outubro de 2019, consultado em: https://www.theatlantic.com/magazine/archive/2019/10/james-mattis-trump/596665/; Leo Shane III e Aaron Mehta, «Mattis out: Defense secretary says his views no longer aligned with Trump», *Defense News*, 20 de Dezembro de 2018, consultado em: https://www.defensenews.com/news/pentagon-congress/2018/12/20/mattis-out-defense-secretary-says-his-views-no-longer-aligned-with-trump/. Para a carta de demissão de James Mattis, ver «James Mattis' resignation letter in full», *BBC News*, 21 de Dezembro de 2018, consultado em: https://www.bbc.com/news/world-us-canada-46644841.

[634] Reagindo à demissão de Mattis, Emmanuel Macron descreveu o antigo secretário da Defesa como «aliado confiável», um elogio que não fora alargado a Donald Trump. Cf. «Macron says "an ally must be reliable" after Syria pullout», *The International News*, 23 de Dezembro de 2018, consultado em: https://www.thenews.com.pk/latest/409894-macron-says-an-ally-must-be-reliable-after-us-syria-pullout-announcement.

[635] Ver Benjamin Haddad, *Le paradis perdu*, *op. cit.*, pp. 166–169.

[636] Ver Stewart M. Patrick, «Tilting at straw men: Secretary Pompeo's ridiculous Brussels speech», Council on Foreign Relations, 4 de Dezembro de 2018, consultado em: https://www.cfr.org/blog/tilting-straw-men-secretary-pompeos-ridiculous-brussels-speech.

refugiados sírios, o social-democrata Sigmar Gabriel descreve o presidente-eleito como «o pioneiro de um novo movimento internacional autoritário e chauvinista», razão pela qual alemães e europeus teriam de «mudar se quisermos combater o movimento autoritário internacional» encarnado pelo presidente americano.[637] Por sua vez, o ministro dos Negócios Estrangeiros Frank-Walter Steinmeier, que rotulara Trump como um «pregador do ódio», recusa congratulá-lo pela vitória eleitoral. A acrimónia agudiza-se dias antes da tomada de posse de Trump, quando este, numa entrevista concedida em Janeiro de 2017 ao diário alemão *Bild* e ao britânico *The Times*, recorda que a NATO «estava obsoleta porque foi projectada há muitos, muitos anos».[638] Relembrando as metas orçamentais acordadas pela aliança aquando da cimeira do País de Gales de 2014, avisa que «devemos proteger países, mas muitos não pagam o que deveriam pagar, o que acho ser muito injusto para os Estados Unidos».[639] Apesar de insistir que «a NATO continua a ser muito importante para mim», salienta que somente «cinco países pagam o que devem» quando, de acordo com os seus cálculos, a contribuição de Washington rondava 70% dos gastos totais da NATO.[640] Em resposta, o ministro Steinmeier sugere que as palavras do presidente «causaram alguma surpresa e consternação, e certamente não somente aqui. [...] as suas declarações contradizem o que Mattis, o seu secretário de Defesa nomeado, acabou de dizer ao Congresso».[641]

---

[637] Ver «Germany's Gabriel calls Trump "pioneer of a new authoritarian movement"», *Reuters*, 9 de Novembro de 2016, consultado em: https://www.reuters.com/article/us-usa-election-germany-gabriel-idUSKBN1341IN.

[638] Ver «Full transcript of interview with Donald Trump», *The Times*, 16 de Janeiro de 2017, consultado em: https://www.thetimes.co.uk/article/full-transcript-of-interview-with-donald-trump-5d39sr09d.

[639] *Ibid.*

[640] *Ibid.* Meses depois, durante a cimeira da NATO de Julho de 2018, os 70% subiam substancialmente quando o presidente afirma que «Agora, o que aconteceu é que presidentes, durante muitos anos, desde Ronald Reagan a Barack Obama, vieram e disseram, "Okay, hey, façam o melhor que podem" e partiam. Ninguém fazia nada. Chegou ao ponto em que os Estados Unidos pagavam 90% da NATO. Isso não é justo. Por isso, mudou». Ver «Remarks by President Trump at Press Conference, NATO Summit Brussels», Bruxelas, Bélgica, 12 de Julho de 2018, consultado em: https://nato.usmission.gov/july-12-2018-remarks-by-president-trump-at-press-conference-after-2018-nato-summit-in-brussels/.

[641] Ver «Pentagon: US affirms "unshakeable commitment" to NATO», *DW*, 24 de Janeiro de 2017, consultado em: https://www.dw.com/en/pentagon-us-affirms-unshakeable-commitment-to-nato/a-37246362.

Decididamente, a questão da NATO não era a única a alimentar as tensões germano-americanas. Na entrevista ao *Bild/The Times*, Trump volta a qualificar a gestão do *dossier* dos refugiados sírios como um «erro catastrófico» da chanceler, que teria como consequência incentivar mais países a seguirem o exemplo da Grã-Bretanha de abandonar a União Europeia, que o presidente caracteriza como, no essencial, «um veículo da Alemanha».[642] Admoesta Merkel por não ter entendido que «os países querem manter a sua identidade» e que, por isso, seria difícil conservar a coesão europeia se os «refugiados continuarem a chegar às diferentes partes da Europa» porque «as pessoas estão zangadas» com as opções das suas elites.[643] Não restavam dúvidas de que Trump responsabilizava Merkel pelo *Brexit* e pela eventual desintegração da UE, pois a decisão tomada pela chanceler em 2015 de abrir as portas aos refugiados fora «a última gota que fez transbordar o copo» e levara os eleitores britânicos a validarem o *Brexit*.[644] Obviamente simplista, a leitura de Trump não deixava de apontar uma verdade elementar que as elites europeias não pareciam dispostas a reconhecer.

Ao mesmo tempo, Trump manifesta a sua disponibilidade para celebrar um acordo comercial com o Reino Unido no preciso momento em que vários governos europeus advogavam o endurecimento das negociações com Londres tendo em vista dissuadir outros estados eventualmente tentados a abandonar o processo de integração. Mais importante ainda, denuncia os desequilíbrios comerciais com a UE.[645] São, aliás, estes mesmos desequilíbrios que o induzem a ameaçar com uma taxa aduaneira de 35% sobre os automóveis da BMW a serem montados na fábrica que a empresa planeava construir na cidade mexicana de San Luis Potosi. Sem subterfúgios, Trump diz que seria «muito melhor» se a fábrica fosse construída nos

642 *Ibid.*

643 *Ibid.*

644 Ver «Full transcript of interview with Donald Trump», *The Times*, 16 de Janeiro de 2017, *op. cit.*

645 Instada a comentar a declaração de Theresa May de que tencionava fazer um «*hard Brexit*», Merkel recusa fazê-lo porque os planos de Londres não tinham sido apresentados oficialmente. A chanceler esperaria até que o Reino Unido procedesse à formalização da sua de retirada da União Europeia. Ver «Merkel on Trump: The EU can take care of itself», *DW*, 16 de Janeiro de 2017, consultado em: https://www.dw.com/en/merkel-on-trump-the-eu-can-take-care-of-itself/a-37148057.

Estados Unidos.[646] Com eleições legislativas no horizonte, Merkel insurge--se contra uma abordagem que considera proteccionista e ameaçadora dos interesses alemães. Responde à entrevista de Trump no *Bild/The Times* durante uma conferência de imprensa conjunta com o primeiro-ministro da Nova Zelândia Bill English, proclamando que «nós, europeus, temos o nosso destino nas nossas mãos».[647] Dias antes, a chanceler não se limitara a discordar das políticas concretas delineadas pela Casa Branca. Fora consideravelmente mais longe ao admitir que, «do ponto de vista de alguns de nossos parceiros tradicionais — e estou a pensar aqui também sobre as relações transatlânticas —, não há garantia eterna de uma estreita cooperação connosco, os europeus».[648] Sobre o futuro da União Europeia, diz que as políticas *trumpianas* devem proporcionar «um incentivo para trabalharmos juntos, para manter a Europa unida agora mais do que nunca, para melhorá-la ainda mais e para voltar a aproximar os cidadãos».[649] A crise global nas relações transatlânticas estava, assim, consumada.

Todavia, o uso constante de retórica imprópria entre os aliados não impede a busca de terreno comum no âmbito da segurança e da defesa. Menos de duas semanas após a entrevista do presidente ao *Bild/The Times*, James Mattis, há poucos dias no cargo de secretário da Defesa, tranquiliza os colegas europeus quanto ao «compromisso inabalável» do seu país para com a Aliança Atlântica.[650] Segue-se um telefonema ao secretário-geral da NATO Jens Stoltenberg para lhe garantir que «os Estados Unidos começam sempre na Europa».[651] Conversações de alto nível

---

[646] Ver Philip Oltermann e Alec Luhn, «Germany hits back at Trump criticism of refugee policy and BMW tariff threat», *The Guardian*, 16 de Janeiro de 2017, consultado em: https://www.theguardian.com/world/2017/jan/16/germany-hits-back-at-trump-criticism-of-refugee-policy-and-bmw-tariff-threat.

[647] Ver «Merkel on Trump: The EU can take care of itself», *DW*, 16 de Janeiro de 2017, *op. cit.*

[648] Ver «Merkel: No "eternal guarantee" for United States cooperation with EU», *DW*, 12 de Janeiro de 2017, consultado em: https://www.dw.com/en/merkel-no-eternal-guarantee-for-united-states-cooperation-with-eu/a-37115220.

[649] *Ibid.*

[650] Ver «NATO has our "unshakeable commitment", Pentagon chief vows», *The Guardian*, 24 de Janeiro de 2017, consultado em: https://www.theguardian.com/world/2017/jan/24/pentagon-chief-vows-unshakeable-commitment-to-nato.

[651] Ver «Mattis speaks with NATO chief, highlighting importance of alliance», *Reuters*, 23 de Janeiro de 2017, consultado em: https://www.reuters.com/article/us-usa-defense-nato-idUSKBN1572W9.

entre alemães e americanos realizam-se no início de Fevereiro de 2017, quando o ministro dos Negócios Estrangeiros Sigmar Gabriel se desloca a Washington para reunir com o secretário de Estado Rex Tillerson e com o vice-presidente Mike Pence.[652] Pouco antes da visita, Gabriel tece duríssimas críticas ao presidente depois de Trump ter apontado o «excesso» de carros alemães nas estradas americanas e o parco número de automóveis americanos nas estradas alemãs.[653] Dando a entender que o problema residia na falta de qualidade dos veículos americanos e não no «comércio injusto» denunciado por Trump, Gabriel limita-se a sugerir que os EUA «terão de fabricar carros melhores».[654] O ministro vai ainda mais longe quando diz que a retórica do discurso de tomada de posse de Trump fazia recordar os «reaccionários» não-democratas da década de 1920.[655] Concluídos os encontros com os responsáveis americanos, Gabriel diz-se «perturbado» com várias declarações do presidente, mas reconhece que «o vice-presidente Pence e o seu colega Tillerson deixaram claro que têm um forte interesse numa Europa unida, que apoiam uma parceria transatlântica no âmbito da NATO».[656] Nesta linha apaziguadora, mas porventura esquecendo a natureza presidencial do sistema político americano, enfatiza que as garantias fornecidas por Mattis e Pence «relativizaram muito daquilo que ouvimos antes» pela voz do presidente Trump.[657]

Dias depois, a ministra da Defesa alemã Ursula von der Leyen aterra em Washington para conferenciar com o seu homólogo James Mattis. Em 10 de Fevereiro, em declarações proferidas no Pentágono, a ministra

---

[652] Ver «Spotlight on first meeting between Gabriel and Tillerson», *DW*, 2 de Fevereiro de 2017, consultado em: https://www.dw.com/en/spotlight-on-first-meeting-between-gabriel-and-tillerson/a-37377983.

[653] Ver David Charter, «Germans hit back at Trump as BMW shares slump», *The Times*, 16 de Janeiro de 2017, consultado em: https://www.thetimes.co.uk/article/germans-hit-back-at-trump-as-bmw-shares-slump-zwz9k0nc9.

[654] *Ibid.*

[655] Ver «Germany's Gabriel "reassured" after US meetings», *DW*, 6 de Fevereiro de 2017, consultado em: https://www.dw.com/en/germanys-gabriel-reassured-after-us-meetings/a-37423951.

[656] Ver «Germany's Gabriel reassured on U.S. policy after Washington trip», *Reuters*, 5 de Fevereiro de 2017, consultado em: https://www.reuters.com/article/us-usa-germany-idUSKBN15K0SJ.

[657] *Ibid.*

desdramatiza as tensões ao sugerir que o relacionamento germano-americano «avançou muito, mas precisa de progredir mais».[658] Quando Mattis expressa a sua «alta consideração pela Alemanha como aliado», Von der Leyen destaca o «compromisso claro e profundo» do secretário de Defesa com a NATO e revela que as partes acordaram estreitar o diálogo estratégico bilateral porque — alega — os Estados Unidos beneficiam de «um forte pilar europeu» na NATO.[659] Porventura sensibilizada pela postura conciliatória do seu interlocutor, reconhece que o apelo de Trump a investimentos europeus adicionais na defesa configurava «uma exigência justa».[660] Visto que a primeira reunião Trump-Merkel estava agendada para meados de Março de 2017, a Casa Branca congratula-se com a «determinação do governo alemão em atingir a referência da NATO de 2% do PIB para a defesa até 2024».[661] Depois de meses marcados por despiques públicos, as pressões insistentes de Trump pareciam ter surtido efeito, pois tudo indicava que a Alemanha se preparava para reforçar a sua contribuição financeira para a Aliança Atlântica.

A declaração de Von der Leyen não era inteiramente surpreendente à luz de um telefonema realizado em 28 de Janeiro de 2017 com o intuito de preparar a reunião entre Angela Merkel e Donald Trump. Neste quadro de desanuviamento aparente, esperava-se que o encontro versasse a NATO, o terrorismo, os refugiados sírios, Vladimir Putin e a escalada de violência no Leste da Ucrânia.[662] No comunicado a dar nota do teor do telefonema, confirma-se «a importância de uma estreita cooperação germano-americana» e o «desejo de aprofundar as já estreitas relações» entre as partes.[663] Ambos convergem em torno da «importância fundamental»

---

[658] Ver «US request for NATO spending boost "a fair demand", German defense minister says», *DW*, 10 de Fevereiro de 2017, consultado em: https://www.dw.com/en/us-request-for-nato-spending-boost-a-fair-demand-german-defense-minister-says/a-37505631.

[659] *Ibid.*

[660] *Ibid.*

[661] *Ibid.*

[662] Ver Steve Holland e Roberta Rampton, «Trump to ask Merkel for advice on Putin, Ukraine: U.S. officials», *Reuters*, 10 de Março de 2017, consultado em: https://www.reuters.com/article/us-usa-trump-merkel-idUSKBN16H22T.

[663] Ver «Chancellor Merkel and President Trump discuss conflicts, importance of NATO», *DW*, 29 de Janeiro de 2017, consultado em: https://www.dw.com/en/chancellor-merkel-and-president-trump-discuss-conflicts-importance-of-nato/a-37317898.

da NATO, que, dizem, «tem de ser capaz de enfrentar as ameaças do século XXI» e, para isso, «a nossa defesa comum requer um investimento adequado em capacidades militares de forma a garantir que todos os aliados estejam a contribuir com a sua justa parte para a nossa segurança colectiva».[664] Embora no passado recente Trump tivesse acusado Merkel de «arruinar» a Alemanha ao permitir a entrada no país de mais de um milhão de refugiados sírios, a declaração conjunta omite as melindrosas questões dos refugiados e da «proibição muçulmana». Em suma, ambos, eventualmente a contragosto, indiciavam pretender pôr termo à espiral de conflitualidade que marcara os meses anteriores.

Realizado na Casa Branca em 17 de Março de 2017, o encontro seria descrito pelos dois líderes como uma «muito boa» troca de impressões.[665] Contudo, a correcção diplomática não impede Merkel de admitir que existiam diferenças entre as partes, apesar de preferir sublinhar a natureza construtiva de uma reunião que — diz — buscava «um compromisso bom para ambas as partes».[666] Por sua vez, Trump mantém-se intransigente quanto ao *burden-sharing*, se bem que adopta um tom conciliador ao dizer que «reiterei à chanceler Merkel o meu forte apoio à NATO, bem como a necessidade de os nossos aliados pagarem a sua quota justa do custo da defesa».[667] Não obstante os sinais de pacificação, o presidente afiança que «muitos estados devem grandes somas de dinheiro de anos anteriores e isso é muito injusto para os Estados Unidos. Esses países devem pagar o que devem».[668] A solicitação de pagamentos retroactivos era, no mínimo, inesperada. Visivelmente acossada, a chanceler limita-se, uma vez mais, a reafirmar o compromisso da Alemanha com as metas acordadas na Cimeira do País de Gales. Quanto à imigração, reconhece implicitamente o fosso que a separa de Trump quando laconicamente observa que o assunto era «obviamente algo sobre o qual trocámos opiniões».[669] No tocante ao comércio, Merkel antecipa a retoma das discussões sobre

---

664 *Ibid.*

665 Ver «In first Trump-Merkel meeting, awkward body language and a quip», *Reuters*, 17 de Março de 2017, consultado em: https://www.reuters.com/article/uk-usa-trump-germany-idUKKBN16O0FY.

666 *Ibid.*

667 *Ibid.*

668 *Ibid.*

669 *Ibid.*

um acordo comercial (o TTIP), pois diz não acreditar no isolacionismo e no proteccionismo. Partindo da premissa de que a política comercial deveria ser «mais justa», Trump, por sua vez, diz que a América sairá «fantasticamente bem» de uma relação comercial mais equitativa com a Alemanha e com os restantes países europeus.

As palavras dos dois líderes demonstravam que as conversações não superaram as suspeições mútuas. Até porque Trump desconfia da proximidade entre Merkel e Obama, com quem a chanceler partilhava um entendimento genérico sobre as relações internacionais. Na última viagem oficial que faz ao estrangeiro, Obama janta com a chanceler no Hotel Adlon de Berlim, um sinal público da cumplicidade política entre os dois e — mais importante — do desconforto sentido por ambos relativamente ao presidente-eleito.[670] Merkel reconhecia que a predisposição de Trump para perturbar o *statu quo* não poderia deixar de degradar as relações com a Europa, mas também sabia que a considerável influência dos Estados Unidos no continente derivava, em parte, do incómodo gerado pelo espectro da hegemonia alemã. Fora Washington que garantira a continuidade do projecto de integração europeia durante as décadas de Guerra Fria porque impedira que qualquer país se tornasse suficientemente poderoso para perturbar os débeis equilíbrios continentais estabelecidos depois da derrota do Eixo. Dir-se-á que o afastamento dos americanos da geopolítica europeia ressuscitaria invariavelmente as tensões entre Berlim e os estados-membros da União Europeia — sobretudo a França —, que temiam o surgimento de uma Alemanha liberta de constrangimentos. Sob este prisma, a garantia de segurança dada pelos Estados Unidos através da NATO era uma pré-condição da integração europeia. Como é lógico, a retirada dessa garantia acentuava o risco — pois tratava-se de uma possibilidade e não de uma inevitabilidade — de desintegração da União Europeia. Em última análise, a observação de Lord Hastings Ismay, o primeiro secretário-geral da NATO, de que a Aliança Atlântica fora criada para «manter os russos de fora, os americanos dentro e os alemães em baixo» mantinha-se actual. Era, portanto, legítimo questionar

[670] Ver «Merkel welcomes Obama under cloud of Trump», *DW*, 17 de Novembro de 2016, consultado em: https://www.dw.com/en/merkel-welcomes-obama-under-cloud-of-trump/a-36421531.

por quanto tempo o projecto europeu conseguiria sobreviver na ausência do papel estabilizador desempenhado pelos americanos.[671]

Aliás, pouco antes de Donald Trump chegar ao poder, ainda no decorrer da crise das dívidas soberanas, sinais de preocupação com a hegemonia alemã vieram ao de cima em países como a Polónia e a Grécia.[672] Esse mal-estar acentua-se em 2015, por ocasião da decisão unilateral de Merkel de abrir as fronteiras europeias aos refugiados sírios, que foi interpretada como a prova cabal de que Berlim confluía os seus interesses nacionais com o interesse geral europeu. A possibilidade de a UE se transformar num instrumento da hegemonia alemã no continente era particularmente inquietante para os estados mais pequenos e para os países recém-libertos da tutela soviética, zelosos da sua independência nacional. Considerando que a UE repousa em amplos consensos, a coesão europeia facilmente se desfaria caso a complexa teia de equilíbrios desmoronasse. Ao transformar-se num factor de instabilidade, Trump instiga a Alemanha e a França a assumirem uma liderança mais assertiva no seio da União Europeia, o que, por sua vez, acentua a apreensão dos demais estados-membros quanto aos desígnios do eixo franco-alemão.

Paguem as contas

Dir-se-á que a unidade europeia nunca figurou entre as prioridades estratégicas de Donald Trump. Demonstra-o através do modo entusiasta com que recebe o *Brexit* e do apelo que fez a Macron para abandonar a UE em troca de um acordo bilateral de comércio livre com a América.[673]

---

[671] Ver Hal Brands, *American Grand Strategy in the Age of Trump*, Washington, Brookings Institution Press, 2018, pp. 42–44.

[672] Ver «Poland's Jaroslaw Kaczynski renews call for German WWII reparations», *DW*, 29 de Junho de 2018, consultado em: https://www.dw.com/en/polands-jaroslaw-kaczynski-renews-call-for-german-wwii-reparations/a-44452776; Dimitrios Theodossopoulos, «The Ambivalence of Anti-Austerity Indignation in Greece: Resistance, Hegemony and Complicity», *History and Anthropology*, Vol. 25, No. 4, 2014, pp. 488–506, e Simon Bulmer, «Germany and the Eurozone Crisis: Between Hegemony and Domestic Politics», *West European Politics*, Vol. 37, No. 6, 2014, pp. 1244–1263.

[673] Ver Kim Willsher, «Quit the EU for better trade deal, Trump reportedly told Macron», *The Guardian*, 29 de Junho de 2018, consultado em: https://www.theguardian.com/business/2018/jun/29/quit-eu-bilateral-trade-deal-trump-told-macron-us-france-terms.

A displicência em relação à Europa manifesta-se de forma cristalina em Julho de 2018, antes das cimeiras com Vladimir Putin, em Helsínquia, e da NATO, em Bruxelas. Quando o repórter da CBS News Jeff Glor lhe pede para identificar o «maior inimigo global da América neste momento», Trump aponta a Rússia como um «inimigo em certos aspectos» e a China como «um inimigo económico».[674] Todavia, numa altura em que se encontra envolvido em plena disputa comercial com a UE, não hesita em constatar que a «União Europeia é um inimigo, o que eles nos fazem no comércio. Não pensaríamos na União Europeia, mas eles são um inimigo».[675] Instado a esclarecer o alcance da afirmação inusitada, faz notar que, mesmo que a UE fosse um «inimigo» no âmbito do comércio, «isso não significa que são maus [...], significa que são muito competitivos». Mas imediatamente acrescenta: «Mas, num sentido comercial, eles realmente aproveitaram-se de nós e muitos desses países [como, por exemplo, a Alemanha] estão na NATO e não estão a pagar as suas contas».[676] A veemência de Trump em relação à Alemanha prende-se com o avanço da construção do Nord Stream 2, infra-estrutura parcialmente financiada e construída por empresas europeias. Reiteradamente manifesta o seu desagrado com o gasoduto porque Berlim «irá pagar à Rússia biliões e biliões de dólares por ano por energia e isso não é bom, não é justo».[677] As reservas de Trump quanto à postura germânica obrigam-no a questionar se os alemães, de facto, não estavam a «hastear uma bandeira branca» em direcção a Moscovo.[678]

Do lado europeu, poucas dúvidas subsistiam quanto à centralidade da UE para a conservação do *standing* geopolítico dos Estados Unidos no mundo e para a sua prosperidade futura. Afinal, a economia transatlântica representava praticamente metade do produto e mais de metade do investimento estrangeiro directo mundiais. Para um presidente empenhado em expandir as oportunidades do «homem comum», a relação

---

[674] *Ibid.*

[675] Ver «"I think the European Union is a foe", Trump says ahead of Putin meeting in Helsinki», CBS News, *Face the Nation*, 15 de Julho de 2018, consultado em: https://www.cbsnews.com/news/donald-trump-interview-cbs-news-european-union-is-a-foe-ahead-of-putin-meeting-in-helsinki-jeff-glor/.

[676] *Ibid.*

[677] *Ibid.*

[678] *Ibid.*

transatlântica era incontornável porque gerava milhões de postos de trabalho americanos e promovia os elevadíssimos padrões de vida verificados nos dois lados do Atlântico. É certo que as negociações em torno da Parceria Transatlântica de Comércio e Investimento (TTIP) chegam a um fim brusco quando, em 15 de Abril de 2019, o Conselho Europeu, caracterizando-as como «obsoletas», conclui que seria «apropriado procurar com os Estados Unidos um acordo mais limitado versando apenas a eliminação de tarifas sobre produtos industriais, excluindo produtos agrícolas».[679] O fracasso do TTIP significava que, numa óptica estratégica, as duas partes saíam a perder, pois o acordo teria permitido que americanos e europeus delineassem novas regras e *standards* globais para a economia digital.

Assim sendo, como se chegou à beira da ruptura entre as partes? Esperava-se que, com a passagem do tempo, Trump descartasse a retórica e as propostas proteccionistas avançadas durante a campanha, que a «normalidade» fosse restituída à relação transatlântica logo que o inexperiente presidente completasse a sua curva de aprendizagem. A esperança quanto a um regresso ao *statu quo ante* desfaz-se porque Trump, fiel às suas promessas eleitorais, não perde tempo em avançar com as linhas mestras da sua agenda de nacionalismo económico. Chegado à Casa Branca, assina

---

[679] Ver Council of the European Union, «Legislative Acts and Other Instruments», Bruxelas, 9 de Abril de 2019, p. 2, consultado em: https://www.consilium.europa.eu/media/39180/st06052-en19.pdf. A Administração Obama notificou o Congresso quanto à sua intenção de encetar as negociações TTIP em 30 de Março de 2013. O Office of the US Trade Representative e a Comissão Europeia tiveram a primeira ronda negocial em Julho de 2013. As negociações eram para estar concluídas num prazo de dois anos. Sobre as razões subjacentes às conversações, ver Organization for Economic Cooperation and Development (OECD), «On the Benefits of Liberalising Product Markets and Reducing Barriers to International Trade and Investment: The Case of the United States and European Union», OECD Economics Department Working Papers, *Working Paper No. 432*, 26 de Maio de 2005, consultado em: https://www.oecd-ilibrary.org/docserver/770775252885.pdf?expires=1618304928&id=id&accname=guest&checksum=D95BC3F499A2F2C09A8DA890EB47509C; Alasdair R. Young, «Not your parents' trade politics: the Transatlantic Trade and Investment Partnership Negotiations», *Review of International Political Economy*, Vol. 23, No. 3, 2016, pp. 345-378; Ferdi De Ville e Gabriel Siles-Brügge, «Why TTIP is a game-changer and its critics have a point», *Journal of European Public Policy*, Vol. 24, No. 10, 2017, pp. 1491–1505, e Eric Hayes, «TTIP: transatlantic free trade at last?», *Global Affairs*, Vol. 1, No. 2, 2015, pp. 113–120.

imediatamente «ordens executivas» a retirar o país das negociações do TPP, do Tratado de Paris e do acordo nuclear iraniano, os dois últimos apresentados como exemplos do *soft power* europeu. Ao agir deste modo, expõe a escassa margem que concedia à diplomacia continental em assuntos internacionais. Neste quadro, as exigências francesas quanto à «autonomia estratégica» ganham força porque, no limite, os europeus teriam de procurar equilibrar os seus interesses com os dos Estados Unidos, da Rússia e da China. Como é lógico, essa autonomização europeia era calorosamente saudada pela Rússia e pela China, ambas extremamente hábeis em explorar clivagens entre os aliados ocidentais. Ainda assim, a dependência da Europa relativamente às garantias de segurança dos Estados Unidos e a magnitude do comércio transatlântico significavam que, no dizer de Josep Borrell, «os EUA são e continuarão a ser um parceiro e aliado-chave».[680] Embora assimétrica, a dependência mútua aconselhava que as partes delimitassem o âmbito do conflito transatlântico. Ora, o problema era justamente que as partes divergiam quanto à natureza desse mesmo reequilíbrio.

Não será excessivo afirmar que o relacionamento com os Estados Unidos fora indispensável para a recuperação da Europa depois de 1945. Ao longo da Guerra Fria, a cooperação euro-americana fomentou a liberalização do comércio e a estabilização dos mercados financeiros. À medida que o projecto de integração se consolidava, os laços políticos e económicos transatlânticos eram fortalecidos e as divergências que periodicamente irrompiam eram largamente superadas. Construiu-se uma economia transatlântica que trouxe ganhos significativos às duas partes. À luz deste legado histórico, compreende-se a estupefacção com que os europeus recebem as posições soma-zero de Donald Trump. Crescentemente apreensivos com as políticas comerciais de um presidente que expressa a sua preferência por acordos bilaterais, os europeus temiam a indiferença da Casa Branca à coesão da UE. A Administração, por sua vez, mantinha que Bruxelas se recusava a entender a extensão da ameaça representada pelo Irão ou o perigo que a aquisição de equipamentos Huawei em curso em vários estados acarretava para a comunidade transatlântica.

---

[680] Ver Jacopo Barigazzi, «Borrell urges EU to be foreign policy "player, not the playground"», *Politico*, 9 de Dezembro de 2019, consultado em: https://www.politico.eu/article/on-foreign-policy-josep-borrell-urges-eu-to-be-a-player-not-the-playground-balkans/.

Neste quadro, ao mesmo tempo que Bruxelas celebrava acordos de livre comércio com o Canadá, com o Japão e com outros países, as negociações comerciais com Washington chegavam a um impasse. Trump acusa a UE — e a Alemanha em particular — de seguir práticas comerciais «injustas», geradoras do considerável défice na balança comercial americana.[681] Emmanuel Macron replica que «o Sr. Trump está errado ao defender o proteccionismo para a sua economia», pois os Estados Unidos «são uma das economias mais abertas do mundo».[682] Quanto à ameaça de Trump de impor um imposto fronteiriço sobre os automóveis alemães, adverte que «não quero seguir por esse caminho, mas responderemos se forem feitas escolhas erradas».[683] Esta desconfiança quanto à política comercial americana agrava-se durante o período que se sucede ao *Brexit*, quando se fecha a janela de oportunidade para chegar a um acordo de liberalização comercial (o TTIP) que permitisse moldar as «regras» globais da economia digital.

Em Junho de 2018, a Casa Branca passa das ameaças à acção quando anuncia taxas aduaneiras no âmbito da Secção 232 do *Trade Expansion Act* de 1962: 25% sobre a importação do aço e 10% sobre o alumínio

---

[681] Este seria um problema a ensombrar as relações transatlânticas até ao fim da Administração Trump. O relatório de 2020 do Departamento do Tesouro ao Congresso afirmou que: «O *superavit* da conta-corrente da Alemanha diminuiu modestamente no primeiro semestre de 2019, mas continua o maior do mundo em termos nominais em dólares, com 283 biliões de dólares nos quatro trimestres até Junho de 2019. Ao mesmo tempo, o *superavit* comercial bilateral de bens da Alemanha com os Estados Unidos tem sido largamente estável e fica em 67 biliões de dólares nos quatro trimestres até Junho de 2019. A persistência do enorme *superavit* em conta-corrente e o grande desequilíbrio comercial bilateral com os Estados Unidos resultou do fraco crescimento da procura na Alemanha e da supressão da taxa de câmbio real. Na Alemanha, a moderação no crescimento nacional e a contracção do PIB no segundo trimestre de 2019 destacam a necessidade urgente de Berlim reduzir os elevados impostos sobre o trabalho e de valor agregado, restaurar um poder de compra mais forte à famílias alemãs e lançar reformas para liberar o investimento e o consumo interno. Isto ajudaria a sustentar o crescimento interno e a reduzir grandes desequilíbrios externos». Ver The Department of the Treasury, «Report to Congress. Macroeconomic and Foreign Exchange Policies of Major Trading Partners of the United States», January 2020, p. 6, available at https://home.treasury.gov/system/files/136/20200113-Jan-2020-FX-Report-FINAL.pdf.

[682] Ver «French presidential candidate Macron criticizes Trump's policies», *Reuters*, 2 de Março de 2017, consultado em: https://www.reuters.com/article/cnews-us-france-trump-macron-idCAKBN1691J5.

[683] *Ibid.*

europeus. Na óptica dos europeus, as tarifas do aço e do alumínio determinadas por «motivos de segurança nacional» careciam de justificação, atendendo ao papel desempenhado pela Europa na preservação da segurança transatlântica.[684] Washington consente a isenção temporária solicitada por Bruxelas, mas nega uma isenção permanente em troca do estabelecimento de quotas. Em consequência, a UE retalia com tarifas de compensação (*balancing tariffs*) previstas pelas regras da OMC de entre 10% e 25% sobre 2,8 biliões de dólares de mercadorias americanas, incluindo as icónicas motas *Harley-Davidson*, os *jeans Levi's* e o *bourbon whiskey*.[685] O facto de o *bourbon* ser produzido no Kentucky e as *Harley* no Wisconsin não era mera coincidência, pois tratava-se dos estados nativos de Mitch McConnell e de Paul Ryan, os líderes da maioria republicana no Senado e na Câmara de Representantes. Com efeito, o conflito exemplifica as duas visões antagónicas quanto ao significado político do comércio internacional: enquanto Trump transformava o comércio num instrumento de segurança nacional num mundo soma-zero, os europeus, em resultado da sua experiência com a integração, acreditavam tratar-se de um veículo para alcançar a prosperidade, a cooperação e a paz.

Neste quadro acrimonioso, a Comissária do Comércio Cecilia Malmström — juntamente com Jean-Claude Juncker — desloca-se a Washington para um encontro com o presidente Trump destinado a estabelecer um acordo tendente a desbloquear o impasse. Em 9 de Julho de 2018, dias antes de partir para Washington, a Comissária sueca profere uma declaração seminal sobre as linhas mestras da política comercial europeia.[686] Partindo da premissa de que «a Europa liberal só foi possível com a ajuda dos Estados Unidos», alerta para o facto de que, com a

---

[684] Ver Jamie Dettmer, «Europe Responds Swiftly to US Tariffs, Threatens Retaliation», *VOA/Voice of America*, 31 de Maio de 2018, consultado em: https://www.voanews.com/europe/europe-responds-swiftly-us-tariffs-threatens-retaliation.

[685] Ver European Commission, «EU adopts rebalancing measures in reaction to US Steel and aluminum tariffs», Bruxelas, 20 de Junho de 2018, consultado em: https://trade.ec.europa.eu/doclib/press/index.cfm?id=1868, e Bob Tita, «Harley-Davidson to Shift Production Overseas to Offset EU Tariffs», *The Wall Street Journal*, 25 de Junho de 2018, https://www.wsj.com/articles/harley-davidson-to-shift-production-overseas-to-offset-eu-tariffs-1529927301.

[686] European Commission, «Transatlantic Trade in Turbulent Times — Speech by Cecilia Malmström, European Commissioner for Trade», 19 de Julho de 2018, consultado em: https://ec.europa.eu/commission/presscorner/detail/en/SPEECH_18_4604.

passagem do tempo, esse vínculo perdera relevância porque «a geração que construiu o mundo como o conhecemos hoje está a morrer».[687] Este apelo de Malmström a uma memória colectiva euro-americana visava sublinhar que a relação transatlântica assentava em «valores universais comuns», tais como a liberdade e a democracia, mas também na defesa do «comércio aberto e de uma ordem mundial baseada em regras».[688] Não ignora que «o poder fala»; isto é, que a apreciação dos interesses orientam a relação transatlântica e que fora o poderio americano que cimentou os valores políticos comuns. Não obstante, a Europa Ocidental dera um contributo decisivo para a primazia americana porque «permaneceu como um baluarte contra o comunismo» durante a Guerra Fria e, depois de 1991, «ancorou a democracia como a escolha óbvia para aqueles que emergiram de trás da Cortina de Ferro».[689]

Proferido no 70.º aniversário do lançamento do Plano Marshall, o discurso de Malmström vislumbra um futuro em que «os EUA e a UE são suficientemente poderosos para sustentar a ordem mundial liberal».[690] Numa referência indirecta a Trump, a comissária observa que «a estabilidade entre nós foi posta em causa» pela «retórica dura que liga o comércio e a segurança — um *link* que só vai servir para nos fazer mais pobres e mais fracos».[691] Por essa razão, critica as decisões comerciais tomadas pela Administração Trump, incluindo o bloqueio das nomeações para o Órgão de Resolução de Litígios da OMC, a imposição das tarifas sobre o aço e o alumínio, as medidas comerciais unilaterais contra a China e, não menos importante, acusa o presidente de empregar uma «retórica cada vez mais agressiva para com os aliados».[692] Das palavras da comissária inferia-se que Trump estava a desfazer décadas de política externa desenhada para consolidar a relação transatlântica. Independentemente dos problemas conjunturais que identificava, não deixa de frisar a utilidade da relação transatlântica para moldar a ordem global. Ciente de que «o sistema de comércio internacional» enfrentava sérios problemas, Malmström sustenta que a abordagem americana ao aço e ao alumínio nada contribuía

---

[687] *Ibid.*
[688] *Ibid.*
[689] *Ibid.*
[690] *Ibid.*
[691] *Ibid.*
[692] *Ibid.*

para resolver o excesso de capacidade industrial chinesa. Tampouco vislumbra a conveniência de a Casa Branca recorrer à «chamada Secção 301 — as medidas que os EUA tomaram contra a China no tocante às transferências forçadas de tecnologia», que, aliás, poderiam «acabar por quebrar o sistema multilateral».[693] À luz das dificuldades, reclama uma abordagem alternativa assente na «modernização» da OMC, na «ressuscitação» do Órgão de Resolução de Litígios e na «actualização» das regras do Órgão de Recurso.[694]

A comissária referiu esperar que o contencioso comercial euro-americano fosse encerrado antes da entrada em vigor das novas tarifas alfandegárias americanas e das tarifas de compensação (*balancing tariffs*) europeias. No entanto, para impedir distorções no mercado europeu, promete aplicar «salvaguardas para evitar que qualquer excesso de aço perturbe os nossos mercados».[695] Ainda assim, Malmström não se coibiu de mencionar que estava «seriamente preocupada com a nova investigação dos EUA sobre automóveis, também no âmbito da Secção 232 e da segurança nacional».[696] Entendia que a escalada acarretava consequências potencialmente desastrosas, pois o volume do comércio automóvel era incomparavelmente maior do que o do aço e do alumínio. Uma vez que as «exportações de automóveis e de peças para os EUA valem mais de 50 biliões de euros todos os anos», a eventual acção americana era inaceitável porque, ao contrário do aço e do alumínio, essas exportações «têm aumentado consistentemente na última década, assim como o investimento estrangeiro na fabricação de automóveis dos EUA — incluindo por empresas da UE».[697] Visto do prisma europeu, nada poderia verdadeiramente justificar essas tarifas, muito menos as putativas razões de segurança nacional invocadas por um aliado de longa data.

A reunião de 25 de Julho de 2018 entre Trump, Juncker e Malmström salda-se por uma Declaração Conjunta que antevê «uma nova fase nas relações entre os Estados Unidos e a União Europeia — uma fase de estreita amizade, de fortes relações comerciais em que ambos possamos

[693] *Ibid.*
[694] *Ibid.*
[695] *Ibid.*
[696] *Ibid.*
[697] *Ibid.*

ganhar, de melhor trabalho conjunto em prol da segurança e da prosperidade globais e da luta comum contra o terrorismo».[698] Enfatiza-se a intenção de resolver as questões tarifárias em torno do aço e do alumínio e sublinha-se a determinação de se caminhar no sentido de «tarifas zero, zero barreiras não-tarifárias» e «zero subsídios em bens industriais não automóveis.[699] Por outras palavras, reitera-se, no plano dos princípios, o compromisso das partes com o comércio livre que a Declaração Conjunta traduz no objectivo de «reduzir as barreiras e aumentar o comércio em serviços, produtos químicos, farmacêuticos, produtos médicos, bem como a soja».[700] Significativamente, aceita-se «fortalecer a nossa cooperação estratégica em relação à energia», o que, na prática, equivalia a prometer importar mais gás natural liquefeito (GNL) americano, aliviando, assim, as preocupações de Trump com o Nord Stream 2 e a dependência da UE em relação ao fornecimento russo. Não menos decisiva, a Declaração Conjunta promete encetar «um diálogo estreito sobre *standards* a fim de facilitar o comércio, reduzir os obstáculos burocráticos e reduzir custos».[701] Finalmente, mas igualmente crucial, previa-se acção no sentido de «proteger as empresas americanas e europeias» através de uma coligação «para reformar a OMC e abordar práticas comerciais desleais, incluindo o roubo de propriedade intelectual, a transferência forçada de tecnologia, subsídios industriais e distorções criadas por empresas estatais e excessos de capacidade [industrial]»[702] — em suma, através de uma aliança para fazer frente à China.

No seguimento do compromisso assumido pela Declaração Conjunta, em Outubro de 2018, nos termos previstos na lei da Trade Promotion Authority (TPA), a Casa Branca notifica o Congresso de que iria encetar negociações com a UE de forma a estabelecer uma relação comercial «mais justa e equilibrada».[703] Com o TTIP estagnado após 15 rondas e

---

[698] Ver European Commission, «Joint EU-US Statement Following President Juncker's Visit to the White House», J25 de Junho de 2018, consultado em: http://trade.ec.europa.eu/doclib/press/index.cfm?id=1898.

[699] *Ibid.*

[700] *Ibid.*

[701] *Ibid.*

[702] *Ibid.*

[703] Ver Office of the United States Trade Representative, «Trump Administration Announces Intent to Negotiate Trade Agreements with Japan, the European Union and

com o intuito de contornar as armadilhas de conversações genéricas e improdutivas, os Estados Unidos propõem uma agenda negocial a englobar barreiras tarifárias e não-tarifárias, serviços, agricultura, aquisições governamentais, direitos de propriedade intelectual, investimento e as questões decorrentes da especificidade do comércio digital.[704] A Comissão Europeia, por seu turno, visava eliminar tarifas sobre produtos industriais — mas não agrícolas — e rever as barreiras regulatórias não-tarifárias tendo em vista facilitar os requisitos técnicos exigidos às empresas nos mercados europeus e americano.

Embora a Declaração Conjunta excluísse novas tarifas durante as negociações — e a concomitante reavaliação das taxas aduaneiras sobre o aço e o alumínio —, Trump continua a ameaçar com tarifas adicionais. Como era de prever, a agricultura era particularmente visada, pois existia considerável pressão no Congresso para desmantelar o proteccionismo do mercado agrícola europeu.[705] Para facilitar as negociações, a Europa divulga um «mini-pacote» regulatório destinado a incrementar as oportunidades para os exportadores americanos. Algumas das prioridades de Washington eram, de facto, contempladas, mas outras, incluindo a proibição europeia de hormonas de crescimento utilizadas na carne bovina e os tratamentos de patógenos em aves, não eram acolhidas. Meses mais tarde, no dia 17 de Maio de 2019, Trump anuncia que a investigação decorrente da Secção 232 conduzida pelo US Trade Representative concluíra que a importação de veículos e de peças automóveis era prejudicial para a segurança nacional dos Estados Unidos.[706] Dava-se, assim, um passo crítico porque, no seu discurso, Malmström esclarecera que uma

---

the United Kingdom», 16 de Outubro de 2018, consultado em: https://ustr.gov/about-us/policy-offices/press-office/press-releases/2018/october/trump-administration-announces.

[704] Ver Hans von der Burchard e Adam Behsudi, «The Great Transatlantic Trade Charade», *Politico*, 4 de Fevereiro de 2019, consultado em: https://www.politico.eu/article/the-great-transatlantic-trade-charade-european-union-us-donald-trump-tariffs-cars/.

[705] Ver, por exemplo, «House Members Defend Agriculture in EU Trade Agreement», 14 de Março de 2019, consultado em: https://foxx.house.gov/news/documentsingle.aspx?DocumentID=399499, e «Grassley Statement on the Omission of Agriculture from the E.U. Trade Negotiating Mandate», Press Release, 15 de Abril de 2019, consultado em: https://www.grassley.senate.gov/news/news-releases/grassley-statement-omission-agriculture-eu-trade-negotiating-mandate.

[706] Ver Hans von der Burchard e Adam Behsudi, «The Great Transatlantic Trade Charade», *Politico*, *op. cit.*

decisão desse teor desencadearia uma guerra comercial transatlântica. A frustração e o mal-estar europeus vêm ao de cima durante a Conferência de Segurança de Munique de 2019, durante a qual Angela Merkel afirma que «se levamos a sério a parceria transatlântica, não é muito fácil para mim, como chanceler alemã, ver [...] que o Departamento de Comércio aparentemente considera que os carros alemães e europeus ameaçam a segurança nacional dos Estados Unidos».[707] Apesar de ter repetidamente ameaçado com tarifas sobre as importações de automóveis, Trump ordena ao seu Trade Representative a negociação da contenda com a UE e com o Japão antes de decretar novas sanções.

Ainda que reconhecesse o problema do défice comercial dos Estados Unidos em mercadorias e serviços, Bruxelas sustentava que a relação comercial era globalmente equilibrada se se atendesse ao *superavit* americano em serviços, investimentos e mais-valias das empresas americanas a operar no espaço europeu. Na verdade, as relações comerciais beneficiavam as duas partes. Por muito racional e apaziguador que fosse o argumento de Bruxelas, não convence a Casa Branca. A resistência agudiza-se quando Paris anuncia que pretendia fixar um imposto de 3% sobre os serviços digitais (DST) que viria a gerar uma receita superior a 750 milhões de euros, dos quais apenas 25 milhões tinham origem em solo francês.[708] Como era expectável, uma investigação no âmbito da Secção 301 concluía que o DST não só era discriminatório em relação à Amazon, à Google, à Facebook e a outras gigantes digitais americanas,

---

[707] Ver The Federal Government, «Speech by Federal Chancellor Dr. Angela Merkel on 16 February 2019 at the 55th Munich Security Conference», 16 de Fevereiro de 2019, consultado em: https://www.bundesregierung.de/breg-en/news/speech-by-federal-chancellor-dr-angela-merkel-on-16-february-2019-at-the-55th-munich-security-conference-1582318.

[708] Ver United States Trade Representative, «Section 301 Investigation: Report on France's Digital Services Tax», 2 de Dezembro de 2019, p. 22, consultado em: https://ustr.gov/sites/default/files/Report_On_France%27s_Digital_Services_Tax.pdf. Ver também Hamza Ali, «France Takes a Step Closer to Making 3 Percent Digital Tax Law», *Bloomberg*, 10 de Abril de 2019, consultado em: https://news.bloombergtax.com/pharma-and-life-sciences/france-takes-a-step-closer-to-making-3-percent-digital-tax-law?context=article-related, e Isabel Gottlieb, «France Defends Digital Tax Effort, Promises to Work With U.S.», *Bloomberg*, 8 de Abril de 2019, consultado em: https://news.bloombergtax.com/pharma-and-life-sciences/france-defends-digital-tax-effort-promises-to-work-with-u-s?context=article-related.

como também violava os princípios basilares da política tributária internacional.[709] Em consonância com esta posição, Washington adverte que qualquer país europeu que contemplasse um imposto de tal natureza seria sujeito a tarifas retaliatórias. A fim de tornar a ameaça mais credível, em Dezembro de 2019 o Trade Representative elabora uma lista de produtos franceses — incluindo vinhos e queijos — susceptíveis de serem abrangidos por taxas adicionais, que poderiam atingir os 100% caso Paris avançasse com o DST.

Um mês depois, em Janeiro de 2020, alegando aguardar por negociações multilaterais no âmbito da Organização para Cooperação e Desenvolvimento Económico (OCDE), Paris suspende a proposta do DST. Ainda assim, no Fórum Económico Mundial realizado no mesmo mês, Trump diz esperar um novo acordo comercial com a União Europeia antes das eleições presidenciais de Novembro. Idêntico optimismo era transmitido por Von der Leyen quando declara que Bruxelas esperava poder firmar «dentro de algumas semanas» um acordo com os Estados Unidos englobando o comércio, a tecnologia e a energia.[710] Ainda nos inícios de 2020, pouco antes da eclosão da pandemia, era evidente que as dificuldades não estavam a ser sanadas. Após uma inconclusiva ronda de discussões com Ursula von der Leyen em Davos, Trump ameaça com «tarifas altíssimas sobre os vossos carros e outras coisas que entram no nosso país», mostrando-se convicto de que a UE «vai fazer um acordo» simplesmente porque «não tem escolha».[711] Em jeito de resposta, a Comissão faz saber que as negociações seriam descontinuadas caso os Estados

---

[709] Ver United States Trade Representative, «Conclusion of USTR's Investigation Under Section 301 into France's Digital Services Tax», 2 de Dezembro de 2019, consultado em: https://ustr.gov/about-us/policy-offices/press-office/press-releases/2019/december/conclusion-ustr's-investigation.

[710] Ver Josh Wingrove, Jenny Leonard e William Horobin, «Trump Cranks Up Pressure on Europe, Renewing Tariff Threat», *Bloomberg*, 22 de Janeiro de 2020, consultado em: https://www.bloomberg.com/news/articles/2020-01-22/trump-cranks-up-pressure-on-europe-renewing-car-tariff-threat, e Stephen Fidler e Greg Ip, «Europe Girds for Trade Battle with U.S.», *Wall Street Journal*, 22 de Janeiro de 2020, consultado em: https://www.wsj.com/articles/europe-girds-for-trade-battle-with-u-s-11579724950.

[711] Ver «President Donald Trump sits down with CNBC's Joe Kernen at the World Economic Forum in Davos, Switzerland», *CNBC*, 22 de Janeiro de 2019, consultado em: https://www.cnbc.com/2020/01/22/cnbc-transcript-president-donald-trump-sits-down-with-cnbcs-joe-kernen-at-the-world-economic-forum-in-davos-switzerland.html.

Unidos avançassem com quaisquer restrições comerciais, incluindo novas tarifas no âmbito da Secção 232 do *Trade Expansion Act* de 1962. As expectativas não se viriam a concretizar porque a pandemia do coronavírus desencadearia novas tensões euro-americanas.

CAPÍTULO 5

O JUSTICEIRO

Todas as famílias felizes são iguais;
cada família infeliz é infeliz à sua maneira.
Leo Tolstoy, *Anna Karenina*

A determinação expressa de Donald Trump de cumprir a agenda *America First* adensa a desconfiança relativamente à profundidade do seu compromisso para com a arquitectura de segurança europeia. Um incidente ocorrido durante a cimeira da Organização do Tratado do Atlântico Norte (NATO), em Maio de 2017, ilustra as inquietações suscitadas pelo presidente americano.[712] Pretendendo ficar num lugar proeminente na primeira fila da fotografia de grupo, Trump afasta fisicamente o primeiro-ministro do Montenegro, Duško Marković, do local onde este se posicionara. Registado pelas câmaras, o insólito e, no mínimo, indecoroso gesto parecia simbolizar a natureza da relação transatlântica: a petulância casual de Trump intimidava aliados que desesperadamente procuravam validar a liderança da potência americana. Instado pelos jornalistas a comentar o acontecido, Marković aproveita para «agradecer pessoalmente ao presidente Trump o seu apoio à adesão do meu país à NATO», acrescentando que «é natural que o presidente dos Estados Unidos esteja na primeira fila».[713]

---

[712] Ver John Bolton, *The Room Where it Happened: A White House Memoir*, Nova Iorque, Simon & Schuster, 2020, pp. 133–147, e Ivo H. Daalder e James M. Lindsay, *The Empty Throne: America's Abdication of Global Leadership*, Nova Iorque, Public Affairs, 2018, pp. 97–102.

[713] Ver Samantha Schmidt, «Breaking down Trump's shove», *The Washington Post*, 26 de Maio de 2017, consultado em: https://www.washingtonpost.com/news/morning-mix/wp/2017/05/26/breaking-down-trumps-shove-the-internet-debates-and-

A submissão de Marković reforça a convicção de que Trump era em larga medida indiferente à parceria transatlântica e, obviamente, insensível aos destinos de um estado balcânico periférico.

Quase três anos depois, em Fevereiro de 2020, já com a campanha para a reeleição de Trump em andamento, Mike Pompeo socorre-se da Conferência de Segurança de Munique para anunciar que «a morte da aliança transatlântica é deveras exagerada».[714] Na medida em que a relação euro-americana não implodira nos anos anteriores, a apreciação era incontroversa. Mas o simples facto de um secretário de Estado se sentir compelido a tranquilizar os parceiros europeus quanto ao compromisso do seu país para com a NATO era, por si só, uma indicação das nuvens que pairavam sobre o relacionamento três anos depois de Trump ter chegado à Sala Oval. As palavras de Pompeo não desfazem as suspeitas de aliados alarmados com um padrão de inconsistência política e com a ausência de consultas prévias sobre questões de interesse mútuo.[715] Ironicamente, imediatamente após o discurso de Pompeo, a Casa Branca — invocando o combate à pandemia do coronavírus — impõe uma proibição à entrada de passageiros oriundos da Europa, sem aviso prévio aos aliados europeus.

Se a desconfiança não se dissipa durante os quatro anos da Administração Trump, não é menos verdade que a colossal impopularidade do presidente no continente ocasiona uma espécie de «cortina de fumo» que permite esconder uma verdade elementar: as tensões euro-americanas resultavam de divergências estruturais e não somente dos caprichos de um presidente grosseiro e narcisista. O desprezo europeu por Trump e pela agenda *America First* não camuflava a dependência europeia em relação aos Estados Unidos na esfera da segurança, nem ocultava o facto de que os americanos asseguravam vários bens colectivos globais, como, por exemplo, rotas marítimas abertas que garantiam os fluxos comerciais e o

montenegros-leader-shrugs/. Para uma discussão sobre o incidente, cf. Alisher Faizullaev, *Symbolic Insult in Diplomacy: A Subtle Game of Diplomatic Slap*, Boston, Brill Nijhoff, 2018, pp. 8–12.

[714] Ver U.S. Department of State, «The West Is Winning», Speech by Secretary of State Michael R. Pompeo, Munich, Germany, 15 de Fevereiro de 2020, consultado em: https://2017-2021.state.gov/the-west-is-winning/index.html.

[715] Ver Karen Zraick, «What to know about the death of Iranian General Suleimani», *The New York Times*, 3 de Janeiro de 2020, consultado em: https://www.nytimes.com/2020/01/03/world/middleeast/suleimani-dead.html.

abastecimento da energia consumida na Europa. Muito menos disfarçava que o papel dos Estados Unidos como garante final da segurança europeia forçava os países da União Europeia (UE) — à excepção, eventualmente, da França e da Alemanha — a abraçar uma relação cujos termos eram fundamentalmente ditados por Washington. Independentemente dos modos indecorosos do presidente e dos reiterados apelos europeus a valores e a interesses comuns, a maioria dos membros da NATO e da UE eram coagidos a acomodar-se às escolhas de política externa de Trump.[716] Como ficara patente no incidente envolvendo o primeiro-ministro montenegrino, a América continuava a ser indispensável para a segurança e a prosperidade europeias... já o inverso não era inteiramente óbvio.

A centralidade geopolítica da Europa durante as décadas de Guerra Fria pertencia a um passado cada vez mais longínquo. A bem da verdade, a Administração Trump não fora a primeira a expressar desconforto relativamente às instituições multilaterais nem a primeira a optar pelo unilateralismo quando as suas escolhas não congregavam apoios. Não obstante, desde 1949, quando tomaram a iniciativa de a formar, que os Estados Unidos viam a NATO como o principal veículo da segurança e da unidade política entre os dois lados do Atlântico. Paralelamente, depois de Harry Truman aprovar o Plano Marshall para reconstruir um continente a emergir dos escombros da Segunda Guerra Mundial, sucessivos presidentes encorajaram a integração europeia de modo a recuperar a economia do continente e a consolidar a democracia.[717] Ao longo da Guerra Fria, os americanos visam conter a União Soviética, garantir a paz europeia, promover a prosperidade e assegurar a sustentabilidade dos regimes democráticos.[718] Dois pilares que se reforçavam mutuamente, a NATO e a integração europeia robusteciam a arquitectura de segurança de uma Europa sob a firme liderança dos Estados Unidos. Importa, no entanto, recordar que a solidariedade americana não era fruto de altruísmo.

---

[716] Ver Charles A. Kupchan, «For the West, There Is No Road Back to a Time Before Trump, Europeans Are Relieved by Biden's Victory But Will Be Very Disappointed If They Don't Heed the Lessons of the Past Four Years», *Foreign Policy*, 16 de Novembro de 2020, consultado em: https://foreignpolicy.com/2020/11/16/biden-west-europe-agenda/.

[717] Ver Desmond Dinan, *Europe Recast: A History of the European Union*, Boulder, Lynne Rienner, 2004, p. 26.

[718] Ver Armin Rappaport, «The United States and European Integration: The First Phase», *Diplomatic History*, Vol. 5, No. 2, 1981, pp. 121–150.

Porque os propósitos americanos coincidiam com o entendimento de Jean Monnet da integração como o veículo para alcançar uma paz duradoura, o «império por convite» não colidia com os interesses genéricos dos estados europeus.[719]

Uma casa dividida

Produto das realidades geopolíticas que marcaram a Guerra Fria, a Aliança Atlântica reequaciona a sua existência aquando do desmoronamento da União Soviética, encontrando nova relevância nas guerras balcânicas da década de 1990. Consumado o fim do comunismo europeu, procede-se aos alargamentos da NATO e da União Europeia à Europa Central, introduzindo, assim, a estabilidade, os mercados e a democracia nos países pós-comunistas. A NATO servia também para projectar o colossal poderio americano para o Médio Oriente, para a África e para outros teatros estratégicos. Independentemente das dúvidas relativamente à divisão de encargos e do mal-estar provocado pela inadequação das capacidades militares europeias, Washington continuava a conceber a NATO como um veículo indispensável à defesa dos seus interesses globais.[720]

---

[719] Ver Geir Lundestad, «Empire by Invitation? The United States and Western Europe, 1945–1952», *Journal of Peace Research*, Vol. 23, No. 3, 1986, pp. 263–277. Uma perspectiva interessante sobre esta temática pode ser encontrada no livro *Empires of Trust* de Thomas F. Madden. O autor argumenta que, à semelhança da república romana, os Estados Unidos são um «império de confiança» que «exerce controlo sobre outros países por meio de um entendimento mútuo quanto ao modo de utilizar o poder. A contenção e a responsabilidade são os pressupostos compartilhados. Semelhanças entre os Estados Unidos e Roma — cultura, auto-imagem e carácter nacional — levaram, em ambos os casos, ao exercício desse domínio». Cf. Thomas F. Madden, *Empires of Trust: How Rome Built — and America Is Building — a New World*, Nova Iorque, Dutton, 2008. No prefácio de 1968 ao seu livro *The Uniting of Europe*, Ernst Haas observava que a decisão de seguir o caminho apontado por Jean Monnet — e não o dos federalistas — «fora político no sentido puro, pois assentava num compromisso de realizar a paz e o bem-estar através da unificação europeia». Ver Ernst B. Haas, *The Uniting of Europe: Political, Social, and Economic Forces, 1950–1957*, Notre Dame, University of Notre Dame Press, 2004. Ver também Jean Monnet, *Mémoires*, Paris, Librairie Arthème Fayard, 1976.

[720] Para uma discussão dos debates em torno da NATO nesta época, ver Vasco Rato, «O Transatlantismo em Mudança: a NATO, a América e a Europa», *Análise Social*, IV Série, Vol. 30, No. 133, 1995, pp. 765–801.

Perpetrados pela al-Qaeda, os atentados de 11 de Setembro de 2001 provocam um momento de solidariedade sem precedentes no seio da Aliança Atlântica, incluindo, pela primeira vez, a invocação do Artigo 5.º. Subsequentemente, os estados-membros aceitam desempenhar um papel de relevo na reconstrução do Afeganistão. De uma aliança de defesa colectiva regional composta por 12 membros, a NATO metamorfoseia-se numa organização de 30 países vocacionada para missões «fora de área» no âmbito da luta contra o terrorismo, traçada por George W. Bush. Acentuado pelas vicissitudes da luta contra o terrorismo, o distanciamento entre os Estados Unidos e a Europa aprofunda-se com a intervenção militar americana no Iraque, na Primavera de 2003. Embora apoiada por uma larga maioria dos estados europeus, a Administração Bush vê-se confrontada com uma acérrima oposição à sua investida iraquiana, encabeçada pela França de Jacques Chirac e pela Alemanha de Gerhard Schröder. As divisões no campo ocidental são de tal ordem traumatizantes que George Bush e o secretário da Defesa Donald Rumsfeld cavam um abismo entre uma «nova Europa» leal aos Estados Unidos e à relação transatlântica e uma «velha Europa» — no fundo, a França e a Alemanha — que deixara de o ser.[721]

Depois da acrimónia originada em torno da guerra iraquiana, Barack Obama gera uma tremenda onda de entusiasmo quanto à expectável «normalização» das relações transatlânticas.[722] A discursar perante uma vasta multidão reunida na Strasse des 17 Juni de Berlim meses antes das presidenciais, estende efectivamente um «ramo de oliveira» às elites europeias. Distanciando-se da política externa de Bush, declara que passara o tempo em que problemas internacionais podiam ser resolvidos por um só país, «não importa quão grande ou poderoso».[723] Apela, portanto, à renovação do multilateralismo porque — diz — a robustez da relação transatlântica

---

[721] Ver Jiri Sedivy and Marcin Zabrowski, «Old Europe, New Europe and Transatlantic Relations», *European Security*, Vol. 13, No. 3, 2004, pp. 187–213, e Robert Kagan, *Of Paradise and Power. America and Europe in the New World Order*, Nova Iorque, Alfred A. Knopf, 2003.

[722] Um exemplo dessa perspectiva pode ser encontrado em Álvaro de Vasconcelos e Marcin Zaborowski (eds.), *The Obama Moment, European and American Perspectives*, Paris, Institute for Security Studies, 2009.

[723] Para a transcrição do discurso, ver «Obama Delivers Much Anticipated Berlin Speech», *NPR*, 24 de Julho de 2008, consultado em: https://www.npr.org/templates/story/story.php?storyId=92875642.

assentava em «aliados que se escutam, que aprendem uns com os outros e, acima de tudo, que confiam uns nos outros».[724] A retórica de Obama suscita largas expectativas, porventura irrealizáveis, quanto à pacificação das relações euro-americanas. A realidade seria assaz diferente, pois, em resultado do «*pivot* para a Ásia» anunciado pela Administração Obama em 2012, a Europa sofre um *downgrade* na hierarquia de prioridades estratégicas americanas.

Com a ordem liberal a evidenciar sinais inequívocos de desagregação, uma relação transatlântica robusta continuava a ser — pelo menos em teoria — um imperativo estratégico para as duas partes. Desde logo, porque a NATO não deixava de ser o principal veículo para conservar a estabilidade e a influência dos Estados Unidos no continente. Paradoxalmente, era, ao mesmo tempo, uma fonte indisfarçável de fractura euro-americana em virtude das polémicas relacionadas com o *burden-sharing*, com as parcas capacidades de defesa europeias e com a «autonomia estratégica» da União Europeia. No exacto momento em que uma Rússia revisionista e uma China assertiva aconselhavam as democracias a aglutinar esforços em torno destes desafios, os políticos dos dois lados do Atlântico enredam-se em animosidades que minaram a coesão da Aliança Atlântica.

Se os interesses nacionais dos Estados Unidos recomendavam tacto e moderação de modo a evitar a acumulação de tensões nos dois lados do Atlântico, Donald Trump, congruente com a sua forma de estar na vida política, opta pelo caminho oposto. Em Março de 2016, durante as primárias republicanas, afirma: «Acho que a NATO pode estar obsoleta. A NATO foi criada há muito tempo — há muitos, muitos anos, quando as coisas eram diferentes. [...] Eu acho que a NATO — temos realmente de examinar a NATO. Realmente não nos ajuda, ajuda outros países. E não creio que esses outros países agradeçam o que estamos a fazer».[725] Num certo sentido, a declaração não deveria ter adensado as incertezas quanto ao futuro da Aliança Atlântica.[726] Afinal, em ocasiões anteriores, Trump observara que a desactualização da NATO resultava da sua

[724] *Ibid.*

[725] Ver «Complete Donald Trump Interview: NATO, Nukes, Muslim World, and Clinton», *Bloomberg*, 23 de Março de 2016, consultado em: https://www.bloomberg.com/politics/videos/2016-03-23/complete-trump-interview-nato-nukes-muslims-and-hillary.

[726] Ver Joshua Shifrinson, «Time to Consolidate NATO?», *The Washington Quarterly*, Vol. 40, No. 1, 2017, pp. 109–123, e Sven Biscop, «Has Trump reshuffled

incapacidade para modernizar a missão definida no contexto da Guerra Fria.[727] Se se tivesse limitado a denunciar a lentidão dessa modernização, seria apenas mais uma voz a apontar uma evidência gritante. Vai, todavia, consideravelmente mais longe.

Numa iniciativa de campanha em Racine, Wisconsin, Trump afirma que os estados-membros «têm de pagar pelas deficiências do passado ou têm de sair. E se isso quebra a NATO, então quebra a NATO».[728] Ao equacionar publicamente a «quebra» da Aliança Atlântica, coloca a discussão num patamar que extravasa as questões referentes aos orçamentos de defesa e à partilha de custos. Com as suas palavras, sobrepõe cálculos de natureza financeira à solidariedade da comunidade transatlântica.[729] Dias antes de proferir esta incendiária afirmação, Trump recorrera ao Twitter para esclarecer que «a NATO está obsoleta e deve ser mudada para se concentrar no terrorismo, bem como em algumas das coisas em que está actualmente focada!»[730] Nesse mesmo dia (24 de Março de 2016), num segundo *tweet*, afiança que «pagamos uma parte desproporcional do custo da NATO. Porquê? É tempo de renegociar e é já!».[731] Retoma o tema em 21 de Julho, durante o seu discurso de aceitação da nomeação na Convenção Nacional Republicana, onde mantém que «a NATO está obsoleta. Porque não trata adequadamente do terrorismo. E muitos dos países membros não pagam a sua parte justa. Como de costume, os Estados Unidos estão a arcar com os custos».[732]

---

the cards for Europe?», *Egmont Security Policy Brief No. 79*, Novembro de 2016, consultado em: http://aei.pitt.edu/86890/1/SPB79.pdf.

[727] Ver Janusz Bugajski e Ilona Teleki, «Washington's New European Allies: Durable or Conditional Partners?», *The Washington Quarterly*, Vol. 28, No. 2, 2005, pp. 95–107.

[728] Ver Ashley Parker, «Donald Trump says NATO is "obsolete", UN is "Political Game"», *The New York Times*, 2 de Abril de 2016, consultado em: https://www.nytimes.com/politics/first-draft/2016/04/02/donald-trump-tells-crowd-hed-be-fine-if-nato-broke-up/.

[729] Ver Mel Gurtov, *America in Retreat: Foreign Policy Under Donald Trump*, Londres, Rowman & Littlefield, 2021, pp. 38–41, e Guy Snodgrass, *Holding the Line: Inside Trump's Pentagon With Secretary Mattis*, Nova Iorque, Sentinel, 2019, pp. 166–171.

[730] Ver Eliza Collins, «Trump: "It is amazing how often I am right"», *Politico*, 24 de Março de 2016, consultado em: https://www.politico.com/blogs/2016-gop-primary-live-updates-and-results/2016/03/trump-im-right-221198.

[731] *Ibid.*

[732] Ver «Donald Trump's complete Convention speech, annotated», *Los Angeles Times*, 21 de Julho de 2016, consultado em: https://www.latimes.com/politics/la-na-pol-donald-trump-convention-speech-transcript-20160721-snap-htmlstory.html.

A Convenção Nacional do *Grand Old Party* (GOP) coincide com uma extensa entrevista publicada no *The New York Times*, onde Trump confirma o *linkage* entre o *burden-sharing* e a presença contínua dos Estados Unidos na Aliança Atlântica, declarando: «Eu preferiria que pudéssemos continuar [a protegê-los], mas se não formos razoavelmente reembolsados pelo tremendo custo de proteger essas nações enormes com riqueza tremenda ... [...] Estamos a falar de países que se encontram muito bem. Então, sim, eu estaria absolutamente preparado para dizer a esses países: "Parabéns, vão-se defender a vós próprios"».[733] As afirmações em catadupa surpreendem pela sua contundência e, obviamente, nada contribuem para o apaziguamento das tensões. Não obstante as polémicas que provoca, Trump jamais reivindicou a saída do país da Aliança Atlântica. A afirmação de Hillary Clinton — repetida pelo seu candidato vice-presidencial Tim Kaine — de que Trump exigira que os Estados Unidos se «livrassem da NATO» era, muito simplesmente, falsa.[734]

[733] Ver «Transcript: Donald Trump on NATO, Turkey's coup attempt and the World», *The New York Times*, 21 de Julho de 2016, consultado em: https://www.nytimes.com/2016/07/22/us/politics/donald-trump-foreign-policy-interview.html?searchResultPosition=1. Respondendo indirectamente a Trump, o secretário-geral da NATO, Jens Stoltenberg, declarou que «não vou interferir na campanha eleitoral dos EUA, mas o que posso fazer é dizer o que importa para a NATO. A solidariedade entre aliados é um valor fundamental para a NATO». Vários republicanos foram particularmente duros a responder a Trump. O senador Lindsey Graham afirmou que «declarações como essas tornam o mundo ainda mais perigoso e os EUA menos seguros», acrescentando que Vladimir Putin seria «um homem muito feliz». Graham também observou que o candidato do GOP «está essencialmente a dizer aos russos e a outros maus actores que os EUA não estão totalmente comprometidos com o seu apoio à NATO». Outro crítico de Trump, o senador do Nebraska Ben Sasse, afirmou que «os nossos amigos devem buscar força e os nossos adversários devem parar ao contemplarem este simples facto: os americanos mantêm a sua palavra». Ver Paul Sonne, «NATO takes issue with Donald Trump's comment on defending allies», *The Wall Street Journal*, 21 de Julho de 2016, consultado em: https://www.wsj.com/articles/nato-fires-back-after-donald-trump-questions-value-of-defending-allies-1469120175. Ver também Helene Cooper, «Defense Secretary Mattis tells NATO allies to spend more, or else», *The New York Times*, 15 de Fevereiro de 2017, consultado em: https://www.nytimes.com/2017/02/15/world/europe/jim-mattis-nato-trump.html?searchResultPosition=1.

[734] Ver Sean Gorman, «Donald Trump says that NATO is obsolete and that we need to get rid of NATO...», *Polifact*, 10 de Outubro de 2016, consultado em: https://www.politifact.com/factchecks/2016/oct/10/tim-kaine/contrary-kaine-claim-trump-hasnt-called-us-break-n/.

O discurso de Trump não era inédito, pois sucessivos presidentes já haviam clamado pela modernização da missão da NATO e por uma divisão menos onerosa dos encargos financeiros. A diferença residia no tom estridente e na ligação transaccional estabelecida entre o *burden-sharing* e o cumprimento das garantias de segurança decorrentes do Artigo 5.º da Carta do Atlântico Norte.[735] Conjugada com uma abordagem mais unilateral aos demais problemas de interesse mútuo, a retórica beligerante de Trump não poderia deixar de suscitar reservas quanto à fiabilidade do poderio americano. À medida que essas dúvidas se aprofundam, a coesão da aliança diminui.

Se os europeus culpabilizam Trump pela deterioração da situação política, os americanos consideram ter capital de queixa em relação a aliados *free-riders* impreparados para enfrentar os novos desafios estratégicos. Nesse sentido, a preocupação do presidente com as contribuições financeiras europeias era pertinente. Dado que, há décadas, o *burden-sharing* era fonte de discórdia, a cimeira da NATO de Setembro de 2014, realizada no País de Gales, firmou um entendimento que se esperava definitivo sobre a matéria, estipulando que os orçamentos de defesa nacional seriam reforçados até 2024 para — no mínimo — os 2% do PIB.[736] Contribuições directas para a NATO seriam englobadas pelos 2%, mas um mínimo de 20% da despesa seria afectado às aquisições de material e à investigação e desenvolvimento. Os europeus pretendiam que os recursos consumidos pelas missões da NATO nos Balcãs Ocidentais, no Afeganistão e no Médio Oriente fossem contemplados. Argumentava-se que aliados que incumpriam com a meta dos 2%, mas que canalizavam recursos para capacidades modernas, contribuíam mais para a

---

[735] Meses mais tarde, Trump declarava que a NATO não estava «obsoleta». Para se entender as mudanças de posição do presidente quanto a este tema, cf. Peter Baker, «Trump's previous view of NATO Is Now Obsolete», *The New York Times*, 13 de Abril de 2017, consultado em: https://www.nytimes.com/2017/04/13/world/europe/nato-trump.html?searchResultPosition=1.

[736] Ver North Atlantic Treaty Organization, «Wales Summit Declaration, Issued by the Heads of State and Government participating in the meeting of the North Atlantic Council in Wales», 5 de Setembro de 2014, consultado em: https://www.nato.int/cps/en/natohq/official_texts_112964.htm?mode=pressrelease. Para uma discussão, ver John R. Deni, «NATO's New Trajectories after the Wales Summit», *Parameters*, Vol. 44, No. 3, 2014, pp. 57–65, e James Bergeron, «Back to the Future in Wales», *The RUSI Journal*, Vol. 159, No. 3, 2014, pp. 4–8.

operacionalidade da NATO do que os países que ultrapassavam os 2% por meio da despesa com pessoal e outros gastos, mas que pouco ou nada acrescentavam à prontidão. Era uma fórmula que visava atenuar disparidades que faziam com que os europeus dependessem dos Estados Unidos em capacidades de inteligência, vigilância e reconhecimento. As divergências quanto à melhor forma de contabilizar as contribuições levam o secretário-geral da NATO Jens Stoltenberg a sugerir que os 2% englobassem «verbas, capacidades e contribuições».[737] Porque à época apenas três dos membros efectivamente cumpriam os 2%, o acordo parecia ser um compromisso equilibrado.[738] Cinco anos mais tarde, Trump queixa-se que apenas nove aliados cumpriam a meta consagrada no País de Gales.[739]

Embora a questão da partilha de encargos tenha perturbado as relações euro-americanas em décadas anteriores, os diferendos com a Administração Trump são entendidos como sinónimo de um menor compromisso de Washington para com a parceria transatlântica. Antes de o recém-empossado presidente se deslocar à Bélgica e à Itália em Maio de 2017 para participar nas cimeiras da UE, da NATO e do G7, Mike Pence e James Mattis rumam ao continente com o propósito de dissipar dúvidas sobre as linhas mestras da nova política externa americana. Durante os trabalhos da Conferência de Segurança de Munique de 2017, Pence garante que o país era «o maior aliado» dos europeus e assegura-lhes que os Estados Unidos «apoiam fortemente a NATO e seremos inabaláveis no nosso compromisso para com a aliança transatlântica».[740] Não destoando do mantra

---

[737] Ver North Atlantic Treaty Organization, «Press conference by NATO Secretary General Jens Stoltenberg following the meeting of the North Atlantic Council at the level of Defence Ministers», 29 de Junho de 2017, consultado em: https://www.nato.int/cps/en/natohq/opinions_145385.htm.

[738] Ver Denitsa Raynova e Ian Kearns, «The Wales pledge revisited: a preliminary analysis of 2015 budget decisions in NATO member states», European Leadership Network, *Policy Brief*, Fevereiro de 2015, consultado em: https://www.jstor.org/stable/pdf/resrep06720.pdf.

[739] Os nove eram a Bulgária, a Estónia, a Grécia, a Letónia, a Lituânia, a Polónia, a Roménia, o Reino Unido e os Estados Unidos. Ver North Atlantic Treaty Organization, «Defence Expenditure of NATO Countries (2013–2019)», 29 de Novembro de 2019, consultado em: https://www.nato.int/cps/en/natohq/news_171356.htm.

[740] Ver Anton Troianovski e Julian E. Barnes, «Pence backs NATO; Russian official touts a New World Order», *The Wall Street Journal*, 18 de Fevereiro de 2017, consultado em: https://www.wsj.com/articles/mike-pence-says-u-s-backs-nato-but-asks-europe-to-boost-military-spending-1487411158.

trumpiano, não deixa de frisar que os desequilíbrios nos gastos com a defesa apontados pelo presidente «terão de acabar».[741]

No seguimento imediato da eleição de Trump, os principais *players* da nova Administração procuraram reverter os danos causados durante a campanha eleitoral.[742] Reunido em Bruxelas com o presidente do Conselho Europeu Donald Tusk em meados de Fevereiro de 2017, o vice-presidente Mike Pence expressa o «forte compromisso» do seu país para com a NATO e a UE. Manifestamente céptico quanto às garantias que acabara de obter, o ex-primeiro-ministro polaco observa que «demasiadas coisas aconteceram nos últimos meses no seu país e na UE. Muitas opiniões novas — e por vezes surpreendentes — foram expressas ao longo deste tempo sobre as nossas relações e a nossa segurança comum para que possamos fingir que tudo é como costumava ser».[743] A frontalidade de Tusk indicia a alarmante degradação do relacionamento transatlântico, bem como a incapacidade da Casa Branca para estancar o mal-estar. Em última análise, e apesar dos hercúleos esforços de Pence, perdura a impressão de que o compromisso da Administração para com a NATO dependia de uma fórmula aceitável de *burden-sharing*.

Dias antes da intervenção de Mike Pence em Munique, James Mattis assegurara aos ministros da Defesa da NATO que a organização era o pilar fundamental da segurança do seu país. Recapitulando a posição esboçada por Trump durante a campanha presidencial, refere que o país irá «cumprir com as suas responsabilidades», mas salienta que o contribuinte americano não poderia continuar a suportar «uma parcela desproporcional da defesa dos valores ocidentais».[744] Alerta os ministros

---

[741] Ver «Pence vows EU and NATO support as protestors reject cooperation», *DW*, 20 de Fevereiro de 2017, consultado em: https://www.dw.com/en/pence-vows-eu-and-nato-support-as-protestors-reject-cooperation/a-37643325.

[742] Cf. Rebecca Kheel, «Mattis: NATO "fundamental bedrock" for US», *The Hill*, 15 de Fevereiro de 2017, consultado em: http://thehill.com/policy/defense/319620-defense-chief-nato-fundamental-bedrock-for-us, e David M. Herszenhorn e Giulia Paravicini, «Rex Tillerson wins applause, literally, in NATO debut», *Politico*, 31 de Março de 2017, consultado em: http://www.politico.eu / article / rex-tillerson-wins-applause-literally-in-nato-debut-donald-trump-foreign-policy-putin-russia.

[743] Ver «Pence vows EU and NATO support as protestors reject cooperation», *DW*, 20 de Fevereiro de 2017, consultado em: https://www.dw.com/en/pence-vows-eu-and-nato-support-as-protestors-reject-cooperation/a-37643325.

[744] Ver Julian E. Barnes e Gordon Lubold, «U.S. defense secretary Jim Mattis warns NATO allies on military spending», *The Wall Street Journal*, 15 de Fevereiro de 2017,

para o facto de que «os americanos não se podem preocupar mais do que vós com a segurança futura dos vossos filhos», pelo que os Estados Unidos poderiam eventualmente «moderar o seu compromisso para com a aliança» se os aliados não viessem a reforçar as verbas alocadas à defesa militar.[745] Reagindo ao discurso, a ministra da Defesa alemã Ursula von der Leyen afirma que «os EUA estão certos» e, congruente com a afirmação, prontamente revela a intenção de Berlim de investir verbas adicionais nas suas forças armadas.[746] No mesmo sentido, Jeanine Hennis-Plasschaert, ministra da Defesa dos Países Baixos — cuja contribuição mal ultrapassava os 1% do PIB —, também manifesta a sua concordância com a posição americana, embora tenha introduzido a ressalva de que «a cooperação transatlântica inclui muito mais do que apenas um simples cálculo de quem paga o quê».[747] Claus Hjort Frederiksen, ministro da Defesa dinamarquês, dá voz ao pragmatismo dominante ao admitir que «não há forma de contornar que temos de aumentar o nosso orçamento de defesa».[748] Como seria de prever, o ministro britânico Michael Fallon confirma que as palavras de Mattis reflectiam o «compromisso muito claro da Administração para com a NATO».[749] Acontecimentos posteriores demonstrariam que — decididamente — não era esse o caso.

Poucas semanas antes de partir para a cimeira da NATO, as dúvidas de Donald Trump quanto à organização pareciam ter-se dissipado. Numa conferência de imprensa conjunta com Jens Stoltenberg realizada em 25 de Maio de 2017, após a reunião preparatória da cimeira, o presidente diz-se disponível para continuar a trabalhar em estreita colaboração com os aliados e confidencia que o «secretário-geral e eu tivemos uma discussão produtiva sobre o que mais a NATO pode fazer na luta contra o terrorismo».[750] Em consequência dessa discussão, Trump concluía que a

---

consultado em: https://www.wsj.com/articles/u-s-defense-secretary-jim-mattis-to-deliver-nato-message-of-support-1487155910.

[745] *Ibid.*

[746] *Ibid.*

[747] *Ibid.*

[748] *Ibid.*

[749] *Ibid.*

[750] Ver Joe Gould, «Trump says NATO "no longer obsolete" in series of foreign policy reversals», *Defense News*, 12 de Abril de 2017, consultado em: https://www.defensenews.com/congress/2017/04/12/trump-says-nato-no-longer-obsolete-in-series-of-foreign-policy-reversals/.

NATO «deixou de ser obsoleta».[751] Fiel a si próprio, dá a entender que não fora ele que mudara de posição, mas sim a NATO, que, ao expressar a vontade de intensificar a luta antiterrorista, teria secundado as posições que defendera durante a campanha eleitoral.[752] Não obstante ter proclamado o fim da «obsolescência» da NATO, o problema não é superado, pois Trump volta a repreender os aliados pelos parcos orçamentos de defesa, inclusivamente classificando a contribuição alemã como «muito má».[753]

Nas vésperas da cimeira da NATO, Jens Stoltenberg confirma que os principais pontos da agenda se prendiam com a luta contra o terrorismo e a «divisão mais justa dos encargos na nossa aliança».[754] Indo ao encontro das reivindicações de Trump, prontamente anuncia planos para a criação de uma nova «célula de inteligência na sede da NATO» para combater o terrorismo e lembra que «a maior operação militar alguma vez lançada pela aliança foi no Afeganistão como resposta directa aos ataques terroristas de 11 de Setembro nos Estados Unidos».[755] Visivelmente, Trump não se deixa comover com asserções de solidariedade passada. Se os

---

751 *Ibid.*

752 O presidente Trump afirmou: «Eu queixei-me disso há muito tempo e eles mudaram e agora combatem o terrorismo». *Ibid.*

753 Ver David M. Herszenhorn, «Trump makes forceful NATO debut», *Politico*, 25 de Maio de 2017, consultado em: https://www.politico.eu/article/trump-nato-demands-allies-make-up-for-many-years-lost-on-military-spending/, e Peter Müller, «The Germans are bad, very bad», *Der Spiegel*, 26 de Maio de 2017, consultado em: https://www.spiegel.de/international/world/trump-in-brussels-the-germans-are-bad-very-bad-a-1149330.html. O director do National Economic Council Gary Cohn clarificou a posição do presidente, dizendo que ele se referia ao comércio alemão e não ao país na sua generalidade. Ver Tom McTague, «Juncker: Trump wasn't aggressive in saying Germany was "very bad"», *Politico*, 26 de Maio de 2017, consultado em: https://www.politico.eu/article/juncker-trump-wasnt-aggressive-in-saying-germany-was-very-bad/.

754 Ver NATO, «Doorstep statement by NATO Secretary General Jens Stoltenberg ahead of the meeting of NATO Heads of State and/or Government», 25 de Maio de 2017, consultado em: https://www.nato.int/cps/en/natohq/opinions_144083.htm.

755 *Ibid.* Respondendo aos ataques de 11 de Setembro, a NATO invocou, pela primeira vez, o Artigo 5°. Tropas canadianas e europeias juntaram-se às forças americanas no Afeganistão na missão da NATO nesse país. Dez anos mais tarde, em 2011, aproximadamente 40 mil dos 130 mil soldados destacados no país não eram americanos. Em 2015, a missão de combate da NATO transformou-se na Missão de Apoio Resoluto para aconselhar, auxiliar e treinar as forças de segurança afegãs. Em finais de 2018, o aumento de tropas dos Estados Unidos foi acompanhado pelos restantes membros da aliança. Os líderes da NATO saudaram os acordos de 29 de Fevereiro de 2020 entre os Estados Unidos, os talibãs e o Governo afegão, antecipando a retirada

líderes europeus esperavam que o presidente moderasse as suas opiniões sobre a NATO, acabariam por se desiludir quando, durante o discurso que profere na cimeira, relembra que, «durante os últimos oito anos, os Estados Unidos gastaram mais em defesa do que todos os outros países da NATO juntos», acrescentando ainda, surpreendentemente, que os estados-membros deviam «quantias maciças» em pagamentos atrasados.[756] Igualmente preocupante, omite a tradicional reafirmação do princípio de defesa colectiva consubstanciado no Artigo 5.º, limitando-se a dizer que «nunca abandonará os amigos que estiveram ao nosso lado».[757] Descomprometida, a afirmação reforça a opinião de que a Administração via a NATO através de um prisma financeiro e não como uma comunidade de valores partilhados; ou seja, para todos os efeitos, a questão do *burden-sharing* sobrepunha-se a tudo o resto. A insatisfação que as palavras de Trump provocavam em Paris e em Berlim era, porém, contrariada por Viktor Orbán, que desvaloriza as dúvidas dos seus colegas europeus ao afiançar que «tudo ficará bem».[758]

Procurando terreno comum com a parte americana, altos dirigentes europeus desvalorizaram as críticas dirigidas ao presidente. Por exemplo, Jean-Claude Juncker desmente que Trump tivesse adoptado «uma abordagem agressiva no que se refere ao *superavit* comercial alemão. Esta é uma (questão) de tradução. Se alguém diz que os alemães são maus, isso não significa que possa ser traduzido literalmente. Não foi nada agressivo».[759] Da mesma forma, Donald Tusk opta por sublinhar a unidade em volta do combate ao terrorismo e enfatiza que as partes

---

das forças internacionais dentro de 14 meses, dependendo do cumprimento de uma série de pré-condições políticas e de segurança.

[756] Ver David M. Herszenhorn, «Trump makes forceful NATO debut», *Politico*, 25 de Maio de 2017, consultado em: https://www.politico.eu/article/trump-nato-demands-allies-make-up-for-many-years-lost-on-military-spending/.

[757] Cf. The White House, «Remarks by President Trump at NATO Unveiling of the Article 5 and Berlin Wall Memorials — Brussels, Belgium», US Embassy and Consulates in Russia, 25 de Maio de 2017, consultado em: https://ru.usembassy.gov/remarks-president-trump-nato/.

[758] Ver Matthew Karnitschnig, «Trump confirms Europe's worst fears», *Politico*, 26 de Maio de 2017, consultado em: https://www.politico.eu/article/trump-confirms-europes-worst-fears/.

[759] Ver Tom McTague, «Juncker: Trump wasn't aggressive in saying Germany was "very bad"», *Politico*, 26 de Maio de 2017, consultado em: https://www.politico.eu/article/juncker-trump-wasnt-aggressive-in-saying-germany-was-very-bad/

partilhavam a «mesma linha» quanto à Ucrânia.[760] Tusk acrescenta que a «sua principal mensagem para o presidente Trump foi a de que são os valores ocidentais fundamentais — como a liberdade, os direitos humanos, o respeito pela dignidade humana — que dão à nossa cooperação e amizade o seu significado mais profundo. [...] A maior tarefa de hoje é a consolidação de todo o mundo livre em torno desses valores, não apenas dos interesses. Valores e princípios em primeiro lugar — eis o que a Europa e a América deveriam estar a dizer».[761] Tusk, no entanto, dirige palavras mais contundentes à forma como o presidente Trump encara a Rússia: «[...] não tenho a certeza de que hoje possamos dizer a 100% que temos uma posição comum, uma opinião comum sobre a Rússia.»[762] E, ironizando, refere: «Talvez eu seja menos optimista quando se trata dos planos e intenções do presidente Putin. Sou menos sentimental.»[763] Por outras palavras, expressa a preocupação de que, em troca de uma *grand bargain* estratégica celebrada com Vladimir Putin, Trump pudesse abandonar as sanções impostas após a anexação da Crimeia. Na verdade, antes de iniciar a sua viagem à Europa, Trump reconhecera que tanto as sanções como o processo de Minsk estavam em processo de reavaliação (*policy review*) pela Casa Branca.

As cimeiras de Maio de 2017 marcam um ponto sem retorno no relacionamento euro-americano. Visivelmente agastada com os resultados dos três encontros, Angela Merkel confessa que os europeus tinham «realmente de tomar o [seu] destino nas [suas] próprias mãos» porque a época «em que podiam confiar totalmente nos outros até certo ponto acabou. Foi isso que experienciei nos últimos dias».[764] Embora cautelosamente

---

[760] Ver «Remarks by President Donald Tusk after meeting with President Donald Trump», European Council, 25 de Maio de 2017, consultado em: https://www.consilium.europa.eu/en/press/press-releases/2017/05/25/tusk-trump-remarks/.

[761] *Ibid.*

[762] *Ibid.*

[763] John Irish, «G7 leaders must not waver on Russia sanctions, says EU's Tusk», *Reuters*, 26 de Maio de 2017, consultado em: https://www.reuters.com/article/us-g7-summit-russia-idINKBN18M170.

[764] Ver Michael Birnbaum e Rick Noack, «Following Trump's trip, Merkel says Europe can't rely on "others". She means the U.S.», *The Washington Post*, 28 de Maio de 2017, consultado em: https://www.washingtonpost.com/world/following-trumps-trip-merkel-says-europe-cant-rely-on-us-anymore/2017/05/28/4c6b92cc-43c1-11e7-8de1-cec59a9bf4b1_story.html, e Giulia Paravicini, «Angela Merkel: Europe must take "our

qualificada pela expressão «até certo ponto», a advertência era, em si, um sinal indisfarçável de que o relacionamento entrara numa espiral descendente.[765] A leitura da chanceler, como é óbvio, não era partilhada por Trump, que, no Twitter, atesta que «acabo de regressar da Europa. Foi um grande sucesso para a América. Trabalho árduo, mas grandes resultados!»[766] Num certo sentido, assistia razão a ambos.

A postura assumida por Merkel era indissociável das exigências colocadas pela conjuntura política alemã. Em plena campanha eleitoral, encontra-se sob tremenda pressão de Martin Schulz, candidato a chanceler pelo Partido Social Democrata, para endurecer a sua posição relativamente aos Estados Unidos. Entrevistado pelo *Der Spiegel*, Schulz descreve o presidente americano como um homem perigoso para a democracia, acusa-o de «brincar com a segurança do mundo ocidental» e pede a retirada das armas nucleares americanas em solo alemão.[767] Afirma que os «ataques de Trump à Europa são também ataques à Alemanha» e, por isso, proclama que «o governo dos Estados Unidos está agora a começar uma luta cultural. Devemos assumir essa luta com confiança e dizer: temos um modelo diferente de sociedade».[768] Ao introduzir a linguagem

---

fate" into own hands», *Politico*, 28 de Maio de 2017, consultado em: https://www.politico.eu/article/angela-merkel-europe-cdu-must-take-its-fate-into-its-own-hands-elections-2017.

[765] As coisas foram de mal a pior quando os líderes do G7 se reuniram em Taormina, na Itália, e não conseguiram chegar a um consenso sobre os acordos climáticos de Paris de 2015. O presidente Trump afirmou que «mais tarde» decidiria sobre a participação dos Estados Unidos no tratado. Os outros seis membros do G7 — Canadá, França, Alemanha, Itália, Japão e Reino Unido — reafirmaram o seu «forte compromisso» com o acordo assinado por Barack Obama em 2015. Um dia depois da cimeira do G7, a chanceler alemã disse que pretendia manter boas «relações de vizinhança» com o Reino Unido e os Estados Unidos, mas «também com a Rússia». Ver David M. Herszenhorn, «Trump, G7 agree they can't agree on Paris (for now, at least), *Politico*, 27 de Maio de 2017, consultado em: https://www.politico.eu/article/leaders-issue-g7-declaration-with-us-a-holdout-on-climate-change/.

[766] Para o *tweet* de 28 de Maio de 2017, ver *The Tweets of President Donald J. Trump*, p. 35.

[767] Ver Klaus Brinkbäumer, Markus Feldenkirchen e Horand Knaup, «The Trump approach will never be our approach», *Spiegel International*, 2 de Fevereiro de 2017, consultado em: https://www.spiegel.de/international/germany/interview-with-german-chancellor-candidate-martin-schulz-a-1133475.html.

[768] *Ibid.* A este propósito, ver também Anton Troianovski, «Candidate for German chancellor finds a rallying cry: Trump», *The Wall Street Journal*, 7 de Fevereiro de 2017,

do conflito cultural, Schulz transforma divergências sobre assuntos de segurança num confronto existencial entre modelos de sociedade que sustenta serem incompatíveis ou, na melhor das hipóteses, de difícil conciliação. Diferenças políticas perfeitamente normais — que num contexto de menor crispação seriam superadas — são agudizadas pela demagogia eleitoralista de *Kulturkampf*. Com a opinião pública alemã a mostrar-se crescentemente hostil a Trump, Merkel envereda pelo endurecimento da sua retórica política.

Um amigo no Kremlin

Meses depois, em Dezembro de 2017, a publicação da *Estratégia de Segurança Nacional* de Donald Trump, o documento-chave da grande estratégia dos governos americanos, indica que os temores europeus quanto ao afastamento dos Estados Unidos da cena internacional eram nitidamente exagerados, pois o texto reitera que, num mundo de rivalidades entre grandes potências, «os Estados Unidos estão mais seguros quando a Europa é próspera e estável e pode ajudar a defender os nossos interesses e ideais comuns».[769] A publicação do documento confirma que a luta contra o terrorismo deixara de ser a primeira prioridade da política externa americana, substituída pelos desafios inerentes à lógica da *great power rivalry*. No novo quadro de ameaças, a Aliança Atlântica ganha nova relevância. Por isso, a Administração compromete-se com a dissuasão da Rússia por meio do alargamento da NATO ao Montenegro e à Macedónia do Norte e, não menos importante, com o reforço da cooperação transatlântica como veículo para enfrentar a assertividade russa, chinesa e iraniana.[770] Sendo este o caso, mais estranho se torna a insistência de Trump em caracterizar a NATO como «obsoleta» por não estar

consultado em: https://www.wsj.com/articles/candidate-for-german-chancellor-finds-a-rallying-cry-trump-1486492506.

[769] Ver The White House, «National Security Strategy of the United States of America», December 2017, p. 48, consultado em: https://trumpwhitehouse.archives.gov/wp-content/uploads/2017/12/NSS-Final-12-18-2017-0905.pdf.

[770] Ver Hal Brands, *American Grand Strategy in the Age of Trump*, Washington, Brookings Institution Press, 2018, pp. 159–160.

suficientemente empenhada na guerra contra o terrorismo, que, afinal, deixara de ser a prioridade das prioridades de Washington.

A *Estratégia de Segurança Nacional* clarifica a importância da Aliança Atlântica. Mas, ainda concentrada nas iniquidades do *burden-sharing*, a Casa Branca volta a envenenar o debate transatlântico durante a cimeira da NATO de Bruxelas, em Julho de 2018. Trump repreende os governos que não cumpriam as metas do País de Gales, embora, no dia anterior, tenha informado os aliados que, depois de os ter avisado que «estava extremamente descontente com o que estava a acontecer», os estados em falta «aumentaram substancialmente o seu compromisso. Estamos agora muito satisfeitos e temos uma NATO muito, muito poderosa, muito, muito forte, muito mais forte do que há dois dias».[771] No encontro, associa a questão da partilha de custos à construção do gasoduto Nord Stream 2, alegando que «há muita raiva pelo facto de a Alemanha estar a pagar à Rússia biliões de dólares. Há muita raiva. Também acho que é uma coisa muito má para a Alemanha».[772] Dado que o gasoduto aumentava a dependência alemã relativamente à energia russa, Trump acreditava que a opção de Berlim comprometia a segurança global europeia.[773] Nesse sentido, a questão do Nord Stream 2 era um problema de segurança transatlântica e não um assunto que dizia respeito apenas à Alemanha ou até mesmo à Europa no seu todo. Em jeito de resposta, Angela Merkel faz saber que não aceitava ser tutelada nesta ou em quaisquer outras matérias, lembrando que tomava «decisões independentes» porque vivera «numa parte da Alemanha que era controlada pela União Soviética».[774] A indiferença da chanceler face às consequências das suas «decisões independentes» para a segurança europeia não a distinguia substancialmente de Donald Trump.

---

[771] Ver «Remarks by President Trump at Press Conference, NATO Summit Brussels», Bruxelas, Bélgica, 12 de Julho de 2018, consultado em: https://nato.usmission.gov/july-12-2018-remarks-by-president-trump-at-press-conference-after-2018-nato-summit-in-brussels/.

[772] Ver «"I think the European Union is a foe", Trump says ahead of Putin meeting in Helsinki», CBS News, *Face the Nation*, 15 de Julho de 2018, consultado em: https://www.cbsnews.com/news/donald-trump-interview-cbs-news-european-union-is-a-foe-ahead-of-putin-meeting-in-helsinki-jeff-glor/.

[773] Ver William Drozdiak, *The Last President of Europe: Emmanuel Macron's Race to Revive France and Save the World*, Nova Iorque, PublicAffairs, 2020, p. 147.

[774] Ver Ewen MacAskill, «Angela Merkel hits back at Donald Trump at Nato summit», *The Guardian*, 11 de Julho de 2018, consultado em: https://www.theguardian.com/us-news/2018/jul/11/nato-summit-donald-trump-says-germany-is-captive-of-russians.

Com o propósito de aliviar as tensões, o secretário-geral da NATO admite a existência de divergências entre os estados-membros, mas faz questão de sublinhar que «o mais importante é que tomámos decisões que estão a impulsionar esta Aliança e que nos tornam mais fortes» e de agradecer os esforços de Trump, a quem atribui o aumento dos gastos europeus com a defesa.[775] Não obstante o papel pacificador de Jens Stoltenberg, Trump mostra-se indisponível para tréguas. Num *tweet* de 24 de Dezembro de 2018, proclama que «o que eu não gosto, no entanto, é quando muitos desses mesmos países se aproveitam da sua amizade com os Estados Unidos, tanto na protecção militar como no comércio».[776] Insiste, novamente, que o problema das relações euro-americanas era fruto de o seu país «subsidiar substancialmente as forças militares de muitos países MUITO ricos em todo o mundo, que, ao mesmo tempo, no comércio, tiram vantagem total dos Estados Unidos e dos nossos contribuintes. O General Mattis não via isso como um problema. EU VEJO, e está a ser resolvido».[777]

Na óptica do presidente, as relações transatlânticas eram corroídas pelo histórico *free-riding* dos aliados e, pior ainda, pela falta de solidariedade traduzida na recusa de rever os custos assimétricos que desproporcionalmente recaíam sobre o tesouro americano. A maioria dos países europeus via o problema a partir de outro ângulo, considerando que se assistia ao crescente afastamento dos Estados Unidos da NATO e das garantias proporcionadas pelo Artigo 5°. Com a prudência a aconselhar alguma contenção retórica, Trump opta por extremar posições. Deslocando-se ao Pentágono em Janeiro de 2019 para apresentar os resultados da *Missile Defense Review*, assegura que «estaremos com a NATO a 100%,

---

[775] Ver North Atlantic Treaty Organization, «Press conference by NATO Secretary General Jens Stoltenberg following the meeting of the North Atlantic Council at the level of Heads of State and Government (NATO Summit Brussels)», 11 de Julho de 2018, consultado em: https://www.nato.int/cps/en/natohq/opinions_156733.htm?selectedLocale=en.

[776] Ver Michael Burke, «Trump says unlike Mattis he sees countries taking "total advantage" of US as a problem», *The Hill*, 24 de Dezembro de 2018, consultado em: https://thehill.com/homenews/administration/422728-trump-knocks-mattis-for-not-addressing-countries-that-take-total.

[777] Ver Garrett Ross, «Trump swipes at senators, Mattis over military alliances», *Politico*, 24 de Dezembro de 2018, consultado em: https://www.politico.com/story/2018/12/24/trump-mattis-military-alliances-1074816.

mas, como eu disse aos países, têm de se chegar à frente».[778] Com efeito, a recorrente obsessão do presidente com a «humilhação» da América às mãos dos aliados *free-riders* assoma quando diz que «não podemos ser os *fools* dos outros. Não queremos que nos chamem isso. E digo-vos que, durante muitos anos, foi isso que disseram nas nossas costas».[779] Um mês depois da demissão de Mattis e dias após uma «notícia» do *The New York Times* alegar que em meados de 2018 a Casa Branca equacionara a possibilidade de retirar os Estados Unidos da NATO, estas afirmações do presidente em nada contribuíram para atenuar as tensões.

A truculência do presidente relativamente à Europa não era partilhada pelos seus opositores — nem por muitos dos seus apoiantes — no Congresso. Pouco depois das declarações de Trump no Pentágono, a presidente da Câmara dos Representantes Nancy Pelosi faz questão de encabeçar uma delegação bipartidária de congressistas ao continente para reafirmar o «nosso compromisso para com a aliança transatlântica, o nosso compromisso para com a NATO e o nosso respeito pela União Europeia».[780] Não era, aliás, a primeira vez que o Congresso se opunha à retórica e às escolhas políticas do presidente. Por exemplo, a Câmara dos Representantes e o Senado repreendem Trump quando aprovam projectos de lei bipartidários manifestando apoio explícito à NATO, limitando, dessa forma, o poder da Casa Branca de abandonar a NATO, um eventual desfecho que, nas palavras do Líder da Minoria do Senado Chuck Schumer, seria «o sonho de Putin».[781] Ditada por considerações

[778] Ver Julian E. Barnes e Helene Cooper, «Trump discussed pulling U.S. from NATO, aides say amid new concerns over Russia,» *New York Times*, 14 de Janeiro de 2019, consultado em: https://www.nytimes.com/2019/01/14/us/politics/nato-president-trump.html?searchResultPosition=1.

[779] Ver Joe Gould, «Trump says US backs NATO "100%", after report he discussed withdrawal», *Defense News*, 17 de Janeiro de 2019, consultado em: https://www.defensenews.com/congress/2019/01/17/trump-says-us-backs-nato-100-after-report-he-discussed-withdrawal/, e Rebecca Morin, «Trump: we will be with NATO "100 percent"», *Politico*, 17 de Janeiro de 2019, consultado em: https://www.politico.com/story/2019/01/17/trump-nato-alliance-pentagon-1108846.

[780] Ver «Pelosi says US needs NATO more than ever», *DW*, 19 de Fevereiro de 2019, consultado em: https://www.dw.com/en/pelosi-says-us-needs-nato-more-than-ever/a-47576802.

[781] Embora a notícia tenha sido baseada em fontes não identificadas e tenha sido negada pela Casa Branca, o senador Schumer afirmou que o presidente «queria» abandonar a NATO. No plenário do Senado, disse: «No fim de semana passado,

estritamente partidárias numa altura em que os democratas promoviam a falsa narrativa do «conluio russo», a referência de Schumer sugeria que a indulgência contínua de Vladimir Putin por parte de Trump consubstanciava o prelúdio de um *rapprochement* estratégico russo-americano... ou indiciava mesmo algo de mais sinistro relacionado com o «conluio».

Havia, todavia, razões apreciáveis para que Trump ambicionasse um *modus vivendi* com Putin, pois nenhuma outra potência nuclear reunia capacidades bélicas para, no limite, destruir fisicamente os Estados Unidos. Muito simplesmente, a Rússia nuclearizada era — e continua a ser — uma ameaça existencial que jamais poderia ser ignorada por quem quer que viesse a ocupar a Sala Oval. Importa recordar que, no passado recente, essas mesmas considerações induziram tanto Bush como Obama a procurar pacificar as relações russo-americanas.

Ao longo dos quatro anos do mandato de Trump, os perigos eventualmente decorrentes de um entendimento com a Rússia foram amplificados para além de toda a razoabilidade. Severamente constrangida pelas falsas acusações de «conluio» com Vladimir Putin, a política russa de Trump não divergia significativamente do rumo traçado pelos seus antecessores. As inquietações europeias resultavam dos constantes apelos do presidente à melhoria das relações bilaterais com Moscovo e da sua relutância em criticar a deriva autoritária de Putin. Ao mesmo tempo, os seus adversários políticos perpetuavam a narrativa de que, no fundo, Trump era um admirador de «homens fortes» que colocava os Estados Unidos no caminho do autoritarismo. Independentemente da veracidade do argumento, a política concreta — os actos — de Trump relativamente à Rússia não destoou das

---

soubemos que no Verão o presidente Trump expressou o desejo de se retirar da NATO. Expressou o desejo no Verão passado. Esse é o sonho de Putin. Todos os conselhos dos nossos líderes militares e diplomáticos foram contra. De alguma forma, o presidente quer fazê-lo. Quem mais beneficia? Putin. Quem mais perde? O Ocidente». Ver «Schumer floor remarks on the hundreds of thousands of americans harmed by the Trump shutdown, senate republicans' responsibility to help re-open the Government, and the motion to disapprove the Trump administration's proposal to relax sanctions on three Russian companies»; senate democrats, 16 de Janeiro de 2019, consultado em: https://www.democrats.senate.gov/news/press-releases/schumer-floor-remarks-on-the-hundreds-of-thousands-of-americans-harmed-by-the-trump-shutdown-senate-republicans-responsibility-to-help-re-open-the-government-and-the-motion-to-disapprove-the-trump-administrations-proposal-to-relax-sanctions-on-three-russian-companies.

linhas mestras seguidas por Bush e Obama. Mas, porque as declarações de Trump frequentemente divergiam — ou pareciam divergir — da *policy* oficial da Administração, as desconfianças europeias jamais seriam sanadas. A dimensão improvisada, caótica, da política externa *trumpiana* foi, ao longo de quatro anos, uma causa de tremenda instabilidade.

Dir-se-á que a política europeia de Trump assentava num compromisso formal e inabalável com a segurança continental, reiterado tanto pela *Estratégia de Segurança Nacional* de Dezembro de 2017 como pela *Estratégia de Defesa Nacional* de 2018. Todavia, logo nos primeiros meses da sua presidência, numa conferência de imprensa conjunta com o secretário-geral Stoltenberg, Trump afirma que «seria maravilhoso, como estávamos a discutir há pouco, se a NATO e o nosso país se pudessem dar bem com a Rússia».[782] Reconhece, porém, que o apaziguamento das relações com Moscovo não era susceptível de ser concretizado num horizonte próximo, pois «não estamos a dar-nos bem com a Rússia. Podemos estar no ponto mais baixo em termos de relacionamento com a Rússia. Isso ocorre há muito tempo, mas vamos ver o que acontece. Putin é o líder da Rússia. A Rússia é um país forte. Somos um país muito, muito forte. Veremos como correrá».[783] A ideia de que era desejável estabelecer um relacionamento mais cordial com Moscovo não deveria ter sido objecto de controvérsia, mas, na realidade, veio adensar a suspeição europeia de que Trump poderia a qualquer momento desencadear um *rapprochement* estratégico. Ciente do impacto das palavras do presidente, Jens Stoltenberg, no que considera ser uma resposta «suficiente» às manobras russas, admite que a NATO aumentaria a sua prontidão e frisa que quatro grupos de combate seriam enviados para a Europa Oriental. Em jeito de resposta aos anseios de Trump quanto ao *burden-sharing*, observa que «os aliados europeus reduziram os seus gastos com a defesa depois do fim da Guerra Fria porque as tensões diminuíram»... mas prontamente admite que «se os gastos com a defesa diminuem quando as tensões se reduzem, é de aumentá-los quando as tensões sobem. Agora, estão a subir».[784]

[782] Ver Joe Gould, «Trump says NATO "no longer obsolete" in series of foreign policy reversals», *Defense News*, 12 de Abril de 2017, consultado em: https://www.defensenews.com/congress/2017/04/12/trump-says-nato-no-longer-obsolete-in-series-of-foreign-policy-reversals/.

[783] *Ibid.*

[784] *Ibid.*

Com efeito, Trump reforça a presença militar dos Estados Unidos na Europa e canaliza mais 41% dos recursos financeiros alocados em 2018 no âmbito da Iniciativa de Dissuasão Europeia (*European Deterrence Initiative* — EDI) lançada por Barack Obama na sequência da invasão russa da Crimeia.[785] Aumenta o número de tropas de combate americanas nos estados bálticos, credibilizando, assim, um *tripwire* que consubstanciava uma medida de confiança por eles reclamada.[786] Embora tivesse menos tropas estacionadas no exterior do que em qualquer outro momento desde a Guerra Fria, a Administração complementava as «botas no terreno» com exercícios e treinos no Leste europeu. Ao mesmo tempo, na cimeira da NATO de Dezembro de 2019 alarga-se o âmbito da cooperação aliada de modo a abranger ameaças espaciais, cibernéticas e híbridas, muitas das quais tinham origem na Rússia. Dir-se-á, portanto, que as acções concretas da Administração Trump não permitem sustentar a acusação de que pouco ou nada fez para conter a assertividade russa.

Um passo significativo foi dado em Fevereiro de 2019, quando, apontando as violações sistemáticas dos termos do acordo por parte da Rússia, a Casa Branca anuncia a suspensão da sua participação no Tratado de Forças Nucleares de Alcance Intermédio (INF).[787] Seis meses mais tarde, quando Trump abandona o acordo, a NATO faz saber que «apoia plenamente» a decisão, ou seja, os europeus validavam a acusação de que a

---

[785] Lançada em 2014, a European Deterrence Initiative (EDI) foi, até 2017, conhecida como European Reassurance Initiative (ERI). Ver Eerik Marmei e Gabriel White, «European Deterrence Initiative: bolstering the defence of the Baltic states», RKK/ICDS, International Centre for Defence and Security, Estónia, Dezembro de 2017, consultado em: https://icds.ee/wp-content/uploads/2018/05/ICDS_Policy_Paper_European_Deterrence_Initiative_Eerik_Marmei-Gabriel_White_December_2017.pdf.

[786] Ver Dianne Pfundstein Chamberlain, «NATO's Baltic tripwire forces won't stop Russia», *The National Interest*, 21 de Julho de 2016, consultado em: http://nationalinterest.org/blog/the-skeptics/natos-baltic- tripwire-forces-wont-stop-russia-17074. Em resposta, Putin colocou sistemas de defesa aérea e mísseis de curto alcance modernos em Kaliningrado, sinalizando que estaria preparado para recorrer a armas nucleares no teatro europeu em caso de confrontos. Ver Lidia Kelly, «Russia's Baltic outpost digs in for standoff with NATO», *Reuters*, 5 de Julho de 2016, consultado em: http://www.reuters.com/article/us-nato-russia-kaliningrad-idUSKCN0ZL0J7.

[787] Ver Alex Ward, «The US just withdrew from an important nuclear arms treaty with Russia. Don't panic — yet», *Vox*, 2 de Agosto de 2019, consultado em: https://www.vox.com/world/2019/8/2/20750158/inf-treaty-trump-russia-withdraw.

Rússia se encontrava em violação do Tratado.[788] Claro que a eventualidade de se desencadear uma nova corrida aos armamentos não poderia ser descartada, especialmente porque Vladimir Putin, liberto das amarras impostas pelo Tratado, revela a sua intenção de desenvolver novos mísseis capazes de acomodar ogivas nucleares. De qualquer forma, no decorrer da Conferência de Segurança de Munique de Fevereiro de 2020, Mike Pompeo alega que, com o abandono do INF, os americanos restituíam a «credibilidade» do regime de controlo de armamentos.[789] Independentemente das razões e das consequências resultantes do fim do INF, importa realçar que a decisão não suscitou a oposição generalizada das chancelarias europeias.

Mais inquietante era a possibilidade de Trump vir a abandonar as sanções em vigor contra a Rússia. Se essa possibilidade não era passível de ser descartada, não deixava, ainda assim, de ser remota, pois o Congresso, em meados de 2017, aprovara um pacote de sanções adicionais, consentâneas com as «ordens executivas» assinadas por Barack Obama pouco antes de abandonar a presidência. Uma vez que o poder de rever as sanções residia no Congresso, a margem de manobra do presidente era demasiado circunscrita.[790] Por considerar tratar-se de uma intromissão nas suas competências na condução da política externa, Trump insurge-se contra a legislação, mas, ciente de que um veto seu seria anulado pelo Congresso, assina-a. Neste quadro, com a Alemanha na vanguarda, vários estados europeus opõem-se às restrições impostas pelo novo regime de sanções às exportações de energia russa com destino à Europa.[791]

---

788 Ver «US announces withdrawal from INF missile treaty», *DW*, 1 de Fevereiro de 2019, consultado em: https://www.dw.com/en/us-announces-withdrawal-from-inf-missile-treaty/a-47323488, e North Atlantic Treaty Organization, «Statement by the North Atlantic Council on the Intermediate-Range Nuclear Forces Treaty», 2 de Agosto de 2019, consultado em: https://www.nato.int/cps/en/natohq/official_texts_168164.htm?fbclid=IwAR0Lf3URLD1rmfoOSAU9gpsScyfpx-6IPbw7eCeanOryWBkv_tcNfJYacgs.

789 Ver U.S. Department of State, «The West Is Winning, Speech by Secretary of State Michael R. Pompeo, Munich, Germany», 15 de Fevereiro de 2020, consultado em: https://2017-2021.state.gov/the-west-is-winning/index.html.

790 Ver Michael Crowley, «Trump signs Russia sanctions bill he opposed», *Politico*, 29 de Julho de 2017, consultado em: https://www.politico.eu/article/trump-signs-russia-sanctions-bill-he-opposed/.

791 Em Dezembro de 2019, o Congresso aprovou — e o presidente Trump promulgou — o *Protecting Europe's Energy Security Act* (PEESA) como parte do FY2020 *National*

Face às críticas de Trump ao Nord Stream 2, Berlim contrapõe, uma vez mais, que o gasoduto avolumava a segurança energética da UE porque proporcionaria uma rota marítima directa de abastecimento.[792] Contrariando as teses alemãs, a Polónia e os estados bálticos constatavam que a nova infra-estrutura aumentaria consideravelmente a *leverage* da Rússia e, por extensão, ampliava a vulnerabilidade da Ucrânia. Curiosamente, enquanto Trump era censurado por afiançar que as sanções decretadas em retaliação pela anexação da Crimeia eram de eficácia duvidosa, Emmanuel Macron, dando azo aos seus recorrentes impulsos apaziguadores, descreve-as como «ineficientes» e propõe um «diálogo estratégico» com Moscovo versando este e outros assuntos.[793] Como era de esperar, a Polónia e os estados bálticos contrapõem com uma estratégia robusta de contenção de Putin susceptível de complementar as sanções económicas, com o reforço da presença militar da NATO na Europa Central e Oriental. A invasão da Ucrânia, em Fevereiro de 2022, torna claro de que lado residia a razão.

Na realidade, a discussão sobre as sanções e a forma geral de lidar com a Rússia fazia parte de um debate mais vasto sobre o papel reservado à UE na arquitectura de segurança europeia. Terminada a Guerra Fria, Bruxelas procurou desenvolver uma Política Comum de Segurança e Defesa (PCSD) que lhe permitisse maior flexibilidade de resposta às crises.[794]

Defense Authorization Act, ou seja, do orçamento do Departamento da Defesa. O PEESA visava travar a construção do Nord Stream 2 através de sanções sobre as entidades e pessoas envolvidas na construção do gasoduto. As autoridades europeias rejeitaram «por princípio» sanções que abrangessem companhias europeias a fazer negócios em conformidade com as leis europeias. Alguns opositores do Nord Stream 2, como o governo polaco, apoiaram o PEESA.

[792] Ver Andrew Rettman, «Merkel defends Russia ties, ridicules Trump on cars», *EUobserver*, 18 de Fevereiro de 2019, consultado em: https://euobserver.com/world/144190.

[793] Ver Judah Grunstein, «For Macron, being right on European strategic autonomy isn't enough», *World Politics Review*, 30 de Setembro de 2020, consultado em: https://www.worldpoliticsreview.com/articles/29095/for-macron-being-right-on-european-strategic-autonomy-isn-t-enough, e William Drozdiak, *The Last President of Europe*, *op. cit.*, pp. 157–176.

[794] Ver, *inter alia*, Anand Menon, «From crisis to catharsis: ESDP after Iraq», *International Affairs*, Vol. 80, No. 4, 2004, pp. 631-648; Mette E. Sangiovanni, «Why a Common Security and Defence Policy is Bad for Europe», *Survival*, Vol. 45, No. 3, 2003, pp. 193–206; Ronald Asmus, «Rethinking the EU: Why Washington needs to

À semelhança dos seus antecessores, Trump aceita o princípio da autonomia europeia e o reforço das capacidades militares dos aliados. Mas, tal como outros presidentes, advertia que a defesa europeia jamais poderia colidir com os compromissos europeus no âmbito da NATO, nem se poderiam duplicar capacidades. Não obstante esta continuidade, numa Europa deveras transformada pelo *trumpismo* e pelo *Brexit*, a dinâmica política favorável ao aprofundamento da integração na esfera da segurança e da defesa torna-se virtualmente imparável. Por isso, em 2017, 25 estados-membros da UE criaram a Cooperação Estruturada Permanente (PESCO), com o objectivo de garantir uma utilização eficiente dos fundos alocados à defesa e, em abstracto, permitindo que os membros europeus da NATO pudessem assumir responsabilidades acrescidas quanto à sua segurança.[795] A Casa Branca abstém-se de criticar a iniciativa, mas, pela voz de Kay Bailey Hutchison, embaixadora dos Estados Unidos junto da NATO, manifesta-se contra a criação de um «veículo proteccionista para a UE», pois a PESCO — e o recém-criado Fundo Europeu de Defesa (EDF) — era susceptível de ser transformada num instrumento para afastar empresas americanas do mercado de defesa europeu.[796]

Estas transformações ocorrem numa conjuntura em que vários membros da NATO expressavam desconforto quanto à sua dependência militar dos Estados Unidos. A França era o país que, ao longo das décadas, mais consistentemente se batera por criar distância em relação aos americanos,

support European integration», *Survival*, Vol. 47, No. 3, 2005, pp. 93–102; Seth G. Jones, *The Rise of European Security Cooperation*, Cambridge, Cambridge University Press, 2007; Fabien Terpan, *La Politique Étrangère, de Sécurité et de Défense de l'Union Européenne*, Paris, La Documentation française, 2010, e André Dumoulin e Nicolas Gros-Verheyde, *La Politique Européenne de Sécurité et de Défense Commune*, Bruxelas, Les Éditions du Villard, 2017.

[795] Ver, por exemplo, Sven Biscop, «European Defence: Give PESCO a Chance», *Survival*, Vol. 60, No. 3, 2018, pp. 161–180, e Simon Sweeney e Neil Winn, «EU Security and Defence Cooperation in Times of Dissent: Analysing PESCO, the European Defence Fund and the European Intervention Initiative (EI2) in the Shadow of Brexit», *Defence Studies*, Vol. 20, No. 3, 2020, pp. 224–249.

[796] Ver Aaron Mehta, «US warns against "protectionism" with new EU defense agreement», *Defense News*, 14 de Fevereiro de 2018, consultado em: https://www.defensenews.com/smr/munich-security-forum/2018/02/14/us-warns-against-protectionism-with-new-eu-defense-agreement/, e US NATO Mission, «Ambassador Hutchinson at the Brussels Forum», Bruxelas, 9 de Março de 2018, consultado em: https://nato.usmission.gov/mar-9-2018- ambassador-hutchison-brussels-forum/.

uma posição ditada por cálculos geopolíticos nacionais inicialmente articulados por Charles de Gaulle. Em Novembro de 2019, em entrevista à revista *The Economist*, Emmanuel Macron afirma que a retirada das forças americanas da Síria o levaram a concluir que «não há coordenação de qualquer tomada de decisão estratégica entre os Estados Unidos e os seus aliados da NATO».[797] Macron poderia não estar desprovido de razão quanto à ausência de coordenação entre os aliados, mas, na realidade, a NATO *cum* aliança não se encontrava presente no teatro sírio. Em jeito de juízo global quanto à relevância futura da organização, declara — criticamente — que «actualmente estamos a assistir à morte cerebral da NATO».[798] A avaliação era particularmente infeliz porque ocorria numa altura em que Paris reclamava a liderança da «autonomia estratégica» europeia, um propósito entendido por vários estados como um passo adicional no sentido de dissociar os Estados Unidos da NATO e da segurança europeia.[799] Se a NATO entrara em estado de «morte cerebral», o caminho apontado por Macron conduziria inevitavelmente ao seu enterro definitivo.

---

[797] Cf. «Emmanuel Macron warns Europe: NATO is becoming brain-dead», *The Economist*, 7 de Novembro de 2019, consultado em: https://www.economist.com/europe/2019/11/07/emmanuel-macron-warns-europe-nato-is-becoming-brain-dead.

[798] *Ibid.*

[799] Debruçando-se sobre este assunto, o presidente Macron afirmou: «Na área da defesa, o nosso objectivo deve ser garantir as capacidades operacionais autónomas da Europa, em complementaridade com a NATO. As bases para essa autonomia foram lançadas, com avanços históricos, nos últimos meses. Em Junho, lançámos as bases da Defence Europe: Cooperação Estruturada Permanente, que nos permite assumir compromissos aprimorados, progredir juntos e nos coordenarmos melhor; e também um Fundo Europeu de Defesa para financiar as nossas capacidades e pesquisas. Estamos no processo de dar conteúdo a esse quadro essencial, por meio de discussões entre os vários estados-membros que desejam avançar nessa área. Mas precisamos de ir mais além. O que mais falta à Europa, à Europa da Defesa, é uma cultura estratégica comum. A nossa incapacidade de trabalhar em conjunto de forma convincente mina a nossa credibilidade enquanto europeus. Não temos as mesmas culturas, sejam parlamentares, históricas ou políticas, ou as mesmas sensibilidades. E isso não pode ser mudado de um dia para outro. Mas proponho tentar, desde já, construir essa cultura comum, propondo uma iniciativa de intervenção europeia destinada a desenvolver uma cultura estratégica partilhada». Ver «Sorbonne speech of Emmanuel Macron», 26 de Setembro de 2017, consultado em: http://international.blogs.ouest-france.fr/archive/2017/09/29/macron-sorbonne-verbatim-europe-18583.html.

Emmanuel Macron e Josep Borrell, o Alto Representante da União para os Negócios Estrangeiros e a Política de Segurança, emergem como os dois principais defensores da «autonomia estratégica».[800] Em conformidade com as preferências tradicionais da política externa francesa, Macron, com o intuito de transformar a UE num relevante actor geopolítico global, apela ao desenvolvimento da «soberania militar e tecnológica europeia». Esta «autonomia estratégica» visava, a breve trecho, dotar a União Europeia com capacidades suficientes para realizar operações militares sem necessitar de recorrer à assistência dos Estados Unidos.[801] Eis um objectivo inequivocamente assumido em Junho de 2019 pelo Conselho Europeu na *Nova Agenda Estratégica para a UE, 2019–2024*, onde se lê: «Num mundo cada vez mais incerto, complexo e em mutação, a UE tem de seguir uma linha de acção estratégica e aumentar a sua capacidade de agir autonomamente para salvaguardar os seus interesses, defender os seus valores e o seu modo de vida e ajudar a dar forma ao futuro mundial.»[802] A ambição seria confirmada em Dezembro de 2019, quando, na sua tomada de posse como presidente da Comissão Europeia, Ursula von der Leyen esclarece que tencionava liderar uma «Comissão geopolítica».[803]

---

[800] *Ibid.* Também, European Commission, «Jean-Claude Junker's "State of the Union" speech on 12 September 2018», consultado em: https://ec.europa. eu/commission/news/state-union-2018-hour-european- sovereignty-2018-sep-12_en, e «55e anniversaire de la signature du Traité sur la coopération franco-allemande (22 janvier 2018)», Ministère de L'Europe et des Affaires Étrangères, 22 de Janeiro de 2018, consultado em: https://www.diplomatie.gouv.fr/IMG/pdf/declarationemam_cle0355d5.pdf.

[801] Ver Daniel Fiott, «Strategic autonomy: towards "European sovereignty" in defence?», European Union Institute for Security Studies (EUISS), *Brief Issue 12*, Novembro de 2018, pp. 1–8, consultado em: https://www.jstor.org/stable/pdf/resrep21120.pdf, e Thomas Verellen, «European Sovereignty Now? A Reflection on What it Means to Speak of "European Sovereignty"», *European Papers*, Vol. 5, No. 1, 2020, pp. 307–318.

[802] Ver Conselho Europeu, «Uma Nova Agenda Estratégica para a UE, 2019–2024», Junho de 2019, p. 6, consultado em: https://www.consilium.europa.eu/media/39965/a-new-strategic-agenda-2019-2024-pt.pdf.

[803] Ver Mujtaba Rahman, «Europe's Next Crisis: The Geopolitical Commission», *Politico Europe*, 3 de Fevereiro de 2020, consultado em: https://www.politico.eu/article/europe-next-crisis-the-geopolitical-commission/; Matthew Karnitschnig, «Europe's Geopolitical Year Ended Before it Began», *Politico Europe*, 13 de Fevereiro de 2020, consultado em: https://www.politico.eu/article/europe-geopolitical-year-ended-before-it-began-strategy-china-us-russia/, e Lili Bayer, «Meet von der Leyen's Geopolitical

A transformação da União Europeia num actor geopolítico relevante assentava em duas premissas em larga medida desprovidas de fundamento. Relativamente à primeira, uma «Comissão geopolítica» implicava a capacidade de definir uma acção comum, o que, por sua vez, pressupunha a existência de um «interesse europeu» que se sobrepusesse aos «interesses nacionais». Divergindo publicamente sobre assuntos como a imigração, a Líbia, a Síria, a Rússia e a China, os estados europeus não partilhavam de um entendimento comum quanto à natureza e à hierarquização das ameaças externas, como, aliás, se torna cristalino nos anos subsequentes. Apesar de serem constantemente invocados, os interesses europeus teimavam em ceder o lugar aos interesses nacionais em tempos de crise. Já quanto à segunda premissa, não era de todo evidente que os cidadãos europeus estivessem dispostos a fazer os colossais investimentos militares fora do âmbito da NATO exigidos para dotar a UE com as capacidades autónomas exigidas por uma «Comissão geopolítica». Dito de forma diferente, não era incontroverso que o problema do *free-riding* não se colocasse entre europeus chamados a custear a sua própria defesa.

Os governos da Europa Central e Oriental temiam que a autonomia estratégica europeia pudesse minar os compromissos americanos de segurança assumidos no âmbito da NATO. Porém, a posição decisiva era, obviamente, a de Angela Merkel, que, como era seu timbre, trilha um caminho cauteloso tendente a conciliar os apelos franceses com a preservação da NATO como pilar central da segurança europeia.[804] Menos subtil do que a sua chanceler, a ministra da Defesa Annegret Kramp-Karrenbauer admite abertamente que, «num mundo marcado pelo aumento da competição entre grandes potências, o Ocidente só poderá manter-se firme e obter sucesso na defesa dos seus interesses enquanto estiver unido. A Europa continua dependente da protecção militar dos EUA, tanto nuclear quanto convencional, mas sozinhos os EUA não serão capazes de carregar a bandeira dos valores ocidentais».[805] Sabiamente, proclamando

Commission», *Politico*, 4 de Dezembro de 2019, consultado em: https://www.politico.eu/article/meet-ursula-von-der-leyen-geopolitical-commission/.

[804] Ver Tobias Bunde, «Defending European integration by (symbolically) integrating European defence? Germany and its ambivalent role in European security and defence policy», *Journal of European Integration*, Vol. 43, No. 2, 2021, pp. 243–259.

[805] Ver Annegret Kramp-Karrenbauer, «Europe still needs America», *Politico*, 2 de Novembro de 2020, consultado em: https://www.politico.eu/article/europe-still-needs-america/.

não abandonar o realismo, a ministra concluía que «as ilusões de autonomia estratégica europeia devem acabar: os europeus não serão capazes de substituir o papel crucial da América como provedor de segurança».[806]

O narcisismo da diferença

Com a acumulação das tensões transatlânticas, a Casa Branca assinala a sua apreensão quanto ao rumo do relacionamento sino-europeu. Não se tratava propriamente de uma preocupação súbita, pois a *Estratégia de Segurança Nacional* de 2017 alertava para o facto de que «a China está a conquistar uma posição estratégica na Europa ao expandir as suas práticas comerciais desleais e ao investir em indústrias-chave, tecnologias sensíveis e infra-estrutura».[807] Substanciais investimentos chineses em empresas tecnológicas e infra-estruturas portuárias, a apropriação indevida da propriedade intelectual e a recolha ilícita de dados estavam na mira dos americanos, que apontavam para o incremento da influência de Pequim em todo o continente. Porque os estados mais directamente atingidos pela crise soberana eram especialmente vulneráveis à investida chinesa, Washington temia que alguns desses governos pudessem ser coagidos a alinhar com a política externa de Pequim.[808] Uma vez que a política externa da União Europeia assentava no consenso e, em alguns casos, na unanimidade, países susceptíveis à penetração económica chinesa poderiam ser pressionados a bloquear tomadas de posição nas instâncias europeias críticas do comportamento chinês, particularmente no âmbito do comércio e dos direitos humanos.[809]

Francamente alarmante era a eventualidade de a Huawei vir a celebrar contratos para a construção de redes 5G no continente, algo que os

---

[806] *Ibid.*

[807] Ver The White House, *National Security Strategy of the United States of America*, *op. cit.*, p. 47.

[808] Para uma análise destas questões, ver Jonathan Holslag, *The Silk Road Trap: How China's Trade Ambitions Challenge Europe*, Cambridge, Polity Press, 2019.

[809] Ver Max Roger Taylor, «Inside the EU-China Human Rights Dialogue: assessing the practical delivery of the EU's normative power in a hostile environment», *Journal of European Integration*, 2020, pp. 1–16.

americanos consideravam incompatível com a sua segurança nacional.[810] A Casa Branca faz saber que interromperia a partilha de informações (*intelligence*) caso as companhias tecnológicas chinesas adquirissem posições estratégicas nas redes europeias. Perante a assertividade americana, em Janeiro de 2020, os estados-membros, a Comissão Europeia e a Agência da União Europeia para a Cibersegurança (ENISA) anunciam a criação de uma «caixa de ferramentas» de segurança 5G estipulando as novas directrizes gerais para a modernização das redes nacionais.[811] Genericamente, recomenda-se a diversificação das cadeias de fornecimento de modo a desencorajar dependências e a evitar a contratualização com operadoras móveis e fornecedores de alto risco. Embora não reclamasse a proibição plena dos equipamentos Huawei, a «caixa de ferramentas» aproxima-se desse resultado prático ao sinalizar a vontade de limitar a penetração do mercado europeu pelas companhias chinesas. Seis meses depois, Londres sucumbe às pressões americanas e exclui a Huawei das «partes sensíveis» da sua «rede *core*», fazendo saber que a totalidade dos equipamentos fornecidos pela empresa seriam removidos da rede britânica até 2027.[812]

A preocupação da Casa Branca com as empresas de telecomunicações chinesas insere-se num receio mais geral quanto à *Belt and Road Initiative*

---

[810] Ver Carisa Nietsche e Martijn Rasser, «Washington's Anti-Huawei Tactics Need a Reboot in Europe», *Foreign Policy*, 30 de Abril de 2020, consultado em: https://foreignpolicy.com/2020/04/30/huawei-5g-europe-united-states-china/, e Ellen Nakashima, «U.S. pushes hard for a ban on Huawei in Europe, but the firm's 5G prices are nearly irresistible», *The Washington Post*, 29 de Maio de 2019, consultado em: https://www.washingtonpost.com/world/national-security/for-huawei-the-5g-play-is-in-europe--and-the-us-is-pushing-hard-for-a-ban-there/2019/05/28/582a8ff6-78d4-11e9-b7ae-390de4259661_story.html.

[811] Ver European Commission, «Cybersecurity of 5G networks — EU Toolbox of risk mitigating measures», 23 de Janeiro de 2020, consultado em: https://digital-strategy.ec.europa.eu/en/library/cybersecurity-5g-networks-eu-toolbox-risk-mitigating-measures.

[812] Para a declaração oficial, ver Department for Digital, Culture, Media and Sport, «Huawei to be removed from UK 5G networks by 2027», Press Release, 14 de Julho de 2020, consultado em: https://www.gov.uk/government/news/huawei-to-be-removed-from-uk-5g-networks-by-2027?utm_source=d4c962f4-e125-4300-a80f-101ecea801d9&utm_medium=email&utm_campaign=govuk-notifications&utm_content=immediate, e Laurens Cerulus e Emilio Casalicchio, «Boris Johnson follows Washington's lead on Huawei», *Politico*, 14 de Julho de, 2020, consultado em: https://www.politico.eu/article/uk-to-cut-huawei-from-5g-rollout/.

(BRI), um veículo para expandir a influência geopolítica chinesa na Ásia, na África, na América Latina e na Europa através de financiamentos e de infra-estruturas.[813] Quando Trump abandona a presidência em 2020, a Grécia, a Itália, o Luxemburgo, Portugal e vários estados da Europa Central e Oriental participavam em projectos enquadrados pela BRI. Apesar de não se encontrar formalmente inserida na iniciativa chinesa, a Alemanha também suscitava preocupações. Isto porque se o ministro dos Negócios Estrangeiros Heiko Maas caracteriza a adesão italiana à BRI como uma quebra da solidariedade europeia, não é menos verdade que o porto alemão de Duisburg, o maior porto interior mundial e um dos mais importantes centros de transporte e logística da Europa, passava a ser a porta de entrada da China na Europa Central.[814] A preocupação é tal

---

[813] O conceito do *Silk Road Economic Belt* foi apresentado em Setembro de 2013, num discurso proferido por Xi Jinping na Universidade de Nazarbayev, no Cazaquistão. Em Outubro de 2013, num discurso perante o Parlamento indonésio, Xi propôs uma *21st Century Maritime Silk Road*, de modo a promover a cooperação marítima. Também propôs a criação do *Asian Infrastructure Investment Bank* (AIIB) para financiar a construção de infra-estruturas, promover a interconectividade regional e a integração económica. Ver Foreign Ministry of the People's Republic of China, «President Xi Jinping Delivers Important Speech and Proposes to Build a Silk Road Economic Belt with Central Asian Countries», 7 de Setembro de 2013, consultado em: https://www.fmprc.gov.cn/mfa_eng/topics_665678/xjpfwzysiesgjtfhshzzfh_665686/t1076334.shtm. Para a proposta feita na Indonésia, ver «Speech by Chinese President Xi Jinping to Indonesian Parliament», Jacarta, Indonésia, 2 de Outubro de 2013, consultado em: https://reconasia-production.s3.amazonaws.com/media/filer_public/88/fe/88fe8107-15d7-4b4c-8a59-0feb13c213e1/speech_by_chinese_president_xi_jinping_to_indonesian_parliament.pdf. Um terceiro discurso, proferido em 2017, na abertura oficial do *Belt and Road Forum* também é relevante. Ver President of the People's Republic of China, «Work Together to Build the Silk Road Economic Belt and The 21st Century Maritime Silk Road», Speech by H.E. Xi Jinping at the Opening Ceremony of the Belt and Road Forum for International Cooperation, 14 de Maio de 2017, consultado em: http://www.xinhuanet.com//english/2017-05/14/c_136282982.htm. Para uma discussão sobre a *Belt and Road Initiative*, ver, *inter alia*, Peter Frankopan, *The New Silk Roads: The Present and Future of the World*, Londres, Bloomsbury Publishing, 2018; Bruno Maçães, *Belt and Road: A Chinese World Order*, Londres, Hurst & Company, 2018; Tom Miller, *China's Asian Dream: Empire Building along the New Silk Road*, Londres, Zed Books, 2019; Jonathan Holslag, *The Silk Road Trap: How China's Trade Ambitions Challenge Europe*, Cambridge, Polity Press, 2019; e Daniel Drache, A.T. Kingsmith e Duan Qi, *One Road, Many Dreams: China's Bold Plan to Remake the Global Economy*, Londres, Bloomsbury Publishing, 2019.

[814] Ver, por exemplo, Guy Chazan, «World's biggest inland port puts German rustbelt on China's map», *Financial Times*, 8 de Abril de 2019, consultado em: https://www.ft.com/content/58909b2e-56c0-11e9-91f9-b6515a54c5b1.

que, em Março de 2019, a Comissão Europeia e o Alto Representante da União para os Negócios Estrangeiros e a Política de Segurança divulgam um documento conjunto que caracterizava a China como um «concorrente económico em busca de liderança tecnológica e um rival sistémico que promove modelos alternativos de governança», uma mudança que consubstancia uma aproximação de Bruxelas às posições de Washington.[815] No mês seguinte, a UE adopta um novo e consideravelmente mais restritivo quadro de avaliação dos investimentos estrangeiros, dando, assim, mais um passo no sentido da convergência com as posições de Donald Trump.

Se as posições quanto à China convergem paulatinamente, outras matérias de geopolítica geravam desentendimentos transatlânticos. No final de 2018, Trump anuncia a retirada da totalidade dos 2000 soldados americanos destacados para a luta contra o Estado Islâmico na Síria, mas, no início de 2019, decide remover apenas metade.[816] Para compensar a redução, solicita o envio de efectivos europeus para o Médio Oriente de modo a evitar o ressurgimento do Estado Islâmico e a proteger os curdos que, desde 2014, recebiam treino das tropas aliadas. Atendendo a esta complexa sequência de acontecimentos, em Outubro de 2019 os aliados europeus não poderiam deixar de ficar estupefactos com a decisão do presidente americano — tomada após uma conversa telefónica com Erdoğan — de unilateralmente retirar as forças americanas do Norte da Síria, dando, assim, a Ancara, oficiosamente, luz verde para atacar as Forças Democráticas da Síria.[817]

A decisão de Trump aprofunda a desconfiança europeia quanto à confiabilidade e à credibilidade dos Estados Unidos. Poucos meses depois, e embora contribuindo para a missão de treino e aconselhamento da NATO no Iraque e para o combate contra o Estado Islâmico, os aliados europeus não recebem aviso prévio do atentado de 2 de Janeiro de 2020 que vitima o general Qasem Soleimani, comandante da Força al-Quds da Guarda

---

815 Ver European Commission and the High Representative for Foreign Affairs and Security Policy, «Joint Communication to the European Parliament, the European Council and the Council, EU-China — A strategic outlook», 12 de Março de 2019, consultado em: https://ec.europa.eu/info/sites/info/files/communication-eu-china-a-strategic-outlook.pdf.

816 Ver Patrick Cockburn, *War in the Age of Trump: The Defeat of ISIS, the Fall of the Kurds, the Conflict with Iran*, Londres, Verso, 2020.

817 *Ibid.*

Revolucionária iraniana.[818] Quatro dias depois do ataque, não obstante o vexame, Angela Merkel, Emmanuel Macron e Boris Johnson emitem uma declaração conjunta condenando o «papel negativo» do Irão na região, bem como os ataques às forças americanas no Iraque por milícias alinhadas com Teerão, a acção que, oficialmente, desencadeia o assassinato de Soleimani.[819] A declaração conjunta expressa preocupação com a segurança no Iraque e sublinha a urgência do combate contra o Estado Islâmico, prioridades igualmente enfatizadas na missiva do secretário-geral Jens Stoltenberg ao Irão, exortando-o a «reverter todas as medidas inconsistentes com o JCPOA [Joint Comprehensive Plan of Action]».[820]

A questão iraniana era, aliás, fonte de discórdia euro-americana desde a chegada de Trump à Sala Oval. Na perspectiva europeia, a decisão do presidente de unilateralmente abandonar o JCPOA era susceptível de mergulhar a região numa nova era de turbulência. Escassos dias antes de Trump formalizar a retirada do acordo nuclear, Angela Merkel, Emmanuel Macron e Theresa May fizeram saber que o JCPOA «continua a ser a estrutura jurídica internacional vinculativa para a resolução da litígios sobre o programa nuclear iraniano» e, como corolário, os Estados Unidos eram instados a «garantir que as estruturas do JCPOA possam permanecer intactas e a evitar acções que impeçam a sua implementação total por todas as partes subscritoras do acordo».[821] Realçando que a República Islâmica deveria continuar a honrar o acordo para que as sanções pudessem ser aliviadas, o trio europeu expressa a sua disponibilidade

---

[818] Ver Loveday Morris e Michael Birnbaum, «U.S. killing of Iran's top commander unnerves allies, dims hopes Iran nuclear deal can be saved», *The Washington Post*, 3 de Janeiro de 2020, consultado em: https://www.washingtonpost.com/world/us-killing-of-irans-top-commander-rattles-european-allies/2020/01/03/0012822e-2e19-11ea-bffe-020c88b3f120_story.html; e Jim Sciutto. *The Madman Theory: Trump Takes on the World*, Nova Iorque, HarperCollins, 2020, pp. 232–240.

[819] Ver Jason Collie, «Iran crisis: Boris Johnson, Angela Merkel and Emmanuel Macron appeal for all sides to show restraint after killing of General Qassem Soleimani», *Evening Standard*, 6 de Janeiro de 2020, consultado em: https://www.standard.co.uk/news/world/iran-us-qassem-soleimani-merkel-macron-johnson-a4326956.html.

[820] *Ibid.* Sobre a posição da NATO, ver Patrick Wintour e Jennifer Rankin, «Nato chief holds back from endorsing US killing of Suleimani», *The Guardian*, 6 de Janeiro de 2020, consultado em: https://www.theguardian.com/world/2020/jan/06/nato-chief-holds-back-from-endorsing-us-killing-of-suleimani.

[821] *Ibid.* Ver também, Ivo H. Daalder e James M. Lindsay, *The Empty Throne*, *op. cit.*, pp. 127–132.

para auxiliar as partes na «busca de um caminho positivo a seguir».[822] Dias depois de Trump validar a retirada, Merkel afirma que a decisão «mina a confiança na ordem internacional», acrescentando que era errado descartar unilateralmente um acordo «unanimemente aprovado pelo Conselho de Segurança da ONU».[823] Mas também poderia ter esclarecido que a reimposição das sanções inviabilizava os consideráveis interesses comerciais europeus no Irão.

A contundente reacção europeia prendia-se com o simbolismo do acordo. Depois de colaborar com a Administração Obama nas negociações de 2015 que estiveram na origem do JCPOA, a diplomacia europeia via o acordo como uma importante conquista da sua política externa. A leitura justificava-se porque, entre 2010 e 2013, a UE impusera um boicote total à aquisição de petróleo iraniano e outras sanções que contribuíram para forçar o Irão a sentar-se à mesa das negociações. Consumada a promessa eleitoral de abandonar o acordo nuclear, Trump justifica a decisão dizendo tratar-se de «um acordo horrível [...] que nunca deveria ter sido feito».[824] Reconhece que os *ayatollahs* dificilmente aceitariam negociar um novo acordo, mas não excluía que, com o passar do tempo, viessem a «querer fazer um acordo novo e duradouro».[825] Em alternativa, lança uma campanha de «pressão máxima» contra Teerão que, entre outros objectivos, visava forçar a saída dos aliados do JCPOA.[826] Bruxelas, em contraste, era da opinião de que questões como o apoio iraniano ao terrorismo seriam mais bem equacionadas fora do âmbito do acordo nuclear. Apesar das divergências com a Administração Trump, em 14 de Janeiro de 2020 o E3 (França, Reino Unido, Alemanha) acusa o Irão de ter entrado em incumprimento com os termos do acordo, accionando,

---

822 *Ibid.*

823 Ver Avery Anapol, «Merkel rips Trump for leaving Iran deal: Move "undermines trust in the international order"», *The Hill*, 11 de Maio de 2018, consultado em: https://thehill.com/policy/international/387297-merkel-rips-trump-pulling-out-of-iran-deal-it-undermines-trust-in-the.

824 Ver Brett Samuels, «European nations say they are staying in Iran deal», *The Hill*, 8 de Maio de 2018, consultado em: https://thehill.com/policy/international/386746-european-leaders-express-concern-over-trumps-decision-on-iran-deal.

825 *Ibid.*

826 Ver Brett Samuels, «European nations say they are staying in Iran deal», *The Hill*, 8 de Maio de 2018, consultado em: https://thehill.com/policy/international/386746-european-leaders-express-concern-over-trumps-decision-on-iran-deal.

assim, o mecanismo de resolução de litígios do JCPOA. Para salvar a face, o trio alega ter agido de «boa-fé» para preservar o acordo através do «diálogo diplomático construtivo» e caracteriza a campanha de «pressão máxima» como «inaceitável».[827] A dureza europeia era indissociável da sugestão de Trump — denunciada como táctica de «extorsão» e «mafiosa» — de impor uma tarifa de 25% sobre os automóveis europeus caso a UE não reactivasse o mecanismo de resolução de litígios.[828]

Outra fonte ainda de mal-estar transatlântico prende-se com a quezília provocada pela retirada americana do Tratado de Paris de 2015. O assunto revela-se particularmente espinhoso porque, à semelhança do papel diplomático desempenhado na negociação do acordo nuclear iraniano, a UE colaborara com Barack Obama na negociação do Tratado. A questão das alterações climáticas era vital na política interna da Alemanha, da França e de outros países cujos partidos «verdes» eram *players* relevantes e cujo peso eleitoral, portanto, não podia ser ignorado pelos líderes respectivos. Depois do capital político despendido com a negociação do Tratado de Paris, os governos europeus dispunham de escassa — ou mesmo nenhuma — margem para o abandonar.

Particularmente incisiva, Angela Merkel qualifica a decisão de Trump como «muito lamentável» e, numa farpa directa ao inquilino da Casa Branca, afirma que «sabemos que as mudanças climáticas não são uma questão de fé. São um facto».[829] Se as alterações climáticas eram um facto, já a forma de responder ao problema era tudo menos consensual.

---

[827] Ver Foreign and Commonwealth Office, «E3 foreign ministers' statement on the JCPOA», 14 de Janeiro de 2020, consultado em: https://www.gov.uk/government/news/e3-foreign-ministers-statement-on-the-jcpoa-14-january-2020, e Claire Mills, «What now for the Iran nuclear deal?», *House of Commons Library Briefing Paper*, Number 8792, 15 de Janeiro de 2020.

[828] Ver John Hudson e Souas Mekhennet, «Days before Europeans warned Iran of nuclear deal violations, Trump secretly threatened to impose 25% tariff on European autos if they didn't», *The Washington Post*, 15 de Janeiro de 2020, consultado em: https://www.washingtonpost.com/world/national-security/days-before-europeans-warned-iran-of-nuclear-deal-violations-trump-secretly-threatened-to-impose-25percent-tariff-on-european-autos-if-they-didnt/2020/01/15/0a3ea8ce-37a9-11ea-a01d-b7cc8ec1a85d_story.html.

[829] Ver «Merkel calls out Trump over Paris accord, renews commitment to fight climates change», *NBC News*, 19 de Junho de 2018, consultado em: https://www.nbcnews.com/news/world/merkel-calls-out-trump-over-paris-accord-renews-commitment-fight-n884631.

Sublinhe-se que o Tratado nunca fora ratificado pelo Senado americano porque não havia nessa câmara uma maioria qualificada para o fazer.[830] Trump, por sua vez, desiste do acordo porque o considerava prejudicial para as empresas e, sobretudo, para os trabalhadores americanos, que constituíam a sua base de apoio. Por último, o acordo, identificado com os valores e as prioridades de Barack Obama, simbolizava a disponibilidade das elites para sacrificarem os interesses nacionais do país no altar do multilateralismo, do cosmopolitismo e da globalização.

Neste quadro, a UE reitera a sua intenção de assumir um papel liderante no âmbito das alterações climáticas e da transição energética. Em finais de 2019, a Comissão Europeia propõe um Acordo Verde (*Green Deal*) e, concomitantemente, determina que não celebraria quaisquer acordos de comércio livre com países que não fossem signatários do Tratado de Paris, traçando dessa forma uma linha vermelha em futuras negociações com os Estados Unidos.[831] Mesmo assim, as negociações comerciais com a Administração Trump não foram interrompidas... até porque persistiam dúvidas quanto à capacidade de vários governos europeus poderem cumprir as metas climáticas mais ambiciosas. Por exemplo, excessivamente dependente do carvão, a Polónia mostrava-se cautelosa em relação à redução dos gases de efeito estufa até 2050, a menos que a UE disponibilizasse avolumada assistência financeira para compensar os elevados custos que a medida acarretaria para a economia nacional. Anos mais tarde, em 2022, a invasão russa da Ucrânia obriga a União Europeia a reequacionar muitas destas questões que tantos danos provocaram no relacionamento euro-americano durante a presidência de Donald Trump.

Em finais de 2019, a um ano do fim do mandato de Trump, a relação transatlântica indiciava alguma estabilidade, fruto porventura da

---

[830] A dificuldade de fazer passar tratados multilaterais no Senado era anterior à presidência de Donald Trump. Ver, por exemplo, David Kaye, «Stealth Multilateralism: U.S. Foreign Policy without Treaties — Or the Senate», *Foreign Affairs*, Vol. 92, No. 113, 2013, pp. 113–124.

[831] Ver European Comission, «The European Green Deal», Bruxelas, 11 de Dezembro de 2019, consultado em: https://eur-lex.europa.eu/legal-content/EN/TXT/?uri=CELEX:52019DC0640. Ver também Karl Mathiesen, «EU says no new trade deals with countries not in Paris Agreement», *Climate Home News*, 2 de Fevereiro de 2018, consultado em: https://www.climatechangenews.com/2018/02/02/eu-difficult-imagine-trade-deals-countries-not-paris-agreement/.

resignação de grande parte das chancelarias europeias.[832] A acalmia revela-se superficial, pois as relações voltam a azedar com a eclosão da pandemia do coronavírus nos primeiros meses de 2020. Na perspectiva de vários líderes europeus, Trump aparentava querer transformar a UE no bode expiatório dos seus erros de gestão da crise. A Alemanha acusa-o de aliciar a CureVac — uma empresa sediada em Tübingen — a transferir as suas operações para os Estados Unidos e a ali desenvolver uma vacina «apenas para os EUA».[833] Porque as coisas podem sempre piorar, quando os Estados Unidos se lançam no mercado internacional em busca de máscaras faciais e equipamentos médicos, a Alemanha e a França consideram tratar-se de um caso nítido de açambarcamento.[834] Curiosamente, a acusação surge depois de Berlim, no início de Março de 2020, altura em que o país registava apenas 240 casos de infecção, ter temporariamente proibido a exportação de máscaras, luvas e outros equipamentos médicos.[835]

---

[832] O ressentimento alemão não era apenas uma consequência das divergências políticas. Era também alimentado por alegadas desconsiderações diplomáticas americanas. Por exemplo, em Julho de 2018, passado um ano e meio desde a eleição de Trump, o Governo americano ainda não tinha indicado um novo embaixador junto da UE. Washington nomeou Gordon Sondland, um antigo angariador de fundos do Partido Republicano, que seria demitido em Fevereiro de 2020, pouco mais de um ano e meio depois de assumir o cargo, aparentemente em retribuição por ter testemunhado perante o Congresso nas primeiras audiências do *impeachment*. Nessa altura, Ronald Gidwitz, um *fundraiser* de Trump, passou a acumular o cargo de embaixador na Bélgica com o de representante interino junto da UE. Ao mesmo tempo, quando Ric Grenell — o embaixador na Alemanha, um *trumpista* que esperava «empoderar outros conservadores em toda a Europa» e critica Berlim pelos gastos com a defesa, o oleoduto Nord Stream 2 e o acordo nuclear com o Irão — volta a Washington para servir como director interino de Inteligência Nacional, Berlim vê o oficial de carreira Robin Quinville nomeado como encarregado de Negócios. Note-se também que a presidente da Comissão Europeia Ursula von der Leyen não visitou Washington desde que assumiu o cargo em 1 de Dezembro de 2019.

[833] Ver «Germany tries to stop US from luring away firm seeking coronavirus vaccine», *Reuters*, 5 de Março de 2020, consultado em: https://www.reuters.com/article/health-coronavirus-germany-usa-idUSL8N2B8075.

[834] Ver Lynsey Jeffery, «German, French officials accuse U.S. of diverting supplies», *NPR*, 4 de Abril de 2020, consultado em: https://www.npr.org/2020/04/04/827321294/german-french-officials-accuse-u-s-of-diverting-supplies.

[835] Ver «Germany bans export of medical protection gear due to coronavirus», *Reuters*, 4 de Março de 2020, consultado em: https://www.reuters.com/article/health-coronavirus-germany-exports-idUSL8N2AX3D9.

A pandemia gera problemas consideravelmente mais sérios quando, em Maio de 2020, os Estados Unidos decretam a proibição à entrada no país de cidadãos do Espaço Schengen. A decisão foi anunciada — formalmente — como uma resposta às preocupações da Organização Mundial da Saúde (OMS) com as taxas de transmissão em Itália, Espanha e outros países de livre circulação.[836] Contudo, quando Washington alarga a proibição ao Reino Unido e à Irlanda, dois países que não constam entre os signatários de Schengen, Ursula von der Leyen denuncia Washington por agir «sem consultar» os seus parceiros. Porque a pandemia era «uma crise global», a presidente da Comissão Europeia sublinhava o imperativo de fomentar a «cooperação e não a acção unilateral».[837] Independentemente da retórica, Bruxelas não se inibe de retaliar com a proibição da entrada de cidadãos americanos na União Europeia. Quando, em finais de 2021, se descobre a «variante sul-africana» do vírus, a UE também não hesita em encerrar as fronteiras a cidadãos de sete países da África Austral.[838]

Choques transatlânticos ainda mais intensos são desencadeados quando a Administração Trump suspende as verbas alocadas à OMS, acusando-a de não ter respondido adequadamente à pandemia devido às pressões do governo chinês.[839] Para todos os efeitos, a Administração Trump mantinha que o secretismo em torno do surto de Wuhan e os atrasos de Pequim em alertar a OMS para o problema apontavam para um *cover-up* com o beneplácito de Tedros Adhanom Ghebreyesus, o director-geral da OMS. Na véspera da Assembleia Mundial da Saúde de Maio de 2020, Trump publicita uma missiva crítica da actuação de Ghebreyesus, onde *grosso modo* o descreve como um lacaio de Pequim.

---

[836] Ver Bob Woodward, *Rage*, Nova Iorque, Simon & Schuster, 2020, pp. 276–278.

[837] Ver Marin Banks, «EU leaders criticize Trump's Coronavirus travel ban», *The Parliament Magazine*, 13 de Março de 2020, consultado em: https://www.theparliamentmagazine.eu/news/article/eu-leaders-criticise-trumps-coronavirus-travel-ban.

[838] Ver «Fecham-se as fronteiras para viajantes do Sul de África com receio da nova variante do coronavírus», *Público*, 26 de Novembro de 2021, consultado em: https://www.publico.pt/2021/11/26/mundo/noticia/fechamse-fronteiras-viajantes-sul-africa-receio-nova-variante-coronavirus-1986482.

[839] Ver «EU "deeply regrets" Trump's cut to WHO funding, says unjustified», *Reuters*, 15 de Abril de 2020, consultado em: https://www.reuters.com/article/us-health-coronavirus-trump-eu/eu-deeply-regrets-trumps-cut-to-who-funding-says-unjustified-idUKKCN21X1E0.

Deixa claro que, na ausência de «melhorias substanciais nos próximos 30 dias», tornaria permanente a suspensão do financiamento e, não menos importante, faz saber que, na inexistência de reformas palpáveis, equacionava abandonar a organização.[840] Atendendo ao facto de os americanos contribuírem com aproximadamente 15% do orçamento global, a ameaça não era susceptível de ser ignorada.

Neste quadro de conflitualidade, a Assembleia Mundial da Saúde aprova um projecto de resolução submetido pela União Europeia — e secundado pela China — a solicitar uma investigação «independente e imparcial» à gestão da pandemia por parte da OMS. Mas, em abono da verdade, a resolução europeia é apresentada em alternativa ao inquérito internacional anteriormente solicitado pela Austrália. Apoiada pelos Estados Unidos, a proposta de Camberra era mais exigente quanto ao apuramento das eventuais responsabilidades das autoridades chinesas durante as primeiras semanas do surto. A fim de contornar o expectável confronto entre Washington e Pequim, a União Europeia coloca-se ao lado da liderança da OMS e repudia, assim, a posição do aliado americano. Concebendo a resolução como uma notável vitória da diplomacia europeia, Josep Borrell afirma que pretendia «elogiar a OMS pelo seu papel de liderança na orientação da resposta a esta crise» e acrescenta que o texto «sublinha a importância de responder a esta crise através da solidariedade e da cooperação multilateral sob a égide das Nações Unidas».[841] Considerando que Ghebreyesus tudo fizera para ofuscar as responsabilidades da China, o elogio à «liderança» do director-geral enfurece os americanos porque, para apaziguar Pequim numa questão crucial, a UE quebrava a solidariedade transatlântica.

Em pleno surto pandémico, a morte de George Floyd incita violentos protestos em numerosas cidades americanas. Sempre disponível para se intrometer na política interna de um país aliado, o ministro dos Negócios Estrangeiros alemão Heiko Maas qualifica os protestos como «legítimos»

---

[840] Ver Patrick Wintour e Julian Borger, «Member states back WHO after renewed Donald Trump attack», *The Guardian*, 19 de Maio de 2020, consultado em: https://www.theguardian.com/world/2020/may/19/member-states-back-who-after-renewed-donald-trump-attack.

[841] *Ibid.*

e diz esperar que permaneçam «pacíficos e produzam mudanças».[842] Como se estivesse a admoestar um qualquer regime ditatorial, pede que fosse garantida a «protecção» dos jornalistas, a moderação e o respeito pelo estado de direito.[843] Voltando a ultrapassar os limites da correcção diplomática, Maas recorre ao Twitter para advertir Trump pela forma como reagira aos protestos e para aconselhar os democratas a «nunca escalarem — nem mesmo por meio das palavras. Ameaçar a violência apenas desencadeia mais violência».[844] É justamente neste ambiente de acrimónia que, em finais de Maio de 2020, Angela Merkel recusa o convite que Trump lhe endereça para participar na cimeira do G7 em Washington.[845] Embora invocasse preocupações de segurança sanitária para não comparecer, suspeitava-se que receava legitimar o *standing* internacional de Trump meses antes das eleições de Novembro de 2020. Ao manifestar a sua indisponibilidade para trabalhar com Trump, a chanceler alemã sinalizava a sua preferência por Joe Biden. E, como era previsível, Trump parte para o ataque. Desde logo expressa o seu desejo de ver a Rússia regressar ao G7, do qual fora expulsa depois da anexação da Crimeia. Descreve o fórum como «desactualizado» e obsoleto, atendendo a que a relevância geopolítica internacional dos países que a integravam fora substancialmente diminuída. Comprovando o crescente isolamento de um presidente em fim de mandato, o Canadá, o Reino Unido e a União Europeia não hesitam em alinhar com Merkel e forçam, assim, o cancelamento da cimeira.[846] A vitória sobre Trump é obtida à custa do esvaziamento de mais uma instituição multilateral.

---

842 Ver David M. Herszenhorn, «Trump's Europe strategy: nothing», *Politico*, 4 de Junho de 2020, consultado em: https://www.politico.eu/article/donald-trump-eu-strategy-nothing-g7-summit-angela-merkel/.

843 *Ibid.*

844 O *tweet* de Heiko Maas pode ser encontrado em: https://twitter.com/HeikoMaas/status/1268070834272382976.

845 *Ibid.* Ver também, Matthew Karnitschnig, David M. Herszenhorn, Jacopo Barigazzi e Andrew Gray, «Merkel rebuffs Trump invitation to G7 summit», *Politico*, 29 de Maio de 2020, consultado em: https://www.politico.eu/article/angela-merkel-rebuffs-donald-trump-invitation-to-g7-summit/.

846 Ver Jacopo Barigazzi, «EU's top diplomat says no to Russia rejoining the G7», *Politico*, 2 de Junho de 2020, consultado em: https://www.politico.eu/article/eus-top-diplomat-josep-borrell-says-no-to-russia-rejoining-g7/.

CONCLUSÃO
O JANO

Encontrei uma cidade de tijolos, deixo uma cidade de mármore.
Octávio Augusto

Na sequência imediata da eleição presidencial de Novembro de 2020, enquanto ainda decorriam recontagens em vários estados, a maioria dos governos europeus não hesitou em congratular Joe Biden pela vitória.[847] Um mês depois, a Comissão Europeia declarou que a Europa continuava a ser o «parceiro indispensável» da América e, num passo inusitado, submeteu ao recém-eleito presidente uma proposta destinada a «reiniciar» a relação transatlântica.[848] Justificando a apresentação do documento da

[847] Ver «Global leaders react to Joe Biden's election win», *Reuters*, 9 de Novembro de 2020, consultado em: https://www.reuters.com/article/usa-election-global-leaders-factbox-idUSKBN27P0MB. Ver também, «António Costa Felicita Joe Biden e espera trabalho conjunto em breve», *Dinheiro Vivo*, 7 de Novembro de 2020, consultado em: https://www.dinheirovivo.pt/economia/antonio-costa-felicita-joe-biden-e-espera-trabalho-conjunto-em-breve-13010730.html.

[848] A introdução ao documento afirma que: «Com a mudança de Administração nos EUA, uma Europa mais assertiva e a necessidade de conceber um mundo pós-coronavírus, temos agora uma oportunidade única para definir uma nova agenda transatlântica de cooperação mundial, assente nos nossos valores e interesses comuns e na nossa influência a nível mundial. A agenda deverá ser a pedra angular de uma nova aliança mundial de parceiros que partilham os mesmos valores. Esta oportunidade surge numa altura em que existe uma comunhão de perspectivas e de prioridades entre a nova administração dos EUA e a União Europeia no que respeita às agendas nacionais e internacionais». Ver European Commission, «Joint Communication to the European Parliament, the European Council and the Council: A new EU-US agenda for global change», 2 de Dezembro de 2020, consultado em: https://ec.europa.eu/info/sites/info/files/joint-communication-eu-us-agenda_en.pdf.

Comissão Europeia, a presidente Ursula von der Leyen disse-se convicta de que «chegara a hora» de as partes se voltarem «a conectar por meio de uma nova agenda para a cooperação global transatlântica».[849] Concomitantemente, o Alto Representante da União para os Negócios Estrangeiros e a Política de Segurança Josep Borrell aconselhou tanto americanos como europeus a «olharem em frente, não para trás», de modo a «rejuvenescer o nosso relacionamento».[850]

A mensagem subliminar de von der Leyen e de Borrell era inconfundível: a «normalidade» regressaria às relações euro-americanas a partir do momento em que Joe Biden assumisse as novas funções. Ficava subentendido que os problemas manifestos ao longo dos quatro anos anteriores eram atribuíveis a Donald Trump, cuja presidência consideravam ser um mero epifenómeno de somenos. Neste quadro de jubilação e renovada expectativa, a União Europeia (UE), após sete anos de negociações com Pequim, anuncia o fecho de um Acordo Global de Investimento com a China.[851] Embora o documento semanas antes apresentado a Biden pela Comissão Europeia tivesse salientado a necessidade de encontrar terreno comum quanto à China, os dirigentes europeus ignoraram o apelo de Antony Blinken no sentido de atrasarem a finalização do acordo de investimento para depois da tomada de posse do novo presidente americano.[852] A decisão gerou considerável estupefacção em Washington, até porque o acordo de investimento só poderá entrar em vigor depois de um moroso processo de ratificação pelos parlamentos nacionais. Não era propriamente um início auspicioso do novo relacionamento transatlântico.

---

[849] *Ibid.*

[850] *Ibid.*

[851] Ver «Após 7 Anos, há acordo entre UE e China sobre investimentos. Quem ganha com isto?», *Diário de Notícias*, 30 de Dezembro de 2020, consultado em: https://www.dn.pt/internacional/ue-e-china-alcancam-acordo-de-principio-sobre-investimentos-13183398.html.

[852] Ver Theresa Fallon, «The EU-China comprehensive agreement on investment is a win for China, and a blow for transatlantic relations», *The Diplomat*, 4 de Janeiro de 2021, consultado em: https://thediplomat.com/2021/01/the-strategic-implications-of-the-china-eu-investment-deal/.

O fim do consenso

Assente num consenso bipartidário alargado, a grande estratégia americana ao longo das cinco décadas de Guerra Fria pautou-se pela previsibilidade. Dir-se-á que não poderia ser de outra forma, pois a ameaça existencial consubstanciada pela União Soviética não era compaginável com radicais mudanças de rumo geoestratégico. A ordem internacional do pós-1945 impediu uma guerra sistémica, produziu crescimento económico, reduziu a pobreza mundial e evitou que potências rivais quebrassem a hegemonia de Washington. Mas, e a bem da verdade, a unidade transatlântica nunca foi sinónima de unanimismo, pois os amplos compromissos que sustentaram essa ordem geraram tensões esporádicas entre americanos e europeus.

A liderança americana da ordem internacional não expirou com o desabamento da União Soviética e do comunismo europeu. Perdura no período do pós-Guerra Fria — isto é, depois de 1991 — porque era imperativo assegurar a estabilidade dos antigos estados comunistas por meio do alargamento da ordem liberal a uma região em busca do seu retardado «regresso à Europa». Ao mesmo tempo, as mudanças tectónicas ocorridas na política mundial — incluindo o processo de «reforma e abertura» lançado por Deng Xiaoping em finais de 1978 — fomentaram um novo consenso bipartidário na política externa dos Estados Unidos. Compartilhada pelas elites americanas e europeias, a «Doutrina Clinton» previa o alargamento da ordem liberal por meio da expansão da globalização, dos mercados e da democracia. Em conformidade com esta mundivisão, consideráveis recursos políticos e financeiros foram alocados à incipiente transição russa para a democracia protagonizada por Boris Ieltsin e à assimilação da China como *stakeholder* na economia internacional. Ao integrarem os seus antigos rivais na ordem liberal assente em regras, americanos e europeus esperavam erguer um sistema internacional estável, próspero e pacífico.

Bruscamente, os atentados perpetrados pela al-Qaeda em 11 de Setembro de 2001 interrompem o triunfalismo que marcou os primeiros anos do pós-Guerra Fria. No seguimento dos ataques a Washington e a Nova Iorque, George W. Bush lançou-se numa guerra global contra o terrorismo e interveio militarmente no Iraque, arrastando os Estados Unidos para o pântano do *nation-building* no Grande Médio Oriente. Imersa nos atoleiros iraquiano e afegão, a Administração Bush viu a sua credibilidade minada no preciso momento em que as potências rivais do país se tornam crescentemente assertivas. A tempestade perfeita surge sob a forma da crise financeira de 2008, acontecimento que, nas palavras de Martin Wolf, simboliza o «fim humilhante do momento unipolar».[853] Embora a conclusão de Wolf fosse prematura, não restavam dúvidas de que a crise assinalava um ponto de viragem na política internacional, até porque a China e a Rússia entendiam-na como um sinal inequívoco do declínio irreversível do poderio americano.

A crise convence muitos eleitores — fatigados com os sacrifícios de sangue e de tesouro inerentes à liderança mundial — de que a globalização era a principal causa da desindustrialização, da estagnação salarial, das disparidades sociais e do colossal endividamento das famílias. Desencadeia-se uma reacção populista encabeçada pelo Tea Party e pelo Occupy Wall Street, movimentos de *grass roots* que, respectivamente, radicalizam os partidos Republicano e Democrata. Ampliada pelas redes sociais numa altura em que a erosão da influência dos *media* tradicionais se agudiza, a polarização político-ideológica subverte os fundamentos do consenso bipartidário em política externa. Neste quadro, a promessa de Donald Trump de inverter o declínio nacional — o real significado do *slogan Make America Great Again* — encontra tremenda ressonância junto de importantes faixas do eleitorado. A insatisfação alimenta o apoio concedido ao candidato do *Grand Old Party* (GOP), que defende a reavaliação dos pressupostos e dos princípios basilares da política externa: as alianças institucionalizadas, a promoção da democracia, a política de *nation-building*, o comércio livre e a globalização. Com efeito, as ideias de Trump não eram insólitas, pois candidatos presidenciais de ambos os partidos há muito expressavam opiniões semelhantes. Aliás, Trump repesca os principais temas da política externa «alternativa» delineada por Patrick Buchanan nos anos 1990.

Num mundo de potências revisionistas em ascensão, Trump acreditava que as obrigações internacionais dos Estados Unidos encaminhavam

---

[853] Ver Martin Wolf, «Seeds of its own destruction», *Financial Times*, 8 de Março de 2009, consultado em: https://www.ft.com/content/c6c5bd36-0c0c-11de-b87d-0000779fd2ac.

o país para o precipício. Para inverter o declínio nacional, impunha-se a renegociação ou o abandono das regras do comércio livre e a revisão da relação bilateral com a China, pois as suas práticas comerciais «injustas» originaram muitos dos males que assolavam a sociedade americana. Assumindo-se como o porta-voz dos anseios e das reivindicações do *heartland* americano, Trump garantia que os interesses das classes trabalhadoras — os «deploráveis» de Hillary Clinton — seriam colocados no centro das suas prioridades internacionais. Denuncia, também, a iniquidade resultante do *free-riding* das democracias europeias que beneficiavam do acesso fácil ao mercado interno americano e que se socorriam da protecção proporcionada pelo «guarda-chuva» militar de Washington. As reivindicações de Trump não eram universalmente aceites no interior do Partido Republicano, pois o *establishment* partidário insistia em manter os tradicionais compromissos quanto ao Médio Oriente, ao Afeganistão, à imigração aberta, à Aliança Atlântica e à integração europeia.

A vitória eleitoral de 2016 legitima o novo rumo apontado por Donald Trump. Quando conquista a Casa Branca, há mais de uma década que a ordem liberal se encontrava em acelerada mutação em virtude dos desafios colocados pela Rússia e pela China, que visavam alterar as regras basilares da ordem mundial de modo a quebrar a supremacia euro-americana. Todavia, a tese *trumpiana* de que o poderio americano se encontrava em declínio não reunia pleno consenso, até porque, no pós-Guerra Fria, o volume da economia americana como percentagem do produto mundial permaneceu relativamente constante, enquanto o da China se expandiu de 2% para 14% e o da União Europeia e do Japão diminuiu.[854] Por outras palavras, a ascensão económica da China fazia-se à custa do declínio comparativo da Europa e do Japão... e não dos Estados Unidos. Quanto aos gastos militares, em 2021, os Estados Unidos representavam 38% do total mundial, enquanto a China se ficava pelo segundo lugar do

---

[854] Ver Hal Brands, *American Grand Strategy in the Age of Trump*, Washington, Brookings Institution Press, 2018, pp. 11–12. Para os índices de Paridade de Poder de Compra relativos a 2017, ver The World Bank, «Purchasing power parities and the size of world economies: results from the 2017 International Comparison Program», 2020, consultado em: https://openknowledge.worldbank.org/bitstream/handle/10986/33623/9781464815300.pdf.

ranking com 14%.[855] Orçamentos generosos não garantem capacidades operacionais superiores, mas, independentemente das métricas utilizadas, as forças armadas americanas não deixam de ser formidáveis. Consideravelmente mais problemática era a erosão do *soft power* americano, atestada pelas pesquisas de opinião realizadas durante o mandato do presidente Trump.[856]

Desfeito o consenso que sustentou a política americana — interna e externa — durante a segunda metade do século XX e a primeira década do século XXI, a estratégia europeia de esperar pelo «regresso à normalidade» depois de Trump abandonar a Casa Branca não passava de uma ilusão. Ao assumir a função presidencial, Joe Biden promete romper com as linhas mestras da política externa *trumpiana*. Assina «ordens executivas» que revertiam as decisões do seu antecessor relativas ao Tratado de Paris, à «proibição muçulmana» e à construção do muro na fronteira com o México. Cessou também o apoio dado pela Administração Trump à guerra prosseguida pela Arábia Saudita contra os houthis no Iémen, sinalizando assim o seu desagrado com o caminho trilhado por Mohammed bin Salman, responsabilizado pelo assassinato do jornalista Jamal Khashoggi.[857] Pouco depois, em consequência do mal-estar que provoca em Riade, Biden vê-se incapaz de convencer os sauditas a aumentarem a produção de *crude* quando surgem as disrupções de fornecimento que acompanham a pandemia e a guerra russo-ucraniana.[858]

---

[855] Ver «Trends in World Military Expenditure, 2021, SIPRI», *SIPRI Fact Sheet*, Abril de 2022, consultado em: https://www.sipri.org/sites/default/files/2022-04/fs_2204_milex_2021_0.pdf.

[856] Ver Pew Research Center, «Global Attitudes and Trends», 26 de Junho de 2017, consultado em: https://www.pewresearch.org/global/2017/06/26/u-s-image-suffers-as-publics-around-world-question-trumps-leadership/; e Hal Brands, *American Grand Strategy in the Age of Trump*, *op. cit.*, p. 177.

[857] Ver Humeyra Pamuk e Daphne Psaledakis, «Blinken says taking close look at designation of Yemen's Houthi movement», *Reuters*, 27 de Janeiro de 2021, consultado em: https://www.reuters.com/article/us-yemen-security-usa-idUSKBN29W2QU; Cleve R. Wootson Jr. e Tyler Pager, «Biden defends visit to Saudi Arabia despite Khashoggi killing», *The Washington Post*, 14 de Julho de 2022, consultado em: https://www.washingtonpost.com/politics/2022/07/14/biden-israel-lapid-khashoggi-saudi/.

[858] Ver Dion Nissenbaum e Stephen Kalin, «Saudi, Emirati Leaders decline calls with Biden during Ukraine crisis», *The Wall Street Journal*, 8 de Março de 2022, consultado em: https://www.wsj.com/articles/saudi-emirati-leaders-decline-calls-with-biden-during-ukraine-crisis-11646779430.

Significativamente, a deslocação de Xi Jinping à Arábia Saudita em Dezembro de 2022 indicia um incipiente realinhamento entre os dois países que ameaça marginalizar os Estados Unidos.[859] No Golfo Pérsico, os europeus, que olhavam para o acordo nuclear iraniano como uma conquista da sua diplomacia, esperavam que o novo presidente democrata viesse a recuperá-lo.[860] No entanto, demonstrando escasso entusiasmo pelo *statu quo ante* regional, a Casa Branca conforma-se com a transferência da embaixada dos Estados Unidos de Telavive para Jerusalém e elogia os Acordos de Abraão, um inegável sucesso numa vizinhança familiarizada com numerosos insucessos diplomáticos.

Revelador do novo consenso sobre a China, Biden deu continuidade à abordagem definida pela Administração Trump.[861] Concluída a sua primeira conversa telefónica com Xi Jinping, Biden afirma que «if we don't get moving, they are going to eat our lunch».[862] Realça, por isso, a necessidade de acompanhar os investimentos chineses em infra-estruturas e expressa a sua inquietação com as práticas comerciais «coercivas e injustas» do país.

---

[859] Ver Simon Henderson e Carol Silber, «What Saudi Arabia wants from President Xi's Visit», The Washington Institute for Near East Policy, *Policy Analysis/Policy Watch* 3678, 6 de Dezembro de 2022, consultado em: https://www.washingtoninstitute.org/pdf/view/17817/en; e Aaron David Miller, «Xi's Saudi visit shows Riyadh's monogamous marriage to Washington is over», *Foreign Policy*, 7 de Dezembro de 2022, consultado em: https://foreignpolicy.com/2022/12/07/xi-jinping-saudi-arabia-trip-mbs-biden/.

[860] Ver «Iran's enriched uranium stockpile "10 times limit"», *BBC News*, 5 de Setembro de 2020, consultado em: https://www.bbc.com/news/world-middle-east-54033441; Arshad Mohammed e Humeyra Pamuk, «U.S. is some ways from decision on resuming Iran nuclear deal: Blinken», *Reuters*, 19 de Janeiro de 2021, consultado em: https://www.reuters.com/article/us-usa-biden-state-iran-idUSKBN29O2HD; e «Haines Says "we are a long ways" from Iran returning to nuclear deal», *Reuters*, 19 de Janeiro de 2021, consultado em: https://www.reuters.com/article/usa-biden-intelligence-iran-idUSL1N2JU1GW.

[861] Ver Vasco Rato, «Rutura consumada: a política chinesa de Biden», *RI: Relações Internacionais*, No. 71, Setembro de 2021, pp. 31–50; e David Lawler, «What has and hasn't changed as Biden takes over U.S. foreign policy», *Axios*, 22 de Janeiro de 2021, consultado em: https://www.axios.com/biden-foreign-policy-yemen-iran-0c3ccf09-62c6-4197-9970-21f2e3bff479.html. Para uma comparação entre os programas eleitorais de Biden e Trump relativamente à China, ver «Where Trump and Biden stand on China», *The Wall Street Journal*, 22 de Setembro de 2020, consultado em: https://www.wsj.com/articles/where-trump-and-biden-stand-on-china-11600767002.

[862] Ver David Brunnstrom, Alexandra Alper e Yew Lun Tian, «China will "eat our lunch", Biden warns after clashing with Xi on most fronts», *Reuters*, 11 de Fevereiro de 2021, consultado em: https://www.reuters.com/article/us-usa-china-idUSKBN2AB06A.

Este endurecimento político não era inteiramente surpreendente porque se generalizara a convicção quanto à inadequação da resposta dada por Barack Obama à assertividade de Xi. Por exemplo, Evan Medeiros, director dos assuntos chineses no Conselho de Segurança Nacional de Obama, admitia que «gostaria que tivéssemos reconhecido mais rapidamente como Xi Jinping era diferente de Hu Jintao e que levaria a China para um novo rumo político, económico e estratégico».[863] Indigitado para o cargo de secretário de Estado, Antony Blinken resume o novíssimo pensamento democrata quando confessa que, no essencial, Trump estava correcto em traçar «uma abordagem mais dura relativamente à China».[864]

Este crescente realismo vocalizado pelas figuras de proa da Administração Obama coincide com a conclusão do Departamento de Defesa quanto à profunda mudança no equilíbrio militar no Indo-Pacífico. Elaborado pelo Pentágono, o *China Military Power Report* de 2020 afiançava que «a China já está à frente dos Estados Unidos em certas áreas», como, por exemplo, a construção naval e, não menos importante, possuía «a maior marinha do mundo, com uma força de aproximadamente 350 navios e submarinos em comparação com os 293 navios americanos».[865] Comprovavam-se, também, avanços chineses em mísseis balísticos, em mísseis de cruzeiro convencionais baseados em terra, em sistemas integrados de defesa aérea e na «prontidão de combate do Exército de Libertação Popular».[866] Previsivelmente, a primeira cimeira do presidente Biden — ainda que realizada por videoconferência — reúne os líderes do países do Quad, sinalizando assim a importância dos laços de segurança entre os Estados Unidos, o Japão, a Austrália e a Índia.[867]

---

[863] Ver «Evan Medeiros: How should Biden approach China?», *BBC Hardtalk*, 8 de Fevereiro de 2020, consultado em: https://www.bbc.co.uk/programmes/w3cszc35.

[864] Ver Michele Kelemen, «Secretary of State nominee Blinken promises a reengaged America abroad», *NPR*, 19 de Janeiro de 2021, consultado em: https://www.npr.org/sections/biden-transition-updates/2021/01/19/958289975/secretary-of-state-nominee-antony-blinken-promises-humility-and-confidence.

[865] Ver Office of the Secretary of Defense, «Annual Report to Congress: Military and Security Developments Involving the People's Republic os China, 2020», p. ii, consultado em: https://media.defense.gov/2020/Sep/01/2002488689/-1/-1/1/2020-DOD-CHINA-MILITARY-POWER-REPORT-FINAL.PDF.

[866] *Ibid.*

[867] Ver Vasco Rato, *De Mao a XI: O Ressurgimento da China*, Lisboa, Alêtheia Editores, 2020, pp. 235-244; e John Ruwitch, «"Quad" summit: Biden looks to boost

Hoje, Democratas e Republicanos consideram que a China representa a principal ameaça de médio a longo prazo aos interesses vitais dos Estados Unidos. Com efeito, o crescimento do poderio económico e militar chinês significa que Washington dispõe de menor *leverage* para compelir Pequim a alterar os seus comportamentos, até porque os laços de interdependência entre os dois países expuseram a América a numerosas vulnerabilidades. Atendendo a esta realidade, Washington não pode dispensar aliados, razão pela qual Biden, procurando distanciar-se do seu antecessor, aprofunda as consultas com os seus parceiros, propósito que sofre um rude golpe no Verão de 2021, quando a retirada desordenada do Afeganistão introduz uma repentina dose de realismo no relacionamento entre europeus e americanos.[868] Nas palavras de Nathalie Loiseau, ex-ministra de França para a Europa, «muitos países da UE estavam em estado de negação. Achavam que bastava esperar que Trump fosse embora e voltaríamos ao "velho normal". Mas esse "velho normal" já não existe. Espero que seja um alerta para nós».[869]

As elites europeias olhavam para a vitória de Biden como uma oportunidade para renovar a relação transatlântica. A expectativa, porém, traduzia uma espécie de pensamento mágico que desvalorizava as clivagens estruturais que balizavam as relações euro-americanas. A título exemplificativo, sublinha-se que o regresso dos Estados Unidos ao Tratado de Paris fora apresentado pela Administração Biden como um gesto conciliatório para com os aliados europeus. Na realidade, os imperativos da política doméstica, particularmente a ênfase dada pelos democratas à «agenda verde», inviabilizavam outra decisão. No tocante à NATO,

coordination against China», *NPR*, 11 de Março de 2021, consultado em: https://www.npr.org/2021/03/11/975469203/quad- cimeira-biden-parece-para-impulsionar-coordenação-contra-china. Para a declaração da reunião, ver The White House, «Quad leaders' joint statement: "The Spirit of the Quad"», 12 de Março de 2021, consultado em: https://www.whitehouse.gov/briefing-room/statements-releases/2021/03/12/quad-leaders-joint-statement-the-spirit-of-the-quad/.

[868] Ver, por exemplo, James Jay Carafano e Stefano Graziosi, «Joe Biden's Afghanistan collapse tanked transatlantic relations», Heritage Foundation, *Commentary Europe*, 30 de Agosto de 2021, consultado em: https://www.heritage.org/europe/commentary/joe-bidens-afghanistan-collapse-tanked-transatlantic-relations.

[869] Ver Mark Lowen, «Afghanistan crisis: How Europe's relationship with Joe Biden Turned Sour», *BBC*, 3 de Setembro de 2021, consultado em: https://www.bbc.com/news/world-europe-58416848.

Biden, embora menos estridente do que o seu antecessor, continuava a insistir no cumprimento dos compromissos acordados durante a cimeira da NATO do País de Gales. Após a eclosão da guerra russo-ucraniana, aliados como a Alemanha, que se refugiavam no «espírito do País de Gales» e prometiam «caminhar em direcção» à meta dos 2%, viam-se obrigados a reforçar os seus compromissos.[870] No âmbito do comércio transatlântico, a Europa deixou de ser caracterizada como o «inimigo», mas, uma vez que os Democratas não dispunham de condições políticas para ressuscitar o globalismo *clintoniano*, o *statu quo ante* revelou-se inviável.

Republicanos são de Marte

Presidentes Republicanos tendem a ser mais assertivos do que os seus pares democratas, razão pela qual são vilipendiados pelo *mainstream* europeu, como, a seu tempo, se verificou com Ronald Reagan e George W. Bush. Não obstante, o rancor mútuo evidenciado durante o mandato de Trump era insólito. Decidido a reverter as linhas mestras que pautaram a política externa americana ao longo das décadas mais recentes, Donald Trump suscitou dúvidas quanto ao seu real compromisso para com a segurança da Europa quando saudou o *Brexit*, ameaçou impor tarifas contra os aliados europeus e questionou a relevância da NATO e do projecto transatlântico. À medida que se insurgia contra o globalismo, enfraquecia as normas e as instituições liberais de cooperação multilateral. Se, por um lado, as responsabilidades do presidente Trump quanto à deterioração da relação transatlântica não ofereciam dúvidas, por outro, existiam divergências estruturais entre os dois lados do Atlântico quanto aos papéis dos Estados Unidos e da União Europeia no sistema internacional. Embora um tanto hiperbólica, a observação de Robert Kagan de que «os europeus eram de Vénus e os americanos de Marte» realçava

[870] Ver The Federal Government of Germany, «Speech by Federal Chancellor Dr Angela Merkel on 16 February 2019 at the 55th Munich Security Conference», 16 de Fevereiro de 2019, consultado em: https://www.bundesregierung.de/breg-en/news/speech-by-federal-chancellor-dr-angela-merkel-on-16-february-2019-at-the-55th-munich-security-conference-1582318.

o modo como as partes encaravam os respectivos contributos para a ordem mundial.[871]

A aversão europeia ao *trumpismo* não nos deve cegar para o facto de que a relação transatlântica que marcou a Guerra Fria e o pós-Guerra Fria foi, de forma definitiva, transformada por Trump e pelas novas realidades internacionais. Uma vez que a rivalidade sino-americana passou a assentar no comércio internacional e na competição tecnológica, os investimentos estratégicos chineses na Europa — e a venda de automóveis europeus na China — não podem senão influenciar o futuro das relações transatlânticas. Dito de outra forma, as relações comerciais entre os Estados Unidos e a União Europeia passaram a estar condicionadas pelos contornos do relacionamento sino-europeu.[872] Ao mesmo tempo, a relação transatlântica também espelha a nova dinâmica da rivalidade russo-americana. Com as atenções dos Estados Unidos concentradas na China, Biden tem frisado que cabe à Europa assumir o combate à crescente influência russa e chinesa no continente, razão pela qual a França e a Alemanha são encorajadas a suportar uma maior fatia dos encargos inerentes à manutenção da estabilidade europeia. Por isso mesmo, testemunhando perante o Senado, Antony Blinken afirmava estar «determinado a fazer o que puder para impedir a conclusão» do Nord Stream 2, garantindo que «utilizaria todas as ferramentas persuasivas que temos para convencer os nossos amigos e parceiros, incluindo a Alemanha, a não seguirem em frente».[873] Na altura, Angela Merkel respondeu que a sua posição sobre o assunto «ainda não mudou ao ponto de eu dizer que o projecto não deveria existir».[874] Mais tarde, ao decidir abandonar as

---

[871] Ver Robert Kagan, *Of Paradise and Power: America and Europe in the New World Order*, Nova Iorque, Alfred A. Knop, 2003, p. 3.

[872] Ver, *inter alia*, Nina Silove, «The pivot before the pivot: US strategy to preserve the power balance in Asia,» *International Security*, Vol. 40, No. 4, 2016, pp. 45-88; Matthew Kroenig, *The Return of Great Power Rivalry: Democracy Versus Autocracy from the Ancient World to the US and China*, Oxford, Oxford University Press, 2020; Luis Simón, Linde Desmaele e Jordan Becker, «Europe as a secondary theater? Competition with China and the future of America's european strategy», *Strategic Studies Quarterly*, Vol. 15, No. 1, 2001, pp. 90–115.

[873] Ver The Federal Government of Germany, «Speech by Federal Chancellor Dr Angela Merkel on 16 February 2019 at the 55th Munich Security Conference», *op. cit.*

[874] Ver Hans von der Burchard e America Hernandez, «US-German Tensions over Russia-backed Nord Stream2 Pipeline», *Politico*, 21 de Janeiro de 2021, consultado em: https://www.politico.eu/article/angela-merkel- joe-biden-nord-stream-2/.

sanções de Trump dirigidas às empresas envolvidas no projecto, Biden, a troco de nada, capitulou perante a chanceler, induzindo Vladimir Putin a concluir que o eventual preço a pagar pela agressão na Ucrânia seria aceitável.[875]

Embora deveras simplista, a narrativa que identificava Donald Trump como o responsável pelas tensões euro-americanas motivou grande parte dos dirigentes europeus a reivindicarem mais autonomia estratégica relativamente aos Estados Unidos. Se, no plano teórico, tal pretensão era compreensível, na realidade, a afirmação geoestratégia da União Europeia pressupunha uma unidade de propósito que não se vislumbrava. As respostas inadequadas dadas à ascensão da China, à assertividade da Rússia, às ambiguidades estratégias verificadas no Médio Oriente e aos fluxos migratórios corroeram a autoconfiança e a credibilidade de Bruxelas. Criticamente, nunca existiu unanimidade entre os estados europeus quanto à natureza da relação a manter com os Estados Unidos.[876] Países que olham para o eixo franco-alemão com indisfarçável desconfiança defendem a presença americana no continente e o reforço dos laços bilaterais, pois julgam que o afastamento de Washington invariavelmente conduzirá a uma maior subserviência em relação a Paris e a Berlim, receio que se aprofunda na sequência do *Brexit*.[877] Enraizada em temores históricos quanto às tentações hegemónicas das grandes potências europeias, a dependência relativamente aos Estados Unidos continuava a ser encarada como um mal menor.

---

[875] Ver Kiron Skinner e Russell A. Berman, «Biden's Surrender to Merkel on Nord Stream 2», *Foreign Policy*, 26 de Julho de 2021, consultado em: https://foreignpolicy.com/2021/07/26/biden-merkel-putin-nord-stream-2-gas-pipeline-germany-russia-ukraine-geopolitics-central-eastern-europe/.

[876] Ver Teija Tiilikainen, «Foreign policy-making in the European Union: How the political system affects the EU's relations with the United States», *in* Daniel S. Hamilton e Teija Tiilikainen (eds.), *Domestic Determinants of Foreign Policy in the European Union and the United States*, Washington, Centre for Transatlantic Relations, 2018, p. 175.

[877] Ver, por exemplo, Piotr Buras e Josef Janning, «Divided at the centre: Germany, Poland, and the troubles of the Trump era», European Council on Foreign Relations, *Policy Brief*, Dezembro de 2018, consultado em: https://www.jstor.org/stable/pdf/resrep21906.pdf?acceptTC=true&coverpage=false.

Trump, a ameaça

Narcisista, grosseiro e fanfarrão, Donald Trump não fora o primeiro político americano a suscitar o escárnio generalizado das elites europeias, pois, como recorda Simon Schama, no ensaio *The Unloved American*, o antiamericanismo na Europa remonta à fundação da república norte-americana.[878] Atendendo à ameaça existencial representada pela União Soviética durante a Guerra Fria, o antiamericanismo na Europa Ocidental restringia-se à esquerda radical e aos sectores mais recalcitrantes da extrema-direita nacionalista. Porém, nos anos mais recentes, o antiamericanismo assumiu novos contornos porque, desde logo, a crítica de Vladimir Putin à «decadência» ocidental tem sido bem acolhida por populistas de direita assumidamente hostis aos Estados Unidos, que acusam de encarnar essa «decadência civilizacional». As críticas foram atenuadas pela vitória de Donald Trump, pois o seu discurso anti-globalista era virtualmente idêntico ao dos populistas europeus. Mesmo assim, não será excessivo dizer que, no período pós-1945, nenhum outro chefe de estado americano suscitou tamanha antipatia junto das classes política e jornalística europeias.

Na Europa, em resultado da laicização e do amplo consenso centrista entre a social-democracia e a democracia-cristã, o *mainstream* ideológico situa-se mais à esquerda do que nos Estados Unidos. Avaliadas pelos padrões deste centrismo europeu, mesmo as opções mais moderadas do Partido Republicano são caracterizadas como de direita, quando não mesmo de extrema-direita. Não admira, portanto, que os presidentes Republicanos sejam usualmente recebidos com inimizade na Europa. Geralmente insensíveis às especificidades culturais prevalecentes na outra margem do Atlântico, as elites europeias tendem a moralizar as escolhas dos eleitores americanos, olhando-as como arcaicas e/ou irracionais. Influenciada por conservadores sociais e activistas religiosos, a agenda doméstica do GOP — particularmente as posições relativas ao aborto, às alterações climáticas e ao direito de possuir armas — é caracterizada como «reaccionária» ou como um «retrocesso civilizacional».

---

[878] Ver Simon Schama, «The unloved American: Two centuries of alienating Europe», *The New Yorker*, 2 de Março de 2003, consultado em: https://www.newyorker.com/magazine/2003/03/10/the-unloved-american.

Na realidade, as divergências resultam de leituras distintas quanto à interacção desejável entre o estado e a sociedade. Um dos elementos estruturantes da identidade americana, o *rugged individualism* privilegia os direitos individuais e a desconfiança — quando não mesmo a hostilidade — relativamente aos poderes do estado.[879] Daí que o debate em torno da 2.ª Emenda constitucional tenha de ser analisado à luz da necessidade de precaver a tentação tirânica do estado, uma tradição cuja origem se encontra na rebelião dos colonos contra o «tirano» George III. Vista dos palácios reais e das chancelarias europeias, a revolução americana contra George III, feita em nome das liberdades anglo-saxónicas, invertia a ordem natural do universo, permitindo que a turba escancarasse as portas da anarquia. Vista das ruas, os colonos destruíam hierarquias opressivas, abrindo assim um horizonte de liberdade e de emancipação. Não admira, pois, que, durante longas décadas, a república americana inspirasse homens e mulheres nos quatro cantos do mundo. Mas o desdém europeu dirigido à experiência americana nunca cessou verdadeiramente e, ainda hoje, impulsiona frequentemente um certo paternalismo dirigido aos «povos sem história ou cultura». Contudo, à medida que as democracias se massificam em finais do século XIX e na primeira metade do século XX, os valores políticos europeus e americanos convergiram em torno da expansão das liberdades individuais e do estado de direito. Amplamente resultantes da hegemonia internacional exercida pelos Estados Unidos e da luta ideológica entre o liberalismo e o totalitarismo leninista, esses mesmos valores consolidam-se durante a Guerra Fria. Com o posterior desmoronamento do comunismo europeu, as divergências no interior do mundo euro-americano acentuaram-se. A expressão «valores comuns europeus» refere-se usualmente aos valores dominantes nos países da antiga «Europa Ocidental» que escapou à tirania comunista imposta pelo Exército Vermelho em 1945.

Satisfeitas as necessidades básicas dos cidadãos, na «Europa livre» cedo se privilegiaram os valores pós-materiais, as «identidades», as «causas» e os «valores progressistas».[880] Em contraste, a leste, onde a catástrofe

---

[879] Ver, por exemplo, Samuel Brazzi, Martin Fiszbein e Mesay Gebresilasse, «Frontier culture: The roots and persistence of "rugged individualism" in the United States», *Econometrica*, Vol. 88. No. 6, November 2020, pp. 2329–2368.

[880] Ver, Ronald Inglehart, «The silent revolution in Europe: Intergenerational change in post-industrial societies», *American Political Science Review*, Vol. 65, No. 4, Dezembro de 1971, pp. 991–1017.

material e espiritual provocada pelo «socialismo real» impôs um «regresso» à Europa, a realidade era inteiramente diferente. Suprimidas pelo totalitarismo bolchevique, a religião e o nacionalismo reemergiram como afirmações da liberdade. Talvez o exemplo mais claro deste fenómeno seja a Polónia, cuja Igreja Católica, ao longo de séculos, preservou a identidade nacional.[881] Em contraste, nas velhas democracias da Europa Ocidental, tanto a religião como o nacionalismo eram tidas como as principais causas do obscurantismo, da intolerância e da guerra.

Este fosso entre as duas metades da Europa foi — é certo — atenuado pelos alargamentos sucessivos da União Europeia e da Aliança Atlântica, cujo objectivo principal era preservar a paz no espaço transatlântico. Mas rapidamente se tornou evidente que, nos dois lados do Atlântico, a globalização gerava tremendas inseguranças económicas e sociais e, mais importante ainda, anseios relacionados com as pertenças e as identidades. Na esfera política, as preocupações de classe foram paulatinamente substituídas por *identity politics* e, como corolário, o «politicamente correcto» passou a balizar as «narrativas legítimas». Perante estes constrangimentos, o populismo advoga o regresso às «certezas» da nação, à cultura ancestral, aos valores tradicionais e ao fim das limitações discursivas impostas pelo «politicamente correcto». Denunciados como portadores de um projecto fascista, racista e xenófobo, os populistas respondem que apenas se limitam a erguer o estandarte da resistência à erosão das liberdades ameaçadas pela nova intolerância. Para todos os efeitos, evidencia-se uma espécie de guerra civil entre duas visões distintas quanto aos valores fundamentais da democracia pluralista.

Nada disto esclarece cabalmente por que razão as elites políticas europeias extremaram as suas diferenças políticas com Trump. Dir-se-á que uma parte da resposta reside na especificidade da conjuntura política, pois a indigitação de Trump como candidato presidencial do Partido Republicano coincidiu com o *Brexit*, apresentado como a recuperação da soberania plena do Reino Unido. Ao mesmo tempo que se realizava o referendo britânico, assistia-se a uma vaga de sucessos populistas na Hungria, na Polónia, na República Checa e em Itália, onde a *Lega Nord*

---

[881] Ver Brian Porter, «The catholic nation: religion, identity, and the Narratives of Polish History», *The Slavic and East European Journal*, Vol. 45, No. 2, 2001, pp. 289–299.

e o *Movimento 5 Stelle* granjeavam votações expressivas. Em França, a passagem de Marine Le Pen à segunda volta das presidenciais estava virtualmente garantida. Na Alemanha, a resposta de Merkel à crise das dívidas soberanas e a sua decisão de abrir as fronteiras aos refugiados sírios em 2015 fortaleceram a recém-criada *Alternative für Deutschland.* Neste quadro, as elites europeias transformaram Trump — que partilhava com os populistas a convicção de que os problemas gerados pela globalização exigiam a defesa da soberania nacional e o abandono do projecto de integração — num assunto de política interna dos países-membros da União Europeia. Quando, inesperadamente, Trump conquista a Casa Branca, torna-se difícil estabelecer uma relação «normal» com um homem que, ao longo de meses, fora diabolizado como uma ameaça existencial à liberdade e à democracia. Mas será que Trump era mesmo um perigo para a democracia?

Os inimigos da democracia

Nos momentos mais sombrios do século XX, a América representava o último baluarte contra, no dizer de Karl Popper, os inimigos da sociedade aberta. Presentemente, na perspectiva de muitos, a China encarna um modelo alternativo de desenvolvimento traçado por um poder autocrático que garante crescimento e bem-estar em troca do monopólio do poder do partido único. Muito compreensivelmente, em países em vias de desenvolvimento fustigados pela pobreza crónica, faixas da população não hesitam em abraçar um contrato social que promete o enriquecimento em troca da manutenção do poder ditatorial.[882] Esta abertura ao modelo chinês ocorre numa altura em que a democracia americana, enfrentando ameaças internas oriundas da direita e da esquerda, perde alguma da sua capacidade de atracção à medida que as elites se afastam dos anseios mais profundos das populações.[883] Confirmando estas tendências, um inqué-

[882] Ver Chris Ogden, *The Authoritarian Century: China's Rise and the Demise of the Liberal International Order*, Bristol, Bristol University Press, 2022.

[883] Ver Francis Fukuyama, *Liberalism and its Discontents*, Nova Iorque, Farrar, Strauss and Giroux, 2022. Há uma vasta literatura recente sobre a crise das democracias. Alguns dos melhores trabalhos incluem Colin Crouch, *Post-Democracy After the Crises*,

rito recente conduzido pelo Pew Trusts indicou que 45% dos americanos referem que o regime necessita de ser «completamente reformado», 43% acreditam que carece de «profundas mudanças», 12% julgam que requer ligeiras mudanças e, por último, uns escassíssimos 2% dizem que nada terá de ser alterado.[884]

Neste quadro, em finais de Fevereiro de 2021, semanas depois de abandonar a Casa Branca, no encontro anual da *Conservative Political Action Conference* (CPAC), Donald Trump, ciente de que o *trumpismo* se encontra solidamente enraizado no Partido Republicano, sinalizou, pela primeira vez, que voltaria a candidatar-se à presidência.[885] Promovendo a narrativa de que a eleição de 2020 lhe fora «roubada», trouxe para a discussão pública a questão da integridade das eleições. Não era, porém, o primeiro político a manifestar a sua inconformidade com os actos eleitorais americanos. Uma vez que cada um dos 50 estados define os seus próprios procedimentos eleitorais, a tremenda variação nas regras acaba por suscitar frequentes polémicas em torno dos resultados. Com efeito, desde que George W. Bush venceu Al Gore em 2000, a contestação dos resultados aumentou de eleição em eleição.[886]

Londres, Polity, 2020; Manuel Castells, *Rupture: The Crisis of Liberal Democracy*, Cambridge, Polity Press, 2019; Adam Przeworski, *Crises of Democracy*, Cambridge, Cambridge University Press, 2019; Steven Levitsky, *How Democracies Die*, Nova Iorque, Crown Publishing, 2018; Yascha Mounk, *The People vs. Democracy: Why Our Freedom is in Danger and How to Save It*, Cambridge, Harvard University Press, 2018; Jonah Goldberg, *Suicide of the West: How the Rebirth of Tribalism, Populism, Nationalism, and Identity Politics is Destroying American Democracy*, Nova Iorque, Crown Forum, 2018; Patrick J. Deneen, *Why Liberalism Failed*, New Haven, Yale University Press, 2018 e Timothy Snyder, *On Tyranny: Twenty Lessons from the Twentieth Century*, Nova Iorque, Crown Books, 2017.

[884] Ver Richard Wike e Janell Fetterolf, «Global public opinion in an era of democratic anxiety», *Pew*, 27 de Maio de 2022, consultado em: https://www.pewtrusts.org/en/trust/archive/spring-2022/global-public-opinion-in-an-era-of-democratic-anxiety.

[885] Ver Philip Bump, «Trumpism will endure in the GOP. Trump may not», *The Washington Post*, 1 de Março de 2021, consultado em: https://www.washingtonpost.com/politics/2021/03/01/trumpism-will-endure-gop-trump-may-not/.

[886] A discórdia em torno dos resultados eleitorais também se verifica em corridas para os cargos estaduais. Por exemplo, Stacey Abrams, considerada por Joe Biden para vice-presidente, perdeu a corrida de 2018 para governador da Geórgia por mais de 50 mil votos. Nunca reconheceu a derrota e, ainda hoje, insiste que é a legitima governadora do estado. Ver, por exemplo, Emma Hurt, «Trump hasn't conceded Georgia. Neither did Stacey Abrams. What changed?», *NPR*, 28 de Novembro de 2020, consultado em:

Com o intuito de conciliar a participação dos cidadãos nas eleições presidenciais de Novembro de 2020 com as restrições pandémicas então em vigor, vários estados modificaram as regras que regiam o processo eleitoral.[887] A título exemplificativo, na Pensilvânia, cujo considerável peso político resulta dos 20 votos de que dispõe no Colégio Eleitoral, o governador Tom Wolf — através da Lei 77 — flexibilizou a votação por correspondência, permitiu que boletins carimbados até ao dia da eleição fossem contados nos três dias após o escrutínio e encurtou o prazo do recenseamento dos 30 para os 15 dias anteriores ao voto. Porque o governador se escusou de obter o consentimento expresso do parlamento estadual antes de promulgar as medidas, nenhuma se revelou pacífica. Derrotado por uns meros 80 mil votos num universo de quase 7 milhões, Donald Trump recorreu aos tribunais para invalidar milhões de boletins enviados por correio.[888] Em finais de Janeiro de 2022, um tribunal estadual de primeira instância considerou que, de facto, a Lei 77 feria a constituição do estado.[889] Todavia, em Agosto de 2022, o Supremo Tribunal da Pensilvânia, sob a tutela de juízes democratas, pronunciou-se pela constitucionalidade.[890]

---

https://www.npr.org/2020/11/18/935734198/trump-hasnt-conceded-georgia-neither-did-stacey-abrams-what-changed.

[887] Relatos importantes do último ano da Administração Trump, incluindo as eleições presidenciais de 2020 e as suas consequências, podem ser encontrados em Carol Leonning e Philip Rucker, *I Alone Can Fix It: Donald J. Trump's Catastrophic Final Year*, Nova Iorque, Penguin Press, 2021; Michael Wolf, *Landslide: The Final Days of the Trump Presidency*, Nova Iorque, Henry Holt and Company, 2021; Peter Baker e Susan Glasser, *The Divider: Trump in the White House, 2017–2021*, Nova Iorque, Doubleday, 2022; Maggie Haberman, *Confidence Man: The Making of Donald Trump and the Breaking of America*, Nova Iorque, Penguin Press, 2022.

[888] Ver Lauren Vella, «Pennsylvania Supreme Court Strikes Down GOP Bid to Stop Election Certification», *The Hill*, 28 de Novembro de 2020, consultado em: https://thehill.com/regulation/court-battles/527838-pennsylvania-supreme-court-strikes-down-gop-bid-to-stop-election/.

[889] Ver Jonathan Lai e Andrew Seidman, «A Pennsylvania court overturned the state's mail voting law, but an appeal means it's still in place», *The Philadelphia Inquirer*, 28 de Janeiro de 2022, consultado em: https://www.inquirer.com/politics/election/pennsylvania-mail-voting-law-act-77-overturned-20220128.html.

[890] Ver Jonathan Lai, «Pennsylvania's Supreme Court upheld the state's mail voting law after a long legal fight», *The Philadelphia Inquirer*, 2 de Agosto de 2022, consultado em: https://www.inquirer.com/politics/election/pennsylvania-mail-voting-law-act-77-mclinko-20220802.html.

Irregularidades similares ocorreram em outros estados, razão pela qual um número considerável de eleitores considerou que o sufrágio de Novembro de 2020 não foi inteiramente transparente.[891] Depois da contenda presidencial de 2020, os Democratas, minoritários na maior parte dos parlamentos estaduais, apresentaram legislação no Congresso a fim de federalizar os processos eleitorais, um caminho rejeitado pelos Republicanos, cuja tradicional desconfiança quanto à centralização do poder os leva a defender a primazia dos «direitos dos estados».[892] Não admira, portanto, que a «integridade» dos actos eleitorais tenha posteriormente emergido como um tema central do debate político americano.[893] Dada a polarização política que alastra pelo país e a reduzida margem de manobra para firmar consensos bipartidários, prevê-se que o problema da integridade das eleições se adense nos anos mais próximos.

---

[891] Decisões semelhantes foram anunciadas pelos tribunais de Wisconsin e de Delaware. Ver, por exemplo, Barbara Sprunt, «The Wisconsin Supreme Court says ballot drop boxes aren't allowed in the state», *NPR*, 8 de Julho de 2022, consultado em: https://www.npr.org/2022/07/08/1100696685/wisconsin-supreme-court-ballot-drop-boxes-disability-assistance; Gabe Kaminsky, «Court rules mail voting law is illegal under Delaware Constitution», *The Daily Signal*, 15 de Setembro de 2022, consultado em: https://www.dailysignal.com/2022/09/15/mail-voting-law-is-illegal-under-delaware-constitution-court-rules/

[892] Ver Richard L. Hasen, «H.R. 1 can't pass the Senate. But here are some voting reforms that could», *The Washington Post*, 16 de Março 2021, consultado em: https://www.washingtonpost.com/outlook/2021/03/16/hr-1-voting-reforms/.

[893] Num inquérito da YouGov de Janeiro de 2021, 44% dos inqueridos responderam que não houve fraude eleitoral. Um ano depois, apenas 31% responderam de modo igual. A esmagadora maioria dos republicanos acredita que a fraude alterou o resultado eleitoral de 2020. Quanto aos eleitores democratas, em 2021, 76% não acreditam ter ocorrido fraude eleitoral. Todavia, em 2022, apenas 53% dos democratas responderam da mesma forma. Ver «Half of the Republicans who saw a threat to democracy on Jan. 6, 2021 have changed their minds», *YouGov America*, 13 de Junho de 2022, consultado em: https://today.yougov.com/topics/politics/articles-reports/2022/01/06/republicans-who-saw-threat-democracy-change. Um inquérito da CNN realizado em Junho de 2022 revelou que em Janeiro de 2021, logo após o motim no Capitólio, 59% dos americanos expressavam «alguma confiança» que as eleições no país reflectiam a vontade popular. Desses, 39% diziam estar «muito confiantes». Um ano e meio depois, somente 42% expressavam «alguma confiança» e apenas 16% se diziam «muito confiantes». Ver Jennifer Agiesta, «CNN Poll: Americans' confidence in elections has faded since January 6», *CNN*, 21 de Julho de 2022, consultado em: https://edition.cnn.com/2022/07/21/politics/cnn-poll-elections/index.html. Ver também Caitlin Huey-Burns, Adam Brewster, «Republicans unite on "Election Integrity" message for coming elections», CBS News, 22 de Março de 2021, consultado em: https://www.cbsnews.com/news/republicans-election-integrity-message/.

Neste quadro de fragmentação política, de hiperpolarização ideológica e de profunda desconfiança quanto às instituições, Joe Biden optou por agudizar a crise. Propôs, no âmbito do Departamento de Segurança Interna, um painel — o Disinformation Governance Board — incumbido de averiguar a *misinformation*, um conceito tão nebuloso que facilmente se presta a manipulações partidárias. Manifestamente inconstitucional, a tentativa de conceder ao governo federal o poder de arbitrar entre «afirmações de verdade» gerou, muito naturalmente, receios quanto à preservação da liberdade de expressão garantida pela 1.ª Emenda constitucional.[894] Como era de esperar, o Partido Republicano denunciou a proposta que atribuía a uma agência federal tutelada pelo poder executivo a capacidade de destrinçar entre *misinformation* e afirmações de cariz político, que, naturalmente, são sempre contenciosas. Com efeito, a política existe precisamente para arbitrar entre opiniões políticas diversas que não são objecto de consenso. Num quadro marcado pela cultura de cancelamento, os receios quanto a um governo federal intrusivo são tudo menos infundados.

Se a constituição do Disinformation Governance Board fosse um acto isolado, os receios suscitados quanto à liberdade de expressão poderiam ser considerados excessivos. Todavia, assiste-se a um padrão de instrumentalização do governo federal para condicionar a agenda Republicana. Por exemplo, a Casa Branca de Biden avançou com a possibilidade de abolir o *filibuster* no Senado e de aumentar o número de juízes no Supremo Tribunal, duas modificações que visam fortalecer o Partido Democrata — e o poder executivo —, mas que provocariam profundos desequilíbrios no sistema de *checks and balances*. Igualmente preocupante, o Departamento da Justiça adoptou uma definição excessivamente abrangente de

---

[894] Ver Clyde Wayne Crews, «The DHS "Disinformation Governance Board" needs to be dismantled», Competitive Enterprise Institute, 28 de Abril de 2022, consultado em: https://cei.org/blog/the-dhs-disinformation-governance-board-needs-to-be-dismantled/; Kelly Hooper, «Mayorkas cites misinformation about Homeland Security's disinformation board», *Politico*, 1 de Maio de 2022, consultado em: https://www.politico.com/news/2022/05/01/mayorkas-defends-dhs-disinformation-board-00029182. Para uma defesa do Board, ver Taylor Lorenz, «How the Biden administration let right-wing attacks derail its disinformation efforts», *The Washington Post*, 18 de Maio de 2022, consultado em: https://www.washingtonpost.com/technology/2022/05/18/disinformation-board-dhs-nina-jankowicz/.

«terrorismo doméstico», aplicando-a, inclusivamente, a pais que contestam currículos escolares em reuniões de *school boards*.[895]

Mais inquietante ainda, Joe Biden, que se apresentou às eleições de 2020 como o «unificador» de um país hiperpolarizado, insiste em diabolizar os seus adversários políticos. Depois de ter caracterizado o *trumpismo* — e não apenas Donald Trump — como uma filosofia «semi-fascista», Joe Biden, num discurso proferido em Filadélfia no dia 1 de Setembro de 2022, declarou que os «MAGA Republicans» eram um perigo para a segurança nacional.[896] A retórica radical e divisionista qualifica efectivamente uma parte substancial da população — ou seja, os 74 milhões de votantes que apoiaram Trump em 2020 — como «inimigos de estado». Similarmente, num discurso proferido a 2 de Novembro de 2022, o presidente sugeriu que as eleições intercalares eram um «voto para preservar a democracia».[897] Por outras palavras, um voto no GOP era um voto contra a democracia. Ironicamente, poucos dias antes, Hillary Clinton alertava que os Republicanos, que caracterizou como «extremistas de direita», possuíam um «plano para, literalmente, roubar a próxima eleição presidencial».[898] Ambos deixavam claro que os Republicanos abandonaram as normas democráticas num momento em que a democracia

---

[895] Ver John Malcolm, «Are parents being tagged as "domestic terrorists" by the FBI? Justice Department needs to show its cards», Heritage Foundation, *Commentary Crime and Justice*, 18 de Novembro de 2021, consultado em: https://www.heritage.org/crime-and-justice/commentary/are-parents-being-tagged-domestic-terrorists-the-fbi-justice.

[896] Ver, por exemplo, Christopher Cadelago e Olivia Olander, «Biden calls Trump's philosophy "Semi-Fascism"», *Politico*, 25 de Agosto de 2022, consultado em: https://www.politico.com/news/2022/08/25/biden-trump-philosophy-semi-fascism-00053831. O texto completo do discurso de Filadélfia pode ser consultado em The White House, «Remarks by President Biden on the Continued Battle for the Soul of the Nation», Independence National Historical Park, Philadelphia, Pennsylvania, 1 de Setembro de 2022, consultado em: https://www.whitehouse.gov/briefing-room/speeches-remarks/2022/09/01/remarks-by-president-bidenon-the-continued-battle-for-the-soul-of-the-nation/

[897] Ver White House, «Remarks by President Biden on Standing up for Democracy» Columbus Club, Union Station, Washington, D. C., November 2, 2022, consultado em: https://www.whitehouse.gov/briefing-room/speeches-remarks/2022/11/03/remarks-by-president-biden-on-standing-up-for-democracy/

[898] Ver Zoe Strozewski, «Hillary Clinton called "election denier" after issuing 2024 warning», *Newsweek*, 26 de Outubro de 2022, consultado em: https://www.newsweek.com/hillary-clinton-issues-warning-over-2024-presidential-election-called-election-denier-1754988.

americana se encontra sob ataque em resultado da recusa de Trump de aceitar a veracidade dos resultados das eleições de 2020.

Assiste razão a Biden quando observa que as palavras de Donald Trump sobre as eleições de 2020 nada contribuíram para gerar confiança nas instituições americanas. Mas erra em atribuir a exclusividade da responsabilidade ao ex-presidente. Com efeito, a crise de legitimidade das instituições é consideravelmente mais grave e nenhum dos dois grandes partidos americanos se pode eximir das responsabilidades pela polarização e radicalização das décadas mais recentes. Ambos contribuíram para o assalto às normas democráticas. Fazer de Donald Trump o bode expiatório para uma crise mais vasta traz dividendos políticos imediatos, mas também produz a contra-reacção, uma vez que uma parte significativa do país deixou de ter confiança no Partido Democrata. Apenas o húbris — ou análises ideologicamente enviesadas — pode levar-nos a concluir que a saída de Donald Trump do palco político encerrará a crise da democracia americana.

ÍNDICE